二十周年院庆系列

凯原法学论丛

Selected Works of Law of Shanghai Jiaotong University
The 20th Anniversary of KoGuan School of Law

# 上海交大法学文选

## 凯原法学院成立二十周年纪念

彭诚信　主编

法律出版社 LAW PRESS · CHINA
北京

图书在版编目（CIP）数据

上海交大法学文选：凯原法学院成立二十周年纪念 / 彭诚信主编. -- 北京：法律出版社, 2022
（凯原法学论丛. 二十周年院庆系列）
ISBN 978-7-5197-6601-6

Ⅰ. ①上… Ⅱ. ①彭… Ⅲ. ①法学 – 中国 – 文集 Ⅳ. ①D920.0-53

中国版本图书馆CIP数据核字（2022）第053786号

**上海交大法学文选：凯原法学院成立二十周年纪念**
SHANGHAI JIAODA FAXUE WENXUAN：KAIYUAN FAXUEYUAN CHENGLI ERSHI ZHOUNIAN JINIAN

主　　编：彭诚信
责任编辑：孙东育　许莹洁
装帧设计：贾丹丹
出版发行：法律出版社
编辑统筹：学术・对外出版分社
责任校对：裴　黎　王语童
责任印制：陶　松
经　　销：新华书店
开　　本：710毫米×1000毫米　1/16
印　　张：26.25
字　　数：361千
版　　本：2022年7月第1版
印　　次：2022年7月第1次印刷
印　　刷：三河市兴达印务有限公司
书　　号：ISBN 978-7-5197-6601-6
**定　　价：109.00元**


销售电话：010-83938349　客服电话：010-83938350　咨询电话：010-63939796
地　　址：北京市丰台区莲花池西里7号(100073)
网　　址：www.lawpress.com.cn
投稿邮箱：info@lawpress.com.cn
举报盗版邮箱：jbwq@lawpress.com.cn
凡购买本社图书，如有印装错误，我社负责退换。电话：010-83938349

# 目　录

# 关于能动司法的格义与反思

郑成良　王　一*

**内容摘要**　由最高人民法院所大力倡导和推行的“能动司法”理念,引起了法律学术界和实务界的热烈讨论,然而,“能动司法”这个概念本身在讨论者之间却呈现一种不同寻常的歧义认知和错位解读;许多论者认为我国的“能动司法”与西方的“司法能动主义”是实质同一或既有区别又有一致的同类概念,而本文认为“能动司法”是我国“服务大局”这一特有政治-司法意识形态的一部分,而“司法能动主义”则是具有美国特色的司法哲学,两者之间没有任何客观意义上的直接关联,把两者视为同一或同类,是反向格义导致的结果;与此同时,本文认为我国“能动司法”理念的确立尚缺乏一个认真的理论反思过程。

**关键词**　能动司法 active justice　司法能动主义 judicial activism　格义 analogical interpretation　司法哲学 judicial philosophy

## 一、解题

2009 年,最高人民法院提出了“能动司法”的概

---

* 本文为国家社科基金重点项目“中国特色社会主义司法制度研究”(10AFX003)阶段性成果。原文发表在《吉林大学社会科学学报》2012 年第 2 期。郑成良,上海交通大学文科资深教授;王一,上海交通大学凯原法学院博士研究生。

念，并将其作为中国社会主义司法审判的重要理念加以倡导，自此以来，关于"能动司法"的法律实践在全国法院系统全面推进，与此同时，关于能动司法理念的讨论也成为法律学术界和法律实务界一个引人注目的公共热点话题。① 在发表的各种观点中，持全面赞同或者基本赞同的观点较多，近乎形成了法律界的主流意见，其中，在法院系统和法官群体中，能动司法已然成为司法界的主流话语，并且被体认为中国司法的基本理念和基本方式，论者鲜有异议；在法学学术研究者群体中，情形要相对复杂一些，有些人持基本否定的态度，而较多的人对能动司法理念予以肯定，也有些论者在基本肯定的同时提出了某些重要的保留和限制条件。

笔者认为，关于最高人民法院所倡导的能动司法理念，很难简单地对其说"是"或说"不"，因为其间不仅关涉如何评价中国法院在当下的社会矛盾凸显期试图积极回应大众司法需求的努力，关涉如何把握司法与社会政治系统复杂的互动关系，而且，也关涉在当下的司法策略与未来的司法走向之间如何理解司法、定位司法，如何为走向未来的司法、接近于理想状态的司法留下适宜的通道和空间的问题。本文的讨论虽然也将略为涉及能动司法的合理性和可行性，但是，笔者在本篇论文中的学术旨趣不在于回答对于能动司法理念究竟应当说"是"还是应当说"不"，而是要对于这场历时三年的"能动司法讨论"中呈现的一种现象进行分析，即"能动司法"这个概念在讨论者之间呈现了一种不同寻常的歧义认知和错位解

① 截至2011年年底，在中国期刊全文库中（CNKI）可检索出近三年标题含有"能动司法"的论文197篇，其中，2009年15篇，2010年79篇，2011年103篇，但这一数字不包括标题含有"司法能动主义"或"司法能动性"的论文。之所以没有把标题含有"司法能动主义"或"司法能动性"的论文统计在内，是因为"司法能动主义"或"司法能动性"是法学理论界一直存在的话题，而过去三年间发表的此类论文，可能与最高人民法院把"能动司法"作为一个重要的司法理念加以大力倡导没有直接的关联。应当提及的是，简单的数据本身，并不能证明过去三年间发表的这197篇论文均与最高人民法院的"倡导"有关，而且，在CNKI文献中也可以检索到2009年之前的8篇标题含有"能动司法"的论文，它们显然与最高人民法院最近的"倡导"没有因果关系，不过，自2009年以来，同主题论文数量不同寻常的增加及其所呈现的强劲上升趋势，也可以在统计学的意义上证明法学理论研究的"能动司法热"与最高人民法院的"倡导"存在直接关联。

读，而此种表象之后，则存在明显的反向格义倾向②。

截至目前，参与讨论的人们对于能动司法概念本身含义的理解尚远未达成一致，尤其在产生于本土语境的“能动司法”与来自西方的“司法能动主义”(judicial activism)这两个形式上非常相似的概念之间，存在纠缠不清的关系。在已经发表的意见中，大致存在三种有代表性的观点：

一是同一概念说，作此种理解的人们将中国语境的“能动司法”概念与西方语境的“司法能动主义”概念混同使用，认为能动司法就等于司法能动主义，两者的差别只是翻译上词序排列不同而已。③

二是同类概念说，认为两者既有本质上的一致，也有具体形态上的区别。主此说者反对泛泛地将两者相混同，认为西方的司法能动主义具有多种语义，当下中国语境中的能动司法主要与西方实用主义意义上的司法能动主义相重合；尽管由于司法制度上的差异，这两者之间的重合也是有一定限度的，但是两者不存在“本质上的区别”，在知识上具有“源脉关系”，所以，总体上应当将中国现行的能动司法看作“世界法治语境中的司法能动主义在中国的特殊形态”。④

三是有人认为，两者只是有些形似的概念，其间存在本质性区别，能动司法是当代中国法律人的智慧结晶，它是中国的“本土资源”，而不是所谓的“舶来品”。⑤

---

② 所谓格义，是在跨文化背景的思想传播过程中产生的一种现象，最初呈现于汉魏时期，当时表现为用本土旧有概念类比附会外来概念以助理解佛教经典的方法；格义现象的第二次高潮，出现于清末西学东渐的初期，在法律领域也多有表现，例如，康梁变法时以《公羊春秋》的“三世说”来格义西方的政体概念，以乱世格义专制政体，以升平之世格义立宪政体，以太平之世格义共和政体(参见蒋廷黻著：《中国近代史》，海南出版社1994年版，第109页)。而反向格义，则是指以异域的西方思想资源格本土概念之义的现象，此种反向格义现象发轫于西学勃兴的民初时期，在西方思想和话语体系持续强势的百余年间，已经逐渐形成近乎于一种理论思考的基本范式，其间是非得失，颇堪玩味。

③ 如张志铭教授就认为“能动司法或称司法能动主义(judicial activism)是一个外来词，其使用在中国近年来的司法实践和司法理论研究中已成流行趋势”。参见张志铭：《中国司法的功能形态：能动司法还是积极司法》，载《中国人民大学学报》2009年第6期。

④ 参见顾培东：《能动司法若干问题研究》，载《中国法学》2010年第4期。

⑤ 公丕祥：《能动司法：当代中国司法的基本取向(上、下)》，载《光明日报》2010年6月24日、7月1日。

在概念本身显得捉摸不定的背后，隐藏着一种可以称为“反向格义”的现象，即相当多数的论者在讨论能动司法问题时，往往从对西方司法能动主义的追溯开始，一般是以美国的违宪审查制度作为比附叙事的开端，西方的司法能动主义被自觉或不自觉地当作肯定与否定我国能动司法合理性、可行性的判准、依据或者重要参照系。对于许多肯定能动司法的论者来说，这一点表现得更为明显，他们的论证方式往往会给读者留下一种强烈印象——论说者试图通过努力寻求两者之间的内在联系，在异域的法律思想资源中找到与本土事物同声相应、同气相求的同质或类似要素，进而以之证明中国能动司法在理论上的妥当性，至少是被刻意地用来加固这种妥当性。

## 二、西方司法能动主义的典型语境

由于相当多的论者认为中国的能动司法与源自西方的司法能动主义具有本质意义上的一致性或关联，并且以西方的司法能动主义作为依据或参照系来肯定或否定中国的能动司法，而笔者不能认同这一认知，所以，本文的讨论也从西方司法能动主义开始。

司法能动主义并非出自中国本土的概念，是由对英语“Judicial Activism”一词的翻译而来。根据加利福尼亚大学法学院克米克教授（Keenan D. Kmiec）2004年发表的 *The Origin and Current Meanings of "Judicial Activism"* 一文的考证，Judicial Activism是由著名历史工作者、社会评论家亚瑟·斯科勒辛格（Arthur Meier Schlesinger Jr.）在1947年1月一篇题为《1947年最高法院》（发表于美国财富杂志）的文章中首次作为概念提出并加以使用的。[⑥] 斯科勒辛格根据所持有司法哲学的差异将时任美国联邦最高法院的九位大法官划分为三派：大法官布莱克、道格拉斯、墨菲和拉特利奇为“司法能动主义者”（Judicial Activists），大法官法兰克福特、杰克逊和伯顿为“司法克制的拥护者”（Champions of Self-Restraint），大

⑥ 参见 Arthur Meier Schlesinger Jr., *The Supreme Court*: 1947, 202 Fortune, Jan., 208。转引自[美]肯恩·凯密克：《司法积极主义的起源和当代含义》，范进学译，载《法律方法》第11卷，第60~61页。

法官里德和首席大法官文森为折中派(a Middle Group)。[7] 司法能动主义这一术语在法律学界的准确起源难以精准地确定,而在司法意见中首次使用这一术语的人却毫无疑问是约瑟夫·C. 哈奇森(Joseph C. Hutcheson)法官。1959 年他在一份推翻由当时担任地区法官的斯凯利·怀特(Skelly Wright)撰写的基层法院判决意见中第一次有记载地使用了"judicial activism",当时他是用这个词来批评最高法院的几位奉行能动主义的大法官。[8] 从此开始,这一术语正式进入司法领域并沿用至今。

目前,在西方世界的两大法系的法律学者中,都有人使用"司法能动主义"的概念并用它来指称本国或他国的某些司法现象,不过,相对而言,由于英美法系的特殊性,法官的总体表现明显更加积极能动(active),所以,司法能动主义实践和理论大体上仅仅存在于英美法系国家(原因后述),乃至可以说,在典型的意义上,司法能动主义是英美法系国家特有的产物。

在英美之间,又以美国为司法能动主义的发源地和主要代表,其中的关键原因在于英国议会不仅拥有立法权,也在很大程度上拥有或控制着司法权和行政权,其制度表现主要有二:一是在 2009 年 10 月 1 日以前,英国不存在一个独立设置的最高法院,国家的司法终审权由上议院拥有,作为议会两机构之一的上议院既是立法机关,也是最高司法机关;二是议会制和责任内阁制使得行政权在相当程度上依附于立法权,内阁必须对议会负责,其权力的取得和行使必须以议会多数席位的支持和赢得议会信任为前提。尽管司法能动主义的含义并不是单一的,不过,其最为核心的意蕴在于司法权通过对立法权、行政权的制衡来影响公共政策的制定和实施,就此而论,英国的体制为司法能动主义提供的舞台显然是相对狭小的。

美国的情况则明显不同。美国联邦最高法院完全独立于议会,并且有能力制衡议会;不对议会负责的民选总统不仅需要司法

---

⑦ 参见施嵩:《美国司法能动主义评析》,载《云南大学学报(社会科学版)》2009 年第 2 期。

⑧ 参见[美]肯恩·凯密克:《司法积极主义的起源和当代含义》,范进学译,载《法律方法》第 11 卷,第 66 页。

权来制衡，而且司法权也确实有能力制衡行政权。可以说，美国的体制为司法能动主义的生长提供了最适宜的特殊土壤，司法权在制衡立法权、行政权从而影响公共政策的制定和实施方面，纵横捭阖，风生水起，时常令全世界为之瞩目，所以，司法能动主义在典型意义上的固有语境就是美国，它不仅是司法能动主义的主要实践场域，也是主要的理论研究基地。⑨ 自 1789 年成立至今，美国联邦最高法院已经过了二百多年的岁月沧桑和历史变迁，围绕着法官对违宪审查权的使用是比较积极还是比较谨慎、对政治问题是较多介入还是较多回避、对法律的解释是比较自由还是比较严格、对不大令人满意的先例是给予较多的尊重还是比较大胆地推翻等相关问题的讨论，产生了既迥然有别又难以判然区隔开来的两种不同的司法哲学或司法意识形态，即司法能动主义与司法克制主义。某种意义上可以说，司法能动主义与克制主义的对立和交织构成了美国司法史的主旋律。

## 三、美国司法能动主义的历史成就

在我国当下关于能动司法的讨论中，许多发表赞同意见的人们有意或无意地引证异域的司法能动主义来证明或加固中国能动司法在理论上的妥当性，给读者的印象是他们受到司法能动主义在异域社会取得成就的鼓舞，并且期冀在中国也奉行能动司法理念以求更加有力地助长社会的发展进步。这种借他人杯酒，浇自己块垒的动机当然是无可非议的，但是，是否可以把美国的司法能动主义与中国的能动司法视为同一或者同类事物，却是一个不容回避的前提性问题。在讨论这个前提性问题之前，有必要对美国司法能动主义的历史成就作简单的勾画，不过，为篇幅所限，这里只截取美国司法史上司法能动主义形成和发展最为引人注目的三个时期来代表。⑩

---

⑨ 至 20 世纪 90 年代，美国大约有 3815 篇文章提到过司法能动主义，2000 ~ 2004 年仅仅四年时间又大约以每年 450 篇的速度增加了 1817 篇相关文章（根据 2004 年 Kennan 所做的研究统计）。转引自娄正前：《诉求与回应：当今中国能动司法的理论和实践》，法律出版社 2011 年版，第 112 页。

⑩ 这里所谓的“历史成就”，仅仅是从更加关注社会平等、公平的角度而言的。一般而言，在世界范围内，这是左翼和政治上的自由派人士所持价值观念的基本特征，如果从右翼和政治保守派人士的立场来看，本节所谓的“成就”是大可质疑的。

其一，马歇尔法院时期（The Marshall Court，1801～1835年）。

美国在建国之初，制宪者基于建立一个“法律的政府”的理念，精心酝酿出一部限权宪法，不但联邦政府的行政权力要较于今为小，当时联邦司法机关的权力也难以与如今相提并论，早在1801年的时候，联邦法院几乎是一个被人忽视和缺乏社会声望的机构，在新首都建设初期甚至没有给联邦法院单独建立办公议事厅。在马歇尔法院时期，广为人知的“马伯里诉麦迪逊”一案的审理为司法权摆脱弱势地位预备了重要条件，也开辟了司法能动主义的深广的生存空间。

在裁判该案中，马歇尔根据《联邦党人文集》第78篇[11]关于人民主权的理论，认为宪法体现了人民主权，任何政府机关都应尊重体现了人民意志的宪法，后来的立法机关如果制定出超越人民意志的法律，作为法律守护神的法院就有责任根据“宪法的真实意图”宣布其违宪而无效。在这一案件的判决中，马歇尔宣告和确立了美国违宪审查制度的基本原则：联邦最高法院在宪法和法律阐释体系中具有至高无上的权威地位，其有权审议和解释美国的所有法律，有权以联邦以及各州的法律违反宪法为由而宣布其无效。由于美国宪法并没有明文规定联邦最高法院拥有对宪法的最高解释权和对违宪立法的审查权，因而，马歇尔所实施的这种积极进取的司法策略被后世戏称为“伟大的篡权”，其间表达出的能动、有为的司法理念，不仅使联邦最高法院的权威得以逐步确立和巩固，也为司法权日后在公共政策制定领域发挥有限但重要的作用提供了最具关键意义的制度性平台[12]。

---

⑪ 汉密尔顿在《联邦党人文集》第78篇中还专门探讨了司法的问题。他指出司法权和立法权、行政权相比是最弱的权力，因为“司法部门既没有军权也没有财权，不能指引社会的力量和财富，而且不能采取任何积极的措施。司法部门既无强力又无意愿而只有判决，而判决的有效执行还依赖于行政机构的帮助”。鉴于司法权的弱小而且易于受到立法权和行政权的侵犯，汉密尔顿认为应该让司法权对立法权进行监督，他指出“当一部法律违背宪法的时候，法院的职责就是忠于宪法而忽略违背宪法的法律”。参见Alexander Hamilton，*The Federalist Papers*，China Social Sciences Publishing House，1999，pp. 465，468。

⑫ 关于马歇尔在违宪审查制度确立方面的作用，学界有不同的意见。参见范进学：《美国司法审查制度》，中国政法大学出版社2011年版，第一章，“美国司法审查制度的起源”。

不过,应当特别说明的是,尽管马歇尔法院为司法能动主义作出了无与伦比的贡献,但是,马歇尔本人却可能算不上是一个司法能动主义者,至少不是一个典型的司法能动主义者。马歇尔仅仅是在一个关键的问题上表现出司法能动主义,即他大胆地为最高法院“夺取”了对宪法的最高解释权和违宪审查权,然而,在此后的32年之间,马歇尔法院再也没有针对联邦立法行使过此项权力,按如今的标准来看,这是司法克制主义主导的32年。

其二,沃伦法院时期(The Warren Court,1953~1969年)

在马歇尔法院时期结束之后的百余年间,美国的司法乐章犹如一曲二重奏,司法能动主义与司法克制主义在既此消彼长又相互交集的复杂关联中向前推演,一直到沃伦法院时期的开启,各种历史因素的氤氲际会才迎来了司法能动主义第二次高歌猛进。

众所周知,在20世纪50年代之前,美国一直是一个种族歧视、种族压迫非常严重的社会,以黑人为主体的有色种族,本来就在经济、政治和文化上处于弱势地位,法律上的歧视犹如雪上加霜,进一步加剧了原有的苦难和不满。随着工业化的进展、第二次大战的结束和权利意识的觉醒,美国一百多年发展进程所累积的社会矛盾已经达到爆发的临界点,而此前的美国历届总统、议会和最高法院,不是没有意愿就是没有能力找到解决矛盾的路径。恰逢此时,奉行能动主义司法哲学的自由派法学家、政治家厄尔·沃伦被任命为联邦最高法院首席大法官,此外,应当令沃伦感到庆幸的是,在他所主持的最高法院中,自由派大法官又占据了大多数的席位。于是,在沃伦法院时期,司法能动主义为自己竖起了一道具有深远历史意义的里程碑,该时期也被称为美国联邦最高法院历史上的“司法英雄主义时代”。

在沃伦法院“开张营业”的第二年,它就在一个关于种族隔离的重大案件上面临是延续一个旧时代还是开启一个新时代的选择:58年前(1896年)的美国联邦最高法院(富勒法院)在审理“普莱西诉弗格森”案时,对路易斯安那州实施种族隔离的法律进行了违宪审查,结果宣布州法律没有违反宪法,并在判决中确认了“隔离但平等”的法律准则；[13]现在（1954年），沃伦法院受理了一个类似的案件——“布朗诉教育委员会”案，却以9∶0的一致意见作出了相反的判决：种族隔离本质上就是一种不平等，因此，本案必须排除“隔离但平等”先例的适用，关于“黑人与白人学童不得进入同一所学校就读”的法律因违宪而无效。此一判决拉开了20世纪五六十年代美国民权运动的大幕，对于美国社会政治、文化乃至经济生活的影响至为深远。此外，沃伦法院又在后来陆续作出了数项对公共政策具有重大影响的判决，例如，在选区划分上贯彻“一人一票”的民主原则，判定学校祈祷违宪，在公共问题上的辩论不受限制，在刑事程序中赋予被告人沉默权（米兰达规则），贫穷的刑事被告人有获得律师帮助的权利，等等。尽管从沃伦担任首席大法官开始，一些人对他的批评之声就一直没有中断过，但是，他的司法能动主义深刻地改变了美国社会却是一个不争的事实，以至于在沃伦辞世30余年之后的2006年，美国的《大西洋月刊》仍将其评为影响美国的100位人物之一，名列第29位。

其三，伯格法院时期（The Burger Court，1969～1986年）。

紧接着沃伦法院时期的伯格法院时期，在很大程度上延续了前一时期的司法能动主义，其中，伯格法院在1974年的“美国诉尼克松”案中，以司法审查的形式化解了一场空前严重的宪法危机，并且进步加固和拓宽了司法对行政权制衡监督的制度通道；在1971年的“纽约时报公司诉美国”案中，在公共言论领域确立了“确有恶意”原则，公众在批评政府方面的权利得到了更加强有力的法律保护，使美国成为世界上言论自由和新闻自由最为充分的国家。仅仅凭借这两项攻城略地的战绩，伯格法院就足以被看作司法能动主义的代表之一，而且，在这一时期，伯格法院还积极运用违宪审查权介入公共政策领域，共计宣布31项联邦法律和288项州法律因违宪

---

⑬ “普莱西诉弗格森”案是由荷马·普莱西故意乘坐专为白人服务的列车而引起的，普莱西具有八分之一的黑人血统，按照路易斯安那州有关种族隔离的法律，有色种族不得乘坐专供白人使用的车厢，反之，白人也不得乘坐专供有色种族使用的车厢，于是，普莱西被逮捕和关押。随之，普莱西将路易斯安那州政府告上法庭，指控州政府侵犯了自己根据美国宪法第13、14条修正案而享有平等权，但一审、二审均败诉；上诉至美国联邦最高法院后，最高法院以7∶1的多数裁决：路易斯安那州“隔离但平等”的法律并不违反宪法。

而无效。

综上所述，可以把作为一种司法哲学的司法能动主义在美国所取得的历史成就概括为两个方面，一是以积极进取的司法策略设立了按司法程序对立法和行政行为加以违宪审查的制度，从而使司法权获得了制衡立法权与行政权的能力；二是借由这一具有宪法意义的违宪审查制度在许多公共政治议题上扮演了政策制定者或引导者的角色，从而在推进社会公正公平，扩张民权的生存空间等方面，深刻地改变了社会发展的轨迹。

## 四、司法能动主义的基本特点

美国法官弗兰克说："每个人都批判司法能动主义，然而它却是个不确定的概念。"[⑭]事实的确如此，不仅我国的学者对于何为司法能动主义有不同理解，在西方语境中也有不尽相同的定义。

例如，顾培东教授根据不同的语境和语义归纳出看待和使用司法能动主义的三种主要角度：一为违宪审查意义上的司法能动主义，这是司法能动主义这一概念的最初版本，直至今日，司法能动主义在许多场合中仍被用于特指违宪审查的司法立场和态度；二为实用主义或现实主义意义上的司法能动主义，这主要指由霍姆斯、卡多佐、庞德以及波斯纳等人所倡导和主张的、以实用主义或现实主义为其哲学基础的司法能动主义；三为混合意义上的司法能动主义，糅杂了违宪审查和实用主义两个层面的意蕴。[⑮]

再如，范愉教授给司法能动主义所作的定义则是："法院应超越固有定位，将越来越多的纠纷纳入管辖范围，通过法官的自由裁量权和规则发现、决策参与、资源分配，成为积极介入和干预社会生活的力量；直至通过违宪或司法审查成为事实上的最高权威。"[⑯]

美国学者克里斯托弗·沃尔夫这样描述司法能动主义的基本

---

⑭ 参见 Randy E. Barnett, *Is Rehnquist Court An Activist*?, U. Colo. L. Rev. 2002, p. 1275。转引自：罗东川、丁广宇：《我国能动司法的理论与实践述评》，载《法律适用》2010 年第 2~3 期。

⑮ 参见顾培东：《能动司法若干问题研究》，载《中国法学》2010 年第 4 期。

⑯ 范愉：《诉前调解与法院的社会责任：从司法社会化到司法能动主义》，载《法律适用》2007 年第 11 期。

宗旨:“法官应该审判案件,而不是回避案件,并且广泛地利用他们的权力,尤其是通过扩大平等和个人自由的手段去促进公平——保护人的尊严。能动主义的法官有义务为各种社会不公提供司法救济,运用手中的权力,尤其是运用将抽象概括的宪法保障加以具体化的权力去这么做。”⑰

第七版《布莱克法律词典》的解释:“一种司法裁判的产生哲学(理念)法官可以根据自己对公共政策以及其他因素的个人理解去做出判决,通常情况下,该哲学的追随者们主张(对相关法律和行为)进行违宪审查和不严格遵循先例。与‘司法克制’相比较。”⑱

《美国法律辞典》给出的定义:“对美国司法制度中审判行为的一种见解。司法能动主义者认为上诉法院发挥着实质性和积极的政策导向作用,司法能动主义倡导法官接受新的政策,即便是那些与既定的法律规范和先例不一致的政策……最重要的是主张法院适用自己的政策优先于那些立法机关和行政机关的政策。这最明显地表现在法院宣告一项政府行为因违宪而无效。司法能动主义还可以把法律规范延伸到为政府行为确立特定的要件。”⑲

《元照英美法词典》的释义:“〈美〉司法能动主义:一种司法理论,它鼓励法官摆脱对于司法判例的严格遵从,允许法官在制作判决时考虑其个人对于公共政策[public policy]的观点以及以其他因素作为指导,通过判决来保护或扩展与先例或立法意图不符的个人权利。遵循该理论会造成某些判决侵犯立法权和行政权的结果。”⑳

笔者不厌其烦地列举了如此之多的定义,意在说明司法能动主义是一个难以精确界定的概念,当我们面对的这样的概念时,考察一下司法能动主义的形成机理及其基本特点,可能不失为理解概念的一种可供选择的办法。

---

⑰ [美]克里斯托弗·沃尔夫:《司法能动主义——自由的保障还是安全的威胁?》,黄金荣译,中国政法大学出版社2004年版,第3页。

⑱ 参见 Bryan A. Garner, Black Law Dictionary, 7th ed. West Group. 1999, p. 850。

⑲ 参见[美]彼得·G. 伦斯特洛姆编:《美国法律辞典》,贺卫方等译,中国政法大学出版社1998年版,第340页。

⑳ 薛波主编:《元照英美法词典》,法律出版社2003年版,第748页。

所谓司法能动主义(judicial activism),[21]如果望文生义,也就是一种积极的司法态度。按照一般的理解,法官的职责就是执行或适用法律,可是,如果法官在执行或适用法律时持一种积极的(active)的态度,这岂非理所当然之事?因此,根本没有必要把它上升到司法哲学的高度来对待。其实,问题的关键不在于法官是否应当积极地执行或适用法律,而在于法官是否应当积极地推翻和创设法律,换言之,法官在执行或适用法律时无论多么积极,都与司法能动主义没有任何关系,只有当他积极地借助某种特别的方法解释法律,从而自觉地推动法律变革时,才有司法能动主义可言。

依据严格解释主义,法官对法律的忠诚体现为法官对法律文本字面意思的忠诚,法官的职责是执行或适用法律而非推翻或创设法律,所以,法官在解释法律时必须受法律文本字面意思的约束,假如严格执行法律文本字面意来裁判案件会导致令人不安的结果,也依然要如此裁判,相反,如果法官离开法律文本的指令另起炉灶,就是对立法权的僭越。

依据自由解释主义,在严格适用法律文本字面意思会导致明显不合理结果时,可以离开法律的文本转而根据立法本义、立法目的以及某种原则来处理案件。此时,如果本案裁判方式仅仅对于特定的当事人具有法律约束力,则法官只是在本案当事人之间改变了法律;如果实行“尊重先例”的原则,那么本案裁判方式就构成了法律家族中新的成员,对日后的类似案件具有普遍约束力。

前文提及,司法能动主义实践和理论基本上限于英美法系国家,其原因就是由于英美法系的特殊性(判例法构成法律体系的主体部分并实行“尊重先例”的原则),使其法官在执行和适用法律上可以表现得与大陆法系法官一样积极尽职。同时,在通过解释法律来变革法律方面则具令其大陆法系同行望尘莫及的积极表现的广大空间,英美法系的发展史在某种角度上也就成为法官所书写的历史。

---

[21] 范进学教授对 judicial activism 的翻译是“司法积极主义”。参见[美]肯恩·凯密克:《司法积极主义的起源和当代含义》,范进学译,载《法律方法》第 11 卷,山东人民出版社 2011 年版,第 66 页。

在英美法系中，由于通过法律解释来推翻先例、创造先例是经常发生的事情，而有些先例的变革是水到渠成之事，连那些被贴上“司法克制主义”标签的人也会赞同；有些先例的变革则需要具有不同程度的积极进取精神，其中，有的变革只有极端的司法能动主义者才会赞同，有的变革只有极端的司法克制主义者才会反对。从司法克制到司法能动是一个连续的函数，积极能动到多大程度才属于司法能动主义？这确实是一个无法给出精确答案的事情，因为，一项变革，也许在一个更加习惯于克制的人看来已经是足够积极能动了，可是，对于另一个更加习惯于能动的人而言可能是有点谨慎有余的。

此外，也难以用司法能动主义者与司法克制主义者来为所有的法官贴上标签，因为有些法官在此问题上可能表现得富于积极进取精神，在彼问题上则可能表现得谨慎、稳健和保守。例如，一般认为美国著名的霍姆斯大法官是典型的司法克制主义者，他在 1905 年参与审理“洛克纳诉纽约州”案时，对于体现了司法能动主义的法庭多数意见——宣布纽约州一项立法因违反联邦宪法而无效——表达了坚定的异议：“宪法是为具有根本不同观念的人民而创造的，且当我们发现某些法律所包含的见解是正常而又熟悉的，抑或是新奇甚至令人厌恶时，我们都不应对这些法律是否与联邦宪法相冲突妄下定论。”[22]但是，同一个霍姆斯，在“吉特洛诉纽约”(Gitlow. v. New York)案中对于法庭多数意见却提出了反向的异议（霍姆斯因多次针对多数意见提出有历史意义的异议而被称为“伟大的异议者”），在该案中，多数意见确认纽约州一项立法合宪有效，维持了对被告人的有罪判决，霍姆斯认为，被告人宣传无产者参加世界革命，以暴力推翻政府的言论，并不会产生“明显且即刻的危险”，州立法惩治此种行为违反了宪法，应当被宣布无效。就是否变革既有法律而言，霍姆斯的前一个异议是谨慎、稳健和保守的，体现了司法克制主义的态度；后一个异议则是积极、能动和进取的，体现了司法能动主义的态度。而霍姆斯之所以被视为司法克制主义者，是因为他在面临是否动用违宪审查权推翻法律和先例的场合，更多地表现出

[22] Lochner v. New York[Z]. U. S. 1905,(198).

谨慎克制的态度而非积极能动的态度。

依笔者之见，对于何为司法能动主义，尽管无法给出一个一致同意的定义，但是，却有可能概括出它的一致同意的基本特点。

作为一种司法哲学或司法理念，司法能动主义的第一个特点是在法律解释上更多地采取自由解释主义立场。在西方语境中，司法能动的相对极是司法克制（Judicial Restraint），而无论是“能动”还是“克制”，都是与程度直接关联起来才可以理解和使用的概念，因而，当先例或成文法的字面规定与法官个人见解或者法官声称的权威性观念相互抵触时，越是勇于或习惯于摆脱法律文本字面意思约束的法官，就越具有司法能动主义色彩；反之，则可以用司法克制主义的概念来描述。㉓《布莱克维尔政治学百科全书》“司法能动主义与司法自我克制”条目的撰写者对问题的理解，笔者深表赞同：“在某种意义上，能动主义和自我克制是一种虚假的司法二歧式；可以把这两种观点更好地表述为一个连续体上的两个不同的点，这个连续体的一端是严格的（‘逻辑上的’‘墨守法规的’）解释，另一端是更具有目的论性质的、目标取向的（‘政策’和‘立法’性质的）司法解释。”㉔

司法能动主义的第二个特点是在违宪审查问题上仍然更多地采取自由解释主义立场。前文曾经言及，英美法系的法官在采取自由解释主义推进法律变革方面拥更大的空间，因此，英美法系法院的一些作为如果出现在大陆法系国家或者我国，肯定会被视为是富于积极能动精神的大胆变革，会被贴上“司法能动主义”的标签，㉕但是，在英美法系内部则别有洞天。就美国的语境而言，在面对违

---

㉓ 美国著名法学家克里斯托弗·沃尔夫认为：“毫无疑问，能动和克制的区别更多只是一个程度不一而非性质不同的问题。”引自［美］克里斯托弗·沃尔夫：《司法能动主义——自由的保障还是安全的威胁?》，黄金荣译，中国政法大学出版社2004年版，第3页。

㉔ 引自［英］戴维·米勒、韦农·波格丹诺编：《布莱克维尔政治学百科全书》（中文版），“司法能动主义与司法自我克制”条，中国政法大学出版社1992年版，第377页。

㉕ 霍姆斯，有一句广为人知的名言——法律的生命不在于逻辑，而在于经验。用我国或大陆法系国家的标准来看，这是典型的“司法能动主义”观点，因为这句话强烈表达了法官可以不受法律文本字面意思约束的司法理念，但是，在美国的语境中，霍姆斯却是以司法克制主义者闻名的重要法学家和大法官。

宪审查案件时是否仍然更多地采取自由解释主义立场宣布联邦立法或州立法违宪无效，才是问题的关键所在。如霍维茨所言："任何为最高法院的能动主义确立一个可以接受之标准的努力都必须基于一个精确的、事先存在的关于宪法和最高法院在美国人生活中之角色的概念。"[26]

## 五、本土概念与异域概念之间的正反格义

在对司法能动主义作出以上讨论之后，笔者认为，把中国的能动司法与西方的司法能动主义视为同一概念或同类概念的意见，是不可接受的。此"能动"非彼"能动"，两者之间不存在任何直接的关联，把两者关联在一起，是格义所致。

格义是在跨文化背景的思想传播过程中产生的一种现象，当一种来自异域的思想和话语体系具有某种文化上的优势，足以引起本土人士的认知热情和认同倾向，而且，这种思想和话语体系与本土文化的反差过大，无法按照本土原有概念系统来形成解读和表达的思想秩序的时候，格义就成为一种常见的现象。冯友兰先生认为，格义是"两种文化初遇时互相理解的一个必然过程"[27]，这一观点是比较中肯的。在我国，大规模的格义现象出现过三次，第一次是因佛教的传入所致，第二次和第三次是因近代以来西学东渐所致。

最初的格义现象呈现于汉魏时期，其时，异域的佛教文化初入华夏，其概念、术语一时难于被人们理解和接受，于是，便出现了一种以外典比附内典以助理解、传播的方法。[28] 例如，用老庄之"无"比配佛教之"空"，用孔孟之"五常"比配佛教之"五戒"（不杀生为仁、不偷盗为义、不邪淫为礼、不饮酒为智、不妄语为信），等等。以本土概念与外来概念两义相格，虽然可收加速思想传播之效，但也

---

[26] 参见莫顿·J. 霍维茨：《沃伦法院对正义的追求》，中国政法大学出版社 2003 年版，第 197 页。

[27] 冯友兰：《中国哲学史新编》（第 6 册），人民出版社 1992 年版，第 152 页。

[28] 所谓外典，指的是中国本土的理论和经典，也就是如今所称的"国学经典"；而内典则是来自异域的佛教典籍。内外之所以换位，是因为信奉佛理的本土人士认为这种来自异域的文化是更为高级的。

有粗鄙不确之弊，故随着佛学研究的深入，格义之法被逐渐抛弃，代之以对外来思想体系和概念本义的直接探究和解释。

格义现象的第二次高潮出现于清末西学东渐之时，范围所及大大超出了汉魏法轮初转时期，几乎覆盖了本土传统文化之外所有观念和知识领域。在此，仅以法律领域为例，略加说明。

晚清时期，船坚炮利的西方列强使一贯以"天朝大国"自居的中国不断地承受挫败和屈辱，一些有志之士开始意识到有必要认真了解和研究西方的制度文明，但是，除了要克服外语人才稀缺、资料收集不易等困难之外，更大的障碍来自思想和语言上的"观念空缺"与"词位空缺"，即西方制度文明中的大量事物和概念在中国制度文明中或者形似而质异，或者根本就不存在。因而，西方用于表达某种观念、指称某种事物的概念和词语，在本土思想和话语体系中也就找不到对应物。[29] 正因如此，即使研究者本人已经较好地了解和理解了他的研究对象，让他用国人熟悉的语言作出可以令读者达到同样程度理解的表述，也是无法做到的，所以，一开始只得采用音译的方式。以第一批"睁开眼睛看世界"的近代仁人志士魏源、林则徐为例，在由魏编辑并收入林所主编的《四洲志》一书的《海国图志》中，曾对英国的立法、行政和司法机构及其职能向国人作了如下介绍[30]：

"律好司衙门，管理各衙门事务，审理大讼。甘好司衙门，理各部落之事，并赴巴厘满衙门会议政事。加密列冈色尔衙门，额设十二名，各有执事……

经士冕治衙门，专司审理上诉案件，额设知付质治一名，布依士尼质治三名……

阿西士庵尼西布来阿士衙门，额设撒久六，每撒久设质治二名，共十二名，专司审讯英吉利人犯。每年二次……"

显然，上述佶屈聱牙的文字究为何义，对于当代熟知英国政制

[29] 关于"词位空缺"，参见王健：《沟通两个世界的法律意义——晚清西方法的输入与法律新词初探》，中国政法大学出版社2001年版，第四章、第五章。作者在此书中对"词位空缺"现象所折射出的东西方法律文明的差异作了引人入胜的考证和分析。

[30] 王健：《沟通两个世界的法律意义——晚清西方法的输入与法律新词初探》，中国政法大学出版社2001年版，第117~118页。

的中国人而言，理解起来也颇费周章，何况西风东渐的当初？按照现今的译法，理解起来就毫无障碍了：

律好司衙门（Lords, House of）为上议院，甘好司衙门（Commons, House of）为下议院，巴厘满衙门（Parliament）为国会，加密列冈色尔衙门（Cabinet Council）为内阁会议；经士冕治衙门（King's Bench, Court of）为王座法院，知付质治（Chief Justice）为首席法官，布依士尼质治（Puisne Judge）为高等法院法官；阿西士庵尼西布来阿士衙门（Court of Assize and Nisi prius）为巡回裁判法庭，撒久（Circuit）为巡回裁判所，质治（Judge）为法官。

当初用音译之法来硬译实在是"观念空缺"与"词位空缺"之下没有办法的办法，但是，从思想交流和传播的效果角度来看，它是不成功的，于是借助本土人士所熟知的概念来比附陌生的异域概念，在两义相格中达到某种理解，就成了一种可供替代的更好选择。据学者研究，德国传教士郭实腊（笔名爱汉者）可能是向中国公众介绍西方政法制度的第一人，他在1833年创设了《东西洋考每月统纪传》杂志，在该杂志上借用一位寄寓北美经商的父亲给在中国的儿子写信的方式介绍了美国的政治制度：美国"不立王以为国主，而遴选统领、副统领等大职，连四年承大统，必干民之誉，了然知宰世驭物、发政施仁也"。"此元首统领百臣，以正大位。"[31]在这里，由于没有现成的中文词汇可以表达国人未知领域的事物，便如只好用格义之法来叙事，以"承大统"来格义总统当选，用"宰世驭物""发政施仁"来格义政府施政，用"统领百臣""以正大位"来格义总统与其他政府官员的关系和总统的地位。据王健教授的研究，这种以本土旧有概念来附会西方概念的事例在法律领域非常之多，例如，用"察院"对应法院，用"巡按察院衙门"对应巡回法院，用"督商司衙门"对应民事法庭，用"按察使"和"理刑官"对应检察官和法官，用"秉公议论词讼之绅"对应陪审团，用"识例善言者"对应律师，等等。[32]这些浸淫着浓厚传统意蕴的词语所能够表达的观念和概念与相应

---

[31] 参见支振峰：《从文本到问题：中国法理学研究的进取路径》，载《中外法学》2009年第4期。

[32] 以上各例均引自王健前揭书，因所引内容分见多处，为免烦琐，恕不一一标明页数。

西语所含的意义，相差何止以道里计！显然，与音译之法造成的“不能理解”相比，格义之法的好处是“可以理解”，但是，在可以达成的理解之中也隐含着巨大的认知偏差。

随着西学东渐的持续，人们对于西方思想和话语体系的了解日益普及和深入，第二次格义高潮渐次消退，格义之法被直接探究西方思想体系和概念本义所取代。此后不久，即转而出现了第三次格义高潮，从民国初期一直持续到如今，不过，这一次是反向的格义——以异域的思想资源来格本土事物和概念之义。[33] 诸如以西方的某种哲学概念来解读中国古代哲学，努力替古人划分出唯心、唯物主义阵营；用西方的某种历史学概念来解读中国古代历史，一定要划分出奴隶制、封建制的社会形态，甚至找出资本主义萌芽；用西方的某种政治学概念来解读中国古代政治，在中国帝王宫廷中寻找民主的要素；用西方的某种法学概念来解读中国古代法律，区分出公法与私法，等等。目前，我们正在经历的作为反向格义的第三次格义，已经演化为一种常见的思维范式，并且经常呈现过度格义的状态，是值得认真反思的。

## 六、过度格义之误

经过以上分析，笔者认为，司法能动主义是一种具有美国特色的司法哲学，它是在美国特殊土壤中生长出来的产物，把这一概念运用到美国之外来指称某些对象，并非绝不可行，因为在美国之外也有与之同类或类似的司法实践和司法理念，但是，如果不同国度的实践与理念已经呈现淮南之橘与淮北之枳的差别，则使用同一概念来表达，就会面临指陈错位、认知偏差的危险。对于中国与美国而言，两国在司法实践和司法理念方面的差异，已非橘枳之别，而是本土之“茄”与番茄之“茄”的差异，两者之间根本没有本质同一或同类的实质性关联，此时，如果一定要用异域的概念来安置本土之物在思想秩序中的位置，就属于反向格义。

中国语境中的能动司法是由最高人民法院院长王胜俊首次以

[33] 反向格义是刘笑敢提出的概念，参见刘笑敢：《“反向格义”与中国哲学研究的困境》，载《新华文摘》2006 年第 14 期。

一个独立术语提出并在法院系统大力倡导、推行的司法理念。2009年6月，王胜俊在宁夏各级法院调研时，发表了"发挥审判职能，强化能动司法"的讲话[34]，要求各级法院在充分认识当前经济社会发展新形势的基础上，在"保增长、保民生、保稳定"中彰显大局意识、为民意识和责任意识。[35] 此后，又陆续发表讲话和文章，引起了全国各级法院的积极响应。其中，《人民法院报》上发表的一篇王胜俊讲话，足够清晰地解释了最高法院所倡导和推行的能动司法是什么和为什么："一要调整理念，增强能动司法的自觉性。理念是行动的先导。过去人们常常把被动性视为司法自身的规律，这从'不告不理'和每一个具体个案中来看有其一定的合理性。但从我国司法制度的本质属性和现实国情来看，能动司法更加符合当代中国经济社会发展的现实需求。在我国，人民法院是中国共产党领导下的国家审判机关，是人民民主专政的重要组成部分，在实现党的领导、人民当家作主和依法治国有机统一的民主政治发展道路中肩负着十分重要的政治使命；司法权作为至关重要的执政权，是党领导人民管理国家与社会事务的重要方式，必须服务于党在不同历史时期所确立的根本任务和发展目标；法院队伍作为中国特色社会主义事业的建设者和捍卫者，必须把人民法院工作放在党和国家工作大局中加以考虑，把严格执行法律与贯彻党的路线方针政策结合起来，更好地履行人民法院的历史使命和崇高责任。只有真正认识和理解能动司法的理论价值和实践价值，才能不断增强能动司法的自觉性。"[36]

也许可以在我国最高人民法院所倡导的"能动司法"和以美国为典型语境的"司法能动主义"之间找到若干具有本质意义的重要差别，但是，本文认为，作为两种实质不同类型的司法哲学或司法意

---

㉞ 这是公开资料显示的国家最高司法机构负责人对"能动司法"的第一次正式提倡。此前中国司法界官方曾有此类提法，但并未作为一个独立概念提出，也未引起广泛关注。在2008年10月，时任最高院副部级专职委员的景汉朝曾撰文指出，当下应"下大力构建民本司法、能动司法、和谐司法、法治司法、透明司法和协同司法"。参见《落实科学发展观实现司法工作"6个构建"》，转引自法制网，http://www.legaldaily.com.cn/fjdt/content/2008-10/21/content_964902.htm。

㉟ 《法制日报》，2009年6月20日，第1版。

㊱ 《人民法院报》，2009年9月1日，第1版。

识形态，它们最核心的差异之处在于，一个是积极、主动、自觉地“为大局服务”，另一个则是积极、主动、自觉地干扰“大局”。

在中国，法院的定位是“中国共产党领导下的国家审判机关”，是“人民民主专政的重要组成部分”，法院的司法权也是“作为至关重要的执政权”而存在的。因此，能动司法作为一种司法理念，就是引导法院和法官更加积极能动地为执政者——中国共产党的工作大局服务，也即“必须服务于党在不同历史时期所确立的根本任务和发展目标”，“必须把人民法院工作放在党和国家工作大局中加以考虑，把严格执行法律与贯彻党的路线方针政策结合起来”。

然而，司法能动主义完全是另一种全然不同的司法哲学或司法意识形态。在司法能动主义的固有语境美国，法院从来不是执政者领导下的机构，司法权也从来不是总统“执政权”的一部分，只有奉行司法克制主义的法官（如果他的政治立场和倾向恰好与执政者一致）才有可能会为执政者的“大局”积极自觉地服务，与之相对应，奉行司法能动主义就意味着积极自觉地干扰执政者的“大局”。例如，所有人都会承认，美国休斯法院（1930~1941 年）在罗斯福执政之初明显是奉行司法能动主义的，其表现就是积极地为“大局”添乱——罗斯福为应对经济大萧条所拟定的诸多“新政立法”频繁被休斯法院以违宪为由而宣布无效；在休斯法院的后期（1937 年以后），由于受到强烈的舆论批评和罗斯福“填塞法院”计划[37]的压力，休斯法院才变得比较“驯服”起来，转而奉行司法克制主义——不仅不再推翻罗斯福政府新出台的“新政立法”，而且，那些与曾经被其宣布无效的法律相类似的法律也一概得到休斯法院的维持[38]。

在美国，除了作为执政者的总统之外，议会也是一个政治丛林中的庞然大物。司法能动主义的核心意蕴就是，不但不为总统的“大局”服务，也偏偏不为议会的“大局”服务，而是专门服务于法院自己的“大局”（假定有法院的“大局”的话），因而，越是积极地干扰议会的“大局”，越是较多地反对、否定议会的立法，才越是有理由被

---

[37] 根据“填塞法院”计划，总统可以提名另一位新法官来取代超过 70 岁还没有退休的最高法院大法官。

[38] 参见［美］施瓦茨：《美国最高法院史》，毕洪海、柯翀等译，中国政法大学出版社 2005 年版，第 256 页。

贴上"司法能动主义者"的标签。前文曾经言及,在美国语境下,一般公认伯格法院(1969～1986年)奉行的司法哲学是司法能动主义,它在17年中共计否定了31项联邦议会的立法,而美国最高法院成立之初的前76年间(1789～1965年)的记录仅仅是2项,因此,"伯格法院的整个记录——就是司法能动主义的记录。"[39]

依本文的观点,中国语境的能动司法与美国语境的司法能动主义之间不存在任何客观意义上直接的关联,如果不以反向格义之法来为前者找寻其在异域思想和话语体系中的位置,断不会把两个风马牛不相及的事物视为同一或同类,就像上节提到的,不格义就不会把美国的总统制与中国古代的"承大统""正大位""统领百臣"连结在一起一样。总之,在中国语境中,根本不存在司法能动主义这样一种司法哲学,只存在"为大局服务"的政治—司法意识形态,而能动司法理念仅仅是此种意识形态的部分内容而已。

在讨论我国能动司法的过程中,由于反向格义被许多人当作一种理论思考的范式,因此,同样在美国语境产生的司法克制主义以及在大陆法系语境产生的法条主义,也被当作中国能动司法的相对极来界定,并用这两个概念来指称某些产生消极社会后果的低水平司法现象,如错误地理解法律、机械地适用法律,等等。其实,在目前的中国法院系统中,也同样不存在作为一种司法哲学和司法意识形态的"司法克制主义"和"法条主义",与这两个概念所能够合理指称的现象形似而质异的,只有法官由于业务素质不足、职业责任感不足、司法实践经验不足以及政治环境不佳等原因而导致的理解法律不当、自由裁量权运用不充分、对当事人合法诉求的回应不到位等情形。但是,这些具体的司法实践和司法意识,还远远没有成熟到可以被当作某种司法哲学和司法意识形态的程度,更难以合理地用异域的"司法克制主义"和"法条主义"来称谓。

## 七、余论

在我国关于能动司法的讨论中,除了上述已经分析过的过度

---

[39] The Burger Year: Right and Wrongs in the Supreme Court 1969-1986, H. Schwartz ed. 87(1987). 转引自李辉:《论司法能动主义》,山东大学2010年博士学位论文,第12页。

反向格义现象之外，还有另一种值得思考的现象，即能动司法理念的确立尚缺乏一个认真的理论反思过程。由于本文的主题并不在此，故在本文的最后，笔者只想略为提及，以待日后另行撰文讨论。

如果能动司法仅仅是我国法院针对当下工作形势和任务所采行的阶段性和临时性的司法策略，它肯定不会引起如此普遍的关注。引起普遍关注的原因在于能动司法已经被上升到我国社会主义司法权的本质规定性和基本司法理念的层面，这显然是提出了一个特别重大的法治理论和实践问题，而对于这一重大问题的回答，正面肯定者的理论思考并不充分。不难发现，在对能动司法的一片赞同声中，论者大都是从中国的国情和社会发展的现实需要来立论的，在立论的基础上基本缺乏对中国司法未来走向的整体考虑。

由当下的国情和需求来立论，倒确实可以找到许多事例和论据来证明我国的司法在过去和现在还不够能动，至少在某些方面还不够能动，因此需要更新司法理念，使我国的司法更加能动起来。然而，值得注意的问题是，同样从当下的国情和需求出发，也可以找到许多能够证明我国的司法在某些方面已经过于能动的事例和论据，例如，法治原则对于法院的基本定位应当是社会矛盾各方之间的裁判者，而现行的国情、体制、理念和政治策略已经使法院在某种程度上成为社会的直接治理者和矛盾的积极介入者，中国的法院在回应复杂多变的社会情势方面，显得颇为积极和迅速，能够影响司法的因素是如此之多，以至于在当下的中国社会，可以理性预期的恒定规则往往并不是决定事态走向的最关键力量。

本文认为，由最高人民法院所大力倡导的能动司法理念，在根本上是一个与法治国家下司法权如何定位有直接关联的问题，如果本文的这一认知是成立的，那么，在面对这样一个关乎法治核心要素的问题时，如此重大的理念调整和变化，仅仅立足于当下的国情和需求来思考是远远不够的。司法的定位已经超出了临时性司法策略和政治策略的范畴，它是纵贯于当下的司法可能性空间与未来公共理想之间的恒定性制度要素，因此，回答问题的立论基础就必须涉及两个基本的维度：一是司法应当如何回应现阶段的社会需求？二是司法在法治国家中的理想状态如何？鉴于我国的司法正处于社会转型和变革时代的大背景之中，第二个思考维度就显得更加重要，因而，任何关于司法定位的重大理念更新，如果没有充分考虑到未来司法理想图景的要求和引领，无论所提出的理论命题是否成立，都是一个缺乏反思的理论思考过程。

# 法律议论的社会科学研究新范式

季卫东*

**内容摘要**　本文以“法律不确定性问题”为出发点，沿着通过教义学或科学技术来摒弃不确定性以及反过来在不确定性的前提条件下考虑制度设计这样两条基本线索，梳理了法解释学与法社会学之间的争论以及不同的应对策略，从中归纳出作为科学的法学观、作为技艺的法学观以及法律的本质就是话语实践的核心命题。作者认为今后中国的问题导向跨学科研究应该聚焦法律议论，特别是法的社会科学研究要把重点从结构、功能转移到价值含义，以便真正深入规范的领域进行实证分析，与此同时切实加强与法解释学以及法律实务部门之间的对话。因此，作者提倡“议论的法社会学”研究范式，试图以此深化法律方法论的探讨，促进思想与制度的创新。

**关键词**　法律社会科学范式　不确定性问题　权利抗辩清单　语言博弈　网络互动关系

## 一、序言

虽然姗姗来迟，但2014年发生的中国法学方法论之争的确具有深远的意义。毫无疑问，这样的思

* 季卫东，上海交通大学文科资深教授。原文发表在《中国法学》2015年第6期。

想交锋,不仅有利于重新认识事实与规范之间关系,也能促进法律社会科学研究范式创新。

本次法学方法争论的背景是,近两年法教义学在理论界和实务部门开始抬头,并对既有的学术潮流、特别是社科法学提出挑战或者抵抗。针对有关新动向,属于"社科法学"阵营的一些学者纷纷质疑和反驳。有人甚至还预言,三十年后在中国将有法教义学之殇。于是乎,在2014年的春夏间就有了三场两派辩论的擂台,分别在中国政法大学、中南财经政法大学以及上海交通大学凯原法学院举行。北京大学法学院主管的集刊《法律与社会科学》编辑部组织的"社科法学与法教义学对话",则把这场争论推向高潮。[①] 但是,披览相关文献,感觉问题状况和思想焦点似乎还没有完全梳理清楚。不得不承认,在一些关键主张上,两派甚至还在继续上演京剧《三岔口》那样的黑暗中乱斗,并没有进行实质意义上的正面交锋。

鉴于中国法律解释学的积蓄非常薄弱等问题,我始终认为现阶段中国法学研究的一项最重要的任务还是加强法律适用的推理和解释环节,甚至有必要在法律职业共同体当中鼓励法教义学的规范思维方式,让制度担纲者本身树立必要的法律信仰,进而通过示范作用在公民的社会日常生活中塑成守法精神。否则,卡尔·施密特式的主权决断论或者具体秩序论就会横行无忌,法治原则根本就无法落到实处,作为正义屏障的法律职业精神也难以弘扬。[②] 当然,在社会体制转型期,法律的形式性要求势必遭遇特别严峻的挑战,何

---

① 关于这场法学方法论之争的来龙去脉以及主要观点,参见尤陈俊:《不在场的在场:社科法学和法教义学之争的背后》,载《光明日报》2014年8月13日,第16版;孙光宁、焦宝乾:《法治中国背景下的法律方法论研究——2014年中国法律方法论研究学术报告》,载《山东大学学报(哲学社会科学版)》2015年第3期。社科法学与法教义学争论双方的代表性主张,例如,苏力:《中国法学研究格局中的社科法学》,载《法商研究》2014年第5期;陈柏峰:《社科法学及其功用》,载《法商研究》2014年第5期;侯猛:《社科法学的传统与挑战》,载《法商研究》2014年第5期;张翔:《形式法治与法教义学》,载《法学研究》2012年第6期;陈景辉:《法律与社会科学研究的方法论批判》,载《政法论坛》2013年第1期;雷磊:《法教义学的基本立场》,载《中外法学》2015年第1期。

② 卡尔·施密特曾经深入分析法学思维模式中决断论与规范论之间的相克关系,但他持反对规范论的立场,而提倡具体的秩序论,并以此作为纳粹政权的法学指导思想。参见[德]卡尔·施密特:《论法学思维的三种模式》,苏慧婕译,中国法制出版社2012年版。

况，党的十八届四中全会通过的《中共中央关于全面推进依法治国若干重大问题的决定》所指出的立法质量问题，也会妨碍法教义学态度的形成以及法律解释学技术的有效运用。在诸如此类的背景之下，关于法律与社会的关系和相互作用以及具体秩序的问题导向跨学科研究，才有了非常广泛的用武之地。但关于法律的社会科学研究，在我看来还是应该与法律解释学形成某种相辅相成（以加强规范的功能实效），或者相反相成（以加强制度的反思理性）的关系。[③] 否则，脱离法律规范本身而片面强调经验科学和实证研究技术的社科法学将有可能发生蜕变、流于精巧的素材—数据游戏，或者在法学界被逐步边缘化。

也就是说，法的社会科学研究范式创新的方向是从结构—功能主义转向涵义的分析，[④]即深入规范的价值涵义领域——按照尼可拉斯·卢曼（Niklas Luhmann，1927～1998年）的概念界定，这种涵义（Sinn，meaning）发挥着如下作用：通过主观与主观之间（主观间性）的可以互相沟通并达成共识的方式，把多种多样的体验可能性综合起来，从而使自己可以有意识地、切实地预期到他者的预期（所谓"预期的预期"正是复杂系统理论和社会博弈理论的核心观点之一）[⑤]。其中特别是要聚焦立法、执法以及审判的沟通行为和话语空间（作为社科法学与法教义学的中介）及其规范的涵义，同时也参与法治秩序的建构并注重法律现象的政策科学研究（作为社科法学与政法法学的中介），而不是相反、脱离甚至排斥法律解释的实践以及相应的制度改革举措。

有心的读者或许从上面的阐述内容中已经关注到作为中介的

---

③　从不同角度论述两者互补关系的文献可以举出，谢海定：《法学研究进路的分化与合作——基于社科法学与法教义学的考察》，载《法商研究》2014年第5期；熊秉元：《论社科法学与教义法学之争》，载《华东政法大学学报》2014年第6期。具体研究成果可以举出，程金华：《四倍利率规则的司法实践与重构——利用实证研究解决规范问题的学术尝试》，载《中外法学》2015年第3期。

④　有关背景的说明可以参阅和田仁孝：《法社会学的解体与再生——超越后现代》，弘文堂1997年版。这么说并不意味结构—功能的分析不再需要，或者无足轻重，只是想强调法社会学应该把规范本身也纳入射程之中，甚至作为研究的重点，而不能仅仅满足于围绕法律的各种现象的研究。

⑤　参见尼可拉斯·卢曼：《法社会学》，村上淳一、六本佳平译，岩波书店1977年版，第92页。

法社会学定位。在黑格尔(Georg W. F. Hegel,1770~1831年)那里,中介是指经过反思理性化之后向绝对之物发展的过渡。根据尤哈内斯·缪勒(Johannes P. Muller,1801~1858年)的实践辩证法,中介则意味着个别之物通过政治的、实践的调解以及法律程序中的沟通行为等互动关系而实现不断变化的各种因素的动态均衡。这里所说的法社会学的中介作用显然更接近缪勒的概念理解,与《尹文子》把"综核名实"、进行黑白分明的判断作为法律精髓的思路也有相通之处。需要特别指出的是,在这里,无论中介还是动态均衡,并非指回避对立、提倡无我、强调归一的片面化、绝对化的整体性"和谐",而是以对立的存在为前提的。因为没有真正的对立和张力,中介就会流于形式,法治理念也就会失去立足之地,抗辩的话语空间也就无从构建。当然,上述论断并非简单地等同于激进阶级斗争学说,而是指关于社会和法律的纠纷理论范式,与合意理论范式形成鲜明的对照。

所以,我提倡"议论的法社会学",作为变得日益暧昧不清的"法与社会"研究运动乃至那种偏激化、解构化的"社科法学"今后的一个替代性范式。其宗旨是建立关于语言博弈及其程序条件和寻求权利共识(并非无原则妥协)等建构机制的广义法社会学模型,以便实证地分析和说明法律体系和法律秩序的本质,并推动中国法学理论的创新。这样重新定位后的程序—沟通—权利共识指向的法律社会科学研究,对克服国家规范体系碎片化、各部门法相互间缺乏沟通渠道、"新的中世纪"⑥在全球规模再现等各种各样的割据局面理当有所贡献。对法律解释学(包括法教义学的推理、辩论术、包摄技艺以及概念计算方法)真正在中国确立其学科地位,当然也是大有裨益的。与此同时,能够兼作实用法学跨部门、跨学科、跨国界交流平台的重新定位,也有利于广义的法社会学本身的发展、壮大以及进入法学主流。实际上,只有在提出关于规范适用和制度运行的真问题并有效解决这些问题的基础上,法的社会科学研

⑥　关于由主权国家构成的世界秩序将把"新的中世纪"作为替代模式的主张,参见Hedley Bull, *The Anarchical Society: A Study of Order in World Politics*, New York: Macmillan,1977;田中明彦:《新的"中世纪"——21世纪的世界体系》,日本经济新闻社1996年版;John Rapley, *The New Middle Ages*, Foreign Affairs, Vol. 85 No. 3(2006).

究才能真正凸显自己的认同性和独特意义。

## 二、法律不确定性问题的不同应对

根据我的理解，法教义学与社科法学之争的根本焦点其实是法律的不确定性(indeterminacy)问题。

众所周知，法律规范适用的本质是事实认定、权利判断以及对越轨行为的制裁。因此，客观性、中立性、公正性理所当然地成为法学自始至终所追求的基本目标。在成文法系国家，所采取的方式是特别强调法官严格遵循条文规定的内容，以防止审理案件中的主观任意。其典型表述就是孟德斯鸠描绘的法官理想图像：机械地照本宣科，而绝不对法律内容进行任何修正。⑦ 在判例法系国家，特别强调先例的约束力、缜密的推理以及议会主权，从而避免判决蜕变成审判机构的命令。正是基于这样排除法律之外各种因素影响的思路和逻辑演绎的操作方式，法教义学、实证主义法学、法的形式性理论才渐次发展，蔚为大观。这是一个把规则逐一嵌入正当化连锁结构之中的推理体系，其基础是对部分规则的公理性和实效性的信赖以及把这种信赖逐层推广到其他规则，编织环环相扣的法律之网的机制。

法教义学之类的学说和解释技术以及相关的所有努力，从本质上来看，都是要在丧失了客观标准的大变动时代，重新确立起一种伦理的绝对标准(ethical absolutes)，只不过在这里人们把法律规范本身当作一种形而上学的绝对标准(metaphysical absolutes)罢了。中国的法家在战国时代提倡"夫立法令者，以废私也"的口号、奉法律为公共标准，⑧或多或少也颇有那么一点异曲同工之妙。而在实践中，法教义学试图通过有限的分析程序来不断简化无限复杂的社会现实和语言博弈；通过稳固的预期设定来使法律关系具有确定性，防止法官的政治信条和个性以及经济和社会背景对审判过程的干扰，从而增大社会行为及其结果的可预测性、可计算性。这种作

---

⑦ See Benjamin N. Cardozo, *The Nature of the Judicial Process*, New Haven and London: Yale University Press, 1949, p. 169. 参见[法]孟德斯鸠：《论法的精神》(上卷)，许明龙译，商务印书馆 2009 年版，第 81~82 页。

⑧ 语出《韩非子·诡使用》。

业理所当然值得适当评价，特别是在中国某些地方、某些时期法律适用太过率性而为的那种语境里。

法教义学的方法论前提是笛卡尔式的主客二元论及其不同翻版或变种。例如，主观价值\客观事实、实质合理性\形式合理性、道德\法律、政策\权利、理念\规则等各种对立概念，都具有非此即彼的零和性。这样的思想传统与始于孟子的“天人合一”“道法自然”的观念大异其趣。[⑨] 的确，中国传统的法律话语中也充满了各种对立概念。例如，安定的“经”与变通的“权”、“治人”与“治法”、“德主刑辅”、案件的“轻重”、管制的“宽严”、关系的“亲疏”、“教”与“罚”、“预防”与“惩戒”、“治本”与“治标”，等等。但是，中国式的相对概念不是基于或有或无的逻辑，而是处于或多或少的状态，因而不仅没有加强法律的确定性，反倒使得法律的运用更加灵机应变，甚至通过极其流动化的修辞和调整导致投机心理的蔓延以及对正义进行判断的终结。[⑩] 与中国的对称化修辞方式不同，法教义学或者实证主义法学采取对立化修辞方式，目的很清楚，即通过二元论的一系列概念的严格区分和不同的应对举措来彰显法律的形式性，并强调严格遵循形式要件，以此防止规范应用中的摇摆和扭曲，从而为权利体系以及法治秩序奠定制度设计的基础。[⑪]

然而，现实情况反复证明：即便是关于形式性的讨论，法律家们都无法避免各种不同的形式要件之间的纠结，特别是原则（法律的一般条款）与规则（法律的具体条款）之间的对峙或者冲突。因为规则在形式上的正当化会导致某种刚性需求，而公序良俗、诚实信用等原则在形式上的正当化则会导致一些弹性需求。换言之，前一种形式是法律确定性的屏障，而后一种形式却会成为法律变动性的原因，在这里不同的形式将产生不同的效应。这就是所谓“法律的形式性悖论”——固守形式要件的结果却有违形式要件。这种形式性悖论也体现了法教义学或者实证主义法学内在的根本矛盾。

---

⑨　参见张世英：《天人之际——中西哲学的困惑与选择》，人民出版社1995年版。

⑩　参见季卫东：《超近代的法——中国式法律秩序的深层结构》，密涅瓦书房1999年版，第67页以下。

⑪　参见夏勇：《法治是什么？——渊源、规诫与价值》，载《中国社会科学》1999年第4期。

美国的现实主义法学派认识到在法律形式性上体现的这种张力会削弱法律适用的确定性和客观性，于是，有杰罗姆·弗兰克（Jerome N. Frank，1889～1957 年）和卡尔·卢埃林（Karl N. Llewellyn，1893～1962 年）分别指出审判机构在规范推理以及事实认定方面的可变性、主观性问题，并把实验和科学创新作为解决之策。⑫ 后来批判法学继承了这条思路但却将之推到极端，彻底否定法律议论的确定性、客观性、中立性、公正性，把认定事实和判断权利的作业都还原为法律之外的政治和意识形态。⑬ 事实上，揭露法律制度以及法律职业隐蔽起来的主观偏向和权力策略始终是批判法学的基本立场。

## 三、“作为科学的法学”与验证的困境

为了克服司法过程的不确定性和主观性，克里斯托伐·兰德尔（Christopher C. Langdell，1826～1906 年）等一大批学者开始大力提倡“作为科学的法学”⑭，试图以事实验证的确定性来弥补规范的不确定性；尤其是强调把各种社会调查、实验以及经验分析方法运用到对规范现象的研究方面，以便准确地预测和把握判决以及法律推理。例如，在 1932 年，美国联邦最高法院的路易斯·布兰德斯（Louis D. Brandeis，1856～1941 年）大法官在一个判决中发表少数意见指出：“物理学中发现和发明的成功证实了试行错误的过程是如何重要。科学的进步大部分是实验的成果。……有人认为，现代社会之所以为解决其问题而苦恼，与法院对于社会科学领域中的实验持限制的态度有关。”而该案件的多数意见也承认各州有权进行

---

⑫ Jerome Frank, *Law and Modern Mind*, New York: Bremtano's, 1930, p. 98. Cf. also James E. Herget & Stephen Wallace, "The German Free Law Movement as the Source of American Legal Realism", *Virginia Law Review* Vol. 73 (1987), pp. 399 – 455, William W. Fisher III, Morton J. Horwitz and Thomas A. Reed (eds.), *American Legal Realism*, New York: Oxford University Press, 1993.

⑬ Cf. David M. Trubek and John Esser, "*Critical Empiricism*" *in American Legal Studies: Paradox, Program, or Pandora's Box*? Law and Social Inquiry Vol. 14 (1989), p. 3ff. 也参见船越资晶：《批判法学的构图》，劲草书房 2011 年版。

⑭ Cited from Christopher C. Langdell, *A Selection of Cases on the Law of Contracts*, Boston: Little, Brown & Company, 1879, p. viii.

实验性立法,只是这类法律实验不能突破联邦宪法所规定的自由。⑮在中国的改革开放时代,也有立法预测之议。⑯ 美国还出现过运用经验科学的数据分析判决行为和运用符号逻辑学(symbolic logic)改进法律解释技术的各种尝试,其中一个典型表现就是借助计算机推动的"判决法理学"(jurimetrics)研究。实际上,法律的科学化成为19世纪后期以来的全球大趋势,关于法律的社会科学以及法社会学就是在这样的背景下应运而生的。

进入20世纪之后,在刑事诉讼领域,借助确定性、客观性很强的自然科学知识和方法形成所谓"科学的证据"用于事实认定的纠纷处理方式日益普及。在民事诉讼领域,涉及医疗责任、环境保护、建筑标准、知识产权等前沿问题的"科学审判"以及针对社会风险的"预防性科学诉讼"也日益增多。中国从20世纪80年代初开始也有人借助数学方法和综合评判模型改善公害诉讼案件的审理。⑰ 我和北京大学法律学系赵震江教授在1984年联名发表的关于法律与科学技术之间关系和相互作用的论文,可谓科学法律观在中国的先声之一,在当时引起了较大反响。⑱ 欧美法学界以司法应用为目的的科学研究也越来越发达,形成了所谓"法庭科学"(forensic science)的专攻领域。另外,波斯纳(Richard A. Posner,1939年~　)曾经认为经济学就是一种"接近自然科学的'刚硬'社会科学"("hard"

---

⑮ See *New State Ice Co. v. Liebman*, 285 U. S. 262, 310, 311(1932). 转引自小岛武司:《迅速的审判——美国民事诉讼法的研究》,中央大学出版部1987年版,第245~246页。

⑯ 吴大英、任允正认为,为了预测立法的未来状况和发展趋势,需要采用专门的科学方法和手段来获得经验性资料;这也是制订立法计划以及及时进行规范立改废的前提条件。参见吴大英、任允正:《立法制度比较研究》,法律出版社1981年版;吴大英、任允正:《立法的预测和规划》,载《政治与法律·丛刊》1983年第6期。实际上,早在20世纪50年代,威廉·艾德洛特(William O. Aydelotte)就利用电子计算机分析英国谷物法制定过程中的下院议员投票行为,后来一些投票行为研究还进行过模拟实验。参见宋成有、沈仁安译:《数量方法与美国历史学》,载《国外社会科学动态》1983年第8期。

⑰ 参见邓建煦等:《模糊数学在环境污染案件审理中的应用》,载《中国社会科学》1983年第5期。

⑱ 参见赵震江、季卫东:《法律与科学技术》,载《法学研究》1984年第1期。后来这方面的研究有长足的进步,其中苏力的《法律与科技问题的法理学重构》(载《中国社会科学》1999年第5期)一文尤其值得赞赏。

social science)[19]，试图通过加强目的与手段的分析来提高法律判断和决定的精密度和效率，从而引领了所谓“法庭经济学”(forensic economics)的潮流。即便是基于逻辑演绎的纯粹理论，也被认为与自然科学同样能为政治和法律领域的准确预测提供基础。[20]

但是，事实证明，利用科学以及社会科学的方法和手段未必能够真正克服法律适用过程中的不确定性和主观性。正如意大利出身的著名法学家皮埃罗·卡拉曼德雷(Piero Calamandrei，1889～1956年)所阐述的那样：

> 的确，法官并非机械装置或计算机。法官是活生生的人。确定法律的内容并适用于具体事实的工作虽然被理解为在真空试管(in vitro)的三段论推理，但实际上却是在精神封闭的坩埚里进行的颇带神秘色彩的综合性作业过程。要在坩埚里把抽象的法律与具体的事实熔融一体，必须让直觉与感情在不断鼓动的良心之中热烈燃烧。也就是说，合法性以及一般的法律规范理论(teoria normativa del diritto)乃有益于法律家的学术尺度。但按照这种方式对判决进行逻辑分解，就像化学家的物质分析，即便能够检验出构成鲜活的有机物的所有元素成分，也不可能创造和描述从这些元素的神秘结合方式中诞生生命的机制。[21]

---

⑲ Richard Posner, *Law and Literature: A Misunderstood Relation*, Cambridge, MA.: Harvard University Press, 1988, p. 272. 但在该书英文第二版中，作者对经济学的科学目标采取了更中庸的立场，不在固守科学主义判断标准，而对文学叙事和法律修辞等话语行为中体现的含义处理技艺持理解的同情立场。参见[美]理查德·A. 波斯纳：《法律与文学》，李国庆译，中国政法大学出版社2002年版，第393页以下和译者解说。

⑳ 演绎理论的倡导者、数学家和生物学家阿那托尔·拉伯波特(Anatol Rapoport)就持有这样的观点。虽然纯粹理论通常以理想化的状况为前提条件，未必有直接的实用价值，但却可以启迪和揭示真理，从而对规律进行预测。参见[美]爱·麦·伯恩斯：《当代世界政治理论》，曾炳均译，商务印书馆1983年版，第496～497页。

㉑ 引自[意]皮埃罗·卡拉曼德雷：《诉讼与民主主义》，小岛武司、森征一译，中央大学出版部1976年版，第43页。实际上，卡拉曼德雷提出了与孟德斯鸠截然不同的法官理想图像：不是无生命的存在物，而是有灵魂的法律决定者，即“具有深切的人情味而肩负审判重任的参加型法官”(见同书47页)。

另外，很多法学研究者都注意到，日本医疗事故诉讼史上最著名的典型判例“东京大学附属医院腰椎穿刺案件”经过长期审理，最高法院终于在1975年10月29日作出判决，其中关于因果关系的理由说明特别具有深远影响，被专业论著广泛引用。在这里，日本最高法院明确指出了这样一点真理：“与自然科学上的证明绝不容许任何疑义的标准不同，诉讼上的因果关系证明是对照经验法则来综合考察所有证据，确认特定事实引起特定结果的关系，从而证明一种高度概率性。后者的标准是只要能达到普通人能对真实性确信无疑的程度，就必须而且足以做出判定。”㉒其理由是审判的证明只是以过去一次发生的事实为对象，而自然科学的证明则是以多次发生的事实为对象，必须探求在过去和未来都适用的普遍规律，不容许任何反证现象有存在的余地。所以，司法程序中的证明归根结底不过是办案法官认为已经得到证明的内心确信而已。

实际上，即便审判机构非常重视自然科学意义上的证明，也会存在所谓“科学鉴定的两难困境”㉓，即由于法官不可能具有足够的科技专业知识，必须对涉及科技的案件争议点另行进行科学鉴定；但对这种科学鉴定结果的评价和取舍也还是需要充分的专业知识的，而判断权却只能由法官来行使。在20世纪初期的司法改革中，通过导入专业裁判员（或陪审员）等举措改进了司法鉴定制度的运作，但上述两难问题并没有真正化解。何况，科学上的争论焦点与司法过程的事实认定上的争论焦点本来就未必完全一致，因为法官、检察官、律师以及法学研究者的目的是判断当事人是否负有法律责任，根本就无法避免价值的考量。审判机构在形成心证之际，需要对当事人的叙事作出分析，在此基础上建构和检验假说，并且要在法定审理期限内迅速对不断累积和变化的大量假说和暂时性结论进行处理、裁量、判断。因此，法律决定不得

---

㉒　引自日本最高法院昭和50年10月24日判决，民事判例集第29卷第9号1417页。参见［日］龟本洋：《审判与科学的交错》，载《岩波讲座·现代法的动态》第6卷（岩波书店2014年版），第4~7页，［日］津田敏秀、［日］山本英二：《疫学的因果关系》，载《岩波讲座：现代法的动态》第6卷，第99~102页。

㉓　［日］中野贞一郎：《科学鉴定的评价》，载中野贞一郎编：《科学审判和鉴定》，日本评论社1988年版，第27页。首先指出并论述了涉及科技知识的民事诉讼中所存在的这种两难困境。

不立足于不确定性；甚至可以说，自然科学技术的影响越强，不确定性以及决策的风险性反倒越大。在中国，长期以来司法鉴定机构设在法院内部，科学鉴定两难困境以及判决的证明度问题有时反倒变得更加尖锐，围绕佘祥林冤案的勘验和鉴定的公众疑惑就是一个典型的实例。

正是在这样的背景下，加上美国法官政治倾向左右判决的典型事例和围绕法律和审判的政治活动的活泼化趋势的影响，批判法学的所谓"法的极端不确定性"（radical indeterminacy）命题开始重新抬头，甚至在相当程度上得到法学界主流的承认。[24] 对司法实践的调查研究也已经证明，个人的效用和价值判断本身是无法量化的。因此，某种判决是否对自己有利、有利程度的大小以及价值顺位等判断都会因人而异，难以进行外在的客观衡量，法律的可预测性、确定性也很难真正实现。如果硬要使这种可预测性、确定性成为现实，那么法律秩序的正当性恐怕就只能是强制，而不是合意或者承认。众所周知，批判法学因其激进性、破坏性而让很多职业法律人敬而远之，近些年其影响力也在日渐衰减。但是，批判法学对法律职业共同体的思维方式、话语内容以及制度操作技艺所进行的研究和反思，其实还是具有很强穿透力的，对我们换个角度解读法律秩序原理的深层奥秘颇有启迪。如果我们站在法社会学与法解释学进行建设性对话的立场重新玩味批判法学的一些见解，那就很有可能把其中富有学术价值的命题从愤世嫉俗的泥潭里拯救出来，作为法学研究范式转变的参考资料。

## 四、"作为技艺的法学"与议论的形态

既然法律的适用以及法学不可能完全克服不确定性和主观性，那就不得不以不这样的现实为前提来定位法律和法学。因此，另一种立场是干脆从技术甚至艺术的角度来理解法学的本质，并且在这样的框架中追求正义和公平。

---

[24] See Neil MacCormick, *Reconstruction after Deconstruction: a Response to CLS*, Oxford Journal of Legal Studies Vol. 10(1990), pp. 553–555; Robert A. Kagen, *Adversarial Legalism: the American Way of Law*, Cambridge, MA.: Harvard University Press, 2001, p. viii–x.

即便是汉斯·凯尔森(Hans Kelsen,1881～1973 年)的纯粹法学体系,其实并没有把法律适用简单地看作层层推理和演绎的逻辑操作,也没有试图建立一个类似数学或者几何学那样的法学体系,而在相当程度上承认主观意志在规范决定中的作用。凯尔森明确说过,"法律体系的各个规范并不是能从根本规范合乎逻辑地演绎出来的,而必须由特别的制订行为加以设定。这样的制订行为不是出于思考,而是出于意志"㉕。在这里,法律的解释和适用侧重决定的内容正当性以及论证根据的自洽性,并不特别需要经验性事实的检验和科学的确证。由此可见,试图通过欧几里得公理体系那样严密的结构和逻辑推理来追求法律的确定性、客观性、公正性,不仅在实务上难以操作,在制度设计层面也没有落地的可能。但是,法律决定如果基于主观性、不确定性,那么怎样才能具有正当的根据和说服力？这是法律学者内心深处始终存在的焦虑,不断产生出对数学和自然科学的憧憬以及某种实证主义情结。

美国法社会学界始终重视经验科学以及结构—功能分析法,但从 20 世纪 80 年代开始也把注意力转向价值含义以及相应的沟通行为,逐步形成了所谓"安赫斯特学派"。属于这个学派的一批学者通过法律意识的调查、法院外解纷方式(ADR)、街道行政执法的考察以及法律三类型论或法律多元主义框架的建构,推动了"日常生活中的法律"(law in everyday life)研究,把法律理解为从话语、实践中自发生长而成的社会结构,更加强调微观层面的支配与抵抗活动对于秩序的塑造作用,着力描述个人行为与社会结构之间的互动关系对制度、文化以及意识形态的影响。㉖

不言而喻,实践中的法律主要表现为话语,主要通过立论(argument)和相应的议论(argumentation)来达成合意或共识的沟通活动,来呈现一定的过程和结构并具有制度的前提条件。任何一个法官都知道,在处理案件时必须始终面对当事人双方的一系列不同权利主张及其论证;要在大量的叙事和修辞中,在这样的话语与

---

㉕ 参见[奥]汉斯·凯尔森:《纯粹法理论》,张书友译,中国法制出版社 2008 年版,第 82 页。这里的引文进行了适当调整。

㉖ 参见刘思达:《美国"法律与社会运动"的兴起与批判——兼议中国社科法学的未来走向》,载《交大法学》2016 年第 1 期。

话语相互对抗的构图中进行抉择，必须不断对复数的解答进行斟酌、权衡以及说服的作业。在这里，议论由复数的立论组成，每一个立论都必须给出理由、进行事实上或者逻辑上的严密论证，每一个立论都是可以辩驳的，并通过反证的检验而正当化。也就是说，关于法律和正义可以有多种多样的看法，但只能做出一个决定，因此，判决必须尽量考虑各种不同主张及其理由，以便说服社会。

换句话说，要把被对立的权利主张撕裂成两个系列的法律议论重新统合起来，只有通过辩驳和验证这样的过滤装置才有可能。只要我们从这个角度来重新认识法律的确定性、客观性、公正性，就有可能找出解决问题的线索。这正是史提芬·托尔敏（Stephen Toulmin，1922～2009年）对议论结构的分析以及所提倡的“优化求证法”（good reasons approach）引起我们重视的主要原因。他的思路和主张非常清晰，他说：“我确信，通过对照现实中进行的议论评价来试验我们的想法，而不是对照哲学家的理想把法学当作逻辑学的普及形态，我们终将树立一个与传统的逻辑学截然不同的逻辑学体系。”[27]这种逻辑学体系以解析“议论的样式”为宗旨，把法律思维方式本身作为逻辑学的模型，而不是把逻辑学作为法律学的模型，就像胡适把司法中的勘验技术以及相应的推理过程作为历史考据学乃至文学研究的模型那样。在罗伯特·阿列克希（Robert Alexy，1945年～　）所倡导的“法律议论的学说”当中，通过对法律规则的选择和解释以及权利认定的理由论证，我们也可以发现同样的方法论取向[28]。

## 五、抗辩清单对于法律沟通过程的重要性

在这种法律的逻辑体系里，任何立论都是附带消灭条件的，因而有可能被归入例外之列、是不确定的。但是，如果立论经得起辩驳和反证的检验，那就可以存续于议论的过程—结构，因而具有确

---

[27] Stephen E. Toulmin, *The Use of Argument*, Cambridge: Cambridge University Press, 2003, p. 10. 关于托尔敏的议论模型学说的内容概述，参见［日］龟本洋：《法的思考》，有斐阁2006年版，第226页以下。

[28] 参见［德］罗伯特·阿列克西：《法律论证理论》，舒国滢译，中国法制出版社2002年版。

定性、客观性、正当性。我以为,把例外和反驳的条件也都编织到法律规则体系里的这种“可撤销性”(defeasibility),对于正确把握“议论的样式”以及法律的逻辑体系具有关键的意义,对于进一步深入理解中国特有的法律试行现象也颇有启迪作用。[29] 在20世纪的法学理论界,是哈特(H. L. A. Hart,1907~1992年)首先发现并从理论上阐述了“可撤销性”这个概念。在相关论述中,他把法律实证主义传统与维特根斯坦(Ludwig Wittgenstein,1889~1951年)的哲学精神通过并列、交错和冲突最后巧妙地融合在一起,形成了以语言博弈为特征的法学新境界,通过语义分析方法建立起另一种自我完结的法律规则体系。这片丰饶的思想矿藏最近在欧美法学界引起了学者越来越浓厚的兴趣。[30]

这里试举一例加以说明。哈特认为,有效合同的成立必须满足一定的条件;如果存在虚伪表示、强迫、丧失意识、不道德的目的之类的事实,有效合同就不能成立。这些作为撤销合同理由的事实不妨称作抗辩清单。稍微深入思考一下,就可以领悟这样的道理:几乎所有法律概念,几乎所有的权利认定和保障,如果离开了关于不能适用规范的例外事由或者可以削弱规范的消极事由的清单,都无法进行充分的说明。显而易见,这种权利抗辩清单对于分配举证责任的制度安排也具有重要意义。[31] 正是因为存在这样的抗辩清单,所以法律领域当中的语言博弈更加活泼并且不断延展,使一种语言断片的周围出现越来越多的不同语言断片,与之相互补充或者相互拮抗,使一种语言博弈的边缘逐渐出现更大范围的语言博弈,从而形成不断扩张的多项语言博弈的复杂状况(the complex situation of multiple language game)。关于权利确定化的共识通过

---

[29] 关于中国法律试行的理论分析,参见1988年完成、1998年修订的笔者论文《法律编纂的试行——在事实与规范之间的反思机制》,收录在季卫东的《法治秩序的建构》(中国政法大学出版社1999年版)。

[30] Cf. Jordi F. Beltran & Giovanni B. Ratti (eds.) *The Logic of Legal Requirements: Essays on Defeasibility*, Oxford: Oxford University Press, 2012; Claudia Bloser, Mikael Janvid & others (eds.), *Defeasibility in Philosophy: Knowledge, Agency, Responsibility, and the Law*, Amsterdam: Editions Rodopi B. V., 2013.

[31] H. L. A. Hart, *The Ascription of Responsibility and Rights*, Proceedings of the Aristotelian Society, XLIX(1949), p. 174ff.

这样议论纷纷的状态而渐次凝聚，并作为法律决定表达出来。这是一个动态的过程，其结果和效果会在很大程度上受到程序设计方案的制约。因此，权利抗辩清单是必须与程序公正原则相匹配的。

正是在这样的框架下，哈特提出了法律就是第一层规则（责任规则）和第二层规则（承认规则）的结合这个著名命题。在某种意义上也可以说，他是把涉及语言博弈的语言博弈作为法律体系的本质。[32] 由此可见，法律的存在与客观事物的存在不同：法律是通过语言表述出来的。所有权、股份公司、专利、法定继承、当事者适格等等现象，都不是在法律之外客观存在的实体，而是由法言法语构成的，是思想观念上的拟制。离开话语，离开议论，就根本没有法律可言。但在这里需要提请注意的是，尚处于试行（暂行）过程中的语言表述本身并非法律；只有当某一暂定法律表述、判断、决定的正当性得到认证之后某一法律规范才因此存在。而对之进行认证的仍然还是法律话语，这里存在复杂的、互相关涉的话语连锁，甚至还有那么一点循环论证。在这个意义上也可以认为，社会结构来自话语；话语里面也隐藏权力关系，至少是关于权力的预期。

托尔敏非常重视哈特提出的这一命题，并把它与法律议论的思维方式或逻辑模型中的反驳条件等量齐观。[33] 由此可以推而论之，法律议论的最根本特征在于双重可撤销性或者说双重不确定性：法律依据是可以因抗辩而撤销的，需要正当化的主张、命题以及决定也是可以因抗辩而撤销的。正如拉丁格言所表述的，“一切主张在未经证明之前应推定其不成立”（Omnia praesumuntur pro negante），这里存在说服力竞争以及淘汰的机制。这种正当化过程才是法律秩序的生命力源泉，也是规范确定性的关键所在。概括而言，如果抗辩的空间较窄，则证明的义务负担也较小；反过来，倘若抗辩的空间较广，那么证明的义务负担也就相应地增大——因此，抗辩清单具有促进论证性对话的功能，并加强法律秩序的正当化机制，从而加强规范体系的确定性。另外，在主观与主观相碰撞

---

[32] 参见［英］哈特：《法律的概念》，张文显等译，中国大百科全书出版社 1996 年版，第五章；［日］桥爪大三郎：《语言游戏与社会理论——维特根斯坦 · 哈特 · 卢曼》，劲草书房 1985 年版，详见关于哈特的法律规则学说的分析。

[33] Toulmin, *The Use of Argument*, *op. cit.*, p. 131.

的话语空间中,法律解释共同体内部分享的理念、语法、修辞、逻辑以及实践理性也可以在相当程度上构成客观的判断标准,促进规范文本的确定化。[34]

哈特和托尔敏的理论焦点实际上是聚集在法律作为一种语言样式而发挥功能的基本机制之上。辩驳、论证、承认、撤销、变更、确定等一系列议论和达成共识的过程,正好反映了法律秩序最核心的建构装置,也就是规范的话语技术。围绕包括公正程序要件在内的第二层规则的各种语言博弈使得法律规范及其适用机制变得可视化了,也就是可以根据经验科学的方法进行观察、进而进行实证分析了。而不断扩张的多项语言博弈的复杂状况可以把社会规范及其正当化、内在化功能也作为第二层规则的关联现象,也纳入视野之中,同时也可以在个人行为的层面研究法律规范的形成和运作,这就为法社会学研究开拓出新的空间,也为法解释学或法教义学与法社会学之间的竞争、合作以及互相补充提供了广阔的机会性结构。更重要的是,聚焦议论的法学研究可以促使法律命令说(权力的逻辑)以及法律道德说(传统的逻辑)逐步式微,加强庭审功能和律师的角色作用,这对中国推行依宪执政、依法治国的体制改革也具有重要的现实意义。在一定意义上也可以说,要建成法治中国的巴别塔,语言博弈与沟通机制具有决定性意义。

## 六、议论的法社会学:研究范式创新

基于上述分析,法律命题不确定性的渊源以及法律规范确定化的机制就在法律议论及其抗辩清单之中,而围绕秩序建构的个人间话语博弈以及法律与社会之间的互动关系,为法的社会科学研究提供了非常辽阔的发展余地。为此,研究方法的重点应该从结构和功能转移到含义上来,聚焦沟通行为,立足主观间性和话语博弈,建立一个兼顾程序、沟通以及权利共识(建立在抗辩等话语技术正当竞争基础上的共识)指向的理论体系,并对实践中的法律意识和法律行为进行实证分析(如安赫斯特学派所进行研究那样),进而在制度

---

[34] See Cf. Owen M. Fiss, *Objectivity and Interpretation*, Stanford Law Review Vol. 34 (1982), p. 739ff.

改革方面推动政策科学研究。法律议论的样式、象征性权力的作用、对话和抗辩的条件、程序公正的程度、决定的风险性和正当性以及处理纠纷和进行决定的各种机制设计方案等，都将成为广义法社会学研究的重点对象，应该也有可能吸引更多的法解释学研究者以及不同学科的专家参与其中。在这个意义上，我们可以说，在当今的时代，尤其是在中国，需要确立一个新的跨学科知识领域，即“议论的法社会学”。[35] 这就是我对今后法的社会科学研究范式转移的基本认识。

回望20世纪，关于法的社会科学研究曾经风靡全球，形成了“法与社会”研究范式；在方法论上，侧重结构与功能。然而，正当性论证不断促进实质问题的议论，势必使得社会价值的含义凸显出来，全球化对本土文化认同的挑战进一步加剧了这样趋势。因此，法社会学的范式创新应该打破法与社会二分法的窠臼，聚焦含义之网和沟通活动，进而对法律意识、法律知识以及法律思考形态进行深入的考察、分析以及解释，在形成权利共识的同时加强规范的反思理性。为了回应这样的时代需求，议论的法社会学将特别注重议论实效化的程序条件，主要包括参加议论的动力或诱因体系、确保论证性对话这一本质性特征、议论与法律判断以及制度改革之间的关系，并使潜在的议论规则尽量显现出来。这实际上是要改变“法与社会”运动把社会与法律对立起来并过分强调社会生活的那种状态，使法律职业的思维方式、个人主体的议论和行为变成广义法社会学研究的中心内容，进而剖析法律教义、制度结构与人们的法律意识乃至法律意识形态之间的关系和相互作用。在这个意义上，议论的法社会学也是实践（实务）指向的，也不妨理解为“法律

---

[35] 邓肯·肯尼迪曾经提出“法律立论的符号学”的主张，宗旨颇有相通之处。See Duncan Kennedy, *A Semiotics of Legal Argument*, Syracuse Law Review Vol. 42(1991), p. 75ff. ,Cf. also Anne Wagner & Jan M. Broekman(eds.) *Perspects of Legal Semiotics*, New York: Springer, 2011. 法律符号学虽然具有人类学维度，但更强调价值内涵的形成和表达以及有意义的沟通，立足点是索绪尔（Ferdinand de Saussure, 1857~1913年）式语言学（欧洲流派）或者皮尔斯（Charles S. Peirce, 1839~1914年）式逻辑学（美国流派），而这里所说的“议论的法社会学”则更侧重一定社会结构（特别是人际网络）中的沟通行为和互动关系，立足点是结构—功能—含义三位一体的话语空间、抗辩和论证的正当化机制分析以及相应的公正性制度条件研究。

的社会解释学”。

“议论的法社会学”在方法论上的主要特征是跳出法律与社会的二元论窠臼，把社会理解为法律运作的场域，把法律理解为社会生活的编码，从而扬弃以法律\社会的分离格局为前提的法律工具主义观点；与此同时，把社会中的法律秩序理解为包括支配与抵抗之前较量在内的多项语言博弈的复杂状况以及带有不确定性的价值含义构成物。议论的法社会学将致力于对实践的观察、分析以及诠释，强调主体对结构的塑形作用，进而从事实与话语之间的交相影响中解读社会价值的含义，侧重对法律沟通过程、规范选择的行为以及秩序的建构—解构—再建构机制的经验性研究，也包括法律意识的比较、解释、反思以及批判。在一定程度上也可以说，这样的研究新范式企图为围绕法律的专业话语与社会话语提供必要的媒介物和沟通方法，为象征性符号互动的秩序提供不可或缺的认识论框架，并使得具有鳞片化结构特征的中国传统法律秩序也获得更精准的科学表达，进而为法治的制度设计勾勒出一些破解难题的辅助线。

实际上，尤根·哈贝马斯（Jurgen Habermas，1929 年～　）在价值与事实之间构建的商谈（deliberation）理论与“议论的法社会学”的宗旨非常接近，只是前者更侧重社会的理性—德性沟通过程、后者更强调法律的内部—外部沟通过程而已。哈贝马斯明确指出：为了矫正极端客观主义的社会科学的流弊，需要反过来发扬主观精神，但又不能放弃理性的立场，于是需要在合理性的语境里重构道德话语，与卢曼的法律系统理论特意设置观察者或技术专家的视点形成鲜明的对照。哈贝马斯更强调社会主体的作用、强调相互主观的商谈，并通过不同意见之间的沟通网络和互动过程来适当调整结构与实践之间的张力。然而，后期哈贝马斯主张，只有法言法语才能成为生活世界与系统以及各个子系统之间的普遍性沟通媒体。从而发挥整合功能。他说：

> 法律可以说起一种转换器的作用，只有它才能使进行社会性整合的全社会交往之网保持不破。具有规范内容的信息只有用法律的语言才能在全社会范围内循环；如果不把信息翻译成复杂的、对生活世界和系统同样开放的法

律代码[Rechtskode],这些信息在由媒介导控的行动领域内将是对牛弹琴。[36]

概而论之,为了防止法律体系的保守化、维护批判精神,哈贝马斯引进了道德话语,并把导致讨价还价和妥协的交涉这一政治性契机也嵌入独立自洽的规则体系之中。然而,哈贝马斯还是坚持道德只有转译为法律代码才能具有超越邻近范围的效果这一命题。这意味着要把公民自主的沟通活动加以程序化。由此可见,哈贝马斯的商谈理论以一种双轨的规范性互动过程为特征,即围绕法律和权利的正式议论以及围绕道德和社会自治的非正式议论,并且这两个不同层次之间也存在相互审核、相互蕴含的关系。

但是,在哈贝马斯止步的地方,我们仍然可以进一步追究如下问题:程序正义的最本质特征是不容许双重标准,在双轨的议论和交涉过程中能否实现规则的统一?怎样才能避免社会化的私人自主与政治化的公共自主之间发生分歧甚至对峙?在平面化的相互主观性沟通活动中,虽然程序规则和议论规则能够防止所谓"双重不确定性"问题的出现,但为达成共识而促进反复议论的理想条件却面临时间压力以及无法作出决定的压力,那么应该如何克服这类困难?[37] 这些问题正是"议论的法社会学"所必须面对和进一步寻求答案的。

## 七、政策议论与社会议论

"议论的法社会学"当然特别关注法律的议论,特别是职业法律人的话语行为及其制度条件。然而也要看到,论证性对话以及抗辩的活泼化势必不断凸显价值和立场的差异,因而加强议论和交涉的政策指向,助长法律沟通的政治化趋势。政策议论以及法律沟通的政治化势必加剧判断和决定的不确定性,也使法律关系在关于正义、道德以及社会福利的层出不穷的辩驳之中难以稳定。为了解决

---

[36] [德]哈贝马斯:《在事实与规范之间——关于法律和民主法治国的商谈理论》,童世骏译,三联书店2003年版,第69页。

[37] 参见季卫东:《法律程序的形式性与实质性——以对程序理论的批判和批判理论的程序化为线索》,载《北京大学学报(人文社会科学版)》2006年第1期。

这个问题,罗纳德·德沃金(Ronald Dworkin,1931~2013 年)沿袭主流法学的固有思路,特别强调记述个人权利的"原理"与记述社会整体目标的"政策"之间的区别,主张法庭辩论以及司法判断应该聚焦于寻求权利的正解。[38]

在传统的形式性要求之外,他还提出了著名的整合性学说,对法律的推理和解释设定了三个限制条件:第一,推理和判断必须与法律规范体系的整体相吻合。因此,需要明确区别立法者与审判者,防止法官造法现象的滋长。[39] 这是最基本的限制条件,同样适用于立法者。第二,当与法律规范体系的整体相吻合的解答存在复数时,必须从中选择出一个解答作为判决内容,为此还要另行对法官追加两个限制条件。一个是法官可以根据自己信奉的政治理论或者原则进行选择,但这种政治理论或者原则必须能够为法律规范提供最相洽的说明。第三,另一个限制条件是这种政治理论或者原则必须首尾连贯,适用于该法官处理的所有案件,而不能左右摇摆、自相矛盾。[40] 德沃金认为,当上述三个限制条件都得到满足时,法律解释就不会轻易被个人价值偏好、政治目的、结果乃至政策左右,如此才具有从原则到规则的整合性。

显而易见,德沃金是希望禁止、至少极其严格地限制法官进行政策性讨论的。但是,只要到司法现场考察一下就明白这样的道理:法律解释的实践往往不得不进行各种利益和价值的比较权衡,不得不从社会福利的角度对个人之间的权利主张进行适当协调,不得不考量某一规则或判决对当事人以外的其他人的影响,这些现象与德沃金的理论主张并不符合。在这里,我们有必要换个角度看问题。站在议论的法社会学这一立场上,可以推断出这样的结论:法律议论既然无法杜绝政策问题,那就应该从场域的建构开始,为政策性讨论确立必要的游戏规则,并加强科学论证的环节。

---

[38] Cf. Ronald Dworkin, *Taking Rights Seriously*, Cambridge, MA.: Harvard University Press, 1977, pp. 82ff., 90ff.

[39] 参见[德]罗纳德·德沃金:《法律帝国》,李常青译,中国大百科全书出版社1996年版,第238~241页。

[40] 参见[德]罗纳德·德沃金:《法律帝国》,李常青译,中国大百科全书出版社1996年版,第314~315页。

首先，应该形成理想的对话状况，明确程序公正的条件，确立规则选择的标准。其次，还要确立议论的基本框架，以便合理控制说服力竞争的连锁反应，为达成基本共识以及关于具体权利的共识准备条件。

需要注意的是，这样的话语空间毕竟是为抗辩而创出的，而抗辩势必承认关于法律的不同视角以及法律思考的二元论逻辑（最典型地表现为律师使用法言法语的党派性），相应地，也就要承认从法律上解决问题的方案具有复数性，可能有若干个正解。在这个意义上，法律议论的场域充满了矛盾、冲突以及张力，法官必须不断面对各种各样的主张、论证以及解释之间的竞争，也不断面对自反性悖论。为了跳出这个悖论的陷阱，法官有时不得不利用裁量权自己进行决断。当然，这是一种带着枷锁跳舞的决断主义。但无论如何，这样的抗辩和决断都会从不同角度加强法律秩序的主观性和不确定性，而规范关系的确定化只能是话语技术不断竞赛的结果，即关于权利的共识产生于永不停息的较量，从暂时的共识到恒久的共识，从局部的共识到全面的共识。在这里，能够确保语言博弈的自由和公平的程序竞技场具有决定性意义。

为了限制法官进行决断的恣意，民主问责经常成为司法改革的一个口号或者举措。所谓司法参与，所谓舆论监督，包括微信朋友圈里对热点案件的围观和争辩，都是民主问责的具体表现方式。这意味着判决的正当化根据除了法规、先例、学说、解释、推理技术之外，还有社会实践以及一般群众的话语博弈。法律决定既然是通过议论就权利问题达成共识之后才作出的，而不是事先的武断，那就必须不断接受实践理性的检验，在制度层面主要体现为广泛的意见竞争以及说服技术较量。为此，围绕案件审判的沟通需要把法院之外的公民议论以及相应的互动关系也嵌入其中，使法院内部的议论与法院外部的议论都能成为法律判断的参照材料。与此同时，还应确保这些议论属于论证性对话的范畴，而不是某种情绪化的倾向舆论。参加议论的任何人都必须有在被说服之后修改或放弃自己主张的思想准备，这是法律议论的基本共识，也是通过选项减少的方式实现法律关系确定性的人格保证。在这里，议论的法社会学与哈贝马斯的商谈理论能找到很多共鸣之处。

然而，需要注意的是，在人际关系网络非常强韧的中国社会，议论样式会具有鲜明的圈子化特色,多层多样的场域导致语言博弈更加复杂化。[41] 在法律秩序的基层,存在人与人之间错综复杂的关系。关系这个表述本身就带有自身与他者的二元性,而法律是以关系的撕裂、人与人之间的对立为前提的,但同时法律也是克服这种人际纠纷的尝试或者制度安排。只要纠纷不消失,关系就不可能成为和谐的统一体,因此,在法律的深部始终会产生出某种两项对立的因素,助长语言博弈。因此,在纵横交错的网络里,始终存在各种各样活泼的沟通行为和复杂的互动关系,也存在一个就解决问题的方案进行讨价还价的"意见市场",使得法律规范的贯彻被阻碍、被扭曲。另外,在法律适用过程中如果存在大量的社会交换,势必导致规范秩序中频现混沌。一般而言,不断编织关系网的个人或社群都是秩序的建构者,同时也是一旦有机会就破坏规则的自我中心主义者。中国秩序的担纲者,甚至包括执法者和司法者,都有这样的两面性。对中国法律议论的社会科学研究必须从正视这样的两面性开始。

另外,电子信息技术和互联网实际上放大了中国社会中人际关系网的传统特征,加强了人们相互间沟通、交涉的能率和波及效应。在话语空间平面化的状况中,立法者、政策决定者赋予规范文本的含义很容易在互动关系中发生这样或者那样的变化,人们根据自己的体验作出大相径庭的理解和诠释,甚至完全忽视原来的意图。在一定条件下,个人可能创造出自己主宰的场域,把志趣相投者凝聚在一起,形成和扩大一时一地的倾向舆论。[42] 由此可见,互联网以及借助电子信息技术强化的人际关系网已经成为个人进行各种社交活动的重要平台和媒介,也可能在相当程度上成为个人对社会结构反复进行重构的工具,甚至还有可能发展成一种有效的对抗性权力。不言而喻,议论的法社会学还将把这样一种具有全球性、网络性、风险性以及大众性的崭新的社会时空结构作为经验科学研究和

---

[41] 参见季卫东:《公约、公愤以及公议——现代中国的法律话语空间》,载佐佐木毅等合编:《过去 · 现在 · 未来公共哲学丛书 4——东亚公共空间的创立》,东京大学出版会 2003 年版。

[42] 关于电子信息技术和互联网对社会和法律秩序的影响,不妨参见[日]夏井高人《网络社会的文化与法》[日本评论社 1997 年版,Lawrence Lessig,*Code and Other Laws of Cyberspace*(New York:Basic Books,1999)以及网络法研究会编著《电子网络法——新型法律空间的出现及其冲击》日本评论社 2000 年版]等相关著作。

数据实证分析的对象，并在秩序与混沌的边缘探讨法治模式创新的可能性。

## 八、结语

本文把现实主义法学以极其鲜明的方式提出的“法律不确定性问题”作为出发点，并沿着通过制度设计或者科学研究等方式来摒弃不确定性，以及反过来在不确定性的前提条件下进行制度设计和科学研究这样两条基本线索，梳理了作为法学主流的法解释学与作为新兴学科的广义法社会学之间的辩论以及不同应对策略，关照中国法教义学与社科法学之争的来龙去脉和视觉上的盲点；从中归纳出，作为科学的法学观与作为技艺的法学观以及法律的本质就是话语、叙事以及议论，就是沟通行为，就是象征性符号的互动关系这样的核心命题。在上述背景下，我把批判法学制作的关于主流法律思维方式以及职业法律人的话语和行为的透视图进行了反转，以便把一些对法律秩序深层原理的洞见和颇有启迪意义的命题群从激进主义的泥潭里拯救出来，荡涤其愤世嫉俗的附着物，从而使不同程度上存在的各种法治破坏力转化成根据反思理性进行制度建设的动力，并在这种思路中界定中国语境里的相关问题。

聚焦法律议论，是要把法社会学研究的重点从结构、功能转移到价值含义，以便真正深入规范的领域进行探索、观察以及实证分析，与此同时，也就可以切实加强与法解释学以及法律实务部门之间的深入对话，并形成某种相辅相成或者相反相成的关系。相信大家可以就这一判断达成基本共识：议论是一切法律现象最典型的表现形态。推而论之，关于议论的理论就是程序的理论，也是关于解释和论证的理论，只是侧重点各有不同而已。由此亦可见，从1993年发表程序论，[43]到现在倡导“议论的法社会学”，聚焦法律秩序中的结构与话语之间互动关系以及实践问题，同时酝酿进行中国法律意识的调查和比较研究，并试图在指导思想层面上推动中国法律意识形态的重构[44]等学术活动的轨迹可以看出，我的立场和观点是始

---

[43] 参见季卫东：《法律程序的意义——对中国法制建设的另一种思考》，载《中国社会科学》1993年第1期。

[44] 参见季卫东：《论法律意识形态》，载《中国社会科学》2015年第11期。

终一贯的、顺理成章的，不同时期的论述虽然跨度颇大，但相互之间存在密切的内在联系，形成一个有机的整体。至于所谓"法律不确定性问题"，我要强调指出：打开困境的关键并非严格的教义信仰，也不是彻底的科学主义，而在于法律议论本身的可撤销性，或者说与各种权利主张相伴随的抗辩清单。在不断反驳和论证的话语技术竞争过程中，解决方案的多样性会逐步淘汰减少，直到最后找出一个大家都承认或者接受的正解，至少是唯一的判定答案。其实这也是中国法律试行制度的内在逻辑，与尼可拉斯·卢曼的"学习的法"概念以及哈贝马斯的商谈理论可以相映成趣。而我们念兹在兹的法律确定性，只有在这个意义上才是可行的、真实的，并且通过程序要件获得制度上的保障。然而，不得不承认，这种确定化的过程本身却是周流不息、永无止境的。

法律与社会的关系，归根结底就是通过议论反复寻找权利共识的动态。议论可以在关系网络中进行，也可以在公正程序中进行，还可以在自由的市场或广场中进行，因而会呈现截然不同的样式和结局。由此也可以推定，议论中呈现出来的互动关系的形态决定了各种法律制度的运行，而改革成败的密码应该也有可能在法律议论、政策议论以及社会议论的交叉口解读出来。这样多层多样的、辽阔无边的话语空间，值得我们去观察和发现，并开展经验科学的研究和价值含义的对话，进而推动法社会学乃至法解释学的范式创新。其理论基础已经奠定了，主要是从哈贝马斯沟通行为学说—肯尼迪象征符号学说的社会视角与麦考密克的市民议论学说—阿列克西法律论证学说的法律视角所看到的话语分析法，另外，还有因为"法与社会"运动中出现文化诠释论的转向而产生一系列实证性业绩可资借鉴。在中国的法社会学史学和当代日常生活中的法律实践研究方面，也已经产生出一批在国际上颇引人注目的研究成果，[45]

---

[45] 例如，Philip C. C. Huang，*Civil Justice in China*；*Representation and Practice in the Qing*，Stanford University Press，1996；Kevin J. O' Brien & Li Lianjiang，*The Politics of Lodging Complaints in Chinese Villages*，China Quarterly No. 143（1995）pp. 756－783；Li Lianjiang & Kevin J. O' Brien，*Villagers and Popular Resistance in Contemporary China*，Modern China No. 22（1996）pp. 28－61；Kevin J. O' Brien"Rightful Resistance"，*World Politics* Vol. 49 No. 1（1996）pp. 31－55。应星、贺雪峰、程金华、贺欣、刘思达、侯猛等新锐学者的研究成果也大致可以归结于这个关注法律实践的范畴。

显示了可以进一步拓展的前景。

正是基于以上分析、总结以及判断，我特此提倡“议论的法社会学”，并认为这就是中国法学和法治范式创新的一个非常重要的切入点。如果聚焦法律议论的社会生态和制度安排，就会发现把法教义学与社科法学的争论与合作推进到新阶段的重要契机已经隐然可见，并有可能在这个基础上形成一个在规范和价值含义领域长驱直入、具有中国风格的法律社会科学研究新流派。

# 从基础司改到综配司改:“内卷化”困境纾解

杨　力*

**内容摘要**　随着中国司法体制改革在加快推进,改革的持续复杂性逐步被认识。不进一步深化司法体制改革,会让持续的治理成本投入产生增益的速度放缓和停滞,陷入“内卷化”困境。为此,中国改变了党的十八大以前“修补式”的改革模式,推动了新一轮“结构性”的司法体制改革,包括基础司改和综配司改两个阶段。目前全国范围内的基础司改已经完成,但在司法主体体系化建设、优化司法职权配置、健全司法管理运行机制、综合法律服务供应体系、智慧司法和司法行政等领域存在的短板,需要综配司改“锚定”跟进与衔接。在此基础上,为了防止综配司改又在更高水平上出现的“内卷化”,仍需不断深化推动“全局性”的政法改革,从更高层次上系统谋划、统筹推进政法口机构改革和司法体制改革,形成全方位深层次的政法改革新格局。

---

* 杨力,上海交通大学凯原法学院长聘教授。原文发表在《中国法学》2020 年第 4 期。本文系 2018 年度国家重点研发计划项目“全流程管控的精细化执行技术及装备研究”(项目批准号:2018YFC0830400)的阶段性成果。衷心感谢课题组成员上海社科院法学研究所彭辉研究员、上海市人民检察院研究室林竹静为本研究所作出的重要贡献。

**关键词**　内卷化　基础司改　综配司改　政法改革

## 引　言

2013年起，党的十八届三中、四中全会决定对进一步深化司法体制改革进行全面部署，以“影响司法公正”和“制约司法能力”的若干深层次问题为切入点，进一步全面推动司法体制改革。其中，首先是以完善司法人员分类管理、完善司法责任制、健全司法人员职业保障、推动省以下司法机构人财物统一管理为重点，采取“建构与试错相结合”方案，以上海等地区为先行试点，逐步展开，已经在全国范围内分三个批次基本完成。这一阶段的改革着力于以顶层设计破解体制性的关键议题，具有“四梁八柱”的性质，可称之为“基础性司法体制改革”（以下简称基础司改）。

2018年8月29日，“中央全面深化改革委员会”（以下简称中央深改委员会）审议通过了《关于上海市开展司法体制综合配套改革试点框架意见》（以下简称《框架意见》），目的是立足于基础司改已取得的成果，进一步解决司法体制改革中的机制性和保障性难题，具有“综合配套”的性质，故称之为“司法体制综合配套改革”（以下简称综配司改）。同时，敲定上海成为推动综配司改的“试验田”，旨在鼓励少数被确定的地方司法机关在不违反基本法律原则的前提下，探索及发现某一综配改革方案、最佳改革进路以及成功的可能条件。区别于前一阶段的基础司改，综配司改定位于“有限目标”，包括有基础、迫切性、可行性、有特色、可复制。相对于基础司改，综配司改又牵扯多方利益、流水线长、作业面广、程序繁复、难度较高，在结构上以“一盘棋”思路，更加强调同步设计、系统完备、互为前提、体系配套，尤其关注体制性、机制性和保障性三类议题之间的内在契合与优先顺位。

毫无疑问，这一轮的基础司改和综配司改是一项完全不同以往“小修小补”的系统工程，其规划和设计立足于全局视野，借助国内外以往经验和前沿成果不断创新，反思党的十八大之前司法改革的经验和教训，敲定在基础司改阶段，重点破解体制性的关键议题，在此基础上，综配司改又针对司法主体体系化、优化司法职权配置、健全司法管理运行机制、综合法律服务供应体系、智慧司法和司法行政、量化改革评估体系等领域,逐步完成了比较系统的新时代司法体制改革的理论和实践架构。

2019 年 12 月,全国首个试点的上海综配司改已经完成。它重点探索和解决了基础司改存在的以下重要问题:改革的系统集成性有待进一步提高,改革多个项目之间的耦合性尚未被充分认识;部分改革任务协同性部署不够,制度和机制的衔接有缝隙,平台化转型缺少统筹;满足多元化需求供给不精准,执法司法的便民和惠民政策不到位;配套政策未完全实施;改革重点任务未彻底落实;实质性改革成效不明显;等等。作为综配改革首个试点及已取得阶段性成果的脚注,上海样本具有极为重要的代表和示范意义。虽然它只是局部的试点而不宜被简单复制,但作为改革“尖兵”的一举一动所引起的效应、累积的经验和凸显的难题,颇为值得全面盘点和深入研究。

## 一、司法体制改革的“内卷化现象”

### (一)“内卷化”的分析工具

吉尔茨(Clifford Geertz)在研究爪哇殖民地和后殖民地时代的水稻农业中发现,爪哇农业生产属于劳动力填充型,不断重复简单再生产。他经过观察,得出爪哇农民在人口压力下不断增加水稻种植过程中的劳动投入,但劳动的超密集投入并未带来产出的成比例增长,而是出现了单位劳动边际报酬递减的现象,人均产值长期原地踏步,以致爪哇农业几百年停滞不前。① 他用“内卷化”(involution)概念来表现这种停滞不前的社会状态。以此为起点,掀起了以“内卷化”概念全方位研究国家和社会转型改革问题的理论探讨,产生了深远的学术影响。② 其中,黄宗智(Philip Huang)将“内卷化”这一概念用作分析中国社会的工具。③ 在此基础上,这一概念开始被

---

① See Clifford Geertz, *Agricultural Involution: the Process Ecological Change in Indonesia*, University of California Press, 1963, p. 31.

② See Philp Huang, *The Peasant Family and Rural Development in the Yangzi Delta*, 1350 - 1988, University of California Press, 1990; Michael Burawoy, *The State and Economic Involution: Russia through a China Lens*, World Development, Vol. 24.

③ 参见黄宗智:《华北的小农经济与社会变迁》,中华书局 1986 年版,第 61~62 页。

中国法学界进一步用于分析中国的司法变迁史和诉讼制度等问题。④

“内卷化”是指一种社会或政治、经济、文化模式发展到某个阶段、形成一定的形式后停滞不前，只是在内部变得越来越复杂，无法向新的、更高级的形式变迁的状态。⑤ 可以说，“无发展的增长”是“内卷化”的突出特征，描述的是一种阻滞性的演化发展形态，也就是缺乏实质性发展或突破性变革的瓶颈状态。在结构上，它表现为系统内部各构成要素之间的关系日益复杂混沌；在功能上，表现为系统发展难以上升到更高层级，且存在不能有效适应新需求的功能性障碍；在绩效上，呈现为系统运行效率降低、绩效不彰的状况。

（二）深化司法体制改革的短板

接下来的问题是，从1997年以来中国推动的司法体制改革是否出现了“内卷化”现象？

以建立公正、高效、权威的社会主义司法制度为目的，中国司法体制改革大致可分为探索、推进、深化三个阶段。一是探索期（1997~2008年）：由“政治司法”向“职业司法”转变。该时期的目标是借助于对司法人事管理、职业保障、办案方式等的初步改革，使得司法权运作模式、司法官角色等元素“去政治化”，进而在相当程度上祛除“专政机关”的政治色彩，渐次让司法回归“职业化”应有的本质。⑥ 可以说，起步阶段司法体制改革的方向对、选点准，不过改革限于最高人民法院、最高人民检察院（以下简称两高）范围内，不少举措之间缺乏关联而显得零打碎敲。二是推进期（2008~2012年）：重述“人民司法”。这一时期的改革是通过提高司法透明度、增强裁判文书说理性、提供多元纠纷化解渠道、加强司法对困难

---

④ 参见吴英姿：《诉讼标的理论“内卷化”批判》，载《中国法学》2011年第2期；陈慰星：《法院调解“内卷化”与调解资源外部植入——以Q市两级法院人大代表协助诉讼调解实践为例》，载《现代法学》2013年第3期；蒋勇等：《公安行政权与侦查权的错位现象研究——基于警察权控制的视角》，载《法律科学》2014年第6期。

⑤ See Philp Huang, *The Peasant Family and Rural Development in the Yangzi Delta*, 1350－1988, University of California Press, 1990; Michael Burawoy, *The State and Economic Involution: Russia through a China Lens*, World Development, Vol. 24:6.

⑥ 参见陈金鑫：《关于深化司法体制改革的若干思考》，载《东方法学》2008年第6期。

群体救济等途径,不断缩短司法与人民之间距离。[7] 但是,司法的地方化、行政化两大顽症并没有获得明显改观;[8]改革沿袭了以往的机制性修补,从根本上触动到利益群体的全面司法体制改革尚未开启。[9] 三是深化期(2012 年至今):系统性、体制性司法体制改革走向深水区。这一阶段的改革是基于中央深改委员会的统一部署,提出了不少全局性、深层次问题,尤其是司改的基础性工程逐步完成,已让司法在整体上实现了提质增效。[10]

盘点党的十五大以来的上述三个阶段,日益清晰的司法体制改革阶段目标任务被递进式提出并分步骤实现,主要包括:党的十五大提出“推进司法改革”,党的十六大敲定“推进司法体制改革”,党的十七大明确“深化司法体制改革”,党的十八大更是指出“进一步深化司法体制改革”,党的十九大又提出“深化司法体制综合配套改革”。由此我们不难发现,随着以实现公正、高效和权威为目标的司法体制改革在加快推进,改革的持续复杂性正在逐步被认识,不少实际问题甚至超出人们想象。因此,改革目标实际上难以毕功其于一役完全实现,改革方案会存在一定的理性不足,或者制度执行中时常出现一些走形,结果是导致改革出现了短板问题。比如,改革中“以编定额”的员额分配方式不合理;员额遴选委员会的组成要改进;办案团队的动态绩效评估结果过于主观;省级人财物统筹依赖的最大饱和工作量测算不够精准;破解“案多人少”的案件权重赋值体系未达成共识;人员分类改革后的司法辅助人员岗位职责模糊;以审判为中心的诉讼制度证明标准缺少一体化;公安司法机关之间在办案的证据标准上仍难以协同;知识产权案件的“双轨制”,以及金融法院、互联网法院等专门法院的案件管辖碎片化;办案放权后的案件管理监督相对不足;司法机关的内设部门职权配置不优化;捕诉一体之后的侦监和检监衔接不畅;公益诉讼案源线索的挖掘效

---

⑦　参见关倩:《法官视角中的能动司法》,载《法律科学》2012 年第 1 期。

⑧　参见龙宗智、袁坚:《深化改革背景下对司法行政化的遏制》,载《法学研究》2014 年第 1 期。

⑨　参见陈光中、龙宗智:《关于深化司法改革若干问题的思考》,载《中国法学》2013 年第 4 期。

⑩　参见龙宗智:《司法改革:回顾、检视与前瞻》,载《法学》2017 年第 7 期。

果差强人意；诉讼监督尤其民行监督的检察监督效应不明显；公共法律服务的平台化架构缺项多且不完善；政法机关推动智慧建设的系统性、融合性、精细化程度不强，政产学研用一体化研发的生态尚不成熟。⑪

（三）“补短板”与“内卷化”

随着中国的司法体制改革逐步进入深水区。改革措施一旦不能对相关因素作出预先反应，就必然受到系统其他要素的限制，导致配套措施跟不上、制度衔接有缝隙、地方试点差别大，严重影响改革效果。新一轮的基础司改成就斐然，但是，部分板块的确出现了行动延迟、错位或滞后，致使实然状态、应然状态与当然状态三者之间产生“制度堕距”⑫。相应地，一些改革措施琐碎、相互冲突和彼此脱节，遭遇各种体制壁垒之后折返到原点。涉及完善分类管理、职权优化配置、规范权力运行、综合法律服务、深化科技应用、科学量化评估等配套性问题仍未得到解决，有的反而更加错综复杂，让改革治理难度明显增强，司法体制改革在一定程度上出现了“内卷化”现象。

鉴于此，为了保证司改的持续深化、全面推开，尤其是树立可复制和推广的样板，需要对改革的结构性特征、现实基础、基本逻辑、问题短板进行全面梳理。在此基础上，挖掘和分析改革的理论基石，评述改革中存在的突出短板和攻坚难点，探索深化改革的基本原则及优先议题，进而确保改革以整体推进、重点突破、协同配合的方式顺利推进。

同时值得关注的是，在理论构建上，涉及司法体制改革的研究从20世纪末以来一直是法学界的关注焦点。学者们不断从基本理

---

⑪ 参见杨力：《中国司法体制改革的重大现实命题——司法体制改革试点的上海样本研究》，载《中国社会科学评价》2016年第1期。

⑫ 制度堕距是从社会学引入的一个概念。1923年，美国社会学家W. F. 奥格本在其著作《社会变迁：关于文化和先天的本质》中最早提出“文化堕距”的概念，用以说明在社会变迁过程中，由于社会各部分变化速度差异而产生的诸多问题。奥格本认为，与物质文化和科学技术相比，制度与观念等的变迁速度往往更慢，这就产生了一种迟延现象。目前，已经有学者从制度的实然状态、当然状态和应然状态之间的差距角度，提出“制度堕距”的概念。参见［美］W. F. 奥格本：《社会变迁：关于文化和先天的本质》。转引自王琪、陈昭：《央地关系：制度堕距与改革的内卷化困境》，载《山东社会科学》2017年第5期。

论、制度创新和模式构建等角度提出新的观点,论证推进司法体系和司法能力现代化的宏大图景、时间表和行动进程,但是,新的观点一直受到挑战没有形成共识,导致理论沉淀不足以支持司法体制改革向纵深推进。[13] 同时,原有诉讼结构、司法职权锁定了技术性司改轴心的外部框架,在司法机关对外和对内关系上成为改革舒展的掣肘。即使学术界试图创新,但与实务界存在的隔膜,没有突破理想与现实的失衡而实现质的超越。甚至不少学者质疑“司法研究”是否是一个学术存在,认为该领域研究只能在概念修正和局部论证挖掘,导致司法体制改革呈现“内部精细化”的动向,概念变得越来越精细、理论论证越来越复杂,但是,提出的改革方案要么理论过于艰涩深奥或自洽性差,要么缺少可行性难以付诸操作层面,更多是埋首于细节上的技术性调整,没有触动司法体制改革的根本问题,亟待加以体系化回应与解决。

## 二、基础司改的效能分析

借助于以上对司法体制改革的初步分析,可以得出一个结论:司法体制改革在不断突破的同时,也在一定程度上出现了“内卷化”现象。换言之,以往历时性的司法体制改革变迁史对原有形态不断进行精细化修补,乃至历经新一轮基础司改又实现了阶段性突破,但深化司法体制改革的复杂性让现有方案已经难以上升到一种新的形态,使得持续的治理成本投入不会更多带来相应的增益,需要综合配套性的改革及时跟上。

这种司法体制改革的“内卷化”现象,还可以进一步通过基础司改的“效能分析”得到印证:其一,评价司法体制改革的实际结果是否达到预期,以及两者之间的差距;其二,从成本收益角度,评价司法体制改革到底有没有提高了整体效率;其三,司法体制改革成本投入所带来的边际报酬变化。

### (一)“去两化”的现实状况

长期以来,涉及司法体制改革的中央统一部署、两高系统推进

---

[13] 已有的司法管理研究存在目标空洞,研究碎片化、原则化、理想化,司法改革机制研究普遍被忽视等问题。参见方宏伟:《司法改革需要怎样的理论》,载《甘肃政法学院学报》2013 年第 6 期。

和地方先行先试，"去行政化"和"去地方化"(以下简称"去两化")一直是深化司法体制改革坚定不移的两大核心目标。可以说，"去两化"的目标是否实现，很大程度上决定了深化司法体制改革的成败。

1. "去地方化"不彻底

遏制司法地方化这一问题，乃是推动司法体制改革的重要目标。在"分级管理"的财政体制下，司法机关无论在物质资源上，[14]还是在人事管理上，[15]都在一定程度上受制于地方政府。受制于这一管理模式，审判和检察机关的司法属性得不到彻底舒展，容易形成"地方至上"的行动逻辑，主动或被动为"地方大局"服务。[16] 鉴于此，基础司改从"司法权是中央事权"这一定位出发，重点开展"省级人财物统管""部分案件集中管辖"和"最高法院巡回法庭"三项改革，以祛除司法地方化这一积弊。但是，在经济基础和社会环境不发生大的变化前提下，这类改革往往步履蹒跚。具体表现为：其一，省级人财物统管的执行不到位。地方党政对地方司法影响方式有所改变、成本有所提高，只是仍待进一步优化和理顺。尤其对于县(区)市两级司法机关领导成员，全国范围内有的收拢统一由省委组织部管理，有的由省委组织部委托地市级党委管理；在省级统筹的经费来源上，有的实行省级统一管理，有的暂以地级市为单位管理，甚至有的基层司法机关主要经费来源依然是同级财政拨款。[17]其二，巡回法庭的功能有限性。最高人民法院设立巡回法庭，负责

---

⑭ 《诉讼费用交纳办法》(2006年12月19日国务院发布)第52条第1款规定："诉讼费用的交纳和收取制度应当公示。人民法院收取诉讼费用按照其财务隶属关系使用国务院财政部门或者省级人民政府财政部门印制的财政票据。案件受理费、申请费全额上缴财政，纳入预算，实行收支两条线管理。"

⑮ 实践中，法官任免的主体实际上是两个：一个是地方权力机关，它在最终程序上决定人民法院院长的选举罢免和除院长外其他审判员的任免；另一个是法院院长，他除了可以直接任免助理审判员外，还能通过提请方式左右本院包括副院长在内的广大法官的任免。

⑯ 对于地方政府组织分配的各种任务法院均要参与，例如，下乡扶贫要支持，计划生育要抽调，还有文明机关创建、招商引资等，而这些活动均与司法活动无关，可能这些活动近年来有所减少，但在一些地区依旧存在。

⑰ 参见廖钰、王肖：《关于省以下地方法院经费保障制度的调研——基于"省级统筹"改革背景下的现状检视和体系重构》，载《中国应用法学》2018年第1期。

审理跨行政区域重大行政和民商事案件,以期破解司法地方化难题。然而,该类案件在巡回法庭受理占比低;[18]案件的二审发回改判、提审或提审改判比率低于其他非跨省级案件。这从一定程度上说明,巡回法庭在目标上尚未实现“重拳破解司法地方化”[19]。其三,跨行政区划的上诉管辖“走老路”。跨行政区划的司法机关在一审实现了特定案件的集中管辖,但检察院抗诉或当事人上诉、申诉等引发案件之后,案件又会回到以行政区划确认管辖的上级法院、检察院办理,这些案件办理依旧受到司法地方性的影响。

2.“去行政化”不到位

司法机关对案件过度管理会影响依法独立行使司法权,产生“以行政的目的、构造、方法、机理和效果,取代司法自身内容的司法行政化问题”。[20] 基础司改逐步破解了不少体制障碍,但又产生了司法内部行政化的另一些问题。具体表现为:其一,省级人财物统管的悖论。省级统管的目标是“去地方化”,却又导致了司法系统的垂直行政程度加深。改革之后省级设立遴选委员会负责全省遴选,使得省级两院直接影响下级的员额选任和升迁,形成了司法系统尤其法院上下级内部行政化倾向;地方司法机关预决算编制和报送、预算支出管理、政府采购、涉案财物及非税收入、资产管理等汇集省级两院,进一步增强了上下级垂直的影响,阻碍了审级独立实现。[21] 其二,审判机制的行政化。审判过程的职务主导性、审判委员会对案件裁判的决定性、上下级法院审级科层化是审判机制行政化的重要表征。基础司改解决了院庭长审批制度、审判委员会过多讨

---

[18] 2015年2月1日至2016年9月30日,第二巡回法庭共受理跨省民商事和行政案件249件,占全庭受理的民商事和行政案件总数的17.82%。参见罗书臻:《最高法院通报第二巡回法庭跨省民商事及行政典型案例》,载《人民法院报》2016年10月31日,第4版。

[19] 参见顾永忠:《设巡回法庭应为防止司法领域地方保护主义》,载《新京报》2014年12月17日,第2版。

[20] 龙宗智、袁坚:《深化改革背景下对司法行政化的遏制》,载《法学研究》2014年第1期。

[21] 在省级统管之后,上下级法院在利益诉求上共处于高级法院职能的同一载体,高级法院会运用相关职权实现自我利益最大化的制度变迁,不断重塑全省三级法院为达特定利益的同盟。参见邓志伟等:《高级人民法院职能的调整与优化——基于司法行政管理的功能定位》,载《中国应用法学》2017年第6期。

论个案等问题，同时为了防止责任制放权之后的裁判质量下跌，又产生了专业法官、检察官会议，旨在向办案人员提供疑案咨询。但实践中这一制度“遇冷”，不太受到办案人员欢迎，尤其有的地方只是将之变成提交审判委员会和检察委员会的事前“过滤”机制，而不是真正意义的专业咨询机构。

（二）司法人员分类管理

2019年4月23日，修订后的《法官法》和《检察官法》把员额制上升为法律规定，为司法主体的结构化奠定了合法性基础。不过，员额制改革仍面临不少后续难题，需要综配司改逐步加以解决，主要表现在以下四方面：

1. 以编定额少动态

根据中央政法委统一要求，员额制改革“不增加一个政法编”。针对这种“存量式”的员额改革，综配司改之前以政法编为计算基数“缩减”到39%（上海以政法编和文员编为计算基数，入额标准为33%）的入额改革已经完成。但是，因缺少相应更具体的员额分配标准，使得各地在员额调整上的差别较大，改革边际递减。[22] 对此，最高人民法院《关于全面深化人民法院改革的意见——人民法院第四个五年改革纲要（2014-2018）》提出，“根据法院辖区经济社会发展状况、人口数量（含暂住人口）、案件数量、案件类型等基础数据，结合法院审级职能、法官工作量、审判辅助人员配置、办案保障条件等因素，科学确定四级法院的法官员额”。这一条款较详细地规定了司法机关在敲定员额比例时需考量的要素，但是，其规定仍显笼统，且对于各要素间如何排列，是同等重要还是有所侧重，每一个要素又受什么影响，均缺乏统一的指导规则和价值标准。[23] 实践中各地区司法机关都有不同的员额确定依据，缺乏操作性较强的标准细则约束。

2. 遴选机制不合理

基础司改遴选设定“五年过渡期内，给所有人多次参加入额考

---

[22] 参见杨力：《中国司法体制改革的重大现实命题——司法体制改革试点的上海样本研究》，载《中国社会科学评价》2016年第1期。

[23] 参见陈澎杭：《法官员额制度浅析》，载《法制博览》2016年第9期。

试和遴选机会”,让人员不断层和办案不脱节;入额不让助审、助检“全体卧倒”重来,突出强调不适宜办案者不占额;遴选委员会以改革成员单位和法学学者的标配构成,这些改革让基础司改取得了阶段性成果。但是,进一步综配司改还要解决的问题包括:部分司法机关领导占额过多,导致一线的办案力量不足;司法机关领导根据中央政法委的最低办案工作量办案,但承办重大、疑难、复杂案件的示范性有待提高;全国范围内的司法机关考核认定和考试遴选的差别较大,标准不统一;遴选委员会成员的来源单一,缺乏受影响最大的基层司法机关以及社会多元界别;等等。因此,需要建立更为合理的员额遴选机制,以提高改革的整体效率。

3. 绩效考核不科学

入额不易,退额更难。退额方式包括退休、离职、调动、办案绩效考核退出。其中,难点在于绩效不达标的退出,使得深改必须解决绩效评估的科学性问题。以往绩效评估以办案量、结案量、错案数以及领导评价为主线,简单、粗糙、主观性强。因此,建立以更为精细化的量化大数据为基础,科学测算员额法官、检察官及其办案团队的饱和工作量,辅之以管理层和办案团队判断的绩效评估机制,变得尤为关键。在此基础上,需要聚焦于饱和工作量测算涉及所有影响因素的归集、筛选及相应权重的赋值;权重的赋值又不能只是依赖于主观,而是可借助大数据、小数据和专家评估的闭环评估机制,加以导入全量数据之后的算法甄选和深度学习,以及信效度偏误纠正、案管经验值校验等,建立比较完善的案件权重系数分析模型。

4. 交流任职不全面

基础司改采取了“省级司法机关原则上到基层入额、辖区市司法机关必须到基层入额”“员额逐级遴选”的基本模式。但是,上下级交流、平级之间任职的常态化机制尚未形成。因此,综配司改既要进一步优化“纵向”的员额择优逐级遴选机制,也要关注员额在“横向”不同的司法机关之间岗位轮调,以及破解办案资源在不同区域之间的不平衡问题,这些都是大陆法系司法官任职迁调、上下交流的通例。此外,法官、检察官还可以定期借调至综合业务部门或管理部门,或成为上级司法机关的法官、检察官助理,再适时返回办案岗位，这样既可避免法官、检察官常任行政岗位而浪费司法资源，也可提高其行政管理和综合业务能力，以提高改革的整体收益。

（三）完善司法责任制

司法责任制，目的是建立一个权责明晰、统一且权力相互制约的运行机制，以期在落实“让审理者裁判，让裁判者负责”的基础上，全面提高司法质效和公信力。为此，2015 年 9 月，最高人民法院下发了《关于完善人民法院司法责任制的若干意见》，旨在解决司法责任制改革的差异化；2018 年 12 月，又印发了《关于进一步全面落实司法责任制的实施意见》。改革目标不仅是为了实现司法公正、防止冤错，更是与其他制度改革衔接，以惩戒、制裁和威慑司法人员不法行为为出发点，隔绝对依法独立行使司法权的不当干扰。那么，这一改革初衷是否已经实现？

1. 案件监督不严密

司法责任制核心是“谁办案谁负责”，司改后的领导干预和审委会检委会讨论个案比例大幅下降，同时建立了“问责机制”和“容错机制”。然而，硬币的另一面，案件管理的精细化和常态化、集约化监督管理模式、诉讼事务标准化工作机制、院庭长审判监督管理转型、案件全流程监管体系、检察三类诉讼监督强化、捕诉一体的捕后跟踪机制、羁押必要性的社会危险性认定、对案件提前介入标准、认罪认罚从宽的量刑建议幅度等，都待以进一步补缺。

2. 规范指引不完备

以审判权为中心的诉讼制度改革初步完成，但权力规范运行和加强人权保障措施有待跟上，有关措施包括简案快审、审前听证、法律文书说理、类案适用审查、非法证据排除、繁简分流、司法巡查、审务检务督察、重大案件终结前讯问合法性的核查、刑讯逼供的源头预防、律师诉讼权利保障强化、刑事辩护全覆盖、律师代理申诉、扩大法律援助范围等。

3. 组织机制不完善

基础司改在“审判委员会”“合议庭”之外提出了“办案团队”新概念。这一概念只是应时，尚未正式入法，但办案团队内部的分工落实还不彻底。以法院为例，根据“好钢用于刀刃上”的改革初衷，员额法官更多负责法律审、审核签发裁判文书，司法辅助人员完成立案、保全、听证、调解、起草裁判文书等。但是，由于司法辅助人员配置不全，且综合素质能力有待提高，这种分工还不现实；此外，也没有大陆法系国家比较常见的"轮侯制"，缺少初任从"候补"到实任的培养轨道。

4. 履职保障不完善

富有韧性的改革除了强调问责，还要建立履职保障机制。基础司改逐步实现了人员分类之后的薪资待遇，继而又完成职务等级工资套改等。修改后的《法官法》《检察官法》把法官、检察官的奖励置于"考核、奖励和惩戒"一章中，并未对奖励机制进行具体规定，只是提出"按照有关规定办理"。但是，最高人民法院《关于深化人民法院司法体制综合配套改革的意见——人民法院第五个五年改革纲要(2019—2023)》中仍未对司法人员的奖励进行任何细化，让履职保障机制被边缘化，待遇非终身而责任终身，实质上形成了司法体制改革问责有余而保障不足的格局，使得改革红利难以全部释放，产生了相应的内卷化现象。

## 三、综配司改的"锚定理论"

党的十八大以来新一轮推动的基础司改与综配司改的关系，就是"主体工程"与"配套工程"。在基础司改的"四梁八柱"框架确立之后，综配司改的覆盖不局限于司法机关，其内涵延展到司法行政管理、公安监察职权界定、行政执法体制改革、营商环境法治化等更多亟待集成的配套性领域。但是，综配司改又绝不是重起炉灶，而是仍以基础司改为测评的起始值，部署和决策时要对基础司改出现的问题给予更多关注，尤其强调的是配套工程与主体工程的跟进衔接。因此，衔接与主体工程的配套性深改，这就是推动综配司改的"锚定效应"(Anchoring Effect)，[24]它构成了针对司法体制改革的"内卷化"现象，推动基础司改不断走向深水区的理论基石。

---

[24] 锚定效应，是指当对某一事件进行量化评估和测量时，会将某些特定数值作为起始值，起始值像锚一样制约着估测值。在做决策的时候，会不自觉地给予最初获得的信息过多的重视。See Daniel Mochon & Shane Frederick, *Anchoring in Sequential Judgements*, Organizational Behavior and Human Decision Processes, Vol. 122: 2, p. 71 (2013).

(一)目标与结构的基准

基于衔接基础司改的锚定效应,综配司改的设计和实施奠基在以下两个共识之上:目标设定模型和系统功能主义。

目标设定模型(Goal-Setting Model),强调设定目标的特点会影响激励水平和工作绩效。[25] 这一模型认为,设定挑战性目标和具体性目标、敲定目标过程的人员参与以及对过去完成目标情况的反馈等,事实上都会产生不同侧面的激励作用。该模型的指导意义在于为了长期目标的实现,需要设定具体的、挑战性的阶段性目标,进而为目标实现提供更有效激励。基于此,解决司法体制改革的"内卷化"现象就应当通过渐进方式推进,其前提是设定不断深化改革的阶段性目标,然后借助连续不断的试错、反馈、自我效能提升、任务策略、满意感等元素,寻找到顶层设计与阶段性目标设定的最佳结合点。根据这一模型,综配司改在本质上就是对基础司改的成果和效能反馈和,以及优化任务策略以提升满意度的必由之路。换言之,基础司改中不可避免地存在进度不平衡、完成度不够高的"内卷化"现象,它们构成了综配司改设定目标的基准。

设定目标之后的改革设计和运行,依赖于系统功能主义(Syetem Functionalism)的支撑,其旨在探寻社会良性运行和社会平衡发展的机制,探讨在一个社会系统内如何保证不同子系统之间的稳定有序和协调一致。[26] 在此基础上,帕森斯(Talcott Parsons)延续阐述了系统的"结构整合性"(structures integration),即子系统之间的优势互补机制提出,无论是结构内部,还是在结构与结构之间,都存在功能上的"耦合性"(coupling)。比较重要的是,这种耦合所产生的作用大于单个的个体所发挥的功能,让系统得以实现整体运行。

很显然,基础司改和综配司改贯通一体,不同于以往的零敲碎

---

㉕ See Edwin A. Locke & Gary P. Latham, *Work Motivation and Satisfaction: Light at the End of the Tunnel*, Psychology Science, July 1, 1990, p. 242.

㉖ 帕森斯是哈佛大学社会学系的创始人,20世纪40年代提出了"结构功能主义"这一名称,之后一直努力丰富和完善这一理论体系。作为现代结构功能主义的创始人,在帕森斯看来,无论是整个社会行动系统还是构成社会的小群体、家庭和比较复杂的社会组织,都具有一些最基本的共同的结构,这些结构在其运行中既要求着也发挥着某种特定的功能。参见王翔林:《结构功能主义的历史追溯》,载《四川大学学报(哲学社会科学版)》1993年第1期。

打,而是高度关注改革的复杂制度和机制之间的衔接与耦合,尤其是综配司改在整体上就是以不断解决司法体制改革的“内卷化”为基准,具有鲜明的锚定性。一方面,前一阶段已开展的基础司改初步解决了司法的若干核心问题,但改革中创设的相关制度之间“缝隙”,亟由综配司改逐一填满,整体性、协调性需要被特别凸显和高度重视;与之相应的目标任务也由“聚焦”转为“多元”,进而从重点领域推到全部领域。另一方面,综配司改将理顺司法体制改革的内外部体制和机制问题。在外部要改革与司法权运行有关的诸多体制,使之与司法机关的各项权能、与司法体制改革的各项措施相衔接;在内部解决法律机关之间的职权配置和运行机制,把法定权力的边界厘清,让运行过程更流畅,实现各归其位、各行其权和各负其责。

### (二)协同改革与“两个最大”

综配司改是对目标设定之后的系统结构进一步优化,强调关联要素之间的协同推进。其内涵主要有两个方面:其一,要巩固基础司改成果的基础,把已经取得改革成果固化下来,形成长效稳定的机制,以及促进改革成果的规范化、常态化和系统化;其二,要通过综合性、系统性的制度安排,填补基础司改的“空白”或“缝隙”,消弭改革举措之间的不协调,进而形成整体性的改革合力,推进司法体制向更加科学完备的方向发展。其中,释放锚定效应,就是把“原来点状、块状的基础司改成果,通过整体有序的综配司改连成线、形成面、组成体”,[27]目的是“让各个制度之间严丝合缝”[28]。毕竟,“司法系统是由互为作用和依赖的若干构件结合而成,又从属于更为庞大的国家机关系统”。[29] 所以,面对基础司改中未解决的难题,绝不能视为单一问题,而应看成是多个矛盾交织、叠加形成的结构性问题。在综配司改中破解这些难题,需要推动结构性改革,关注各项

---

[27] 张璁:《十九大报告“深化司法体制综合配套改革”解读:护航公平正义》,载《人民日报》2017 年 11 月 15 日,第 17 版。

[28] 周斌、李豪、蔡长春:《司法实务界和法学专家探讨司法体制综合配套改革——本轮司法体制改革进入第二阶段》,载《法制日报》2017 年 11 月 6 日,第 3 版。

[29] 扬波、王利钢主编:《管理信息系统实践教程》,东南大学出版社 2015 年版,第 20 页。

改革的协调配套，既有“四梁八柱”的主体框架，又有系统完备的辅助工程。

在此基础上，以“协同推进”为最显著特征的综配司改，需要坚守两大原则：其一，最大限度排除改革阻力原则。综配司改的试点虽然已获得了改革遵循司法职业规律的中肯评价，但是，针对某些问题仍然存在一些疑虑，需要进一步凝聚共识，而“扣准社会脉搏，正是凝聚改革共识的重要前提”。[30] 推进改革应当积极寻找改革的最大公约数，关注各类改革制约因素，掌握不同区域群体、不同层级部门对改革推进的真实意见和想法。[31] 在此基础上，进一步加强政策解读，审慎推进改革，防止政策解读不到位对改革产生误读。[32] 其二，最大改革成效优先顺位原则。中国社会主义现代化改革在总体规划上一直有“寻找突破口”的战略沿袭，即先寻求一两个突破口，再经过若干年实现改革的整体推进。这一规划在实践中表现为选择在局部地区就“一揽子”改革先行先试，及时评估和总结，提供可复制、可推广经验。比如，本次中央选择在上海先行试点综配司改，又在所有改革事项中选出最重要和关联性最强的改革项目重点突破，其他项目协同推进，形成“最大改革成效”的“一揽子”方案；在此基础上，在改革步骤的设定上推动“容易改的先改，有共识的先改”，时机成熟时再“啃硬骨头”，进而集中有限的改革资源，避免面面俱到的改革分散精力，影响实际效果。[33]

---

[30] 李艳玲：《扣准社会脉搏是凝聚改革共识的重要前提》，载《求是》2013 年第 2 期。

[31] 比如，不同地区、不同层级机关、不同类型人员的差异性，除了召集各种类型的内部座谈会，可以更多地通过调查问卷、重点访谈、数据分析等方式，随时跟踪和了解一线司法人员针对各类改革事项的认知程度、问题焦点和未来期待等。

[32] 比如，关于司法责任制和法官检察官奖惩制度的改革，其目标是为了“明晰权责、优化机制、有序问责、强化保障”，而绝非简单地加以“问责”“惩治”。

[33] 2019 年 7 月中央政法委在政法领域全面深化改革推进会上强调，已部署的 100 项政法领域改革任务，要在 2023 年之前全部完成，必须分阶段、有步骤地推进，其中深化党委政法委改革、深化司法责任制综合配套改革等 42 项要在 2019 年完成，推进民事诉讼制度改革、建立法治人才培养机制改革等 49 个事项要在 2020 年完成，建立刑事侦查责任制、推进社区矫正制度改革、深化律师制度改革等 9 个事项要在 2023 年前完成。

(三)117项改革事项完成

中央对新一轮的基础司改及综配司改的认识,经历了长期酝酿和不断深入历程。2017年7月,全国司法体制改革推进会要求开展综配司改试点,提升司法的整体效能。根据中央统一部署,上海及时研究制定《框架意见》,覆盖了117项改革试点,并于2017年8月报请中央深改委员会审议通过,这一意见为综配司改提供了基本依据。在此基础上,上海又进一步配套制定了多达400多个事项的具体分工方案,细化明确职责任务,为改革提供了“精装修”施工图。2017年10月,中共十九大报告进一步提出要“深化司法体制综合配套改革,全面落实司法责任制,努力让人民群众在每一个司法案件中感受到公平正义”。这体现出党中央从坚持和完善中国特色社会主义制度,不断推进国家治理体系和治理能力现代化的宏伟目标出发,对人民和历史作出的庄严承诺。

在此基础上,上海作为综配司改的全国首个试点,推动的117项改革任务在2019年年底全部完成。形成了百余项制度性成果和一批可复制推广经验,已经建立覆盖较全面、配套较齐备的新型政法工作体系。

以上海市综配司改起始之年的2018年为例,这是“锚定”基础司改的基准,最能直接对比体现综配司改的深化改革成效的关键年度。“上海市审判机关共受理案件79.82万件,审结79.41万件,法官人均办案264.96件,92.85%的案件经一审即息诉,同期结案率达99.48%,经二审后的息诉率为98.86%,质效数据继续保持全国法院前列。”[34]“全市检察机关人均捕诉合计办案量在直辖市排名第一、全国位居前列,抗诉数、监督撤案数、再审检察建议等几项核心指标均达到两位数的上升。”[35]从改革的实际效果看,综配司改的绝大多数举措都已经落地生根、开花结果;从社会各界和人民群众的普遍评价看,综配司改的结果符合预期,整体上实现改革目标。

---

[34] 刘晓云:《上海市高级人民法院工作报告》,2019年1月29日在上海市第十五届人民代表大会第二次会议上。

[35] 张本才:《上海市人民检察院工作报告》,2019年1月29日在上海市第十五届人民代表大会第二次会议上。

## 四、综配司改事项的主要类型

根据以上承袭基础司改的“锚定效应”，综配司改以实现司法公正、高效和权威为目标，以人权保护和司法公开为两大评价标准，以司法主体能力建设、外部体制改革、内部机制完善作为三大支撑点。基于此，综配司改的事项在结构上主要有五个类型：

（一）司法主体体系化建设

这一类型回应基础司改“内卷化”现象的事项包括：(1)“以案定额”与“以职能定额”相结合的员额动态管理。重点解决员额改革后的人案矛盾突出、员额测算受限于中央政法编、员额比例固定在39%局限性、省以下员额配置的饱和工作量测算标准不科学等问题。(2)司法遴选制度。根据法官、检察官产生增加了遴选和差额选拔两个元素，推动遴选资格的省一级标准化、改组遴选委员会、遴选分段考察和内容清晰化，衔接干部管理与单独职务序列等，构造遴选的“生态圈”。(3)员额退出机制。基于中国语境下法官、检察官首先是公务员的“双重性”，破解员额退出决定主体多元、退出事由混淆、退出渠道不畅、主动退出后职业保障不明等难题。(4)司法辅助人员。其配置和职责的逻辑是“以事定人”，因此，需要以司法辅助事务的界定为切入点，敲定什么人、从事什么司法辅助事务两个关节点。(5)交流任职机制。根据职业化和同质化要求，进一步明确法官、检察官的多元化交流方式、时间节点、地域范围和基本程序，以及交流之后的任职定位等。

（二）优化司法职权配置

回应司法职权配置优化的事项包括：(1)司法职权调整的全局性问题。涉及中央与地方之间的司法权归属、相同性质不同层级之间的职权划定、不同性质部门之间的职权边界、同一部门内部之间的职权优化等四个维度；又会进一步衍生出审级职权分工等议题，需要根据指导性案例、上诉法律审、科学审级、有限审查、比较优势等制度和原理，重点解决上级法院对下级法院在一定程度上的“过于垂直”倾向。(2)司法与行政辖区适当分离。既有全国整体性的省级人财物统管、最高人民法院巡回法庭的格局改变，又有在局部探索新设立的综合性法院、专门法院、专门法庭等。比如,知识产权法院与专门法庭的“双轨制”,金融法院和互联网法院等专门法院,它们撬动了整个司法组织体系的变化。[36] (3)案件集中管辖机制。它并不是局限于司法机关内部的独立改革项,而是涉及与全国人大法律法规、“两高”规范性文件、国家行政体制改革以及以往的管理运行机制的关联,存在行政一审级别管辖的不确定性、行政二审地域管辖的不确定性、案件受理类型的有限性、执行和保全的衔接不足等问题。(4)内设机构改革。以“合并”为导向,实现审判机关的庭室合并、检察机关的“大部制”改革,提高司法职权的运行效率。(5)强化公益诉讼。探索检察公益诉讼的法律地位、案件管辖、举证责任分配、二审程序设计、线索挖掘及调查核实、诉前程序等。(6)捕诉一体化。解决职权归一之后的诉讼效率、侦查引导、办案单元、捕诉机制和内部监督。(7)监检衔接。基于国家监察体制改革的背景,以提前介入、退回补充侦查、不起诉机制、沟通协作机制等加强监检衔接,优化侦查权在两个机关之间的管辖分配。(8)司法行政职能协同与统筹。司法行政在推动协同改革上涉及诉源纠纷解决与司法介入的分流与衔接,行政执法及监督、司法行政的职能统筹、相互配合和制约模式等。(9)刑罚执行一体化。主要是监狱改造和社区矫正,需要构建起非监禁刑与监禁刑的分层次、相衔接的刑罚执行体系。(10)法律职业准入和培养。涉及初任法官和检察官“轮侯制”、法律职业人员职前研修、职业准入和资格管理等。

### (三)健全司法管理运行机制

回应司法管理机制运行的事项包括:(1)以审判为中心诉讼制度深化。除了诉讼构造中心变化,需要加快完善非法证据排除的启动和调查,提高证人、鉴定人、侦查人员和有专门知识的人等“四类人员”,特别是证人的出庭率,建立健全专项经费保障、证人保护、无正当理由拒绝出庭的责任追究等制度。(2)案件监督管理。重点是构建在司法责任制之后的一体化案件监督管理框架、人员权责分配考核制度、案件全流程监管体系。(3)专业法官和检察官会议。基于该会议的专业性、无责性和参考性,需要在为会议功能正本清源

---

[36] 参见杨力:《中国结构性司改论纲》,法律出版社2020年版,第248页。

的基础上，解决回避制度执行的漏洞、审判管理流程过于刚性、会议成果质效不高、结构性缺陷导致适用障碍等问题，目标上落实适应性和实效性。(4)认罪认罚从宽。以宽严相济的程序分流为目的，更全面地认识到认罪认罚要求同步化、量刑建议效力确定化、轻案庭审趋向形式化、律师角色职责二重化、侦诉特别裁量制度化等特征，建立认罪认罚之下的证明标准、量刑协商机制、“有效法律帮助”原则、庭审程序分化等。(5)民事行政调查核实权。涉及检察机关的刚性调查手段、调查核实外部协调配合机制、民行重大案件的公开调查程序，以及在专业体系上的民行诉讼监督检察官阶段、专门化民行监督办案组织等。(6)刑事检察监督。主要从刑诉监督的审前权威性和案件化办理两个环节展开，前者是指审前主导机制、专业运行体系和法律监督信息平台；后者是指刑诉监督案件范围的界定、法律监督案件管理机制的完善、案件司法监管体系的构建等。(7)案件质效评查。重点是对自侦案件作撤案处理、自侦案件作不起诉决定、捕后作不起诉决定、捕后侦查机关不再移送起诉、提起公诉后撤回起诉等“轻处理”情形案件以及诉判不一的案件，进行全流程质控和评查。

(四)综合法律服务供应体系

综合法律服务供应的事项包括：(1)营商司法保障。参照世界银行营商环境评估工具和结果，分析和解决知识产权案件举证难、赔偿低和周期长难题；服务保障科创板注册制；推动建立府院破产统一协调机制；聚焦保障企业家人身自由、财产权利和自主经营权；解决“一业一证”的行政深改导致的行政诉讼异地管辖和司法办案依据不确定性；完善金融等领域重大敏感案件办理；建立区域一体化的司法协作和保障机制；探索诉前调解经过司法确认直接获得强制力；更大程度释放委托和特邀专业机构调解功能等。(2)多元化纠纷解决新探索。构建起覆盖人民调解、行政调解和司法调解的“大调解”格局；建立调解协作和联动、诉讼对接中心等平台；推动商事领域的专业化调解、涉外商事纠纷“诉讼、调解和仲裁”一站式解决；加强刑事和解和速裁机制；实施赋予强制执行力的公证债权文书执行机制等。(3)公共法律服务平台化转型。改变多元解纷“各自为战”局面，转型走向体系化平台，全面推进公职律师和公司律师、"居村社"法律顾问、党委和政府法律顾问；强化纠纷解决法定功能，确立司法最终解决原则，提高仲裁功能空间和公信力，发挥人民调解在基层治理中的重要作用，强化行政机关参与解决与行政管理活动相关的民事纠纷的职能；形成法律权威下多元主体互补的格局，建立各类矛盾纠纷解决方式的联动机制等。（4）司法行政管理专项体制机制改革。涉及律师制度改革、公证仲裁和司法鉴定体制改革、刑事案件律师辩护全覆盖、法律援助标准化、人民监督员制度重构、社区矫正制度健全等。

（五）智慧司法和司法行政

智慧司法与司法行政需回应的事项包括：（1）智慧法院。其中最重要的是"206工程"，它是在推广刑事案件智能辅助办案系统的基础上，进一步研发民商事、行政案件智能辅助办案系统，按照全流程智能辅助办案标准设计办案要件指引、证据审查判断指引、案件受理标准审查、卷宗智能管理、庭审程序智能提示、无纸化质证、庭审笔录智能生成、类案推送、文书生成等辅助功能，覆盖公、检、法司各机关在刑事侦查、批捕、起诉、审判、刑罚执行等各阶段的应用需要。此外，智慧法院建设的其他典型场景还包括：智慧法院智能化服务技术、智能化一体化诉讼服务技术、高效审判智能辅助关键技术、全流程管控的精细化执行技术、法院智能化管理与决策关键技术等诸多方面。[37]（2）智慧检务。智慧公诉，指的是远程提审、抓取法律法规和类似案例、自动生成审查报告和法律文书等，提供更高效的智能决策辅助手段；智慧民刑，以案件偏离度分析、交叉大数据组比对分析等，深度挖掘和发现民事和行政案件事后监督，以及公益诉讼事中监督的有效案件线索；智慧执检，建立在押人员诉讼期限监督预警系统，以及建立数学分析模型，实现刑罚变更执行监督，羁押必要性审查评估辅助建议，实现对社区矫正人员脱管漏管行为及时发现，财产刑事执行案件的有效监督等。（3）智慧司法行政。关键在于推动核心业务运行的关键技术研究，具体有精准公共法律服务支撑技术、服刑人员改造演化矫正技术、假释、暂予监外执

---

[37] 参见杨力：《面向多要素数据综合分析的司法委托机构信誉动态评价及推荐技术研究》，载《中国大数据社会应用评论》2020年第1期。

行、刑释人员犯罪预防支撑技术、司法行政跨区域联合执法协同支撑技术等。

划分综配司改的事项的类型，目的是把这一阶段的重点任务加以结构化。当然，这里不苛求“面面俱到”，而是寻要害和抓重点，突出可以复制和推广的经验，以及深化改革中出现的重大创新。同时，也关注仍然呈现的“内卷化”现象及所反映的更深问题，探索和分析解决问题的“可选项”，让改革形成闭环系统。

## 五、“内卷化”整饬：深化综配司改

以上综配司改的事项和类型，展示了进一步破解基础司改“内卷化”的轨迹。但是，综配司改在上海的试点依然只是置于聚光灯的情境，参与试点主体作为被高度关注的对象，不免激发出急切渴望成功的主观倾向并全力调集各种资源付诸实践，又产生了一定程度的“霍桑效应”（Hawthorne Effect）[38]。其结果是，局部试点所产生的显性效果，未必全是试点效果真实状态的自然呈现，有可能只是建立在被考核、被聚焦下的应急反应。基于此，综配司改的上海试点又极为关注改革的均衡性与适度性，没有做不切实际的事情，而是在全局整体谋划的基础上，寻找阶段性目标实现的最佳切入点，难免在一些症结问题上没有完全回应以往盘根错节的利益博弈产生的问题。所以，2019 年年底已经“收官”的综配司改上海试点，其本身也出现了“内卷化”，亟待整饬以推动综配司改的深化，以便于为全国复制和推广过程所镜鉴。

### （一）更多改变“半开门”的决策模式

改革难题的破解，离不开社会参与。为了保障改革的科学性和先进性，“开放化、透明化的吸纳公众意见程序必不可少”。[39] 综配司改延续了“中央主导”和“地方探索”，方案制定和完善在一定范

---

[38] 在发现霍桑效应的实验研究中，工人提高工作效率并不是因为工作条件的改善，而是因为工人发现自己成为研究者的关注对象后自觉提高了工作效率。参见时蓉华主编：《社会心理学词典》，四川人民出版社 1988 年版，第 43 页。

[39] 关于公民参与司法的协助司法、制约权力、监督权力功能表述，参见陈卫东：《公民参与司法：理论、实践及改革》，载《法学研究》2015 年第 2 期。

围征求过意见,但本质上只是“半开门”而不是“接触型”改革,⁽⁴⁰⁾导致了外界在改革共识、资源依存、工具选用、机制选项等环节的参与度相对有限,产生一些不足、悖论或缺少全面有效的监督。

在改革共识上,覆盖整个政法全局的综配司改,其本身也需要更多的“更小配套”,进而有赖于更多形成共识以实现统筹谋划。诸如,深化司法责任制和审判权运行机制改革,如果没有贯穿全程的权力监督、制约和保障机制,没有后续的案件管理、考核标准化、信息化建设,效果会大打折扣;同样,薪酬待遇分配怎样真正体现不同的司法责任和岗位分工,内设机构改革怎样与专门法院和审判团队建设等配套实施,也都要通盘考虑。⁽⁴¹⁾ 以法院的综配司改为例。上海法院在统筹推进又细化了的136项改革任务中,针对需要配套解决的突出问题和薄弱环节,梳理出了立案与诉讼服务、分案机制、送达难、执行强制措施、审判监督管理、专业法官会议与审委会、审判专业化建设、审判团队建设、员额管理和单独职务序列、司法绩效考核、队伍思想状况、信息化应用等许多问题。

在资源依存上,改革攸关的员额及司法辅助人员缺乏对于涉及自身利益的足够决策参与,难以全面认知和精准把握改革的所有环节,在一定程度上导致对职业发展的预期不甚明朗。其连锁反应是让综配司改的若干举措在具体的落实过程中不够彻底,以及更使部分改革设计由于未考量现实的资源依存度而失之东隅。其中,比较突出的是法官、检察官助理的配置,许多地区中基层的法官助理、检察官助理基本都是在编助理,由于人员转岗落差、编制限制,现有在编助理远不能满足实践需要。但是,鉴于在编助理规模需要与员额的比例适当匹配,急速扩张在编助理规模客观上又会造成职业晋

⁽⁴⁰⁾ 与中国类似,英美法系主要国家从20世纪90年代开始普遍遭遇不同程度的司法公信力危机,作为回应,英美法系国家着力推动以模式转型为目标的“接触型”司法公开改革。改革的核心在于实现法官与公众的有效“接触”、增进公众对司法的理解和信任,并最终对司法公信力产生正面效应。

⁽⁴¹⁾ 增量改革与存量优化也需要统筹兼顾,比如,内设机构改革与法官单独职务序列管理。一头是借助等级晋升去行政化的红利释放,树立专业化审判人才培养发展导向;另一头是加大法官岗位绩效考核力度,同时开展内设机构改革和人员进退留转工作。这样,有利于消化部分人员在转岗分流甚至退出领导岗位时的思想负担,将员额法官的注意力和职业规划引导到专业化审判职责上,减少重点改革任务推进的阻力。

升的“堰塞湖”，更何况即便用尽所有空编也无法满足实际需求。因此，在编助理招录需要实行省级统筹和总量控制，以“少而精”思路将在编助理视为员额的预备队。同时，面对案件增长的压力，不是依靠扩大招录在编助理弥补缺口，而是应当增加编外助理，以及把招录合同制和实习助理常态化。[42]

在工具选用上，改革决策往往是妥协的产物，所传递给实施者的信息可能是含糊的，需要实施者在前期的深度参以补上缺漏。事实上，许多综配司改的措施需要执行者进行必要的再创造，对实施所需要的工具进行精确选择和定位。比如，“捕诉合一”的设计初衷是提高诉讼效率，更为便捷地介入和引导侦查，它在定位于属于检察官办案责任制和内设部门改革的重要配套改革，正在不断改变着公诉和侦监模式。但是，实践中捕诉合一没有全面实现捕诉审查的精细、配套和提速等改革目标，出现了不少亟待改进的问题。比如，局部出现了只是复制前一诉讼环节法律文书的两道审查简单化合并；捕后不跟踪和不引导侦查，又导致公诉案件退补率上升等问题。富有经验的资深办案人员参与度不足，使得对“简案快办”和退回补充侦查的限制问题的执行不到位。

机制选项上，没有在更大范围内“开门改革”，而是让方案起草、论证和出台相对在一个较小范围内讨化和探索，难以更广泛地汇聚智识，导致在机制上的改革可选项有待进一步甄别和优选。相关情形包括：监察与检察机关在诉讼环节和时间先后产生了侦查管辖权争议；刑事执行检察在案件分配上“一刀切”，没有对层级管辖的工作能力大小、工作量多少、办案便利性与否给予充分考量；初步构建了非监禁刑和监禁刑的分层次、相衔接的刑罚执行体系，但“三分矫正”的格局、社区矫正的信息指挥系统又未同步建立；深化公益诉讼改革过程中，涉及举证责任的分配不清晰，检察机关提起公益诉讼二审适用抗诉程序不明确，同级管辖并对复议案件作出特别规定的措施不到位；推动行政案件集中管辖是以当事人身份确定管辖权，而不是以案件类型的重要性和影响力为依据，导致了改革效果不明显。

---

[42]　参见陈瑞华：《法官员额制改革的理论反思》，载《法学家》2018年第3期。

(二)更多改变“部门化”的推进方式

综配司改是对司法体制全方位的结构性重塑。因此,尤应重视遵循司法工作规律和职业特点,促进现代科技与司法工作深度融合,进一步增强改革的系统性、整体性和协同性。

综配司改采取的仍是主要以政法机关单一推动的模式,这是试点阶段受限的权宜之计,需要在以后持续深化改革过程中予以避免。上海推动综配司改的117项试点措施确定后,转化成了不少具体化、操作性的实施办法和配套制度。但是,基本上是公安、检察、审判和司法行政等部门的单兵推进起主要作用,协同性依然不强。因此,四个部门更多是在其各自领域内提出改革要点,导致在实施中留下了比较明显“条”的改革痕迹。比如,在以审判权为中心的诉讼机制改革中,对于案件提前介入标准、社会危险性认定标准、认罪认罚从宽量刑建议幅度、“四类人员”特别是证人出庭率、司法鉴定标准不统一和程序不规范等问题,各个部门的出发点和立场有所不同,使得综配司改又在一定程度上出现“内卷化”现象。所以,深化综配司改需要更加全面考虑改革的相关要素,把握其内在逻辑以及整体推进。

同时,综配司改不仅要处理好公安、检察、审判和司法行政部门的协同,还要与其他部门的职权配置在逻辑上衔接,实现府院协同的集成化改革目标。比较突出的问题有:授权自贸区地方立法,助推了“一业一证”等行政体制改革,但是,依据该法引发的异地集中管辖行政诉讼案件,又需要解决异地裁判的依据只能是行政法规,而不能依据自贸区授权地方立法的抵牾;推动区域一体化发展,又面临在跨域异地立案、跨地重大案件防范处置、诉讼服务的多方协同、司法大数据跨省共享应用等症结;执行的“限高”和失信惩戒系统,需要与更多部门建立联动,更多覆盖限制行业准入、融资信贷、高消费、任职资格、获得荣誉、特殊市场交易等环节;破解破产案件“立案难”,需要府院协同,统一破产原因识别机制,加大执转破力度,协同有关部门引导当事人通过“债转股”和公开市场招募重整投资人等方式,提高“清算式”破产重整的成功率和债权回收率。

此外,还要关注部门之间推动改革的不均衡性,而不是一味齐头并进,改革中许多难题的破解之道在于,在某一领域先行寻找突破口，再经过反复磨合和修正之后，实现向改革纵深整体推进。在这里，摆脱“内卷化”的综配司改，在策略上除了表现为先选择局部地区就一揽子改革先行先试，还要关注在确定关键议题之后，评估改革的时机和条件是否成熟，改革宜小步快走而不是一哄而上。比如，法院在开庭前对侦诉程序的监督权；法院的执行实施权从法院剥离；看守所从公安机关转隶的侦羁分离；广义刑罚执行权的一体化改革等难题，亟待实行更全面布局和等待时机成熟。这样便可以集中有限的改革资源，避免面面俱到的改革分散精力，影响实际效果。当然，问题和方法时刻都在变化，利益攸关方时刻都在博弈，需要极为敏锐地捕捉时机。

（三）更多改革“短平快”的复制推广

现实中，综配司改许多不确定性因素的影响尚难预料，只有经历了推行、试错、评估、修正等一系列完整过程后，全面施行综配司改方案的风险才会降至最低。比如，类案指导和参考机制须进一步规范和加强，新类型法律适用指导水平须进一步提高，法律适用疑难问题的反馈机制须进一步健全，类案办案要件指南的编撰工作尚存在零散性、随机性，亟待搭建系统性框架和任务分解图谱等。

从本质上讲，综配司改试点是以“大胆假设、小心求证”为精髓的社会试验模式。试点改革“经验”唯有经历较长时间检验，才能得到进一步推广。否则，未经过科学合理的“容错性”试点，就被上升为所谓经验大范围加以复制和推广，不但有违试点初衷，而且极易造成混乱，徒增改革成本和风险。最为典型的例证之一，就是在营商环境的司法保障上，不同司法机关对企业家涉嫌犯罪的羁押必要性判定标准不完全一致，新兴业态经济犯罪的证据认定适法不统一等现象。改革可能将之前并未得到重视与充分探讨的这些技术性问题，随着试点本身的规模化而被放大。

当然，综配司改试点只是一些“局部性”的经验做法，它们依赖于当地的自然、社会、历史条件，不少是针对特定区域的特殊政策倾斜性支持的结果。比如，推动刑事辩护全覆盖、亚太仲裁优先地、域外法律查明、上市公司大宗股权拍卖、涉外法律服务业、金融法院设立、国际商事法院筹建、司法大数据系统与“一网通办”衔接、公益诉讼“等外”探索、府院破产统一协调机制等。

很显然,深化综配司改不能抱存“只有成功没有失败”的价值预设,让所有试点改革事项披上光环,而是需要最客观地予以评估。事实上,有时试点未产生预期效果并非试点的失败,不在评估优化的基础上完善改革,就盲目地复制和推广,才是真正的失败。因此,深化改革更为妥帖的进路在于,遵循“命题假设、情况摸底、规则制订、评估对照、结论分析”的逻辑,完整地构建综配司改的框架体系。换言之,也就是在局部先行尝试以取得经验的基础上,采用严格的社会科学方法加以评估,基于小范围实践经验与评估,由点到面,逐步上升为国家的整体政策或法律,进而实现对原有政策或法律的“渐进式”调整与完善。

## 六、迈向政法改革的关键议题

综配司改是对以往和新一轮基础司改的“内卷化”现象回应,但是,综配司改本身也出现了进入关键时期之后的“内卷化”问题,亟待进一步深化。

### (一)“政法改革”的全局思维

以锚定效应衔接基础司改的基准,综配改革试点已经取得了新的突破。但诚如前文所述,综配改革试点被置于聚光灯下产生的“霍桑效应”,又需要更为深刻地反思和整饬不断产生的改革“内卷化”问题。

从效率维度上看,综配司改尚未“严丝合缝”同步于资源投入和产出,没有完全实现资源的合理化、科学化运行,内部与外部的“噪音”干扰不间断持续出现,导致改革成本增大,以及所带来的边际报酬降低,使改革又进入一个瓶颈;从效能维度上看,诸多的改革多为渐进式改良,不少仍是集中组织资源进行持续优化设计,那种“啃硬骨头”的体制和结构突破性创新不多,不少根本症结问题未得到解决;从过程维度上看,由于改革复杂性,局部改革可能会产生未曾预期抑或令人迷惑的阶段性结果,改革并未达到最佳的实施状态,制度堕距依然不可避免地存在。

面对综配司改出现的以上问题,2018 年 5 月 17 日,中共中央政治局委员、中央政法委书记郭声琨主持召开政法口机构改革专项协调小组会议暨中央司法体制改革领导小组会议,首次提出“政法改革”新理念，强调要进一步提高政治站位，从更高层次上系统谋划、统筹推进政法口机构改革和司法体制改革，形成全方位、深层次的政法改革新格局。[43]

2019年1月，习近平总书记对政法系统提出要在更高起点上，推动改革取得新的突破性进展。同年5月，中共中央办公厅印发《关于政法领域全面深化改革的实施意见》，明确了政法领域100项新的改革任务，正式拉开了从基础司改、综配司改逐步迈向“政法改革”的帷幕。这里变得不止是名称，更是集成了基础司改和综配改革的内涵、外延、力度和效应的巨大变化。

政法改革强调由点向面拓展，更加突出全域性、整体性，强调从法院和检察院的集中改革，向党委政法委、公安、国家安全、司法行政等部门全方位改革拓展；强调由易向难挺进，更加突出复杂性、敏感性，从司法资源配置、司法权力运行、诉讼制度优化，辐射到政法工作各领域、各方面和各环节，扩展到社会治理创新、法治人才培养、现代科技运用、涉外法律服务等方面；强调由分向合转变，更加突出综合性、协同性，从员额制、责任制、职业保障等基础性工程，延伸到科学构建更加优化、协同高效的政法机构职能体系。

政法改革是通过改革理念和实施路径的深刻转变，进一步深化推动司法体制改革实现“蝴蝶效应”式的质的飞跃，更大程度上突破改革在不同阶段呈现的“内卷化”困境，更好促进改革的良性发展，努力让人民群众在每一个司法案件中感受到公平正义。可以说，政法改革又进入整体性和重构性变革的新阶段，深度融入推进国家治理体系和治理能力现代化的伟大进程中。

（二）深化基础司改议题

面对基础司改议题的“内卷化”，综配改革迈出了深改的坚实步伐。但是，不少成果有待立法或制度上的固化锁定，有的成果亟待在复制推广前加以甄别，有的缺漏项仍需不断补上或完善。

1. 健全司法责任制配套。综配改革锚定在司法责任制上延伸改革的重点在于强化审判监督，以后的政法改革还应在司法管理的精细化和常态化、创新绩效倒逼的集约管理模式、建立诉讼事务标

---

[43] 参见黄文艺：《新时代政法改革论纲》，载《中国法学》2019年第4期。

准化工作机制、建立完善履职保障制度等方面持续深化。(1)进一步确立法官、检察官的办案主体地位。法院落实独任法官或者合议庭办案责任制,检察院落实检察官办案责任制。规范并细化司法权责配置,完善权力清单和履职指引制度,明确应当由院长、检察长以及审判委员会、检察委员会决定的重大事项,可以由法官、检察官决定的事项,并分别规定相应责任。同时,逐步限制审判委员会、检察委员会讨论决定案件的范围,明确仅对涉及国家安全、外交、社会稳定等敏感案件,以及重大、疑难、复杂案件加以“集体决策”。(2)不断健全符合司法职业特点的案件考评机制。依托现代信息技术,健全对司法权、司法管理权和司法监督权的实时监管、全程留痕、有效监督、相互制约机制。加强对类案适用法律的监督与指导,完善法官、检察官自由裁量权约束机制。落实法官、检察官惩戒制度,健全以错案评鉴为核心的司法责任认定和追究机制。加强对法官和检察官履职的司法巡查、审务检务督查,完善非法证据排除、干预办案留痕的配套细则规定。(3)优化完善法官、检察官依法履职制度保障。明确任何单位或者个人不得要求法官、检察官从事超出法定职责范围的事务,法官、检察官应当拒绝任何单位或者个人违反法定职责或者法定程序、有碍司法公正的要求;同时,从严惩处扰阻碍司法活动,威胁、报复陷害、侮辱诽谤、暴力伤害法官和检察官及其近亲属的行为。

2. 深化司法人事体制改革。无论制度有多先进、设计有多周全,忽视司法人事体制的改革必将大打折扣。基于综配改革基础,政法改革还要完成员额饱和工作量测算、绩效考核和退出的动态调整、员额的科学遴选和培育,以及员额的下沉入选及提级交流等外部岗位流动。(1)推进员额、编制动态管理机制。政法改革应进一步构建和优化“以案定额”的员额绩效测算模型,适时对辖区法院、检察院的人员编制、案件数量、机构设置、人均办案量进行调查评估,尤其是以案件数据为支撑,精细化地考虑案件数量、案件难易程度、案件趋势、案件办理平均时间、法官和检察官有效工作时间等因素,科学合理地确定各个法院、检察院实际员额分配数,建立编制和员额信息库,及时更新编制、员额信息,切实保证定额有据。(2)健全科学合理的员额培育和遴选和递补机制。规范和优化法官、检察官遴选委员会设置和组成，尤其补入基层司法人员和社会人士；健全常态化遴选机制，采取定期遴选与适时遴选相结合；探索建立跨地域的横向遴选机制；建立员额轮侯和递补机制，可以按照统一标准和程序，确定一定的递补人选，在员额出现空缺时依次递补入额。(3)完善员额退出机制。进一步细化和完善员额退出的具体情形，敲定员额退出的条件、程序和救济途径，重点针对办案质效不达标、入额不办案的情形，出台具体措施，确保履职不合格、能力不胜任的人员及时退出员额。因办案绩效考核不达标等退出员额的再次申请入额，应当在期限、条件上从严把握。此外，因工作需要被安排调整到非办案岗位或者调离法院、检察院系统，退出员额若干年限内重新回到办案岗位且符合入额条件的，可以经批准或考核后入额。(4)规范司法辅助人员、司法行政人员管理。完善法官助理、检察官助理的招录和分层培养机制；推行书记员聘用制管理，原则上不再占用中央政法专项编制。(5)完善职务序列制度。全面实施法官、检察官单独职务序列管理，坚持向一线和基层倾斜；打通司法系统内部行政以及辅助人员同外部类似岗位流动的渠道，尤其是与党政系统公务员之间的流通渠道。

3. 诉讼制度改革择点突破。在诉讼制度重大深改项里，与民诉相关的主要是民事执行裁判权与实施权的外分、赋予法院程序裁判监督权两项。前者已在中央与最高人民法院明确了改革规划，目前可以讨论空间不大；[44]后者则在规划上较为模糊，尚不足在实施上详细讨论。与刑诉相关的主要是捕诉关系调整、侦羁分离和刑罚执行权归属。综配改革中捕诉一体已初步完成，同时对于侦羁分离、刑罚执行权归属改革的共识正在形成，[45]接下来需要加速推进。(1)侦羁分离。完成看守所的“成建制”转隶，全国各级看守所成建制地转归同级司法行政机关隶属，全体看守所管教民警继续保留现

[44] 中共中央《关于全面推进依法治国若干重大问题的决定》(2014年10月23日中共十八届四中全会发布)、最高人民法院《关于落实“用两到三年时间基本解决执行难问题”的工作纲要》(2016年4月29日最高人民法院发布)中已对实行执行权和审判权科学合理分离，进一步优化执行权的科学配置作出的明确具体要求和改革规划。

[45] 参见樊崇义：《看守所·处在十字路口的改革观察》，载《中国法律评论》2017年第3期；陈瑞华：《看守所制度的基本缺陷与改革思路》，载《民主与法制》2017年第15期。

有的身份和待遇,全部看守所设施整体转由司法行政机关进行管理,看守所回归到纯粹的看管职能,与监狱同属一个主管机构,便于相互衔接。这种将看守所整体移交司法行政机关的改革思路,与当年监狱整体从公安机关转由司法行政机关控制的改革是一样的,只要操作得当,不会引起任何较大的冲击和震荡。同时,及时跟进配套细则,比如,改善未决犯居住条件规定,解决未决羁押与刑罚执行职能混同问题,废止在看守所内设置特情人员,刑案审讯全程录音录像,监所信息共享,监所联合考察等相关规定。(2)刑罚执行一体化细化落实。明确所有具有刑罚内容的执行都交由司法行政部门统一行使。[46] 在尊重权力运行基本规律的前提下,将刑罚准确地匹配到相应执行机构。在此基础上,细化看守所、监狱、司法警察等各执行机关的具体执行内容及程序性规范。比如,细化看守所在未决犯羁押和死刑犯执行中的具体执法标准,监狱在拘役、短期余刑、有期徒刑、无期徒刑执行中的罪犯改造效果量化考核细则,司法警察在执行罚金、没收财产、驱逐出境、剥夺政治权利等刑罚执行中的程序性规范等。

(三)深化综配司改议题

1. 健全司法办案组织体系。综配改革初步完成职权专业化和扁平化要求,下一步政法改革的纵深在于推动专门办案机构的健全和高效。(1)复制和推广部分案件的集中管辖机制。尤其是突出综合性法院的鉴别性特征,遵循“诉讼两便”原则,让改革的一切围绕为民、便民,既要解决地方干扰,又要避免诉讼成本过度增加;同时,发挥裁判示范效应,在案件审理、裁判标准等方面改变以往异地不同判等问题,以统一法律适用形成司法裁判规则。(2)深化知识产权“双轨制”审判体制改革,有序推进金融法院等专门法院建设。全国知产专门审理机构包括最高法院知识产权庭、知识产权法院、地方法院知识产权法庭。这种双轨制下改革的问题叠加效应更加明显,需要逐步“去双轨制”,形成以专门审判机构为主的审理模式;

---

[46] 司法行政机关下辖的刑罚执行机构有看守所、监狱、社区矫正机构、司法警察机构,对应的刑罚种类有主刑5种(死刑、无期徒刑、有期徒刑、拘役、管制)、附加刑4种(罚金、没收财产、剥夺政治权利、驱逐出境)。

同时，建立最高人民法院越级管辖的类案统一裁判、契合审判运行"三合一"、统一上诉审判机制等。另外，稳步推动金融法院、互联网法院等专门法院的建设，对此不宜规模化地复制，设立标准应是瞄准有重大实际需求、专业办案和技术队伍配备齐全、统筹配套支撑性能力强等。(3)深化环资生态案件集中管辖体制。综配改革初步实现环境资源案件在指定司法机构的集中管辖，但是，针对环境资源生态问题本身所具有的潜伏性、流动性以及持续性等特点，需要进一步理顺以行政主体身份实施管辖、环境资源执行和保全不能衔接，尤其是应对行政不作为引发的生态环保责任追究制度和损害赔偿难题。

2. 优先推进智慧司法应用研发。基于高起点规划、高水平建设和高共享发展，加速智慧司法的应用研发。(1)高起点规划。更好发挥类似"206 工程"原发性创新重大项目平台的牵引和示范效能，在推广刑事案件智能辅助办案系统的基础上，进一步研发民商事、行政案件智能辅助办案系统，按照全流程智能辅助办案标准设计办案要件指引、证据审查判断指引、案件受理标准审查、卷宗智能管理、庭审程序智能提示、无纸化质证、笔录智能生成、类案推送、文书生成等辅助功能，为办案提供精细化和智能化服务，覆盖公、检、法、司各机关在刑事侦查、批捕、起诉、审判、刑罚执行等各阶段的应用需要。(2)高水平建设。推动全要素智慧管理、全方位智慧服务和全领域智慧支撑。典型场景包括：智能一体化诉讼服务、全流程管控的精细化执行、司法智能化管理与决策、智慧检察业务模块化(智慧公诉、智慧民行、智慧控申、智慧执检等)、精准公共法律服务智能体系、服刑人员改造演化矫正、假释和暂行监外执行的智能监控等。(3)高共享发展。完善数据分级分类，稳步推进智慧司法数据资源在政法系统的共享，以合作利用企业、社会数据资源，进一步推动设施互联、网络畅通、数据开放、资源共享和地区部门联动，打造司法数据集中管理、跨部门网上执法办案、多部门跨区域联动等多种合作平台。(4)量化改革评估体系。按照顶层规范和统一标准，建立政法改革动态化的监测评估机制，尤其是挖掘和分析各类司法资源数据，针对各地区域发展不均衡和司法资源需求程度差别，编制司法资源分类建设、服务和管理体系，优化职权和资源配置。

3. 完善非诉讼纠纷解决机制。尽管对于小额诉讼、繁简分流、治安法官、诉讼分类收费、立案登记制、集团诉讼、速裁程序、电子送达等诉讼内程序进行了大量细致研究,但是,诉讼的替代性纠纷解决机制被接受度,依然不可阻挡具有了泛在性。随着调解、仲裁、行政裁决、行政复议、诉讼等各种纠纷解决方式逐步成熟并得到社会认可,综配改革又推动了社会稳定风险评估机制等纠纷解决关口前移,推动“诉源”纠纷解决,以预防和减少社会矛盾的新动向。在此基础上,深化这一领域的政法改革包括:(1)更多关注参与化解矛盾社会力量的兴起。运用协商民主、自治民主等方式推动协调利益、解决矛盾,并发展社会组织,发动律师、社工、心理咨询师、医生等行业、专业志愿者参与矛盾纠纷化解。建立人大代表、政协委员、人民团体、社会组织等第三方参与的矛盾调处机制,提高化解矛盾纠纷的效果。更多社会力量的参与,不仅补充拓展了纠纷解决渠道,还推动了政府职能的转变,激活了社会活力,承接了部分政府职能,降低了行政成本,又通过社会力量的专业视角发现政府工作中存在的瑕疵和不足,推动政府部门改进和提高工作水平。(2)进一步完善基层大调解的格局。推广在基层构建由党委政府统一领导、政法部门牵头协调、职能部门共同参与,以人民调解为基础,人民调解、行政调解、仲裁调解和司法调解紧密衔接,联调、联动合力化解矛盾纠纷的基层大调解工作格局。基于此,多元纠纷解决机制不是以往的“各自为战”,而是彻底走向以公共法律服务体系为支点的平台化转型。(3)强化行政机关参与解决与行政管理活动相关的民事纠纷的职能。改革行政裁决诉讼制度,更大限度地调动各类行政裁决机关的积极性;行政机关制定政策兼顾各类群体利益,行政执法杜绝随意甚至损害群众合法权益,行政复议探索建立复议受理先行调解机制等。

# 脆弱的正义认知流畅度对司法裁判的影响

李学尧　葛　岩　何俊涛　秦裕林*

**内容摘要**　大量心理—生理学的研究证实了认知流畅度对判断结果的影响。我们推测认知流畅度也会对司法裁判的结果产生影响，同时，外部的竞争激励会调节这种影响；在认知流畅程度一致的条件下，职业背景的差别会使法官被试与非法官被试做出不同的判决。通过对110名学生被试和133名法官被试的单盲测试，结果证实了我们的假设。实验可以为是否存在法律思维的争论、超越"法律职业主义"的思路推进司法改革等，提供有用的智识启示。本研究是运用认知科学方法来观察法官行为的一种学术尝试。

---

* 李学尧，上海交通大学凯原法学院教授；葛岩，上海交通大学人文艺术研究院社会认知与决策实验室教授；何俊涛，香港浸会大学传理学院博士研究生；秦裕林，上海交通大学凯原法学院访问特聘教授。原文发表在《中国社会科学》2014年第5期。作者感谢上海交通大学凯原法学院博士研究生宋杰，硕士研究生王勋、周驰胜、李晓雪和禚昌娥，他们参与了测试管理和数据输入工作。作者特别感谢帮助我们组织法官被试的诸位司法界人士。没有他们的帮助，本研究根本无法完成。感谢两位匿名审稿人、朱苏力、吴道富、周迅、王凌皞、成凡、谢海定、程金华和王静等师友提出中肯的修改建议。上海交通大学文理交叉项目研究基金（12JCY02，10JCZ01）、上海市曙光学者计划资助了本研究。

**关键词** 法律认知科学 实验法学 认知流畅度 司法裁判 正义

> 法官并非道德或智识巨人(唉!)、先知、圣人、代言人或计算机。他们非常人性,与其他工人一样,对工作的劳动力市场条件做出反应。
>
> ——理查德·波斯纳①

## 一、问题的提出

以色列的假释委员会由8位法官组成。上班时,他们虽有规则的休息时间,包括午餐和上、下午茶歇,但仍十分繁忙,平均6分钟须完成1份裁决。在长达10个月的时间里,3位研究者在8位法官被试不知情的前提下录制了裁决过程,并对裁决通过的时间节点加以分析。数据显示,上班伊始,午餐或茶歇后,假释申请通过率显著上升,最高超过70%。在这些节点之间,通过率持续下降,在下次休息之前,通过率几近于0%,而该国的假释平均通过率为35%。② 众所周知,法律为社会提供强制性行为规范,而稳定性是人们对于有效、正义规范的基本要求。尽管实际操作中并不容易,"同案同判"(平等适用)仍然是公众对于司法裁判的合理期待,基于人类对公平的遗传性偏好,"同案不同判"自然会引发对法律公平性、社会正义的质疑。而上述以色列案例的研究提示我们,生理和情绪状态竟能够如此显著地影响司法裁判!这不仅令人惊异,还引发追问:"正义"何以如此脆弱?

2000年以降,中国地方法院法官的过劳现象已成法律界内外

---

① [美]理查德·波斯纳:《法官如何思考》,苏力译,北京大学出版社2009年版,第7页。

② S. Danziger, J. Levav, L. Avnaim - Pesso, *Extraneous Factors in Judicial Decisions*, PNAS, Vol. 108, No. 17, 2011, pp. 6889-6892.

普遍关注的问题。③ 大量研究报告表明，由于诉讼量大幅增长，法官数量有限，以及受案标准调整，使得案件大量下压到基层法院，导致经济发达地区一线法官的年均办案量普遍超过200件。④ 在极端的情况下，一些法官的年办案量高达约1600件。⑤ 2008年至2013年，笔者之一对100多位法官的访谈表明，在2006年开始全面推行的绩效考核制度，⑥并将“逢案必调”“涉诉信访一票否决制”“社会效果优先”“办案数量论英雄”等司法政策转化为主要的考核标准，导致了一线法官办案数和每单位办案数内工作量显著增加。被访法官普遍抱怨2008年以后过度劳累、压力太大、收入偏低、缺乏工作满足感和荣誉感、身体健康情况不良等问题。⑦ 与此相关的法官流失也已经成为媒体与政府共同关注的问题。⑧ 若结合上述对以色列法官的研究，不禁会令人进一步追问：工作量不断增加，外部激

---

③ 参见王胜俊：《最高人民法院工作报告》，2009年3月10日；《河南回应“尿不湿法官”作秀：法官诸多难言之隐不为人知》，载《南方周末》2013年7月15日。

④ 依据官方统计数据，全国法院系统在2008年至2012年一共受理5615万件案件（参见王胜俊：《最高人民法院工作报告》，2013年3月10日）。而截至2013年7月，全国具有审判资格的法官人数为19.6万人（参见《中国内地法官数量已经达到19.6万》，载《中国日报》2013年7月26日）。依据此统计口径，全国法官的人均年办理案件为57.6件。但是，各种法院内外的研究报告都显示，在浙江、江苏、广东、上海等发达地区的基层人民法院，具有法官资格的人均办案量基本上都接近和超过200件。如果考虑到中国法院系统实质上只有60%左右的法官在办案，实际情况中的人均办案量可能会更高。参见《只有一半法官在办案？》，载《法治周末》2012年10月31日。

⑤ 《广东东莞一名法官年办案1600件》，载《南方日报》2010年5月20日。

⑥ 这并不是说此前就没有对法官业绩进行具体考核和奖惩的机制，只不过《人民法院第二个五年改革纲要》对绩效考核制度进行了明确化，并在这之后，最高人民法院在全国推行设立专门的审判管理机构。参见《人民法院第二个五年改革纲要》，载《中华人民共和国最高人民法院公报》2005年第12期；艾佳慧：《中国法院绩效考评制度研究——“同构性”和“双轨制”的逻辑及其问题》，载《法制与社会发展》2008年第5期。

⑦ 参见《法官绩效考核之忧》，载《民主与法制时报》2012年6月11日。

⑧ 参见《法官流失之困》，载《现代快报》2014年1月4日；《第一法院法官流失超22%》，载《南方都市报》2014年1月7日；《中国法官4年流失2万》，载《瞭望东方周刊》2010年11月19日；《北京骨干法官离职震惊法院》，载《中国青年报》2013年8月29日；《案件多、压力大，法官离职不容小视》，载《中国日报》2014年1月7日。类似的报道多把法官的离职归因于案多人少造成的工作量大、绩效考核制度造成的压力大、外部干预频繁和收入微薄造成的职业尊荣感低、晋升机会少而慢造成的前途迷茫等因素。

励日渐强化会对司法裁判产生怎样的影响?

依据主流法学的形式主义法律推理假设,处理案件时,法官的推理过程是理性且审慎的。基于对法官认知与决策能力的这种理想主义幻觉,一些人相信,不必考虑非法律因素即可预期和实现法律的确定性。与此相反,现实主义法学及与其有渊源联系的理论(包括法经济学、法社会学)的信奉者主张,理性推理的观点不足以描述和解释司法裁判的真实过程,政治、舆论、意识形态和管理制度等因素都会影响法官的思维和司法裁判。[⑨] 法现实主义者弗兰克甚至调侃说:“正义乃法官早餐所食之物。”[⑩]近年来,随着认知与行为科学对法学研究逐渐渗透,判断和决策中由情绪、生理状态、认知规则和环境信息、制度约束或激励带来的认知偏差(cognitive bias),被不断引入对司法裁判过程的分析之中,使现实主义法学的主张获得了实证检验的可能。[⑪] 在这样的背景下,本研究试图通过实验手段观察法官工作量和外部激励对司法裁判结果可能造成的影响,在兼顾科学立场和法学内在视角前提下,对司法裁判的确定

---

⑨ 相关争论的文献综述参见 B. Leiter, *American Legal Realism*, in W. Edmundson, M. Golding, eds., *The Blackwell Guide to Philosophy of Law and Legal Theory*, New York: Blackwell, Oxford, 2005, pp. 50-66. R. Posner, *The Decline of Law as an Autonomous Discipline*: 1962-1987, Harvard Law Review, Vol. 100, No. 4, 1987, pp. 761-780。国内争锋相对的讨论文献,可以参见朱苏力:《法律人思维?》,载《北大法律评论》(第14卷),法律出版社2013年版;陈景辉:《法律与社会科学的方法论批判》,载《政法论坛》2013年第1期;孙笑侠:《法律人思维的二元论》,载《中外法学》2013年第6期。

⑩ A. Kozinsk, What I ate for Breakfast and Other Mysteries of Judicial Decision Making, *Loyola L. A Law Review*, Vol. 26, 1993, pp. 993-999.

⑪ 运用心理学方法对司法行为进行研究的英文文献汇编可以参见 D. E. Klein & G. Mitchell, eds., *The Psychology of Judicial Decision Making*, Oxford University Press, 2010。中文世界的代表性研究成果可以参见李安:《司法过程的直觉及其偏差控制》,载《中国社会科学》2013年第5期;戴昕:《心理学对法律研究的介入》,载《法律与社会科学》2007年第2卷。关于法律与认知科学研究的奠基性论文可以参见 C. Sunstein, *Behavioral Analysis of Law*, University of Chicago Law Review, Vol. 64, No. 4, 1997, pp. 1175-1195. C. Jolls, C. Sunstein, R. Thaler, *A Behavioral Approach to Law and Economics*, Stanford Law Review, Vol. 50, No. 5, 1998, pp. 1471-1550. R. Korobkin & T. Ulen, *Law and Behavioral Science*: *Removing the Rationality Assumption from Law and Economics*, California Law Review, Vol. 88, 2000, pp. 1051-1142. T. Miles, C. Sunstein, *The New Legal Realism*, University of Chicago Law Review, Vol. 75, No. 2, 2008, pp. 831-851。文献综述可以参见葛岩:《法学研究与认知——行为科学》,载《上海交通大学学报(哲学社会科学版)》2013年第4期。

性作批判性审视，以期从非法律因素出发来理解法的确定性，协助实现法的安定性理想。

## 二、思路和研究设计

桑斯坦（C. Sunstein）把法学研究分为三类：实证研究（positive），关注对实际行为的描述和预测；规则研究（prescriptive），关注法律系统通过什么样的规制来实现社会目标；规范研究（normative），关注法律系统理应为社会做什么。⑫ 在比较了法学、自然科学和社会科学的方法后，卢宾（E. Rubin）指出，传统法学研究不重视描述（descriptive）或实证研究，规则研究才是其重心所在。⑬ 然而，在社会科学的逻辑中，实证研究提供对行为实然状态的描述，规范研究建立应然的理想目标，规则研究寻找从实然到应然的路径。缺少对人类行为方式真实状态的理解，规范理论可能只是空中楼阁，规则设计也会沦为无的放矢。描述、预测实然行为，因此，应该是包括法学在内的社会科学研究者追求的共同目标之一。

各国政府、法律制度的维护者和许多法学家都试图让公众相信，法官严格按照法律处理案件，司法裁判是社会正义的体现。然而，社会科学方法意义上的相关法学研究说明，“以法律为准绳，以事实为依据”“司法裁判具有唯一正解”仅是一类“规范理论”，是司法裁判须加追求的应然理想，而司法裁判形成的实然过程会远非如此单纯。从认知与行为科学的角度去看，环境线索和法官的生理、情绪状态带来的认知偏差，都可能渗入实际的司法判断之中。以往的研究，特别是司法心理学的研究，多集中在法官的政治倾向、意识形态、阶级出身、性别、教育程度及法律教育背景等因素对司法裁判的影响。对于疲劳程度、情绪感受带来的压力导致的认知偏差，虽自现实主义法学的代表人物弗兰克到法经济学学者波斯纳不乏关注者，但相关讨论大多停留在直观叙述阶段。

本研究试图扩展对司法裁判中认知偏差的研究思路。我们按

---

⑫ See C. *Sunstein*, *Behavioral Analysis of Law*, University of Chicago Law Review, Vol. 64, No. 4, 1997, pp. 1175-1195.

⑬ See E. Rubin, *Law and the Methodology of Law*, Wisconsin Law Review, Vol. 521, 1997, pp. 521-565.

照常理推想，随着办案数量的增加，法官须增加案卷阅读量，增加和有关人员的沟通，增加裁判文书的写作量；而绩效考核制度、司法公开以及舆论监督等，则会增大法官的工作压力。随着工作量和压力的不断增加，法官可能会体验到不适感、压迫感。这种负面体验会影响司法裁判吗？如果有，是什么样的影响？追究这种影响对于我们理解司法裁判的公正性有着怎样的启示？

为回答上述问题，本研究引入认知心理学研究中一个常见的概念，加工流畅程度（processing fluency），即认知主体在处理信息，做出评价或判断时体会到信息加工过程的难易程度。难则流畅度低，易则流畅度高。过往研究显示，形成判断时需考虑的理由的多寡，相关信息的数量、对信息的熟悉程度、辨识信息的难易程度，以及信息处理时环境因素的干扰，都可能带来流畅度的变化，而这种变化又会在不同程度上影响判断或评价的结果。整体上，高流畅度可能推助判断向正面倾斜，低流畅度则相反，可能推助判断趋于负面。例如，美国被试并不了解中国汉字的意义，但当遇到重复见过的汉字，对那些汉字便有了更为正面的评价。据解释，这是因为重复会带来熟悉感，而熟悉感又会降低认知负荷，提高流畅度。[14] 再如，当操纵能够帮助识别和干扰识别的两类启动（priming）信息，对于跟随前者之后的素描（如马匹、房子等），被试评价趋于正面；对于跟随后者之后的同一组素描，被试评价趋于负面。在研究者看来，这是因为前者提高而后者降低了流畅度。同理，实验人员操纵绘画中表现对象与其背景间的视觉对比关系，增加对象与背景的视觉对比会提高流畅度，反之则降低流畅度。研究发现，被试对前者的评价更为正面。[15] 对金融行为的实验研究和市场数据分析还发现，因反复提及而获得高流畅度的股票，会有更好的市场表现。[16] 消

---

⑭ See R. Zajonc, *Attitudinal Effects of Mere Exposure*, Journal of Personality and Social Psychology, *Monograph Supplement*, Vol. 9, No. 29, 1968, pp. 1-27.

⑮ See R. Reber, P. Winkielman, N. Schwarz, *Effects of Perceptual Fluency on Affective Judgments*, Psychological Science, Vol. 9, No. 1, 1998, pp. 45-48.

⑯ See A. Alter, D. Oppenheimer, *Predicting Short-term Stock Fluctuations by Using Processing Fluency*, PNAS, Vol. 103, No. 24, 2006, pp. 9369-9372.

费者选择偏好研究也显示,流畅度高的偏好更可能成为消费者的选择。[17] 与本研究更为相关的是,流畅度还会影响道德判断,以及与道德或有联系的事物的评价。拉汉姆(S. Laham)和奥特(A. Alter)等人发现,若认知负荷低,流畅度高,被试的道德判断会相对宽容,反之,判断会变得相对严厉。[18] 葛岩等人的研究则显示,当心理卷入程度增加,流畅性降低后,艺术家不道德的品行信息会带来对与品行本无必然联系的绘画作品的负面评价,卷入程度低,流畅度高时,不道德品行信息便不会带来作品的负面评价。[19]

试图解释是什么样的心理机制把流畅性和判断结果联系起来,温克尔曼(P. Winkielman)等人提出所谓"加工流畅性的情感标记"(Hedonic Marking of Processing Fluency, HMPF)理论。[20] 依据HMPF,高流畅性为认知过程带来正面感受,且该感受会自动渗入判断过程之中,推动判断向正面倾斜;而低流畅性带来的负面感受则会导致判断向负面倾斜。HMPF 不但获得相当数量的行为研究的验证,而且获得了心理-生理学证据的支持。[21]

参考 HMPF,本研究设定加工流畅度(高/低/超低)为自变量,设定刑事案件判决刑期(3~7 年)为因变量。通过增加认知负担来操纵加工流畅度,以观察流畅度对刑期判决可能产生的影响。此外,绩效考核制度大多将奖惩与工作量挂钩,使用奖惩工具来提

---

⑰ See N. Novemsky, R. Dhar, N. Schwarz, I. Simonson, *Preference Fluency in Choice*, Journal of Marketing Research, Vol. XLIV, August, 2007, pp. 347-356.

⑱ See S. Laham, A. Alter, G. Goodwin, *Easy on the Mind, Easy on the Wrongdoer: Discrepantly Fluent Violations are Deemed Less Morally Wrong*, Cognition, Vol. 112, No. 3, 2009, pp. 462-466.

⑲ 参见葛岩、秦裕林、姚君喜、陈侠、何俊涛:《母鸡的长相是否重要:艺术家不良品行信息传播对作品评价的影响》,载《文艺研究》2013 年第 9 期。

⑳ See P. Winkielman, N. Schwarz, T. , Fazendeiro, R. Reber, *The Hedonic Marking of Processing Fluency: Implications for Evaluative Judgment*. In J. Musch& K. C. Klauer, eds. , *The Psychology ofEvaluation: Affective Processes in Cognition and Emotion*, Mahwah, NJ: Lawrence Erlbaum Associates, Inc. , 2003, pp. 189-217.

㉑ See P. Winkielman, J. Cacioppo, *Mind at Ease Puts a Smile on the Face: Psychophysiological Evidence that Processing Facilitation Elicits Positive Affect*, Journal of Personality and Social Psychology, Vol. 81, No. 6, 2001, pp. 989 - 1000. F. Paas, J. Tuovinen, H. Tabbers, P. Van Gerven, *Cognitive Load Measurement as a Means to Advance Cognitive Load Theory*. Educational Psychologist, Vol. 38, No. 1, 2003, pp. 63-71.

高工作效率,且无论使用物质激励,荣誉激励,或二者混合激励,奖惩工具会明确区分出“赢家”和“输家”,激活竞争意识。我们有兴趣了解:竞争激励是否会调节流畅度对判决结果的影响?再之,法官是一类特殊职业。比之非法官群体,法官们理应更熟悉案情的表述方式,更熟悉形成司法裁判理应遵循的思维过程,更了解法律条文的解释规则。我们有兴趣了解,在客观流畅程度一致的条件下,职业背景的差别是否会使法官被试与非法官被试作出不同的判决?为此,我们使用竞争激励(无/有)和职业(非法官/法官)为本研究中的调节变量(见图1)。

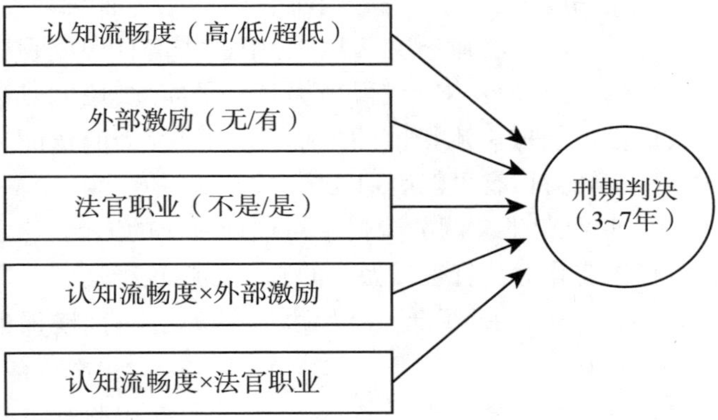


**图1　研究设计**

## 三、假说和实验程序

(一)假说

参考HMPF,我们有理由推测,如同在判断中一样,流畅度对司法裁判也会产生影响。具体言之,低流畅度或会为审判人员带来不适感,这种感受渗入对裁决过程,可能造成更为严厉的判决,故有假说:

H1:信息加工流畅度对非法官被试的刑期判决有显著影响,与高流畅度相比,低流畅度条件下,被试做出的判决刑期更长。

H2:信息加工流畅度对法官被试的刑期判决有显著影响,与高流畅度相比,低流畅度条件下,被试作出的判决刑期更长。

过往激励研究表明,作为管理工具,竞争激励,胜者获奖的管理工具对工作动机和绩效的影响颇为复杂。在一些条件下，它会提高工作动机和绩效，在另一些条件下，却可能降低工作动机和绩效。[22] 我们尚不清楚竞争激励与流畅度的交互作用会对刑期判决（减少或增加）产生什么样的影响，但鉴于竞争激励无所不在的影响力，我们推测，竞争激励应会调节流畅度对判决的影响力度，故有假说：

H3：竞争激励会调节流畅度对非法官被试刑期判决的影响。

H4：竞争激励会调节流畅度对法官被试刑期判决的影响。

过往流畅度研究表明，对于给定信息的熟悉程度高，认知负荷会降低，加工流畅度会提高。[23] 据此我们推测，比之非法官被试，法官被试对于案件描述、法律条文，以及使用这些信息形成判决的思维过程更为熟悉，流畅度体验或得到提高。果如此，比之非法官被试，法官被试更可能抵御流畅度的干扰。然而，在当流畅度非常低下时，这种抵御能力很有可能遭到瓦解，故有假说：

H5：法官职业背景会调节流畅度对刑期判决的影响，比之非法官被试，流畅度变化对法官被试做出的判决影响较小。

H6：随着流畅度不断降低，在激励的调节下，法官被试也会做出更为严厉的判决。

（二）程序设计

实验分为测试Ⅰ和测试Ⅱ。测试Ⅰ采用 2×2 组间设计，在高流畅度/无激励，低流畅度/无激励，高流畅度/有激励，低流畅度/有激励四种认知条件下观察大学生被试和法官被试作出的判决。测试Ⅱ中，我们仅在超低流畅度/有激励认知条件下，观察了法官被试作出的判决。（见表 1）

---

[22] 参见冯竹青、葛岩：《物质奖励对内在动机的侵蚀效应》，载《心理科学的进展》2014 年第 3 期。

[23] M. Lloyd, D. Westerman, J. Miller, *The Fluency Heuristic in Recognition Memory: The Effect of Repetition*, Journal of Memory and Language, Vol. 48, 2003, pp. 603-614.

**表 1　实验设计与变量操纵**

| 测试 | 被试职业/个 | 条件 | 测试案件数量/件 | 案件总量/件 | 字体 | 行距 | 他人所用时间通知 | 提示 |
|---|---|---|---|---|---|---|---|---|
| 测试Ⅰ | 学生(28) | 高流畅度/无激励 | 10 | 10 | 小4号宋体 | 1.5 | 无 | 无 |
| | 学生(34) | 低流畅度/无激励 | 10 | 20 | 6号宋体,加重,斜体 | 1 | 无 | 无 |
| | 学生Ⅰ(22) | 高流畅度/有激励 | 10 | 10 | 小4号宋体 | 1.5 | 6~8分钟 | 2分钟一次 |
| | 学生(26) | 低流畅度/有激励 | 10 | 20 | 6号宋体,加重,斜体 | 1 | 6~8分钟 | 2分钟一次 |
| | 法官(32) | 高流畅度/无激励 | 10 | 10 | 小4号宋体 | 1.5 | 无 | 无 |
| | 法官(32) | 低流畅度/无激励 | 10 | 20 | 6号宋体,加重,斜体 | 1 | 无 | 无 |
| | 法官(15) | 高流畅度/有激励 | 10 | 10 | 小4号宋体 | 1.5 | 6~8分钟 | 2分钟一次 |
| | 法官(29) | 低流畅度/有激励 | 10 | 20 | 6号宋体,加重,斜体 | 1 | 6~8分钟 | 2分钟一次 |
| 测试Ⅱ | 法官(25) | 超低流畅度/有激励 | 10 | 30 | 6号宋体,加重,斜体 | 1 | 12~15分钟 | 2分钟一次 |

1. 自变量——加工流畅度

实验通过问卷字体大小、是否斜体,是否加重、行距以及案件数量的变化来操纵流畅度变化,制造出高流畅度,低流畅度、超低流畅度三种流畅度条件(见表1)。此外,为控制案件类别、被告人职业、案发行业等因素可能产生干扰,所选案件均为刑事案件,对被告人职业、职业、案件涉及行业,犯罪行为分布于不同的罪名区做了多样化处理(见附录)。所选案件均不涉及明显与情感或性有关案情,不涉及阶层冲突、性别冲突,以及可能激发判断者群体偏见的案情。为保证案件表述的专业性,案件撰写时参考了《刑法》,并由两位刑法学教师审读修改。不同流畅度问卷使用的案件数量有别（见表1），低流畅度（20个案件），超低流畅度（30个案件）中的后10个案件与高流畅度中的10个案件一致。我们只对三类问卷中相同的10个案件的判决结果加以数据分析，前面的案件仅将起到操纵流畅程度的作用。

2. 调节变量——竞争激励

测试Ⅰ开始前，实验管理员通知高流畅度/有激励组，低流畅度/有激励组被试："以前的测试表明，被试约在6~8分钟内完成所有判决。这并不会影响您，您可以随意使用时间。但每过两分钟，我会过来提醒您一次，直到完成测试。"测试中，每隔两分钟，管理员提醒被试一次。测试Ⅱ之前，被试也会接到类似的通知，但因该组面对超低流畅度高/有激励组条件，需判决的案件数量增加，故管理员通知该组被试："以前的测试表明，被试约在12~15分钟内时间内完成所有判决。"使用这样的方法，实验制造出高流畅度/无激励，低流畅度/无激励，高流畅度/有激励，低流畅度/有激励，超低流畅度/有激励五种由流畅度和竞争激励变化构成的认知条件。

采用这样激励方式缘于我们对竞争心理的一个假设：当知道他人完成任务的时间后，被试会意识或下意识产生提高工作速度的愿望。比之金钱和荣誉激励，这种激励的效果或微乎其微，但若仍可观察到其影响，则更能说明竞争激励的作用。

3. 因变量——刑期判决

参考《刑法》，刑期选择判决设定为3年到7年，共5项。

（三）测试时间、地点与被试

测试于2013年3月至12月分别在上海交通大学闵行校区、五个基层人民法院、三个中级人民法院和某省法官学院完成。110名学生被试均在校本科生和研究生（男性69人，两被试未填写性别），被试随机分为四组。133名法官被试均为有3年或以上从业经验的在职法官（男性72人），被试随机分为5组。为了能够控制视力，体力和测试环境的干扰，实验招募的被试均视力正常，或矫正后视力正常。在两位法官被试表示看不清问卷后，管理员终止其测试。我们安排被试在安静，光线良好的独立房间或隔间中独自完成测试。测试时，没有被试表示有身体或其他不适情况发生。

## 四、发现

测试Ⅰ

1-1. 流畅度影响学生被试的判决

在控制竞争激励的条件下,Mann-Whitney 检验显示,高流畅度组与低流畅组的学生被试做出了差别十分显著的刑期判决,Z=-2.952,p=0.003。(见表2)发现支持H1,在学生被试中,验证了低流畅度造成非法官被试更长刑期判决的假说。

**表2 被试在不同条件下作出的判决**

| | | 学生 | | | 法官 | | |
|---|---|---|---|---|---|---|---|
| | | 均值 | 标准差 | 标准误差 | 均值 | 标准差 | 标准误差 |
| 测试Ⅰ | 高流畅度-无激励 | 5.371 | 0.5422 | 0.1025 | 5.213 | 0.5678 | 0.1004 |
| | 低流畅度-无激励 | 5.497 | 0.4846 | 0.0831 | 5.125 | 0.5261 | 0.0930 |
| | 高流畅度-有激励 | 5.136 | 0.5010 | 0.1068 | 5.266 | 0.7098 | 0.1833 |
| | 低流畅度-有激励 | 5.650 | 0.4669 | 0.0915 | 5.303 | 0.7149 | 0.1238 |
| 测试Ⅱ | 超低流畅度-有激励 | | | | 5.532 | 0.6263 | 0.1253 |

1-2. 竞争激励未能影响学生被试的判决,但会调节流畅度对其判决的影响

在控制流畅度的条件下,Mann-Whitney 检验显示,在无激励时和有激励时,学生被试做出的刑期判决无显著变化,Z=-0.106,p=0.916(见表2),说明竞争激励未能单独对刑期产生影响。然而,若观察流畅度与竞争激励的交互作用,则可发现交互作用的显著影响,如高流畅度/无激励时的判决显著低于低流畅度/有激励时的判决,Z=2.030,p=0.042;高流畅度/有激励时的判决显著低于低流畅度/无激励时的判决,Z=-2.441,p=0.014(见表2)。本发现支

持 H3,在学生被试中,证实了竞争激励对流畅度的调节作用。

1-3. 流畅度未能影响法官被试的判决

在控制竞争激励的条件下,Mann-Whitney 检验显示,虽然流畅度变低带来刑期增加的趋势(见表 2、图 2),但未能给法官被试的判决带来显著差别,Z=0.074,p=0.941(见表 2),说明职业背景使法官被试对流畅度变化有较强抵御能力。发现拒绝 H2,但支持 H5。

1-4. 竞争激励未能影响法官被试的判决,也未能调节流畅度对判决的影响

在控制流畅度的条件下,Mann-Whitney 检验显示,虽然竞争激励出现带来刑期增加的趋势(见表 2、图 2),但未能带来法官被试判决的显著差别,Z=-0.980,p=0.327(见表 2)。检验还显示,流畅度与竞争激励对法官被试判决的交互作用也不显著,ps>0.100。发现拒绝 H4,说明职业背景使法官被试对流畅度与竞争激励的交互作用有较强的抵御能力。

测试 Ⅱ

2-1. 超低流畅度经竞争激励调节后导致法官被试作出更长刑期的判决

测试Ⅱ中,在超低流畅度/有激励条件下,法官被试给出更长的刑期(见表 2)。比较法官被试在测试Ⅰ中的判决,Mann-Whitney 检验显示,法官被试在测试Ⅱ中给出的判决与在高流畅度/无激励时给出的判决呈现边缘显著的差别,Z=1.840,p=0.066,与在低流畅度/无激励时给出的判决差别显著,Z=-2.070,p=0.038(见表 2、图 2)。发现支持 H6,说明在超低流畅度/有激励条件下,法官被试也会作出了更严峻的判决。

## 五、讨论

参考 HMPF,我们从流畅度角度观察了认知过程中的感受体验因素对司法裁判的影响。虽然流畅性在认知与评价研究领域获得了普遍重视,但从该角度出发的司法裁判研究很少见到,或不曾有过。本研究既是对流畅性研究适用领域的扩展,也是为在我国推动以认知和行为科学为进路的法学研究所做出的一次尝试。研究结果可以从以下几个方面加以讨论:

1. 实验显示了信息加工的流畅度会对司法裁判产生影响

我们的研究表明，如同在其他认知与判断过程中一样，信息加工流畅度会影响司法裁判，而且，这种影响还会受到竞争激励和职业背景的调节（见图2）。具体言之，对于想象自己是主审法官的学生被试，低流畅度导致严厉的判决（发现1-1）；竞争激励在高流畅度时会减轻判决，在低流畅度时会加重判决（发现1-2）。与学生被试相比，职业法官被试对流畅度和激励带来的认知偏差有明显抵御能力（发现1-3、1-4，图2）。然而，在伴有竞争激励的超低流畅度条件下，这种抵御能力会遭瓦解，法官们的判决会变得更为严厉（发现2-1）。在实验环境中，我们证实了法官工作量和外部刺激会对司法裁判产生的影响。

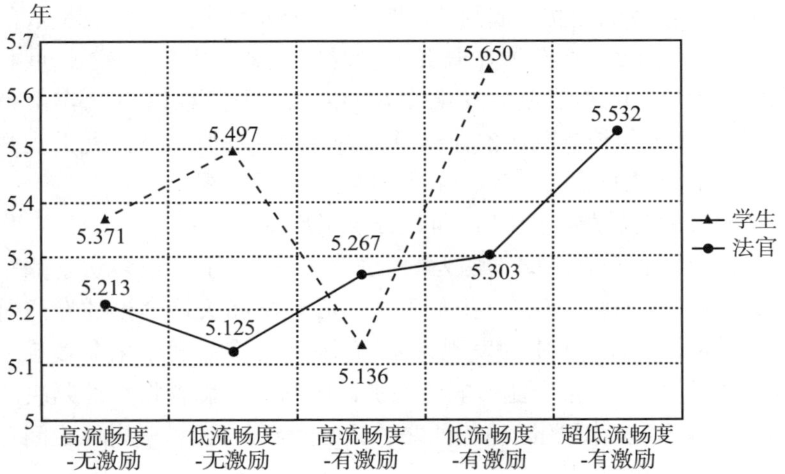


**图2　学生被试和法官被试在不同条件下的刑期判决**

本研究的自变量操纵仅限于字体大小、是否斜体和加重、行距、以及案例数量，属于极弱刺激操纵。而在现实中，法官会面对更为强烈的刺激，如挑战生理极限的长时间庭审和文书写作，繁重的调查和调解工作，各种权力机构对于司法程序的干预，超量工作和较低报酬共同造成的焦虑等。如果弱刺激的实验便可产生显著负面效应，更为强烈的刺激则应该更会强化这种效应。这是使用高度简化的实验方法来理解十分复杂的现实问题时常常使用的逻辑。

我们的研究尚留下一些未解的问题和需要在后续研究中弥补

的遗憾。例如，为什么在低流畅度条件下，竞争激励会提高学生被试的刑期判决，但在高流畅度条件下，该激励却降低了刑期（发现1-2，图2）？参考HMPF，我们大胆推测，这或是因为在认知过程十分流畅的条件下，竞争激励非但不会激发负面的焦虑感，甚至还可能带来正面愉悦感——想象孙杨在参加杭州市游泳代表队选拔赛时会是怎样的心境。果如是，法官被试便不但需要抵御负面情绪，而且需要克服了正面情绪，才能够在除超低流畅度/有激励之外的所有四种条件下作出显著统计差别的判决。再如，由于招募法官被试的困难，测试Ⅱ中我们未能对超低流畅度/无激励条件下法官被试的判决加以观察，使得实验不够完整，致使我们无法了解在超低流畅度/无激励条件下，法官被试会做出怎样的判决。另如，我们的测试均在被试独立形成判断的条件下完成，倘若个体法官形成的判决须经过小组讨论，须在搁置一段时间后重新考虑，在流畅度相同的情况下，判决是否会发生变化？对此，我们难以对此作出推测，但对于如何控制判决的浮动，提高司法判决的稳定性，此类观察有着显而易见的意义，应该在后续研究中获得重视。

2. 实验为“法律思维”的争论提供了启示

法官是否拥有不同于常人的“法律思维”是引发诸多法学家争论的问题。[24] 对此，已有一些基于认知心理学和决策理论的专门研究。[25] 本研究测试Ⅰ中的发现说明，有限度的流畅度变化会影响学生被试的判决，但是未能影响法官被试的判决。倘若将案件判决的确定性视为“法律思维”的特征之一，职业经历与这种确定性之间存在正面相关性。

---

[24] 参见［德］拉伦茨：《法学方法论》，陈爱娥译，商务印书馆2003年版；郑成良：《论法治理念与法律思维》，载《吉林大学社会科学学报》2000年第4期；王泽鉴：《法律思维与民法实例》，中国政法大学出版社2003年版；［德］卡尔·恩吉施：《法律思维导论》，郑永流译，法律出版社2004年版；陈金钊：《法律人思维中的规范隐退》，载《中国法学》2012年第1期。但朱苏力否认了法律思维的存在。参见朱苏力：《法律人思维？》，载《北大法律评论》，法律出版社2013年第2期。

[25] Mandeep K. Dhami, *Psychological Models of Professional Decision Making*, Psychological Science, Vol. 14 No. 2, 2003, pp. 175-180; C. Guthrie, J. Rachlinsik & Andrew J. Wistrich, *Blinking on the Bench: How Judges Decide Cases*, Cornell Law Review, Vol. 93, 2007, pp. 1-140.

相当数量的认知心理学研究显示,自动化评价与判断是人类常见的认知与行为选择现象,可以由有意识的反复训练习得,也可以由隐性学习,无意识重复形成,并在微弱的环境信息刺激下自动化出现。无论形成机制为何,自动化认知与行为通常是无意识或前意识(unconscious or pre-conscious)的,较少受到其他因素的干扰。㉖法官被试对于流畅度变化和激励的抵御能力在多大程度上受到理智掌控的特定思考方式影响,又在多大程度上由自动化行为趋势造成,哪些环境刺激会影响法官采用控制的或自动的加工方式,这是一些极具价值的问题,值得进一步探讨。深究对了解这些问题,对于理解司法裁判的稳定性,对于辨明什么是"法律思维",应有重要的启示作用。

3. 实验为法官员额配置、法官绩效考核等制度设计提供了启示

本研究更为直接的价值有关法官管理制度。在诉讼量剧增、绩效考核不断强化、法官超负荷工作的今天,我们的研究提示管理者须直面"法官也是人"的事实,须承认法官抵御认知偏差的能力远非无限。当超过认知负荷的临界点,这种能力或遭瓦解,导致裁判的变形。理解并找到这样的临界点,是管理者在编制法官员额、设立绩效考核制度时须加谨慎考虑的问题。

在进行司法改革的过程中,特别涉及法官人事制度的改革,不仅需要考虑规范理论中形形色色的关于公平、正义的定义,也不仅需要考虑法律职业共同体对"法律人的尊荣"理想的追求,还需要——如果不是更需要——考虑所有相关者的利益。困难在于,对于特定的判决,相关者的利益并不一致。

对被害人而言,迅速获得法律救助,尽可能严厉惩罚被告人,应是其利益所在。对被告人而言,获得权益保障,避免遭受过于严厉的惩罚,应是其利益所在。对法官而言,判决获得正面的专业和社会评价,个人获得物质或荣誉奖励,晋升机会,且工作量压力不要过大,应是其利益所在。对法院的管理者而言,司法裁决不留后遗症,判案效率高,获得上级和舆论的嘉许,应是其利益所在。对抽象

---

㉖ See J. Bargh, T. Chartrand, *The Unbearable Automaticity of Being*, American Psychologist, Vol. 54, No. 7, 1999, pp. 462-479.

意义上的司法体系而言，在公众中建立公平、公正和高效的声誉，有效抑制犯罪发生率，强化自己在公共机构中的地位，应是其利益所在。对其他社会成员而言，司法裁判符合在历史、文化和现实因素共同作用下形成的正义规范——或被认为是符合正义的规范（perceived norm of justice），体会到司法制度的公正、高效，相信法律规范具有可预期性，同时，作为纳税人，相信自己未付出过高的"正义成本"，应是其利益所在。而这些利益之间的关系常是此消彼长，势难兼得的。

为了平衡它们，使更多的利益相关方相信法律体制有能力兑现其正义承诺，须考虑相对稳定的规范问题，也须要考虑具体的、相对更具变化性的社会环境因素。例如，当犯罪率高企时，或许，在自由裁量范围内的重判不但有利于受害人，而且有利于特定法院、法官群体和整体意义上的司法体系（声誉、效率等原因）和社会的其他成员（安全感，正义期待等原因）。再如，当社会相对稳定，犯罪率明显低于公众预期水平时，或许，降低法院工作量和判处较轻的刑事惩罚更符合法官群体和公众的利益（减少法官工作量，减少纳税人司法支出）。但是，对具体环境因素的考虑又必须有其限度，因为限制裁判变化的范围能够供给法律的可预期性，提高社会成员对司法制度的信任程度，有益于强化法治意识，规范公众行为，也有益于构造法律神圣的大众观念。这既符合法律体制的利益，也符合公众的长远利益。

若上述分析不无道理，本研究为评估什么是合理的刑期判决，以及与之相关的绩效考核制度提供了一些有价值的参考数据（见表2）。我们尝试通过简单分析来解释这些数据可能包涵的启示：

（1）刑期均值：比较高流畅度/有激励和低流畅度/无激励，前者对被害人有利，法官工作量小，后者对被告有利，但法官工作量偏大。比较超低流畅度/有激励与其他条件，该条件下的判决对被害人有利，但法官工作量很大，且关押时间长，执法成本高，在社会大体稳定时，对纳税人不利。

（2）最长刑期，最短刑期，刑期差和标准差：这些数据能够显示出判决结果的稳定性。如在低流畅度/有激励条件下,最短刑期为 3.8 年,最高刑期为 6.6 年,刑期差为 2.8 年,标准差 0.7149;在高流畅度/无激励条件下,最短刑期为 4.3 年,最长刑期为 6.5 年,刑期差为 2.2 年,标准差 0.5678。两相比较,前者刑期差较大,可预期性较低,后者刑期差较小,可预期性增高。

(3)使用这些数据的同时,还须考虑高、低、超低流畅度包含的效率意义。例如,虽然高流畅度/无激励条件下的判决可预测性高(刑期差和标准差较小),但其判案效率仅为低流畅度的 1/2,超低流畅度的 1/3(见表 1)。假定付给法官的工资和其他待遇是常量,也假定犯罪率很高,为社会造成的损失已高于审判、关押罪犯的社会成本三倍以上,高流畅度/无激励便是不好的选择。相比之下,超低流畅度/有激励条件下将判案效率提高了三倍,可能使得犯罪损失等于乃至低于审判、关押罪犯的社会成本,而且,它与高流畅度/无激励条件下的判决拥有同样的刑期差,相近的标准差,有类似的跨个体法官判决之间的稳定性,因此,更可能是较好的选择。

## 结 语

传统理论将司法裁判理解为一类理性认知的判断过程,但自 20 世纪初起,法律现实主义、法律社会学和法经济学的信奉者逐渐认识到法条解释、司法程序执行、判决形成受到多样社会因素的影响。近年来,引入认知与行为学理论与方法的法学研究进一步揭示,司法裁判也还会受到认知规则,情感乃至乃至生理因素的影响,[27]为能更加科学、深入和全面地理解法律行为提供了新的维度。

与绝大多数采用认知与行为科学范式的法学研究者一样,我们无意宣称法官并未受到法律约束。本研究不是,也无意成为解构主

---

[27] 参见葛岩:《法学研究与认知——行为科学》,载《上海交通大学学报(哲学社会科学版)》2013 年第 4 期。

义法律研究的一次演示。观察、描述法官判决的行为过程，理解法官的判决与普遍性判断与决策模型的关系，[28]揭示包括法官在内的人们认知能力的限度或偏差，及其带来的行为后果，实为我们所欲。唯此，我们才可能言之有据地探讨制度和机制设计，在作为普通人的法官与符合理想法官想象的法官之间建造起一座桥梁，脚踏实地创造条件，提升法官们认知和判断能力，趋近我们的法治理想。

## 附　录

### 测试问卷举例

提示语

假设您是本材料所附案件中的主审法官，需要对这些案件中的被告人刑期作出判断。此外还请假设：

1. 所有被告人都年满 18 周岁，精神状态良好。

2. 所有被告人都无其他加重或者减轻刑罚的情节。

3. 所引用法条都是有效的，无其他冲突的相关规定。

4. 您所在的人民法院对下列所有案件的管辖权，在法律上都不构成问题。

5. 公诉机关指控的罪名完全正确，办案程序都合法合规，相关证据链合法有效，并足以证明被告人的犯罪事实。

6. 您所作的判决只能根据文中提供的选项裁量，而不可有其他选项

| 高流畅度 | 低流畅度 |
|---|---|
| 案一：滥伐林木罪<br>陈某，被捕前系林业站林业技术人员。<br>任职期间，陈某在对与他人合伙承包的山场树木（该山场并非国家级自然保护区）进行采伐时，徇于私利，违反采伐许可证所规定的数量采伐林木，滥伐林木蓄积达 381.5 立方米，超采伐蓄积数量巨大。 | 案一：滥伐林木罪<br>陈某，被捕前系林业站林业技术人员。任职期间，陈某在对与他人合伙承包的山场树木（该山场并非国家级自然保护区）进行采伐时，徇于私利，违反采伐许可证所规定的数量采伐林木，滥伐林木蓄积达 381.5 立方米，超采伐蓄积数量巨大。经他人举报，陈某于 2012 年 |

[28] See J. Rachlinski, *A Positive Psychological Theory of Judging in Hindsight*, The University of Chicago Law Review, Vol. 65, No. 2, 1998, pp. 571-625.

续表

| | |
|---|---|
| 经他人举报,陈某于2012年2月被依法逮捕。<br>根据《刑法》第345条的规定"违反森林法的规定,滥伐森林或者其他林木……数量巨大的,处三年以上七年以下有期徒刑,并处罚金",您会判处陈某几年有期徒刑?<br>1.3年<br>2.4年<br>3.5年<br>4.6年<br>5.7年 | 2月被依法逮捕。根据《刑法》第345条的规定"违反森林法的规定,滥伐森林或者其他林木……数量巨大的,处三年以上七年以下有期徒刑,并处罚金",您会判处陈某几年有期徒刑?<br>1.3年<br>2.4年<br>3.5年<br>4.6年<br>5.7年 |
| 案五:过失杀人罪<br>祝某系中医医师,在某市市区合法开设门诊,为患者诊断治病并配售中药。<br>2012年1月24日,被害人张某红、陈某等四人因牙痛或口腔发炎等原因,分别在不同时间来祝某的门诊就医。祝某分别给张某红等人开了中药清胃散。因在此之前被告人错将有毒的草乌装入放玄参的药斗内,在配药时将草乌当作玄参配给了张某红等四人。张等四人回家将中药泡服后,即都出现严重中毒症状。最终造成四人死亡抢救无效的悲剧。<br>事发后,被告人主动查找袁某红中毒死亡的原因系其配错中药,并去六安市卫生局投案自首。司法机关最终一致认为,祝某的行为构成过失杀人罪,而非医疗事故罪。<br>根据现行《刑法》第233条规定:"过失致人死亡的,处三年以上七年以下有期徒刑;情节较轻的,处三年以下有期徒刑",您会判处祝某几年有期徒刑? | 案五:过失杀人罪<br>祝某系中医医师,在某市市区合法开设门诊,为患者诊断治病并配售中药。2012年1月24日,被害人张某红、陈某等四人因牙痛或口腔发炎等原因,分别在不同时间来祝某的门诊就医。祝某分别给张某红等人开了中药清胃散。因在此之前被告人错将有毒的草乌装入放玄参的药斗内,在配药时将草乌当作玄参配给了张某红等四人。张等四人回家将中药泡服后,即都出现严重中毒症状。最终造成四人死亡抢救无效的悲剧。事发后,被告人主动查找袁某红中毒死亡的原因系其配错中药,并去六安市卫生局投案自首。司法机关最终一致认为,祝某的行为构成过失杀人罪,而非医疗事故罪。根据现行《刑法》第233条规定:"过失致人死亡的,处三年以上七年以下有期徒刑;情节较轻的,处三年以下有期徒刑",您会判处祝某几年有期徒刑? |

续表

| | |
|---|---|
| 1. 3 年<br>2. 4 年<br>3. 5 年<br>4. 6 年<br>5. 7 年 | 1. 3 年<br>2. 4 年<br>3. 5 年<br>4. 6 年<br>5. 7 年 |
| 案十:非法经营同类营业罪<br>赵某系某国有钢铁公司董事长。<br>赵某在担任该公司副总裁期间,个人出资在某地开设了一个由其个人持有 100%股份的钢铁公司。经有关部门查明,自 2010 年至 2012 年,赵某利用自己作为国企负责人的职务便利,共计为自己私人投资的钢铁公司获取非法利益共计 32 亿元。<br>经人举报,赵某被检察院逮捕,并提起公诉。<br>根据现行《刑法》第 165 条的规定:“国有公司、企业的董事、经理利用职务便利,自己经营或者为他人经营与其所任职公司、企业同类的营业,获取非法利益……数额特别巨大的,处三年以上七年以下有期徒刑,并处罚金。”您会判处赵某几年有期徒刑?<br>1. 3 年<br>2. 4 年<br>3. 5 年<br>4. 6 年<br>5. 7 年 | 案十:非法经营同类营业罪<br>赵某系某国有钢铁公司董事长。赵某在担任该公司副总裁期间,个人出资在某地开设了一个由其个人持有 100%股份的钢铁公司。经有关部门查明,自 2010 年至 2012 年,赵某利用自己作为国企负责人的职务便利,共计为自己私人投资的钢铁公司获取非法利益共计 32 亿元。经人举报,赵某被检察院逮捕,并提起公诉。根据现行《刑法》第 165 条的规定:“国有公司、企业的董事、经理利用职务便利,自己经营或者为他人经营与其所任职公司、企业同类的营业,获取非法利益……数额特别巨大的,处三年以上七年以下有期徒刑,并处罚金。”您会判处赵某几年有期徒刑?<br>1. 3 年<br>2. 4 年<br>3. 5 年<br>4. 6 年<br>5. 7 年 |

# 最高人民法院关于无效行政行为的探索

叶必丰 *

**内容摘要** 最高人民法院从司法审查引发出对无效行政行为制度的探索，虽然没有使用“自始没有任何法律效力”和“无效”等概念，却在民事诉讼领域形成了有关基础行为的构成要件，在对行政行为的司法审查中形成了重大明显瑕疵的类型化和明显性判断标准，并形成了排除具有重大明显瑕疵行政行为公定力、相对人拘束力和司法强制执行力的无效行政行为制度雏形，为我国今后立法积累了丰富素材。从最高人民法院的探索轨迹及其对重大明显瑕疵的类型化，可以发现无效行政行为规则的鲜明中国特色，司法的制度生成意义和生成机制。

**关键词** 无效行政行为 重大明显瑕疵 最高人民法院

---

* 叶必丰，上海交通大学凯原法学院讲席教授。原文发表在《法学研究》2013 年第 6 期。文中所引用法条、司法解释和案例也截至发文之前。本次汇编未作修改，但按出版社要求调整了脚注格式，并对所引用的法条和司法解释补充说明了修订情况。侯丹华、何海波、肖军、徐涛、刘羿、韩思阳和李涔烨等同仁，为本文第一稿提出了宝贵的建议。2012 年 11 月，在南开大学举行的判例沙龙上报告后，章剑生教授贡献了五条评论意见，肖泽晟、顾大松及其他多位学者贡献了其智慧，在此一并致以衷心感谢。

## 引　言

关于无效行政行为，[①]我国行政法教科书上都有论述，[②]也有专著系统研究，[③]可以说已有较充分的学说积累。但这些学说主要不是对我国制度的解析，而往往把外国学说当作“共同法学”和法律理念加以推行，既具有“情感法学”的成分又充满争议。[④]

无效行政行为是需要由行政程序法加以规定的重要制度。我国并未在立法上建立起统一的无效行政行为制度，仅有个别疑似无效行政行为的碎片式条款。[⑤] 可喜的探索是，现在已有多个地方开展了行政程序立法，建立了本地方的无效行政行为制度。[⑥] 地方的先行先试，无疑将推动国家无效行政行为制度的建立。但目前地方的无效行政行为制度主要系借鉴国外的经验而建立，且几乎没有进入法院的视野，并未在司法裁判中得以验证。

无效行政行为虽然并未在我国立法上完成制度性建构，但在司法上却有大量实践。当事人在民事、刑事和行政诉讼中的争议，逼迫法院对无效行政行为加以回应。有关无效行政行为个案的反复实践，各类案例的指导或示范，推动了多项司法解释的出台，提供了各项无效行政行为的可验证、可重复的规则。当然，司法对无效行政行为的实践是渐进的，“创新不是大张旗鼓地进行的”，[⑦]表现为

---

① 无效行政行为是就具体行政行为而言的，并不针对抽象行政行为、双方行政行为和行政事实行为。在“具体行政行为”前加上“无效”“重大明显瑕疵”等，不够简洁顺畅。在本文中，除了引用外，以“行政行为”指代“具体行政行为”。

② 参见罗豪才主编：《行政法学》，北京大学出版社 1996 年版，第 132 页以下；姜明安主编：《行政法与行政诉讼法》，北京大学出版社、高等教育出版社 2011 年版，第 204 页以下。

③ 参见金伟峰：《无效行政行为研究》，法律出版社 2005 年版。

④ 参见叶必丰：《论行政行为的公定力》，载《法学研究》1997 年第 5 期；沈岿：《法治和良知自由——行政行为无效理论及其实践之探索》，载《中外法学》2001 年第 4 期；何海波：《公民对行政违法行为的藐视》，载《中国法学》2011 年第 6 期。

⑤ 如《专利法》第 45 条、《土地管理法》第 79 条第 1 款、《公务员法》第 106 条、《行政处罚法》第 38 条等。

⑥ 如《湖南省行政程序规定》第 161 条、《山东省行政程序规定》第 132 条第 1 款等。

⑦ ［美］卡尔·N. 卢埃林：《普通法传统》，陈绪刚等译，中国政法大学出版社 2002 年版，第 311 页。

一个漫长的过程,有必要运用法社会学上的描述性研究方法,“对事实上在司法上实践过的东西”[⑧]进行描述。司法也只能形成基于特定情境的分散性规则。因此,有必要运用逻辑归纳法予以整合和定位。

本文对无效行政行为的描述和归纳对象,限于最高人民法院的态度。第一,最高人民法院的司法解释。为了说明最高人民法院司法解释的背景和内容,也将引用主持或参与制定司法解释的说明、论证性文献。第二,最高人民法院指导案例、公报公布的典型案例。指导案例系指根据最高人民法院《关于案例指导工作的规定》遴选和公布,各级法院审判类似案例时应当参照的案例。典型案例系指“经最高人民法院审判委员会反复推敲、字斟句酌”精选,而在《最高人民法院公报》公布的案例。[⑨] 第三,最高人民法院参考案例,即最高人民法院各业务庭遴选、编辑和出版的审判案例。第四,最高人民法院终审的其他案例。其中,指导案例、典型案例和参考案例尽管并非都系由最高人民法院裁判,但经最高人民法院或业务庭遴选、公布或出版,已经超出了地方意义,反映和体现了最高人民法院的态度。本文基本上不使用学者有关无效行政行为学说的研究性文献,除个别情形外也基本不使用地方法院的司法政策和裁判文书。

基于所引用案例较多,为阅读的流畅性和处理之方便,本文对案例名称予以缩略。案例缩略名一般由原告(起诉人)名加检索项构成。原告为自然人但有多个的,用“等”说明;原告为法人或其他组织的,提炼容易记忆的关键词。检索项即方括号部分,“最”系最高人民法院,“指”系指导案例,“典”系最高人民法院公报公布的典型案例,“参”系最高人民法院各业务庭所编写、发布的参考案例;“民”“刑”“行”分别指民事案例、刑事案例、行政案例。最高人民法院指导案例检索项的数字,系指导案例编号;最高人民法院典型案例检索项的数字,系最高人民法院公报时间;最高人民法院参考案

---

⑧ [奥]埃利希:《法社会学原理》,舒国滢译,中国大百科全书出版社 2009 年版,第 475 页。

⑨ 参见最高人民法院公报编辑部编:《最高人民法院公报典型案例全集(1985.1—1999.2)》,警官教育出版社 1999 年版,“前言”第 1 页。

例检索项的数字一般为案例编号，无编号的为裁判文书案号；最高人民法院终审案例和地方法院案例检索项的数字，系裁判文书案号。

## 一、对行政行为公定力的排除

根据湖南泰和案（最参行第 45 号）裁判要旨理由，公定力系指行政行为一经作出，即被推定为有效而"要求所有机关、组织和个人予以尊重"的法律效力。罗伦富案（最典行 2002-5）判决较充分地阐发了行政行为的公定力，即行政行为对作出机关以外机关的拘束力。这在德国行政法上，也就是行政行为的构成要件效力，是指"行政行为应当受到其他国家机关的尊重，并且作为其决定的既定'事实要件'采用"。[10] 这里的"尊重"，表现为行政行为对作出机关以外所有机关的拘束效力，[11]但"无效的行政行为没有要件效力"。[12]

### （一）公定力之基础行为的构成要件

行政行为的公定力，以该行政行为构成另一法律行为的基础行为或前提要件为条件。如果该行政行为并非另一法律行为的实施要件，则不存在拘束性或公定力问题。民事诉讼所要解决的是民事争议而不是行政争议，审查行政行为的合法性并不是民事诉讼的任务，大庆振富案（最典民 2007-4）和交通勘察案［最参（2009）民二终字第 99 号］判决对此就有专门论证。但是，行政行为又经常与民事诉讼发生密切关联，到底什么样的关联行政行为才能构成民事裁判的基础行为？对此，最高人民法院在民事诉讼中很早就开始了探索。

1. 实质性行政行为。绿谷案（最典民 2004-7）判决把行政行为区分为实质性行政行为和形式性行政行为。该判决从司法权与行政权分工的角度指出："实质性的行政行为，如本案所涉的审批行为，则是我国法律赋予有关行政主管部门的特有的权力"行为；形式

---

[10] 参见［德］哈特穆特·毛雷尔：《行政法学总论》，高家伟译，法律出版社 2000 年版，第 268 页。

[11] 参见赵宏：《法治国下的行政行为存续力》，法律出版社 2007 年版，第 81 页。

[12] 参见［德］哈特穆特·毛雷尔：《行政法学总论》，高家伟译，法律出版社 2000 年版，第 269 页。

性行政行为,是备案、登记等程序性行政行为。早些时审理的郑某案(最参民房第1号)和后来的深圳蒲公堂案[最参(2007)民二终字第32号]、贵州捷安案[最参(2009)民二终字第3号]等判决都一致指出,行政机关的登记类行政行为即形式性行政行为,是指没有直接决定实体法律关系存在与否的非设权性行为,而是宣示性登记,只具有登记事项的公示效力、证据效力和对抗善意第三人的效力。由此看来,绿谷案(最典民2004-7)判决所称的实质性行政行为是指行政机关运用行政权,创设实体行政法关系的行为;形式性行政行为是指行政机关运用行政权,确认或宣示法律事实或法律关系(多为民事法律关系)的行为。这一区分不同于德国行政法学上有关实体行政行为和形式行政行为的区分,而等同于德国行政法学上形成性行政行为和确认性行政行为的区分。⑬ 但是,绿谷案(最典民2004-7)判决的上述区分目的,不是为了下定义,而是为了确定法院在民事诉讼中对行政行为的审查范围。它指出,对形式性行政行为,"人民法院可以通过民事诉讼的判决结果直接或间接地"作出变更;对实质性行政行为,法院"不能通过民事诉讼程序和作出民事判决予以变更。即使审批不当,也只能通过行政复议程序或者行政诉讼程序予以纠正"。所谓"通过民事诉讼的判决结果直接或间接地"作出变更,并非审查和判决变更该形式性行政行为。它是指法院对该形式性行政行为所确认或宣示的法律事实或法律关系予以实质性审查,根据当事人的举证和质辩而不是根据该形式性行政行为的确认或宣示对民事争议作出判决。根据贵州捷安案[最参(2009)民二终字第3号]和中国信达案[最参(2005)民二终字第164号]等的实质性审查,形式性行政行为的权利人具有按该行为推定的权利,争议该权利的当事人必须有足够的证据才能获得法院的支持。因此,绿谷案(最典民2004-7)判决不是基于行政行为的瑕疵及其程度而对形式性行政行为民事裁判拘束力的排除,而是对民事裁判基础行为要件的确立,即民事裁判只以实质性行政行为而不以形式性行政行为为基础行为。这一判决已成为我国民事诉讼

---

⑬ 参见[德]汉斯·J.沃尔夫等:《行政法》(第2卷),高家伟译,商务印书馆2002年版,第42、48页。

实践的普遍认识，[14]也与行政审判法官的认识相一致。[15]

2. 对案件事实和法律效果的涵摄。实质性行政行为作为民事裁判的基础行为，还必须以该行为涵摄了案件事实和法律效果为构成要件。宁夏君信案[最参(2004)民二终字第260号]裁判摘要指出："如果该审计报告未能直接、充分地证明案件争议的事实，不能单独作为定案的依据。"成都春来案[最参(2009)民提字第60号]判决认为，所提举工商行政处罚决定书能证明当事人的行为违法，但不能证明当事人所有权关系。行政行为不能涵摄案件事实和法律效果的，即使系实质性行政行为，也不能成为民事裁判的基础行为。并且，根据宁夏君信案[最参(2004)民二终字第260号]判决，实质性行政行为不以其理由而以其结论为限度对民事裁判发生拘束。民事诉讼上的这一发展，恰与德国法相契合。[16]

3. 法律规范的强制性规定。1999年，最高人民法院《关于适用〈中华人民共和国合同法〉若干问题的解释(一)》第10条规定："当事人超越经营范围订立合同，人民法院不因此认定合同无效。但违反国家限制经营、特许经营以及法律、行政法规禁止经营规定的除外。"[17]2002年，最高人民法院《关于审理商标民事纠纷案件适用法律若干问题的解释》第22条第1款规定："人民法院在审理商标纠纷案件中，根据当事人的请求和案件的具体情况，可以对涉及的注册商标是否驰名依法作出认定。"第3款规定："当事人对曾经被行政主管机关或者人民法院认定的驰名商标请求保护的，对方当事人对涉及的商标驰名不持异议，人民法院不再审查。提出异议的，人民法院依照商标法第十四条的规定审查。"[18]山西黄翰案[最参

---

⑭　参见黄贤华:《股权纠纷关联行政争议案件的司法困境及出路》，载《法律适用》2011年第7期；许福庆:《行政行为与民事判决效力冲突及解决》，载《法律适用》2009年第5期。

⑮　参见江必新:《论行政争议的实质性解决》，载《人民司法·应用》2012年第19期。

⑯　参见赵宏:《法治国下的目的性创设》，法律出版社2012年版，第306页。

⑰　最高人民法院《关于适用〈中华人民共和国合同法〉若干问题的解释(一)》，1999年12月19日，法释〔1999〕19号，已被法释〔2020〕16号废止。

⑱　最高人民法院《关于审理商标民事纠纷案件适用法律若干问题的解释》，2002年10月12日，法释〔2002〕32号发布；2020年12月29日，法释〔2020〕19号修正。

(2006)民二终字第19号]和浙江中光案[最参(2004)民二终字第143号]裁判摘要指出,民事法律行为不以法律规范强制规定的行政行为为依据的,不发生法律效力;法律规范没有强制性要求的,则不影响效力。这些司法解释和裁判都表明,民事裁判以行政行为为基础行为,不仅取决于实质性行政行为及其对案件事实和法律效果的涵摄,还取决于法律规范的强制性规定。只有法律规范强制性规定民事裁判以实质性行政行为为基础行为时,才符合构成要件。强制性规定在法条上的语义,根据武汉瑞通案[最参(2009)民二终字第140号]判决,典型的表现是"必须""不得",即命令性和禁止性条款。这一要件也与德国法相一致。[19]

4. 当事人的约定。2001年最高人民法院《关于建设工程承包合同案件中双方当事人已确认的工程决算价款与审计部门审计的工程决算价款不一致时如何适用法律问题的电话答复意见》指出:"审计是国家对建设单位的一种行政监督,不影响建设单位与承建单位的合同效力。建设工程承包合同案件应以当事人的约定作为法院判决的依据。只有在合同明确约定以审计结论作为结算依据或者合同约定不明确、合同约定无效的情况下,才能将审计结论作为判决的依据。"[20]也就是说,能够涵摄案件事实和法律效果的实质性行政行为,如果没有法律规范的强制性规定,但是有当事人双方的约定,则可以作为民事裁判的基础行为。

通过上述探索,最高人民法院确立了能够涵摄案件事实和法律效果的实质性行政行为,如果有法律规范的强制性规定或者当事人双方的约定,则可以作为民事裁判基础行为的判断标准。这一判断标准,除实质性行政行为要件与行政诉讼实践有冲突外,[21]对行政行为在其他场合是否构成另一法律行为的基础行为,具有借鉴意义。

---

[19] 参见赵宏:《法治国下的目的性创设》,法律出版社2012年版,第307页。

[20] 参见最高人民法院《关于建设工程承包合同案件中双方当事人已确认的工程决算价款与审计部门审计的工程决算价款不一致时如何适用法律问题的电话答复意见》,2001年4月2日,〔2001〕民一他字第2号。

[21] 参见最高人民法院《关于审理房屋登记案件若干问题的规定》,2010年8月2日,法释〔2010〕15号;赵大光等:《〈关于审理房屋登记案件若干问题的规定〉的理解与适用》,载《人民司法·应用》2010年第23期。

### （二）民、刑事诉讼对公定力的排除

在行政行为构成民事裁判的基础行为的情况下，最高人民法院承认该行政行为对相关民事裁判的拘束力，认可该行政行为的判断。[22] 嘉和泰案（最典民 2008-3）和苏州广程案［最参（2009）民二终字第 15 号］裁判摘要都指出，行政行为应当作为法院认定合同是否有效的依据。但最高人民法院排除了某些行政行为对民事裁判的拘束力。1988 年，最高人民法院《关于贯彻执行〈中华人民共和国民法通则〉若干问题的意见（试行）》第 49 条规定："个人合伙或者个体工商户，虽经工商行政管理部门错误地登记为集体所有制的企业，但实际为个人合伙或者个体工商户的，应当按个人合伙或者个体工商户对待。"[23]1994 年，最高人民法院《关于企业开办的其他企业被撤销或者歇业后民事责任承担问题的批复》指出："人民法院在审理案件中，对虽然领取了企业法人营业执照，但实际上并不具备企业法人资格的企业，应当依据已查明的事实，提请核准登记该企业法人的工商行政管理部门吊销其企业法人营业执照。工商行政管理部门不予吊销的，人民法院在审理案件中对该企业的法人资格可不予认定。"[24]最高人民法院在 2001 年的一则司法解释中，再次肯定了上述规则。[25] 上述司法解释中的自行认定和"可不予认定"等，就是对该行政行为公定力的排除。能排除行政行为公定力的原因，只能是该行政行为存在重大明显瑕疵构成无效。深圳三九案（最典民 2003-4）法院审理发现，作为基础行为的行政许可证虚假、

---

[22] 参见《大庆市振富房地产开发有限公司与大庆市人民政府债务纠纷案》，载《最高人民法院公报》2007 年第 4 期；最高人民法院民二庭编：《最高人民法院商事审判指导案例（公司卷）》，中国法制出版社 2011 年版，第 167 页。

[23] 最高人民法院《关于贯彻执行〈中华人民共和国民法通则〉若干问题的意见（试行）》，1988 年 4 月 2 日，法办发〔1988〕6 号，已被法释〔2020〕16 号废止。

[24] 最高人民法院《关于企业开办的其他企业被撤销或者歇业后民事责任承担问题的批复》，1994 年 3 月 30 日，法复〔1994〕4 号，已被法释〔2020〕16 号废止。

[25] 最高人民法院《关于审理军队、武警部队、政法机关移交、撤销企业和与党政机关脱钩企业相关纠纷案件若干问题的规定》（2001 年 3 月 20 日，法释〔2001〕8 号）第 3 条规定："被开办企业虽然领取了企业法人营业执照，但投入的资金未达到《中华人民共和国企业法人登记管理条例实施细则》第十五条第（七）项规定数额的，或者不具备企业法人其他条件的，应当认定其不具备法人资格，其民事责任由开办单位承担。"法释〔2020〕18 号修正，所引内容未变化。

不具有真实性,遂不予采信。最高人民法院在民事裁判中并没有明确指出"错误""不符合条件"等是否属于重大明显瑕疵,但在最高人民法院法官的工作研究论文中作出了明确的肯定性判断。[26] 当然,最高人民法院排除某些行政行为对民事裁判的拘束,仍在探索之中,还没有完成建立整体完全统一、前后始终一致的规则。[27]

行政行为对刑事裁判也具有拘束力。江某田等案(最参刑第205号)判决认为,被告人聚众以暴力手段抢回被依法查扣的制假设备,构成妨害公务罪。但是,刑事诉讼中也排除了某些行政行为的拘束力。刘某山等案(最典刑1994-2)判决表明,法院对进行走私、收受贿赂而实施的行政行为不予认可。王某案(最参刑第419号)判决表明,被告人以欺诈手段获取的结婚证,不拘束法院对重婚罪的认定。

### (三)行政诉讼对公定力的排除

行政行为对行政裁判具有拘束力。赵某新案(最参行第12号)裁判要旨指出:"企业的经济性质,应以发生法律效力的《企业法人营业执照》为准。因此,人民法院确定企业经济的性质,应当根据企业在工商行政管理机关注册登记的具有法律效力的《企业法人营业执照》上所确定的企业经济性质为准。"该裁判要旨理由进一步说明,即使《企业法人营业执照》存在瑕疵,法院也"只能依照法律规定的登记文本来确定"。但是,最高人民法院却排除了某些行政行为的拘束力。

沈某贤等案(最典行2004-3)被诉建设许可证,系以计划部门的批准行为为基础行为。该基础行为缺乏实施要件即环境部门批准的环境影响报告书,存在瑕疵。限于受案范围和起诉期限制度,审理法院通过对不确定法律概念即"有关批准文件"的解释,把基础行为的要件作为颁发被诉建设许可证的共同要件,[28]通过推翻

---

[26] 参见江必新:《论行政争议的实质性解决》,载《人民司法·应用》2012年第19期。

[27] 参见羊琴:《企业设立登记行为的性质及其在民事诉讼中的效力》,载《人民司法·应用》2011年第9期。

[28] 参见朱芒:《"行政行为违法性继承"的表现及其范围——从个案判决与成文法规范关系角度的探讨》,载《中国法学》2010年第3期。

被诉建设许可证实现了推翻有瑕疵基础行为的目的，表明了法院不受重大明显瑕疵行政行为拘束的态度，实现了行政争议的实质性解决。[29]

2009年，最高人民法院《关于审理行政许可案件若干问题的规定》（以下简称"最高人民法院行政许可法解释"）第7条统一规定，在审理行政许可案件中，作为被诉行政许可行为基础的其他行政决定或者文书存在重大明显瑕疵的，法院不予认可。这一司法解释清晰而明确地宣布，法院不受无效行政行为的拘束，无效行政行为不具有公定力。这样，在被诉行为的基础行为不符合或不具备要件而导致该基础行为无效时，法院就不需要再把基础行为的要件作为被诉行为的共同要件来审查被诉行为。

2011年公布的俞某华案（最参行第51号）裁判要旨指出："复议机关未依行政复议法规定的申请复议期限受理案件并作出复议决定，不拘束人民法院对行政案件起诉期限的认定。利害关系人即使在收到复议决定书之日起15日内起诉，经审查若属逾期起诉且无正当理由，应当不予受理或者驳回起诉。"这一裁判要旨不但再次表明最高人民法院排除某些行政行为公定力的态度，而且明确表达了"不受拘束"的意思。这与最高人民法院在此前的司法解释和判决中有关"不予认定"、"不予认可"和"尊重"等相比，更为准确地表达了公定力即对其他机关拘束力的规则。

除行政诉讼对公定力的排除外，最高人民法院还表达了在强制执行审查中排除法定行政行为公定力的态度，认为房屋征收与补偿的非诉执行审查系一种无效审查，审查内容包括"作为征收补偿决定前提的征收决定是否明显缺乏事实依据和法律、法规依据，是否严重违反法定程序，明显超越职权以及明显违反行政目的"。[30]

（四）不拘束其他行政行为的指示

行政行为构成另一行政行为基础行为的，则对该另一行政行为具有拘束力。根据《行政许可法》第41条的规定和原国务院法制办

---

[29] 参见江必新：《论行政争议的实质性解决》，载《人民司法·应用》2012年第19期。

[30] 参见杨临萍等：《关于房屋征收与补偿条例非诉执行的若干思考》，载《法律适用》2012年第1期。

的解释，[31]许可证持有人在许可机关辖区外从事所许可行为，无须再申领许可。洋浦大源案[最(2003)行终字第2号]终审判决认为，被告省林业局对原告根据工商营业执照所核定的经营范围从事木材经营活动实施处罚，违反信赖保护原则，构成违法。信赖保护与授益行政行为的实质确定力，是一个问题的两个方面。[32]它是否与授益行政行为的公定力也构成一个问题的两个方面有待论证，但可以肯定的是，最高人民法院强烈要求被告林业行政机关应尊重工商营业执照的态度。

"最高人民法院行政许可法解释"第7条规定，对作为被诉行政许可行为基础的其他行政决定或者文书存在重大明显瑕疵的，法院不予认可。这一规定的直接意义，当然是法院拒绝受法定行政行为拘束的制度化。它的间接意义则是，法院通过否定以具有法定违法情形行政行为为基础的行政许可行为，指示行政许可机关在行政许可中拒绝受该类行政行为的拘束。对此，此前的沈希贤等案(最典行2004-3)判决就有较明确的要求。法院认为："被告规划委员会在审批该项目的《建设工程规划许可证》时，应当审查第三人是否已取得了环境影响报告书。"换句话说，这就是要求被告审查基础行为是否存在重大明显瑕疵，拒绝受存在重大明显瑕疵基础行为的拘束。因此，具有法定情形的行政行为不能拘束其他行政行为的实施。

## 二、对排除其他法律效力的态度

根据湖南泰和案(最参行第45号)裁判要旨理由，行政行为除了公定力以外，还具有确定力、拘束力和执行力。

### (一)对强制执行力的排除

在德国，"行政执行是指行政机关通过专门的行政程序强制公民或者其他法律主体履行公法义务"，"行政机关享有相对于债务人

---

[31] 参见《国务院法制办公室对〈关于提请解释《中华人民共和国行政许可法》有关适用问题的函〉的复函》，2004年8月2日，国法函〔2004〕293号。

[32] 参见[德]哈特穆特·毛雷尔：《行政法学总论》，高家伟译，法律出版社2000年版，第277页；王贵松：《行政信赖保护论》，山东人民出版社2007年版，第194页。

的特权，即可以自己设定执行的根据并且自己执行，无须申请法院”。[33] 也就是说，德国的行政强制执行与我国行政机关申请法院强制执行不同。但是，行政行为无论由谁执行，都存在无效行政行为是否予以执行问题。对此，德国行政法的态度是“行政行为无效的，不得执行”。[34] “无效行政行为自始不产生预期的法律效果。没有法律效果和约束力，公民不必服从，行政机关不得执行。任何人任何时间都可以主张其无效。”[35]在我国，根据湖南泰和案（最参行第45号）裁判要旨理由，通过相应的行为依法实现行政行为所设定的权利义务，即为行政行为的执行力。那么，我国最高人民法院是否认可无效行政行为的强制执行力？

早在1985年，最高人民法院《关于人民法院依法执行行政机关的行政处罚决定应用何种法律文书的问题的批复》[36]（以下简称“最高人民法院处罚执行文书批复”）就规定，行政机关申请法院强制执行的，法院“如果发现处罚决定确有错误，则不予执行，并通知主管行政机关”。这一司法解释的背景是，1982年《民事诉讼法（试行）》（已废止）第3条第2款规定“法律规定由人民法院审理的行政案件，适用本法规定”之后，立法上出现了“诉讼——执行”条款，即当事人对行政处罚不服的可在法定期限内向法院起诉，逾期不起诉又不执行的可由行政机关申请法院强制执行。在1982年前，法律上几乎看不到这类条款。例如，《环境保护法（试行）》和《森林法（试行）》，都是当时极为有限的立法，都未规定这类条款。《民事诉讼法（试行）》后的《海洋环境保护法》和《森林法》，则都规定了这一条款。但法院对行政处罚的强制执行程序，并没有法律规定。于是，最高人民法院基于司法实践的需要，根据《民事诉讼法（试行）》第170条有关执行员应当“了解案情”的规定，作出了对被执行行政行为进行司法审查的解释。

---

[33] 参见［德］汉斯·J.沃尔夫等：《行政法》（第2卷），高家伟译，商务印书馆2002年版，第291页。

[34] 参见［德］汉斯·J.沃尔夫等：《行政法》（第2卷），高家伟译，商务印书馆2002年版，第312页。

[35] ［德］哈特穆特·毛雷尔：《行政法学总论》，高家伟译，法律出版社2000年版，第253页。

[36] 已于2013年1月14日废止。

1991 年,基于实践中"不予执行"已扩大到行政处罚以外行政行为的经验,[37]以及《行政诉讼法》的制定和实施,最高人民法院《关于贯彻执行〈中华人民共和国行政诉讼法〉若干问题的意见(试行)》(已废止,以下简称"最高人民法院贯彻行政诉讼法意见")第 85 条规定:"如果人民法院发现据以执行的法律文书确有错误,经院长批准,不予执行,并将申请材料退回行政机关。"在当时,上述规定主要是司法审查的需要,但在理由上却已经有无效行政行为学说的支持。最高人民法院法官江必新结合 1989 年《行政诉讼法》的起草指出,现实中存在当事人不敢告行政机关的情况,但行政行为的无效不取决于相对人的态度和诉讼时效是否已过。"行政行为确属无效或部分无效的,可以在行政机关申请人民法院强制执行时,要求行政机关撤销或变更,可不予执行。"[38]

1999 年最高人民法院《关于执行〈中华人民共和国行政诉讼法〉若干问题的解释》[39](以下简称"最高人民法院行政诉讼法解释")第 95 条规定,行政行为具有法定违法情形的,法院裁定不准予执行。这一规定是对 1989 年《行政诉讼法》第 66 条行政机关申请法院强制执行条款的解释,依据是 1989 年《行政诉讼法》第 5 条行政行为的合法性审查条款。[40] 它在目的是实现司法审查,在功能上却已与无效行政行为不具有强制执行力原理相契合。最高人民法院法官对此认为,它是区别于行政行为合法性审查制度的无效审查制度,[41]是对大陆法系无效行政行为制度的借鉴。[42] 同时,在起草者主观上,裁定不准予执行制度是作为司法审查制度组成部分加以考虑的。"最高人民法院行政诉讼法解释"规定"是否准予强制执行作出裁定"的"核心内容是,法院应当'对具体行政行为的合法性进

---

[37] 参见甘文:《行政诉讼法司法解释之评论——理由、观点与问题》,中国法制出版社 2000 年版,第 178 页。

[38] 江必新:《行政诉讼问题研究》,中国人民公安大学出版社 1989 年版,第 219 页。

[39] 2000 年 3 月 8 日,法释〔2000〕8 号,2018 年 2 月 8 日废止。

[40] 1989 年《行政诉讼法》第 5、66 条,为现行《行政诉讼法》第 6、97 条。

[41] 参见杨临萍等:《关于房屋征收与补偿条例非诉执行的若干思考》,载《法律适用》2012 年第 1 期。

[42] 参见江必新:《司法解释对行政法学理论的发展》,载《中国法学》2001 年第 4 期。

行审查’。其重要意义是，明确了法院对具体行政行为合法性审查原则的适用范围，更加符合行政诉讼法的立法精神”。[43] 把被执行行政行为纳入司法审查的正当性理由，是无效行政行为学说。“行政机关作出的具体行政行为，是否当然具有强制执行力，是一个有争论的问题。根据传统的公定力理论，行政机关的行政行为一经作出即被假设具有法律效力，对相对人具有约束力。……而现代很多国家的行政法理论已经对公定力理论作了修正。美国的执行诉讼制度及相关的理论便是一个典型的例子。”[44]因此可以说，“最高人民法院行政诉讼法解释”已经建立起对法定行政行为排除强制执行力的制度。

2011 年《行政强制法》第 58 条，作了类似“最高人民法院行政诉讼法解释”第 95 条的规定，即法院发现申请强制执行的行政行为具有法定违法情形的，“在作出裁定前可以听取被执行人和行政机关的意见”，并裁定不予执行。这就以法律的形式确认了司法解释建立的，对法定行政行为排除强制执行力的“无效审查”制度。“从《行政强制法》第 57 条和第 58 条的关系来看，人民法院非诉强制执行也只能采取无效性审查标准。……在仅仅只能‘书面审查’和‘7 日内’就必须作出执行裁定的情况下，人民法院根本就不具备进行合法性、合理性，甚至可执行性审查的条件，只能按照无效性标准对明显违法的具体行政行为进行审查。”[45]但是，该法没有把排除强制执行力的行政行为范围进一步发展和扩大到行政机关的强制执行，而仍限定在申请法院强制执行的范围内，仍具有司法审查的性质。

2011 年，最高人民法院《关于坚决防止土地征收、房屋拆迁强制执行引发恶性事件的紧急通知》强调在执行中应坚持公正、中立的司法审查，指示执行法院不得强制执行特定的房屋征收补偿决

---

[43] 甘文：《行政诉讼法司法解释之评论——理由、观点与问题》，中国法制出版社 2000 年版，第 222 页。

[44] 甘文：《行政诉讼法司法解释之评论——理由、观点与问题》，中国法制出版社 2000 年版，第 178 页以下。

[45] 参见杨临萍等：《关于房屋征收与补偿条例非诉执行的若干思考》，载《法律适用》2012 年第 1 期。

定。2012年出台的最高人民法院《关于办理申请人民法院强制执行国有土地上房屋征收补偿决定案件若干问题的规定》(以下简称“执行房屋征收补偿决定规定”)第6条,吸收了上述紧急通知的内容,贯彻了“最高人民法院行政诉讼法解释”和《行政强制法》关于法定行政行为不具有强制执行力的制度。[46] 对此,早在该司法解释发布前,最高人民法院法官就根据“最高人民法院行政诉讼法解释”和行政强制法非诉强制执行的规定表态认为,对房屋征收补偿决定的非诉强制执行应坚持无效性审查制度。“鉴于我国房屋征收与补偿的非诉执行不仅是一个法律问题,更是一个涉及社会稳定的大局问题。国有土地上房屋征收非诉强制执行的无效性审查标准有其特殊内容。”[47]他们认为,首要的内容就是审查房屋征收补偿决定是否具有无效情形。

对法定行政行为强制执行力的排除,是最高人民法院在探索强化司法审查中发展起来的,是在行政行为各法律效力制度中率先予以探索并取得成效的领域,并已积极寻求无效行政行为学说的支持。行政行为的司法强制执行,已经是行政行为的最后环节。在学理上,没有强制执行力的行政行为也就没有其他法律效力。但基于司法审查的局限性,排除强制执行力除了与行政行为的法定违法情形已建立起逻辑联系外,与行政行为的其他法律效力之间的逻辑联系仍缺乏制度建设。

(二)对确定力的谨慎态度

1. 形式确定力的排除未获实质性进展。在德国,形式存续力是指行政行为不可诉请撤销性。“行政行为的不可诉请撤销性意味着根据实体法的规定,相对人不能或不能再以常规的救济途径对于行政行为中规范的内容诉请撤销。而此处的‘常规救济途径’专指行政复议与行政诉讼。”[48]也就是说,法定国家机关根据监督权进行的

---

[46] 参见《最高人民法院行政庭负责人解读〈关于办理申请人民法院强制执行国有土地上房屋征收补偿决定案件若干问题的规定〉——强化非诉执行司法审查维护人民群众合法权益》,载《人民法院报》2012年4月10日。

[47] 杨临萍等:《关于房屋征收与补偿条例非诉执行的若干思考》,载《法律适用》2012年第1期。

[48] 赵宏:《法治国下的行政行为存续力》,法律出版社2007年版,第48页。

撤销，不属于可撤销性，也不属于形式存续力的任务；无效行政行为不具有形式存续力，不受救济期限的限制。[49] 德国的形式存续力，在我国称为形式确定力，指复议期限或诉讼期限届满，当事人不得向复议机关或法院主张撤销或变更。最高人民法院对无效行政行为是否具有形式确定力，持谨慎态度。

《行政复议法》和《行政诉讼法》没有对无效行政行为的行政复议申请期限和行政诉讼起诉期限作出特别规定，"最高人民法院行政诉讼法解释"所规定的确认无效判决也不是针对无效行政行为的判决。[50] 同时，我国当前社会稳定的形势相当严峻，对形式确定力的排除不利于对社会稳定的维护。[51] 基于上述法的安定性背景，最高人民法院在是否排除某些行政行为的形式确定力问题上并未贸然探索，反而坚持行政行为原则上都具有形式确定力的态度。坑某元案（最参行第46号）和俞某华案（最参行第51号）判决都认为，相对人在救济期限届满后请求救济，复议机关或法院予以受理的，属于错误受理，法院应予纠正。

基于"最高人民法院行政诉讼法解释"有关裁定是否准予执行的规定，各地法院在实践中纷纷采用了听证的方式。其中，江苏省高级人民法院还于2009年制定了《关于非诉行政执行案件听证审查若干问题的规定（试行）》。这一司法政策详细规定了听证原则、听证的范围和听证参与人，以及听证的告知、申请、通知和撤回。其第3条明确规定："本规定所称听证，是指人民法院对行政机关或具体行政行为确定的权利人申请强制执行的具体行政行为，在作出是否准予强制执行裁定前，为了查清案件事实，审查执行依据，依照本规定听取当事人陈述、申辩和质证的活动。"此类司法政策在其他地方也有。[52] 正是在这些司法实践的基础上，《行政强制法》第58条

[49] 参见赵宏：《法治国下的行政行为存续力》，法律出版社2007年版，第48、50页。

[50] 参见蔡小雪：《行政确认判决的适用》，载《人民司法》2001年第11期。

[51] 参见黄新波：《行政机关撤销登记事项应当遵循正当程序原则》，载《人民司法·案例》2010年第6期；坑贝元案（最参行第46号）裁判要旨理由，载最高人民法院行政庭：《中国行政审判案例》第2卷，中国法制出版社2011年版，第38页。

[52] 参见福建省高级人民法院《关于审查非诉执行行政案件的若干规定（试行）》、《广东省法院办理执行非诉具体行政行为案件办法（试行）》和湖南省高级人民法院《关于审查和执行非诉行政执行案件的若干规定》等。

规定了法院的听取意见制度，裁定期限、说明理由和送达制度，以及裁定不予执行的异议制度。这种非诉执行的听证审查制度已俨然成为行政诉讼的简化版，非诉执行裁定书也与行政诉讼裁判文书相差无几。[53] 正在探索的“裁执分离”模式，则已接近执行诉讼制度。[54] 上述执行审查，都是法院在起诉期限届满后对申请执行的行政行为的审查。基于上述观察，如果把相对人不履行无效行政行为的义务当作“置之不理”，把法院对行政机关申请执行审查当作无效行政行为的确认诉讼，那么也许可以说我国对无效行政行为排除形式确定力的制度获得了初步的发展。

2. 实质确定力的排除已释放出空间。在德国，实质存续力是指行政行为的作出机关不得撤销、废止或变更行政行为。[55] 无效行政行为不具有实质存续力。德国行政法上的实质存续力，对应到我国行政法上，就是行政行为的实质确定力。

最高人民法院认可行政行为的实质确定力。焦某刚案（最典行2006-10）裁判摘要指出：“依法作出的行政处罚决定一旦生效，其法律效力不仅及于行政相对人，也及于行政机关，不能随意被撤销。已经生效的行政处罚决定如果随意被撤销，不利于社会秩序的恢复和稳定。”

但是，最高人民法院并不主张行政行为的绝对实质确定力。2003年最高人民法院《关于房地产管理机关能否撤销错误的注销抵押登记行为问题的批复》指出：“房地产管理机关可以撤销错误的注销抵押登记行为。”[56]焦某刚案（最典行2006-10）裁判摘要也指出：“错误的治安管理行政处罚决定只能依照法定程序纠正。”这种纠正，根据坑贝元案（最参行第46号）裁判要旨理由，不是通过行政复议和行政诉讼纠正，而应该是行政行为作出机关的“自我纠错”。

---

[53] 参见广东省增城市人民法院行政执行裁定书，（2008）增法非诉行执审字第25号。

[54] 参见上海市虹口区法院课题组：《拆迁执行案件“裁执分离”模式的实践探索与展望》，载《上海审判研究》2012年第7期。

[55] 参见［德］哈特穆特·毛雷尔：《行政法学总论》，高家伟译，法律出版社2000年版，第268页。

[56] 最高人民法院《关于房地产管理机关能否撤销错误的注销抵押登记行为问题的批复》，2003年10月14日，法释〔2003〕17号。

在此，最高人民法院虽然还没有把“自我纠错”与法定违法情形联系起来，但却在坚持法的安定性原则的同时，为实现依法行政和排除法定行政行为的实质确定力留下了空间。

当然，对无效行政行为是否具有实质确定力问题，似乎还无法梳理出最高人民法院是否已经具有清晰的思路。在最高人民法院《关于行政诉讼撤诉若干问题的规定》的条文中，很难发现有关无效行政行为的规定。起草者针对第2条规定的撤诉条件指出：“如果行政行为在诉讼中被发现是具有重大明显违法的无效行政行为，则不存在和解的条件。因为无效的行政行为自始就不产生法律效力，相对人无需服从，不存在处分的基础。……不存在适用和解程序的空间。但是，如果相对人因无效行政行为受到损失，在诉讼中双方可就有关赔偿的问题达成和解。”[57]由此看来，行政机关不能改变所作无效行政行为并与原告达成撤诉的和解协议，而只能由法院裁判。这似乎模糊了对无效行政行为实质确定力的排除。

（三）对相对人拘束力的排除

在德国行政法上，并没有独立的行政行为拘束力之说，而是包含于行政行为的实质确定力，即行政行为对作出机关和相对人双方的约束力。[58] 根据湖南泰和案（最参行第45号），“拘束力”是行政行为的一种独立法律效力，指行政行为“约束和限制”作出机关和相对人行为的效力。

最高人民法院支持行政行为的拘束力。2004年最高人民法院《关于在林木采伐许可证规定的地点以外采伐本单位或者本人所有的森林或者其他林木的行为如何适用法律问题的批复》指出：“违反森林法的规定，在林木采伐许可证规定的地点以外，采伐本单位或者本人所有的森林或者其他林木的，除农村居民采伐自留地和房前屋后个人所有的零星林木以外，属于最高人民法院《关于审理破坏森林资源刑事案件具体应用法律若干问题的解释》第5条第1款第1项‘未经林业行政主管部门及法律规定的其他主管部门批准并核

---

[57] 参见段小京：《〈关于行政诉讼撤诉若干问题的规定〉的理解与适用》，载《人民司法·应用》2008年第3期。

[58] 参见［德］哈特穆特·毛雷尔：《行政法学总论》，高家伟译，法律出版社2000年版，第268页。

发林木采伐许可证'规定的情形,数量较大的,应当依照刑法第345条第2款的规定,以滥伐林木罪定罪处罚。"[59]

但法定行政行为强制执行力的排除制度,其实也是对行政行为拘束相对人效力的排除制度。一方面,相对人对行政行为不申请复议、不起诉又不履行义务,即"置之不理"。另一方面,法院对行政机关申请强制执行的行政行为,发现存在法定情形的,则裁定不准予执行。也就是说,具有法定情形的行政行为不能拘束相对人。

最高人民法院《关于行政诉讼撤诉若干问题的规定》第2条规定,"被告改变被诉具体行政行为,原告申请撤诉,符合下列条件的,人民法院应当裁定准许……"能代表最高人民法院态度的说明指出:"无效的行政行为自始就不产生法律效力,相对人无需服从,不存在处分的基础。"[60]这一制度设计并未与不可诉请撤销性相联系,并非排除无效行政行为的形式确定力制度,却鲜明地表达了无效行政行为对相对人不具拘束力的态度。

尽管最高人民法院对无效行政行为是否可以拘束作出机关的态度模糊,但对相对人已失去拘束力的行政行为是否继续拘束作出机关已无关紧要了。

## 三、排除法律效力的情形和标准

### (一)排除法律效力的情形

1997年《联邦德国行政程序法》第44条第1款概括规定:"行政行为具有严重瑕疵,该瑕疵按所考虑的一切情况明智判断属明显者,行政行为无效。"该条第2款列举规定了绝对无效瑕疵的类型,第3款列举规定了不属于重大明显瑕疵的类型。[61] 那么,我国最高人民法院排除行政行为法律效力的情形是什么或有哪些呢?

1. 排除强制执行力的法定情形。1985年的"最高人民法院处

---

[59] 最高人民法院《关于在林木采伐许可证规定的地点以外采伐本单位或者本人所有的森林或者其他林木的行为如何适用法律问题的批复》,2004年3月26日,法释〔2004〕3号。

[60] 参见段小京:《〈关于行政诉讼撤诉若干问题的规定〉的理解与适用》,载《人民司法·应用》2008年第3期。

[61] 参见应松年主编:《外国行政程序法汇编》,中国法制出版社1999年版,第161~202页。

罚执行文书批复”规定，法院不予强制执行行政处罚决定的法定情形是“处罚决定确有错误”。这一司法解释所称的“错误”，就是瑕疵或违法。它并没有区分行政行为的瑕疵程度及瑕疵类型，可能的原因在于当时司法审查经验还没有累积到一定程度，还没有制定《行政诉讼法》。1991 年的“最高人民法院贯彻行政诉讼法意见”第 85 条没有参照《行政诉讼法》第 54 条规定的违法情形，反而承袭上述司法解释作了规定，也“并未对何谓确有错误作出规定”。[62] 但基于这是对《行政诉讼法》的解释，可以合理推断，法院仍会以该法第 54 条规定的违法情形为参照，把握对“错误”的归类及程度裁量。

1999 年的“最高人民法院行政诉讼法解释”第 95 条规定：“被申请执行的具体行政行为有下列情形之一的，人民法院应当裁定不准予执行：（一）明显缺乏事实根据的；（二）明显缺乏法律依据的；（三）其他明显违法并损害被执行人合法权益的。”《行政诉讼法》第 54 条第 2 项规定的判决撤销或者部分撤销行政行为的法定情形是，主要证据不足，适用法律、法规错误，违反法定程序，超越职权，以及滥用职权。两者相比，“最高人民法院行政诉讼法解释”第 95 条规定的法定情形，有明显性标准的限定，且把违反法定程序、超越职权和滥用职权纳入了明显缺乏法律依据。[63] 至于“明显违法并损害被执行人合法权益的”情形，则有赖于司法裁量。[64] 前文已经指出，在上述制度设计时，已经有无效行政行为学说的支持。因此，行政行为不得被强制执行的无效瑕疵即重大明显瑕疵制度，已经得以初步确立。2011 年《行政强制法》第 58 条第 1 款采纳了上述法定情形。该款规定：“人民法院发现有下列情形之一的，在作出裁定前可以听取被执行人和行政机关的意见：（一）明显缺乏事实根据的；（二）明显缺乏法律、法规依据的；（三）其他明显违法并损害

---

[62] 参见甘文：《行政诉讼法司法解释之评论——理由、观点与问题》，中国法制出版社 2000 年版，第 221 页。

[63] 参见甘文：《行政诉讼法司法解释之评论——理由、观点与问题》，中国法制出版社 2000 年版，第 223 页。

[64] 在实践中，法院虽然引用“最高人民法院行政诉讼法解释”第 95 条的规定作出不准予执行裁定，但瑕疵的归类仍多参照《行政诉讼法》第 54 条第 2 项的规定。参见李柏延等：《对经法院裁定不准予执行的非诉卫生行政处罚案件的评析》，载《中国卫生监督杂志》2002 年第 2 期。

被执行人合法权益的。”

2012 年的“执行房屋征收补偿决定规定”第 6 条第 1 款，除了继续把明显缺乏事实根据和明显缺乏法律、法规依据作为不予执行的法定情形外，还规定了五种不予执行的法定情形：“超越职权”，“明显不符合公平补偿原则，严重损害被执行人合法权益，或者使被执行人基本生活、生产经营条件没有保障”，“明显违反行政目的，严重损害公共利益”，“严重违反法定程序或者正当程序”，以及“法律、法规、规章等规定的其他不宜强制执行的情形”。其中，从明显缺乏法律依据中分离出了违反法定程序、超越职权和滥用职权，把违反法定程序扩大和完善为“严重违反法定程序或者正当程序”，[65]把滥用职权区分出“明显不符合公平补偿原则，严重损害被执行人合法权益，或者使被执行人基本生活、生产经营条件没有保障”和“明显违反行政目的，严重损害公共利益”。这就吸收了 2011 年最高人民法院《关于坚决防止土地征收、房屋拆迁强制执行引发恶性事件的紧急通知》有关“补偿安置不到位或具体行政行为虽然合法但确有明显不合理及不宜执行”的情形。并且，该条规定取消了“最高人民法院行政诉讼法解释”第 95 条和《行政强制法》第 58 条第 1 款所规定的有关法定情形上的司法裁量权，规定“法律、法规、规章等规定的其他不宜强制执行的情形”。在最高人民法院看来，2004 年《土地管理法》第 78 条[66]和 2017 年《行政处罚法》第 3 条所规定的“无效”，[67]都属于这一类。[68] 这样，不予执行的法定情形得以细化；法定情形不限于违法，还包括严重不合理；不限于实体，还包括严重违反程序；把原来是否无效具有存疑的条款，发展成了无

---

[65] 参见《最高人民法院行政庭负责人解读〈关于办理申请人民法院强制执行国有土地上房屋征收补偿决定案件若干问题的规定〉——强化非诉执行司法审查维护人民群众合法权益》，载《人民法院报》2012 年 4 月 10 日。

[66] 该条规定：“无权批准征收、使用土地的单位或者个人非法批准占用土地的，超越批准权限非法批准占用土地的，不按照土地利用总体规划确定的用途批准用地的，或者违反法律规定的程序批准占用、征收土地的，其批准文件无效。”该法于 2019 年第三次修正，现为第 79 条。

[67] 该条第 2 款规定：“没有法定依据或者不遵守法定程序的，行政处罚无效。”该法于 2021 年修订，现为第 38 条，并作了更具体的规定。

[68] 参见段小京：《〈关于行政诉讼撤诉若干问题的规定〉的理解与适用》，载《人民司法 · 应用》2008 年第 3 期。

效规则。最高人民法院之所以作出上述细化法定情形、扩大法定情形范围及限缩司法裁量权规定，则是因为："征收补偿问题复杂多样，目前法律、法规和司法解释规定的审查标准往往比较原则、笼统、分散，有必要综合汇总并结合新情况、新问题及行政立法及政策的最新成果，使之具体化并一目了然；在严格审查标准的同时给予法官必要的裁量权，坚决防止滥用强制手段和'形式合法、实质不合法'现象的发生。"[69]至于把严重违反正当程序纳入法定情形，从而扩大不予强制执行的法定情形，也有充分的法律依据。[70]

现在有一种改革建议是，仅规定裁定准予或不准予执行，以及规定无效行政行为转为执行诉讼，而不规定行政行为的重大明显瑕疵情形。[71] 如果按这一建议改革，则将完全瓦解"最高人民法院行政诉讼法解释"关于重大明显瑕疵行政行为不具有行政强制执行效力的制度。并且，它将使裁定不准予执行丧失正当性基础；在行政程序法尚未制定，无效行政行为制度尚未建立的情况下，无效行政行为的执行诉讼也难以操作。

2. 排除公定力的法定情形。2009 年的"最高人民法院行政许可法解释"第 7 条规定："作为被诉行政许可行为基础的其他行政决定或者文书存在以下情形之一的，人民法院不予认可：(一)明显缺乏事实根据；(二)明显缺乏法律依据；(三)超越职权；(四)其他重大明显违法情形。"这一司法解释具有以下重要意义：

(1)明确规定了对基础行为的审查标准。起草者指出："所谓关联行政行为指的是作为行政许可基础的行政行为。比如饭店的营业许可就需要以卫生许可和消防许可等行政行为为基础。关联行政行为在行政许可领域是大量存在的，堪称行政许可与其他行政行为相区别的重要特点之一，因此，对关联行政行为如何审查或者说审查到什么程度，就成为一个带有普遍性的问题。我们认为，对

---

[69] 赵大光等：《〈关于办理申请人民法院强制执行国有土地上房屋征收补偿决定案件若干问题的规定〉的理解与适用》，载《人民司法・应用》2012 年第 11 期。

[70] 参见赵大光等：《〈关于办理申请人民法院强制执行国有土地上房屋征收补偿决定案件若干问题的规定〉的理解与适用》，载《人民司法・应用》2012 年第 11 期。

[71] 参见马怀德主编：《司法改革与行政诉讼制度的完善——〈行政诉讼法〉修改建议稿及理由说明书》，中国政法大学出版社 2004 年版，第 420 页以下。

关联行政行为的审查程度应当低于对被诉行政行为的合法性审查,具体可以参照《若干解释》第 95 条之规定,即非诉执行案件中,对申请执行的具体行政行为的审查。”[72]对行政许可基础行为的审查之所以能够借鉴强制执行审查,在于行政许可基础行为和申请强制执行的行政行为,都是已发生形式确定力的行政行为,除非它具有重大明显瑕疵。

(2)排除公定力与排除强制执行力的法定情形实现了统一。如上所述,这些法定违法情形也系借鉴“最高人民法院行政诉讼法解释”第 95 条而作的规定,排除公定力的法定情形与法律和司法解释中排除执行力的法定情形一致。“超越职权”只是从“明显缺乏法律、法规依据”中分离了出来,“其他重大明显违法情形”只是比“其他明显违法并损害被执行人合法权益”更为概括。

(3)整合并正式确立了“重大明显瑕疵”制度。该条第 4 项规定了“其他重大明显违法情形”。“违法情形”即瑕疵的中国化表达,“其他”重大明显瑕疵则表明前三项规定中虽没有“重大”两字但都属于重大明显瑕疵。并且,该条系借鉴“最高人民法院行政诉讼法解释”第 95 条而作的规定,因而就意味着是对被排除法律效力行政行为存在法定违法情形探索的一次总结,确认了排除强制执行力的法定情形也都属于明显重大瑕疵。

(4)为其他领域个案中重大明显瑕疵的认定提供了参照系。排除公定力的司法探索,还表现为民事、刑事和行政个案。在这些个案中,未经法定机关批准、未遵循法定期限而获得诉权,是不是重大明显瑕疵并不明晰,甚至在司法解释中不具备企业法人资格的营业执照,是否属于重大明显瑕疵也不是很清晰。“最高人民法院行政许可法解释”第 7 条的规定,尽管不能适用于行政许可案件以外的案件,但为其他领域个案中重大明显瑕疵的认定提供了参照系。

这样,最高人民法院通过统一和整合重大明显瑕疵,打通了排除公定力与排除强制执行力间的关节,促进了无效行政行为分散性规则的整合。

---

[72] 参见赵大光等:《最高人民法院〈关于审理行政许可案件若干问题的规定〉之解读》,载《法律适用》2010 年第 4 期。

（二）瑕疵的重大明显性标准

在德国，瑕疵“所谓特别严重，是指具有这种瑕疵的行政行为不符合有关宪法原则或者法律制度的基本观念”。[73] 瑕疵的明显性标准则主要为：第一，这种明显性不是对行政主体内部来观察的，而是社会外部可以观察到的。第二，这种明显性既不取决于关系人即行政主体和相对人的认识能力，也不取决于专家的认识能力，而是一般公民的认识能力。第三，这种明显性需要达到毫无争议的明显。第四，这种明显性不局限于文书上的明显，还包括综合全案可以认定的明显。[74] 瑕疵的重大明显性标准，对特别法中所规定条款是否属于无效行政行为条款，以及对个案中行政行为的瑕疵是否构成无效，具有重要意义。例如，《行政许可法》第 69 条第 2 款规定：“被许可人以欺骗、贿赂等不正当手段取得行政许可的，应当予以撤销。”第 4 款后半句规定：“依照本条第二款的规定撤销行政许可的，被许可人基于行政许可取得的利益不受保护。”但在缺乏瑕疵的重大明显性标准时，我们就无法判断欺骗、贿赂等不正当手段是否构成行政许可行为的重大明显瑕疵，该行政许可行为是否属于无效。我们只能从“不受保护”即不适用该法第 8 条规定的信赖保护原则，而不适用信赖保护原则的情形只能是无效行政行为，[75]推断基于欺骗、贿赂等不正当手段而实施的行政许可行为属于无效行政行为。因此，有必要梳理最高人民法院对瑕疵的重大明显性标准的探索。

1. 瑕疵的明显性标准。“最高人民法院行政诉讼法解释”第 95 条第一次确立了行政行为瑕疵的明显性标准，在每类瑕疵前都用“明显”加以限定。这里的明显性标准，即“卷面无错误标准”。“对被申请执行的具体行政行为的司法审查，与行政诉讼中的司法审查，所适用的程序应当有较大区别。在这种司法程序中，相对人对

---

[73] ［德］汉斯·J. 沃尔夫等：《行政法》（第 2 卷），高家伟译，商务印书馆 2002 年版，第 83 页。

[74] 参见［德］汉斯·J. 沃尔夫等：《行政法》（第 2 卷），高家伟译，商务印书馆 2002 年版，第 83 页以下；［德］哈特穆特·毛雷尔：《行政法学总论》，高家伟译，法律出版社 2000 年版，第 251 页。

[75] 参见［德］哈特穆特·毛雷尔：《行政法学总论》，高家伟译，法律出版社 2000 年版，第 274 页。

被申请的具体行政行为已经丧失诉权,没有设定双方当事人对抗辩论的程序,法院仅通过对行政机关申请执行时提供的材料进行审查,来判断具体行政行为的合法性。”[76]但这种“卷面错误”标准,又容易引发与“最高人民法院行政诉讼法解释”第86条规定的申请执行条件间的混淆。[77]

“最高人民法院行政诉讼法解释”第95条在瑕疵前以“明显”限定的方法,为《行政强制法》第58条所采纳。但该条第1款规定,行政行为具有重大明显瑕疵的,法院“在作出裁定前可以听取被执行人和行政机关的意见”。这就把最高人民法院的瑕疵明显性标准作了推进,即不限于“卷面错误”或文书上的明显,还包括综合全案可以认定的明显。这样,明显性标准也从形式审查,发展成为实质性审查。“执行房屋征收补偿决定规定”贯彻了行政强制法发展了的明显性标准,[78]在第5条规定:“人民法院在审查期间,可以根据需要调取相关证据、询问当事人、组织听证或者进行现场调查。”

2. 瑕疵的重大性标准。最高人民法院虽然对排除行政行为法律效力的瑕疵进行了类型化,但强制执行中的“无效性审查”瑕疵与行政诉讼中的合法性审查瑕疵,除明显性标准外,并无本质区别。一方面,“最高人民法院行政诉讼法解释”第95条所规定的瑕疵类型,比2014年《行政诉讼法》第54条的规定更为概括,包容了该条所规定的所有瑕疵。另一方面,法官们在实践中需要更强的可操作性即更为具体的瑕疵类型,因而不得不以2014年《行政诉讼法》第54条的瑕疵类型为参照。[79]

“最高人民法院行政许可法解释”第7条提出了“重大明显”瑕疵的概念。但对“重大”的标准,并未在司法解释及其起草说明中有所体现。从该条的逻辑上说,第4项规定“其他重大明显违法情

---

[76] 甘文:《行政诉讼法司法解释之评论——理由、观点与问题》,中国法制出版社2000年版,第222页。

[77] 参见李柏延等:《对经法院裁定不准予执行的非诉卫生行政处罚案件的评析》,载《中国卫生监督杂志》2002年第2期。

[78] 参见《最高人民法院行政庭负责人解读〈关于办理申请人民法院强制执行国有土地上房屋征收补偿决定案件若干问题的规定〉——强化非诉执行司法审查维护人民群众合法权益》,载《人民法院报》2012年4月10日。

[79] 该法已于2017年第二次修正,现为第70、72~77条。

形”，可以有两种解释：第一，第4项系取决于重大性特征的瑕疵，前三项即明显缺乏事实根据、明显缺乏法律依据和超越职权则不需要取决于重大性特征。第二，第4项和前三项都需要取决于重大性特征，“其他重大”不仅是对第4项的限定，还是对前三项的限定。从起草说明中有关该条系参照“最高人民法院行政诉讼法解释”第95条所作规定，[80]而第95条并未确立重大性标准来看，我们应选择第一种解释。这样，第4项的“重大”则取决于司法裁量。上述讨论，也可以适用于“执行房屋征收补偿决定规定”第6条规定有关“严重”瑕疵的解读。

因此，最高人民法院在瑕疵的重大性标准上，尚未探索出一个判断标准。

3. 不取决于重大明显性特征的无效瑕疵。“最高人民法院行政许可法解释”第7条，在各类重大瑕疵前都用“明显”加以限定，但在“超越职权”前并没有用“明显”加以限定。“执行房屋征收补偿决定规定”同样在各类重大瑕疵前限定为“明显”，但对“超越职权”、“严重违反法定程序或者正当程序”和“法律、法规、规章等规定的其他不宜强制执行的情形”却没有使用“明显”加以限定。也就是说，只要超越职权，严重违反法定程序或者正当程序，以及法律、法规、规章等规定的其他不宜强制执行的情形，无须考虑明显与否，即构成无效瑕疵，从而“不予认可”或裁定不准予执行。同时，基于前文有关没有重大性标准的分析，除了明文限定“重大”“严重”外，其他瑕疵并不取决于重大性特征。“超越职权”以及“法律、法规、规章等规定的其他不宜强制执行的情形”，则既不取决于重大性特征又不取决于明显性特征。这对将来在立法上分别列举和概括规定重大明显瑕疵，提供了经验支持。

总之，最高人民法院探索排除行政行为法律效力的法定情形，并逐渐形成了“重大明显瑕疵”制度。

## 结　语

最高人民法院对无效行政行为制度的探索，是从司法审查引发

---

[80] 参见赵大光等：《最高人民法院〈关于审理行政许可案件若干问题的规定〉之解读》，载《法律适用》2010年第4期。

的，是先从强制执行效力再到公定力和确定力的，是先否定行政行为的效力再对作为原因的重大明显瑕疵进行类型化的，是先使用“明显违法”“严重违反”等术语，然后再形成“重大明显违法”概念的。它只使用了“不予认可”“没有法律效力”“裁定不准予执行”等术语，而没有使用“自始没有任何法律效力”和“无效”等。有关实践，即使是司法解释，也仍是分散和局部性的。比如，“最高人民法院行政许可法解释”第7条有关公定力的规定，无法适用于行政许可案件以外的案件审理。具有重大明显瑕疵行政行为不具有强制执行力，也仅限于司法强制执行而不适用于行政机关的强制执行。

但是，我们通过梳理发现，除了无效行政行为是否具有确定力尚不清晰外，最高人民法院在民事诉讼领域形成了有关基础行为的构成要件，在对行政行为的司法审查中形成了重大明显瑕疵的类型化和明显性判断标准，并形成了排除具有重大明显瑕疵行政行为公定力、相对人拘束力和司法强制执行力的无效行政行为制度雏形，呈现了本土化特色，体现了司法对制度建设的贡献。

并且，一些本来有特定适用范围的各分散规则也有连结和突破的可能，[81]从而逐渐完善为一个整体。再胜源案（最典行2005-1）适用了《行政处罚法》第3条第2款所规定的“无效”，南充源艺案（最参行第73号）推进到违反法定程序包括违反正当程序。俞某案［（2010）锡行终字第0043号］裁判要旨则认为，违反正当程序的行政处罚决定，“属于重大且明显违法的，应适用确认无效判决”。这样，通过一系列司法裁判的推进，把一个本来并未明确认识到无效行政行为的规则释放出无效行政行为的功效，从而与“执行房屋征收补偿决定规定”所规定的重大明显瑕疵相契合。“一个争议、一个辩论意见、灵光一闪的洞见或者天赋都会引发重新调整，而成为一个里程碑。”[82]

---

[81] 参见席小俐：《诉讼期间复议机关作出的复议决定应视为无效行为》，载《法律适用》1993年第9期。

[82] ［美］卡尔·N.卢埃林：《普通法传统》，陈绪刚等译，中国政法大学出版社2002年版，第327页。

# 论指导性案例的内容构成

朱　芒*

**内容摘要**　指导性案例的内容是由最高人民法院以实际案例（“母本”裁判文书）为基础编写而成，内容中不同的逻辑框架会对此后的同类判决产生不同的规范作用。指导性案例的编写过程涉及纠纷解决与政策形成这两种不同的司法判断方式应该加以区分，指导案例如果进行立法目的的解释，在推导出成文法规范的时候，除了建立理所当然的结论之外，更为重要的是在考虑了什么因素，以什么样的逻辑框架推导立法目的或立法意图。提出案例编写应自主接受“母本”裁判文书中事实内容和裁判理由中主干逻辑框架的拘束，补强理由中的论证理由的规则。

**关键词**　指导性案例　判例分析　法律解释　判例功能

## 一、问题的提起

指导性案例的内容是由最高人民法院以实际案例（“母本”裁判文书）为基础编写而成，内容中不同的逻辑框架会对此后的同类判决产生不同的规范作用，由此应依照什么规则编写成为需要讨论的

---

* 朱芒，上海交通大学凯原法学院特聘教授。原文发表在《中国社会科学》2017 年第 4 期。

问题。

(一)内容制作应接受什么规则

最高人民法院指导性案例究竟应该如何起规范作用,这是当前法律实务界与法学理论界都关心并着力探究的问题。自最高人民法院2011年12月20日起发布第一批指导案例以来,至今已有一定数量的积累,并且大致形成了基本固定的形式,即由"裁判要点"、"基本案情"、"裁判结果"和"裁判理由"等部分组成的表现形式来反映其规范性。

由于指导性案例并不是最高人民法院直接审理后作出的裁判文书,而是将下级法院业已生效的裁判文书经整理、编辑后在法理上进行提升,形成新的文书,因此,一个案件最终成为指导性案例,在其形成过程中至少会有两个相关文书版本。一是已经生效的判决书。二是在此基础上由最高人民法院提炼而成的指导性案例。从角色的定位而言,前者居于"母本"的地位,其反映了原审判决(法官)法院的的认识和主张;后者是以前者为基础经过修改提炼的文本,体现的是最高人民法院的认识和主张。

其实很多情况下还不仅仅如此,从最高人民法院公布案件的现实制度状况来看,除这两个文书版本之外,时常还会有其他各种相关的文书版本。最高人民法院本身或者最高人民法院所辖审判庭也时常会编撰各种典型案例并公布。[①] 前者如《最高人民法院公报》每期所刊的"典型案例",后者如最高人民法院行政审判庭所编的《中国行政审判案例》,这些案例都旨在指导全国法院的审判业务,推动审判工作规范化建设。[②] 而这些最高人民法院发布的具有

---

① 现实中不仅限于最高人民法院,一些省高级人民法院也出版类似的裁判文书集,如浙江高级人民法院就发行一年四期的《案例指导》。

② 《最高人民法院公报》刊登的"典型案例,是经最高人民法院审判委员会反复推敲,字斟句酌,从各级法院裁判的众多优秀案件中精选出来的","不少案例蕴含了深刻的法律意义,不仅弥补了立法上和司法解释上的不足,而且通过某一具体案件创设出了新的法理原则和规则"。参见最高人民法院公报编辑部编:《最高人民法院公报典型案例全集(1985.1—1999.2)》,警官教育出版社1999年版,"前言"《中国行政审判案例》"所载案例具有示范和指导意义,供全国法院行政审判人员参考,以提高行政审判人员的办案能力和水平,推动行政审判工作规范化建设"。参见最高人民法院行政审判庭编:《中国行政审判指导案例》第1卷,中国法制出版社2010年版,"编辑说明"。

规范全国审判工作的案例,都标注了原审裁判文书的编号,这意味着都是基于同一“母本”裁判文书发展而来。

上述的司法制度运行现状,会引出这样一个值得讨论的问题,在脱离了“母本”裁判文书,经过最高人民法院提炼后发布的指导性案件,以及与此相关的最高人民法院过去或者其业务审判庭出版发布的案例,即由最高人民法院重新制作的判决文书版本,在各自表现的规范方面是否存在差异性?如果存在,那么在对“母本”裁判文书进行修改提炼时,即指导性案例的内容在构成方式方面,究竟应该接受怎样的规则制约?显然,这些问题的明确化决定着指导性案例制度发展的方向。

(二)前提定位:政策形成指向的司法判断方式

在讨论上述这些问题时需要注意的是:由于指导性案例并非是最高人民法院作出的判决本身,因此,指导性案例的制作虽然是以“母本”裁判文书为基础进行的,但因不受个案裁判诉讼程序的限制,所以在“母本”基础上形成和展开的指导性案例,其一方面既受“母本”案件事实关系的拘束,即不能背离原本的案件基本事实,同时又通过修改“母本”中的裁判过程内容,尤其是其中的裁判理由,整合出新的司法表达形式,以此提出希望在今后的同类案件中能够审理适用的规范标准。这个提炼新文本的过程与解决个案纠纷为目的的一般司法活动不同,是以为今后审理同类案件制作规范为目的的过程,是以司法的方式面向未来裁判活动表达最高人民法院的观点主张的活动。

因此,这里表现出两种司法的判断方式,或者也可称为法律的两种运行过程。一是“母本”裁判文书的形成过程。由于“母本”裁判文书在实际的诉讼过程中,目的在于解决具体案件中的司法审查问题,即其遵循着司法过程固有的“要件—效果”判断方法,通过解释相关法律概念的构成要件而建构解决案件问题的基本法律框架。二是指导性案例的形成过程。由于指导性案例的形成并不是在针对具体案件进行司法审查过程中形成的,而是在案件业已结束,“母本”已经成立,其所面对的问题与“母本”极不相同,并非是必须通过诉讼解决的个案问题,而是面向未来建立适用于同类案件的规范。因此,指导性案例形成的过程属于最高人民法院为了实现同案同判目的而进行决策的过程，其体现为"目的—手段"的运行框架。[③] 但是，由于指导性案例的表现方式体现为一种裁判文书的形式，因此，也可以说，指导性案例是用"要件—效果"的表现方式实现"目的—手段"的政策形成作用。该过程的最终结果，在具备了判例的属性的同时外，其实已经具有在方法意义上的"立法属性"。因此，在研究指导性案例时，必须关注到这种中国法律制度的特性。[④]

在既有的有关最高人民法院的政策形成功能方面的研究中，主要的关注点是最高人民法院发布的"司法解释"以及批复、通知等抽象性法律文件的作用，而基本没有将最高人民法院发布指导性案例或者编撰案例出版纳入相应的视野。[⑤] 即使触及这方面时，其关注的基本点也在于"通过选取地方法院的典型案例向全国推广"这种制定公共政策的方式之一，[⑥]即关注的是"司法解释"或"典型案例"等外在形式及其发布的方式。因此，在当今指导性案例已经成为重要的法律规范表现形式时，厘清和分析指导性案例的内容及其内在逻辑结构，从而为其后的同案设置可适用的同判规范，这无疑是十分有价值的工作。

在迄今为止对指导性案例的研究中，尽管为数不多，但也已有研究者注意到指导性案例与"母本"之间差异的特点。有相关研究将最高人民法院对"母本"裁判文书中的事实和法律论证进行"缩写"和"改写"从而形成指导性案例文本的制作过程，即这种规范制作过程，称为"剪辑"，[⑦]同时也论证了在当前法律制度发展阶段这

---

③ 在既往的文献中，也有不多的研究直接触及中国法院的"目的—手段"运行框架。参见季卫东：《最高人民法院的角色及其演化》，载《清华法学》2006 年第 1 期。

④ 最近研究指导性案例的文献也关注到了我国法律制度的这一特性。例如，陈兴良教授指出案例指导制度既不是我国古代条例制度的复活，也不是大陆法系国家判例制度的引入，因而是极具中国特色的一种法律制度。参见陈兴良主编：《中国案例指导制度研究》，北京大学出版社 2014 年版，第 9 页。

⑤ 例如，侯猛：《中国最高人民法院研究——以司法的影响力切入》，法律出版社 2007 年版，第 173～175 页；黄韬：《公共政策法院——中国金融法制变迁的司法维度》，法律出版社 2013 年版，第 86 页。

⑥ 参见侯猛：《中国最高人民法院研究——以司法的影响力切入》，法律出版社 2007 年版，第 176 页。

⑦ 参见汤文平：《论指导性案例之文本剪辑——尤以指导案例 1 号为例》，载《法制与社会发展》2013 年第 2 期。作者总结了第一批至第四批指导性案例后指出，共有两项特征值得关注：一是文本剪辑；二是文本垄断。

种规范制作方式的正当性。[⑧]

上述这方面的研究成果基本体现了宏观制度层面上对指导性案例制度的分析,反映出从"母本"至指导性案例的转变过程中,"剪辑"是几乎每个案例制作中普遍采用的编制方法。但是,仅关注宏观层面上的共性事项,并不能了解和剖析出"剪辑"这种指导性案例内容的形成方式对规范形成的实际作用。在学术研究层面上,还需要将视线投入具体而微的个案内容,就其内在结构本身进行分析,从微观角度阐述指导性案例规范性的建构方式及其可能的作用。

针对这方面的问题,本文将尝试从微观角度,对个案裁判文书中司法判断的逻辑结构进行分析,以此进一步解析指导性案例的表现形式及其作用,尤其是其与规范性之间的关系。

本文微观研究对象设定为指导案例 21 号。首先,通过对该案例文本内容的解读,整理适用法规范中的权利义务结构,寻找出可以为今后同案审理的适用规范(射程距离)。其次,在上述分析过程中对应地以同样的方式分析由最高人民法院行政审判庭公布,且源自同一"母本"裁判文书的内容构成方式,具体而言,该文书为最高人民法院行政审判庭在《中国行政审判案例》(第 2 卷)中刊登的第 60 号案例(本文以下简称行例 2-60)[⑨]。在上述分析的基础上,观察两份裁判文书之间的异同及其对规范性的影响和作用。最后,将从判例形成和作用的角度,概括具有事实上拘束力的以司法案例应有的内容构成方式以及对法治国家发展的作用。

之所以选择指导案例 21 号作为分析对象,是基于两个主要原因。一是指导案例 21 号经剪辑后的内容与行例 2-60 之间存在较

---

⑧ 参见汤文平:《论指导性案例之文本剪辑——尤以指导案例 1 号为例》,载《法制与社会发展》2013 年第 2 期。在此之前,解亘也指出了《最高人民法院公报》所刊典型案例的编制,往往也经过"加工改造"。参见解亘:《案例研究反思》,载《政法论坛》2008 年第 4 期。

⑨ 参见最高人民法院行政审判庭编:《中国行政审判案例》第 2 卷,中国法制出版社 2011 年版,第 126~131 页,第 60 号案例,"由法定义务转化而来的行政事业性收费不属于法定免收范围——秋实房地产公司诉内蒙古自治区呼和浩特市人民防空办公室行政征收案"。为了文字表述简练,本文以下部分引用该案例时,将引注方式缩减为"行例 2-60"加页码,如"行例 2-60,126-131"。

为重要的差异,由此可以观察这种差异在形成规范性内容方面的不同。如上述部分所指出的那样,指导性案例都经过了“剪辑”这种形成方式,那么个案的多样本比较可以是达到更多、更深观察的方法。二是指导案例21号与行例2-60的内容中都采用了较多具有主观性判断的解释方法(如两者都采用了的立法目的的解释方法),而对这种解释方法的分析,则更能探讨如何在相同的事实关系基础上,将具有主观政策目的追求的裁判理由做客观化整理,从而为同案同判的法治要求寻找较为安定的法律适用途径。当然,如能以此方法逐案分析指导性案例与“母本”之间的差异,可在整体上全面归纳出指导性案例的内容构成方式,而本文则可在方法上作为起点。

## 二、案例概要及其内容构成方式

最高人民法院于2013年11月8日发布指导案例21号内蒙古秋实房地产开发有限责任公司诉呼和浩特市人民防空办公室人防行政征收案,[10]其“母本”裁判文书是内蒙古呼和浩特市中级人民法院(2010)呼行终字第16号判决书,于2010年4月20日生效。[11] 而在此之前,最高人民法院行政审判庭也公布了同属这个“母本”裁判文书产生的行例2-60。

指导案例21号的内容由标题、发布时间、关键词、裁判要点、相关条文、基本案情、裁判结果和裁判理由等几个部分组成。由于本

---

⑩　内蒙古秋实房地产开发有限责任公司诉呼和浩特市人民防空办公室人防行政征收案,最高人民法院指导案例21号(2013年)。《最高人民法院发布第五批指导性案例》,载http://www.court.gov.cn/spyw/ywdy/alzd/201312/t20131226_190817.htm。指导案例21号内容载http://www.chinacourt.org/article/detail/2013/11/id/1150432.shtml。

⑪　此信息源于行例2-60,126的页边注,以及指导案例21号中“裁判结果”部分的内容。正如汤文平所指出的那样,与文本剪辑相并列,现行指导性案例制度另一个特征是文本垄断。参见汤文平:《论指导性案例之文本剪辑——尤以指导案例1号为例》,载《法制与社会发展》2013年第2期。笔者尽管对此案例考察已经有相当长时间,曾在“中国裁判文书网”和呼和浩特市中级人民法院的网页内检索,均未得到该判决书。由于本文的目的是分析指导性案例,所以可以省略对“母本”裁判文书本身的分析。同时,法律规范研究在意的是对所有人都公开使用的资料,因此,尽管笔者在写作本文之前曾设想通过法律界内个人关系求得此母本判决文本,但是,这样的结果是在分析对象材料方面,作者与读者之间会产生差异,且这种个人因素无法作为一种一般的研究方法,因此,笔者将本文的对象材料锁定在任何人都可以通过普通的方式获取的公开材料上。

文关注点在于规范的形成方面，因此，分析的重点落实在三个主要组成部分：一是裁判要点；二是基本案情；三是裁判理由。从指导性案例的表述方式看，如果以制定法来比喻的话，“裁判要点”大致相当于法条，是最高人民法院希望表达的规范性内容的外在表现，而这种外在表现为什么成立，则必须理解“裁判理由”中表述出的论证内容。同时，由于判决属于个案处理工作，理解“裁判理由”还需要结合其所针对的“基本案情”中的事实关系。因此，在进行判例研究时则必须将这三个部分整合在一起进行分析。⑫

（一）裁判要点

指导案例21号归纳的“裁判要点”如下：

> 建设单位违反人民防空法及有关规定，应当建设防空地下室而不建的，属于不履行法定义务的违法行为。建设单位应当依法缴纳防空地下室易地建设费的，不适用廉租住房和经济适用住房等保障性住房建设项目关于“免收城市基础设施配套费等各种行政事业性收费”的规定。

从指导性案例的整体结构而言，应该是针对“事实”，法院通过建构“理由”来论证“裁判要点”的成立。“裁判要点”作为规范，排列在内容中的第一部分。

尽管在判例研究中，“裁判要点”在整个判例所表现的规范性中居于什么地位，甚至其本身是否存在规范性都有争议，⑬但是，由于正如上述部分所指出的那样，指导性案例有别于判例的形成方式，在功能上也具有不同之处，因此，作为其构成部分的“裁判要点”也同样需要纳入其是否以及如何表现规范性来进行分析。

---

⑫　由于至今编写的指导性案例内容均较为简短，因此在本文中可以全文引用“裁判要点”、“基本案情”和“裁判理由”的文字。但是，这或许只是目前的特例，今后如国外判例研究那样，所分析的判决原文内容十分庞大时，无疑需要研究者进行概括表述。这种情况下，研究者概括表述的选择方向或者主观价值定位也将成为研究分析的对象。

⑬　就国外的判例本身而言，其裁判文书本身并无如同指导性案例那样“裁判要点”的构成部分。只是在研究者或整理者处于各自的目的进行判例汇编时，会添加作为标签的“裁判要点”或“判决要旨”之类的标识部分，以突出研究重点或为了检索方便。

在整个指导性案例的内容分布中，“裁判要点”是最为精练的结论部分。从指导性案例发布者的意图而言，之所以设置“裁判要点”部分，或许其目的在于最高人民法院希望其能如同成文条文那样可适用于其他同类案件。

但是，“裁判要点”部分的文字内容本身所表达的规范性，其内在逻辑无法通过这简短的文字自我完成论证。例如，上述这段两句话构成的内容，其第一句首先指出了未履行法定义务属于违法行为，这其实是理所当然之事，而其中“有关规定”究竟为何、其与《人民防空法》（以下简称《人防法》）设定的义务之间究竟是什么关系等问题，则需要通过解读指导案例 21 号内容中的其他部分才能明了。其第二句由前后句构成，前后句之间究竟是怎样的因果关系，也同样需要从指导案例 21 号的其他内容中获取。

因此，相关的研究就必须集中到指导性案例的其他部分内容，尤其是“裁判理由”部分的内容。与一般直接适用成文法条不同，“裁判要点”为什么形成这样的内容，为什么应该具有规范属性，需要从支撑其成立的“裁判理由”部分，有时乃至需要从“基本案情”的案件事实部分中寻找出其背后支撑的逻辑框架。这种论证的逻辑框架所体现的司法判断，才具有真正可适用的规范属性。换而言之，案例之所以具有指导效力，其不同于成文法条的就在于此处。

（二）基本案情

最高人民法院发布的指导案例 21 号中刊登的案件事实关系方面，即“基本案情”内容全文如下：

> 2008 年 9 月 10 日，被告呼和浩特市人民防空办公室（以下简称呼市人防办）向原告内蒙古秋实房地产开发有限责任公司（以下简称秋实房地产公司）送达《限期办理“结建”审批手续告知书》，告知秋实房地产公司新建的经济适用住房“秋实第一城”住宅小区工程未按照《中华人民共和国人民防空法》第二十二条，《人民防空工程建设管理规定》第四十五条、第四十七条的规定，同时修建战时可用于防空的地下室，要求秋实房地产公司 9 月 14 日前到

呼市人防办办理“结建”手续，并提交相关资料。2009年6月18日，呼市人防办对秋实房地产公司作出呼人防征费字(001)号《呼和浩特市人民防空办公室征收防空地下室易地建设费决定书》，决定对秋实房地产公司的“秋实第一城”项目征收“防空地下室易地建设费”172.46万元。秋实房地产公司对“秋实第一城”项目应建防空地下室5518平方米而未建无异议，对呼市人防办作出征费决定的程序合法无异议。

上述内容反映，该案的呼和浩特市人民防空办公室为被告，被上诉人(本文以下简称人防办)，内蒙古秋实房地产开发有限公司为原告、上诉人(本文以下简称秋实公司)。对于上述内容，需注意两个要点：一是此为该指导案件发布时案件事实方面刊登的全部内容。二是仅依据这些内容，无法读出该案的争点在哪里。这里需要强调的是，这类缺陷在其他指导性案例的“基本案情”部分也同样存在。对此，只有在通过下面的裁判理由等内容推断，才能间接地知道上述案件事实内容中应有的一个争议焦点是秋实公司能否按照国务院《关于解决城市低收入家庭住房困难的若干意见》(本文以下简称国务院《意见》)和原建设部、国家发展改革委等七部委的《经济适用住房管理办法》(本文以下简称《经适房办法》)的规定免收易地建设费。

(三)裁判理由

2010年4月20日作出二审终审判决，驳回上诉。指导案例21号所采的裁判理由全文如下：

国务院《关于解决城市低收入家庭住房困难的若干意见》第十六条规定“廉租住房和经济适用住房建设、棚户区改造、旧住宅区整治一律免收城市基础设施配套费等各种行政事业性收费和政府性基金”。建设部等七部委《经济适用住房管理办法》第八条规定“经济适用住房建设项目免收城市基础设施配套费等各种行政事业性收费和政府性基金”。上述关于经济适用住房等保障性住房建设项目免收各种行政事业性收费的规定，虽然没有明确其调整对象，但从立法本意来看，其指向的对象应是合法建设行为。人民防空法第二十二条规定“城市新建民用建筑，按照国家有关规定修建战时可用于防空的地下室”。《人民防空工程建设管理规定》第四十八条规定“按照规定应当修建防空地下室的民用建筑，因地质、地形等原因不宜修建的，或者规定应建面积小于民用建筑地面首层建筑面积的，经人民防空主管部门批准，可以不修建，但必须按照应修建防空地下室面积所需造价缴纳易地建设费，由人民防空主管部门就近易地修建”。即只有在法律法规规定不宜修建防空地下室的情况下，经济适用住房等保障性住房建设项目才可以不修建防空地下室，并适用免除缴纳防空地下室易地建设费的有关规定。免缴防空地下室易地建设费有关规定适用的对象不应包括违法建设行为，否则就会造成违法成本小于守法成本的情形，违反立法目的，不利于维护国防安全和人民群众的根本利益。秋实房地产公司对依法应当修建的防空地下室没有修建，属于不履行法定义务的违法行为，不能适用免缴防空地下室易地建设费的有关优惠规定。

要解读“裁判要点”内容所表现的规范性是什么，这些规范性应该如何才能得以成立并适用到此后的同类案件审理中去，必须要深入剖析支撑“裁判要点”的“判决理由”的内在逻辑。

## 三、内容的基本逻辑结构

### （一）适用法规范中的权利义务结构

在上述“案例概要”中的内容，虽然属于指导案例21号这个个案所独有，但是，在进行法学属性的分析时，必须从案件所适用的规范中整理出权利义务的结构，由此才能将个案属性的案件事实和裁判理由变成具有一般法学意义上可以共同进行讨论的事项。因此，这里首先需要进行的作业是从既有的法律规范中整理出相应的权利义务结构。

为了便于以下的分析作业，对应“基本案情”中的内容，首先将指导案例21号内容涉及的相关法规范中存在的权利义务事项及其相关适用顺序整理如下：

1. 修建义务。从事《人民防空法》（本文以下简称《人防法》）第22条规定的新建活动者，负有该条规定的修建防空地下室的义务。

2. 免除第1点的修建义务的前提事项。当第1点新建活动符合《人民防空工程建设管理规定》（本文以下简称《民防工程规定》）第48条前句规定的“不宜或不用”事项时，可以免除第1点修建义务。

3. 批准程序。免除第1点修建义务，依照《民防工程规定》第48条必须履行该项程序义务，即免除该项义务须经主管部门批准。

4. 缴费义务。《民防工程规定》第48条但书规定，在免除第1点修建义务后，该修建义务转化为缴纳易地建设费的义务。

5. 免除第4点缴费义务的前提事项。该项第4点缴费义务在具备了一定的条件后也可得以免除。该条件为符合国务院《意见》第16条和《经适房办法》第8条规定的经济适用住房建设等建设活动。

（二）“裁判理由”中的逻辑框架

指导案例21号争议的焦点是是否能够免收易地建设费，即如一般化讨论的话，要论证的是在什么情况下可以免除法定义务。

对此，指导案例21号“判决理由”指出，“只有在法律法规规定不宜修建防空地下室的情况下，经济适用住房等保障性住房建设项目才可以不修建防空地下室，并适用免除缴纳防空地下室易地建设费的有关规定”。从这个理由可以看出，该判决的司法判断框架具有如下特征：

指导案例21号在是否可以免除缴费义务的判断方面，将判断过程建立在一个二次逐层适用的结构上，建立了一个结构性解释框架。

首先，在第一层次上，“只有在法律法规规定不宜修建防空地下室的情况下”意味着，当负有上述第1点的修建义务的当事人因具有了第2点免除该义务的前提事项，如具有了“不宜建”的条件时,可以获得免除该修建义务方式。这里需要注意的是,这里获得免除的不是义务本身,而是实现义务的修建行为,即实现义务的方式。该义务的实现方式因法定原因而被转化为上述第 4 点缴费义务,即以缴费的方式履行原有义务。在这一层次上,免除上述第 1 点的修建义务的要件,只能依据《民防工程规定》第 48 条但书规定。换言之,可以免除上述第 1 点修建义务的规定要件中,并不包含国务院《意见》和《经适房办法》规定的"经济适用住房建设工程"。这意味着仅仅依据所建工程属于"经济适用住房建设工程"属性,并不能直接构成免除缴费义务的要件。

其次,在上一层次形成的上述第 4 点缴费义务也已确立的前提下,在判断是否可以免除该项缴费义务时,只有存在上述第 5 点前提事项,即国务院《意见》和《经适房办法》关于"经济适用住房建设工程"时,上述第 4 点缴费义务才因此可以免除属于"行政事业性收费"的"易地建设费"。[⑭] 可见,指导案例 21 号所指的"经济适用住房等保障性住房建设项目才可以不修建防空地下室,并适用免除缴纳防空地下室易地建设费的有关规定"意味着,只有在这一层面上,上述第 5 点的事项才能作为适用根据。简言之,上述第 5 点免除缴费义务事项只是针对上述第 4 点缴费义务,而不能直接针对上述第 1 点修建义务。

显然,指导案例 21 号在"判决理由"中,建构了一个上述的二次逐层适用的逻辑判断结构。正是基于此,可以观察到指导案例 21 号和秋实公司在判断是否应该免除缴费义务方面,虽然存在一个共同之处,即都将上述第 5 点前提事项作为免除第 4 点缴费义务的必要条件,但秋实公司将第 5 点直接与第 1 点修建义务关联,使第 5 点前提事项变成了与第 2 点免除修建义务的前提事项并列的一个事项,由免除第 1 点的修建义务进而推导出理所当然可以免除由该义务转化而成的第 4 点缴费义务。而指导案例 21 号的思路则表现为,只有在第一层次的判断中确定第 1 点修建义务成立的前提下,才能考虑第 4 点缴费义务是否可以免除。显然,秋实公司与指

---

⑭ 原审二审判决还涉及的一个争议焦点是《民防工程规定》第 48 条设置的"异地建设费"是否属于行政事业性收费。本文省略了对此问题的分析。有关该事项见行例 2-60,128。

导案例 21 号的判断方式不同之处在于，将有关的权利义务放在同一个逻辑层面进行论证。

概况而言，在《经适房办法》第 8 条明示规定的“经济适用住房建设项目”这一概念之前，指导案例 21 号基于自身在“判决理由”部分建构的二次逐层适用的逻辑框架的论证，认为其存在默示的前提限制，即该概念应该是“按照《人民防空工程建设管理规定》第 48 条的规定应缴纳易地建设费”的“经济适用住房建设项目”。这样，就法规范文字表示的内容而言，指导案例 21 号通过“判决理由”的表述，对此条中的概念“经济适用住房建设项目”进行了解释，限缩了该概念的范围。

（三）“裁判理由”中的关键事项安排

如上所述，指导案例 21 号采用了一个二次逐层适用的逻辑结构判断不应免除上述第 4 点的缴费义务，其前提同时限缩了《经适房办法》第 8 条规定的“经济适用住房建设项目”概念的范围。在这个逻辑结构之中，涉及如何适用相应行政活动根据的法律规范及其条款，即如何适用《人防法》第 22 条、《民防工程规定》第 48 条、国务院《意见》和《经适房办法》，尤其是相互之间关系的问题。

一般而言，当适用行政活动根据的法规范之间出现适用冲突时，如果相应法规范为同一主体作出时，则依据《立法法》第 92 条的规定，采用特别规定优于一般规定，新的规定优于旧的规定的规则来确定应该适用的具体法规范。在上述涉及缴费义务以及免除缴费义务的法规范中，国务院《意见》之外，《经适房办法》和《民防工程规定》在发布主体方面存在重合度，且共同针对建筑行政秩序，因此，彼此之间可以认定为《经适房办法》属于特殊法和新法，而《民防工程规定》属于一般法和旧法。[15] 但是，指导案例 21 号采用了不同的法解释方法，排除了将《经适房办法》作为一般法和新法的地

---

[15] 有关这些法规范之间的关系是否属于旧法与新法、一般法与特殊法之间的关系问题，指导案例 21 号所载内容中没有提及。但是，行例 2-60，129 的“评析”部分提到了“表面上看……本案应当适用上位法、新法和特别法”，其将这种适用作为一般意义上应该首先适用的规则。其中，其将国务院《意见》作为“行政法规性文件”的“上位法”，或许是从实际运用的功能上进行的定位，但并没有对此说明理由。这类对法律规范的认识值得探讨，但本文不对此问题进行分析。

位。因此，这里需要剖析的是，指导案例21号为什么要建立这样的二次逐层适用的逻辑判断结构。

如“判决理由”所示，二审判决采用了从“立法本意”中判断“立法目的”的方法排除了一般意义上的新法和特殊法优位的适用规则。关于此点，指导案例21号指出：

> 关于经济适用住房等保障性住房建设项目免收各种行政事业性收费的规定，虽然没有明确其调整对象，但从立法本意来看，其指向的对象应是合法建设行为。……免缴防空地下室异地建设费有关规定适用的对象不应包括违法建设行为，否则就会造成违法成本小于守法成本的情形，违反立法目的，不利于维护国防安全和人民群众的根本利益。

从上述内容可以看到，在“裁判理由”所建立的逻辑框架中，二审判决是通过设立“立法本意”中的“立法目的”，以及“违法建设行为”中的“违法”这两项关键事项，引导了向结论推论的整个过程。因此，需要进一步辨析二审判决究竟如何确定“立法本意”中的“立法目的”，以及什么是“违法建设行为”中的“违法”。

1. 关键事项一：“立法目的”的判断方法

首先，《经适房办法》相关的条款并没有明文直接表述“立法本意”和“立法目的”。指导案例21号认为，关于经济适用住房等保障性住房建设项目免收各种行政事业性收费的规定“没有明确其调整对象”，即判决本身认定《经适房办法》第8条规定的“经济适用住房建设项目”并没有明文设定特定的适用范围。这也正是秋实公司认为上述第5点免除缴费义务的前提事项可直接适用于第1点修建义务的认识基础之一，即只要法定属性属于“经济适用住房建设工程”的建设工程即可认定其属于《经适房办法》第8条的管辖范围。

其次，在没有明文规定立法目的的前提下，指导案例21号采用了利益衡量的方式对立法本意进行了推断，指出“免缴防空地下室易地建设费有关规定适用的对象不应包括违法建设行为，否则就会造成违法成本小于守法成本的情形,违反立法目的,不利于维护国防安全和人民群众的根本利益”。这里,指导案例21号指出了《经适房办法》第8条规定的“经济适用住房建设项目”在是否存在“违法建设行为”时,比较违法成本与守法成本之大小结果,来推断应然的立法目的或立法本意,并由此来判定该条用语“经济适用住房建设项目”的适用范围,即究竟是如其文字表述的“经济适用住房项目”,还是加设了“符合《人防工程规定》第48条应缴纳异地建设费的”默示限制范围的“经济适用住房建设项目”。显然,二审判决通过衡量认为立法目的虽未明示,但采用了排除法,指出不能包含“违法成本小于守法成本的情形……不利于维护国防安全和人民群众的根本利益”的结果,从而确定了后者对“经济适用住房建设项目”范围的认定。

2. 关键事项二:“违法建设行为”中“违法”

在上述利益衡量的判断过程中,“违法建设行为”始终是一个关键概念。在指导案例21号的逻辑结构中,因利益衡量中考虑了“违法建设行为”的结果,因而限缩了“经济适用住房建设项目”的范围。

从指导案例21号的内容看,这里的“违法建设行为”是指未履行前述第1点修建义务,因为“只有在法律法规规定不宜修建防空地下室的情况下,经济适用住房等保障性住房建设项目才可以不修建防空地下室,并适用免除缴纳防空地下室易地建设费的有关规定”。该前述第1点修建义务是由《人防法》第22条所设定,因此,“违法建设行为”中的“违法”,应该是指违反了《人防法》第22条的规定义务。

这里暂且先不触及如秋实公司理解的那样,因存在前述第5点免除缴义务的前提事项而可免除前述第1点修建义务,因而不构成违法的认识。从指导案例21号表述的文字内容看,其并没有展开相关的论证。但是,需要注意到的是,在上述的二次逐层适用的逻辑判断结构中,指导案例21号之外的行例2-60则显示了相关内容,其表现出法院并非是直接认为秋实公司违反了《人防法》第22条直接明文规定第1点修建义务,因而属于“违法建设行为”,而是由不同的适用规则的结果中推导而得。[16] 具体而言,是因为采用新法和特殊法适用优先这种一般的适用规范时,出现极其不妥当的结果,因而排除这种结果。

> 如果按照这种法律冲突的解决方法来适用法律,就会发生违法成本小于守法成本的悖论。根据人民防空法的规定,人民防空是国防的重要组成部分,平战结合的人民防空建设,已经依法纳入城市建设总体规划,以达到重点城市的人防工程面积与城市建设规模、人口密集程度相匹配的目的,从而适应国防形势的变化和发展。本案建设项目不存在因地质、地形等原因不宜修建或者其他不用修建的情况,开发商为了节约成本、追求利益最大化,对于应建工程不进行建设,又不用缴纳易地建设费由人防部门进行易地建设,从而使违法的成本小于守法的成本,且会造成当人防工程不够用时,最终由政府和纳税人给开发商埋单的情况。

从这段论述可以看出,司法判断的思路是将不妥当结果作为不应具有的立法目的,即判决的思路中表现出的观点认为,立法的时候立法者的考虑中已经潜在地将这种情况排除在外了,且只有采用二次逐层适用的逻辑判断结构才能消除这种结果,而只有将秋实公司的不履行前述第 1 点修建义务定位在第二层与第 5 点免除缴纳费用义务相对应的位置时才能加以排除。这样,不履行前述第 1 点修建义务的违法性才得以成立。以此为基础,指导案例 21 号才排除会导致这种消极结果的适用规则,进而确定适用不存在这种消极结果的另外的适用规则。

## 四、规范性及其范围

在“裁判理由”中通过对关键事项的安排,指导案例 21 号对“经济适用住房建设工程”概念采用了上述那种立法目的的解释方

---

⑯ 行例 2-60,129。

法，这种在“裁判理由”中对规范的解释具有决定作用的关键事项安排，在解释方法究竟能在多大程度上具有一般性意义，即其本身所具有的规范性，对其他同类案件在多大程度上可以适用？这种在判例研究领域就判例射程距离讨论是所针对的事项，自然也是指导性案例研究本身必须要分析的事项。

（一）关键事项安排在解释上的问题点

上文提到，在“裁判理由”中，“立法目的”的判断方法以及对“违法”的认定构成了解释逻辑框架中的特殊事项。其中，在法解释的各种方法中，一般而言，以“立法目的”为解释对象的方法或路径因学说不同而各异，概括而言，大致有三个种类。⑰

一是立法者意思解释。针对立法者明示的立法目的，确定相关条款在所在法律体系中的位置、与先例之间的关系等方面的事项来定义其内容。

二是“法律意思”解释。这类解释不存在立法者明示的立法目的，解释者通过两种方法或进路来分析和确定法律的目的。（1）目的论解释，指解释者在分析相关法律或制度原本所求的目的是什么的基础上进行解释；（2）目的性解释，指解释者依照自身追究的政策目的，推断出法律应有的目的的解释。

从这些归类可以看到，因成文法规范本身是否明示性规定立法目的或立法意图的不同，解释的方法和立场也相应存在差异。尤其是其中不存在文义明示性规定时，目的性解释是否能够成立，需要诸多因素的介入论证。

从上述指导案例21号所采用的司法判断方法看，该判决应归入第二种类型的解释方法之内。由于这类解释没有法规范明示规定的目的，因此，所谓的法律目的或者立法目的是通过司法判断的推断而得。这里暂且不论指导案例21号中的推论本身是否严密以及是否与相关法规范的所处环境相契合，由于不同的推论涉及相对人不同的权利利益，因此须加入更多的考虑因素方能得出明确的结

⑰ 由于国内的法解释研究才起步，目前并未形成在学界较为公认或者被司法裁判广为采用的通说，因此，有关“立法目的”之类的法解释在不同的法解释学的著作中定义和归类各有不同，本文参照日本早稻田大学教授笹仓秀夫的归类类型。笹倉秀夫：『法解釈講義』（東京大学出版会，2009年）4-8頁参照。

果。如指导案例 21 号那样尤其在作出限缩解释的结论时,会涉及相对人财产权等相关利益。此外,由于二审判决通过衡量各种可能的"经济适用住房建设工程"的定义结果,在排除不妥当的结果的基础上建构自身的逻辑判断框架,从而不适用一般性的新法和特殊法优先适用的规则,这与法的安定性之间究竟应该建立怎样的关系,对此问题判决理由部分则并不明确。

在指导案例 21 号的"立法目的"解释的方法中,的确能够将"经济适用住房建设工程"定位在前述第 5 点的位置,仅仅针对"易地建设费"的缴费义务发生免缴作用,从而解释出不免除第 1 点修建义务的结论。但是,在同样的这个判断逻辑框架中,针对《经适房办法》设置的"经济适用住房建设工程"免收各种行政事业性收费的规定,判断方法就被简化为只要判断是否存在第 2 点免除修建义务的前提事项,即只要判断是否存在"不宜或不用"事项即可。那么,这里出现的问题是,《经适房办法》为"经济适用住房建设工程"设置免缴行政事业性等方面收费的规定,从其本身的立法目的中,即使从常识的角度理解,也可以理解出理应存在着的是从财政的层面减少建筑成本这种福利属性的目的,而这恐难以纳入"不宜或不用"事项这些地理属性的因素。当这些地理因素排除了设置"经济适用住房建设工程"法规范自身的目的性时,法解释方法本身很难证明自身具有法的公正性。

其实,从上述的"适用法规范中的权利义务结构"可以知晓,导致前述第 2 点"不宜或不用"事项的这些地理因素只是决定了第 1 点的修建义务是否可以转化为第 4 点缴费义务而已,而《经适房办法》设置"经济适用住房建设工程"免收各种行政事业性收费规定本身的目的,则没有纳入指导案例 21 号司法论证的范围之内。但是,在研究指导案例 21 号的规范性,即其中的判断逻辑框架能否以及到哪里为止能够规范化或一般性适用于其他同类案件时,这恰恰是非常关键之处。

概括上述两点内容,可以说,如果进行立法目的解释,在推导出成文法规范的时候,除了建立理所当然的结论之外,更为重要的是考虑了什么因素,以什么样的逻辑框架进行推导立法目的或立法意图,而指导案例 21 号的裁判部分对此显然没有足够的支撑。

与此紧密相关的是，将不妥当结果作为不应具有的立法目的或立法意图解释方法的另一方面，还需要关注案件事实关系中整体的权利义务结构中的每一个环节之间的关系。“免缴防空地下室异地建设费有关规定的适用的对象不应包括违法建设行为”的命题当然成立，另外，指导案例21号触及的“违法建设行为”是应履行前述第1点修建义务而未履行的不作为，而第1点修建义务要转化为第4点缴费义务，除了需要具备第2点前提事项之外，在程序上还必须经过第3点的批准程序。因此，是否能实现义务转化，关键之处在于第3点是否获得批准之处。但从案件事实看，秋实公司没有履行该程序义务。也正因为如此，案件事实中并不存在由第1点修建义务转化成的第4点缴费义务，且案件中相关工程也已完工这一事实，也客观上决定了不仅没有转化且也无法完成这种转化。这样，被诉决定所征收“防空地下室易地建设费”并不针对第4点的缴费义务，而是直接针对“违法建设行为”。[18] 在这样的关系之中，如下一部分所指出的那样，被诉决定具有的是实质上的制裁或处罚性质。而这一现象，仅属于个案性质，不能以此作为推导一般性规范的前提事实。

（二）“剪辑”取舍与规范差异

本文前述部分指出，指导案例21号的司法判断是建立在一个二次逐层适用的逻辑结构上展开的，但在司法的推论过程中没有关注前述第3点这项免除第1点修建义务所必须经过的批准程序。而与此不同的是，行例2-60的内容则显示了对前述第3点批准程序的关注，但是，如后面所指出的那样，相关内容则是通过事实关系部分内容反映而得。但恰恰这部分内容是增加出来的，在指导案例21号中则不存在。

---

[18] 行例2-60，129“评析”部分记载的内容也说明了这一点。该处指出，“因为该建设工程已经完工，无法补建，只能收取易地建设费，由人防部门就近建设，该费用必须缴纳”。这里可以看出，在“经济适用住房建设工程”这一前提条件成立，即第5点已经具备的情况下，行政主管部门并没有考虑第2点的“不宜或不用”事项，而是考虑了已发生的既成事实。此外，针对不履行第1点的修建义务情况，《人防法》第48条和《内蒙古自治区实施〈中华人民共和国人民防空法〉办法》第38条都设置了具体的法律责任，后者尤其规定了可责令当事人限期“缴纳易地建设费”的内容。

这样，针对同一来源"母本"裁判文书不同取舍的"剪辑"，在规范上究竟会产生怎样的差异？对此主题问题，还应当回到微观层面上进行分析。

在本文第一部分"适用法规范中的权利义务结构"中，可以看出，前述第3点批准程序居于整个结构的核心位置，也是主管行政机关直接针对相对人提出申请的一个法定环节。因此，就制度的运行而言，第2点免除修建义务的前提事项是否能够成立，也即第1点修建义务能否转化为第4点缴费义务，第3点批准程序如何运行则为关键。

在第3点批准程序中，主管行政机关如对相关法规范的"立法本意"或"立法目的"进行考察，那么，相关作业中除了考察征收事项的"立法目的"的同时，也须等量地分析"免除事项"的"立法目的"，否则难以实现法律本身必须的公平。

但是，在进行"立法目的"解释时，如果"立法目的"本身缺乏明文规定时，法律解释者实际上从事的是"法律意思"的推断作业。其无论采用"目的论解释"还是"目的性解释"，都在一定程度上反映了解释者的政策追求，而这种政策追求体现到法解释的过程中时，无论如何都会具有主观属性。而在这种情况下，如有更为客观明了的解释路径，更能够为今后的相关法规范适用者提供可预见性的结果，使法规范更具有安定性的法解释方法，那么，就应该优先适用该种方法，同时在今后对同类案件裁判时，也更加具有可适用性。

其实，重新回到本文第一部分"适用法规范中的权利义务结构"中去，从这些相关权利义务构成的体系来看，也可寻找到"经济适用住房建设工程"在其中的位置。其中最为关键之处是上述部分指出的第3点批准程序。

从这个结构体系中可以看出，由于第4点缴费义务必须为已经确定经第3点批准程序，从第1点修建义务转化成为个案中特定相对人的主观义务，而非一般的法律秩序上的义务，那么当该相对人没有履行第1点修建义务，且又未经第3点批准程序时，对应此的法律制度，一般会有两种。其一，可能是强制执行第1点修建义务；其二，可能是对违反第3点批准程序进行制裁（处罚）。对于前者，如果未经第3点批准程序，所承担的责任仍然是"缴纳易地建设费”，那该批准程序本身就失去了法律上的价值和地位。对于后者，行政制裁制度的一般架构是对于违反法律秩序上的义务（第一层次的义务）时，当事人应承担第二层次的义务（接受制裁）。但指导案例21号内容中并没有记载当事人是否承担该种义务的内容。

另外，与指导案例21号内容相比较，行例2-60在事实关系方面有所不同，其内容中记载多了《内蒙古自治区实施〈中华人民共和国人民防空法〉办法》（本文以下简称《内蒙古办法》）第38条规定：“城市新建民用建筑应建防空地下室而不建又拒不缴纳易地建设费的，由旗县以上人民防空主管部门对当事人给予警告，责令限期修建或者缴纳易地建设费，并处建设单位十万元以下罚款。”对应本文第一部分“适用法规范中的权利义务结构”，可以看出，《内蒙古办法》第38条中规定的“责令……缴纳易地建设费”对应的是未经前述第3点批准程序而不履行第1点修建义务。这样，在行例2-60的内容框架中，秋实公司应承担的是由《内蒙古办法》第38条明文设置的具体的法律责任，即“缴纳易地建设费”义务。⑲ 这样，这里的“缴纳易地建设费”就具有了制裁性属性，其实际起着了行政处罚这种惩罚的功能。显然，此“缴纳易地建设费”义务不同于《人防工程规定》第48条规定的“缴纳易地建设费”义务。后者是经前述第3点批准程序，由第1点修建义务合法转化而成的义务。⑳

因此，这里特别需要关注的是，《内蒙古办法》设置的“缴纳易地建设费”义务的属性并不同于第4点《民防工程规定》第48条设定的“缴纳易地建设费”义务。两个名称同为“缴纳易地建设费”，实则属性并不相同。最高人民法院在“剪辑”裁判文书的母本时，不同的处理结果，会在作为成果的规范建构和论证上出现差异。

在规范形成方面进一步可以看到的是，在考虑此判例所确立的规范时，如果如行例2-60那样将在功能上转化为制裁的转折点也一并考虑到规范的构成部分中去，那么，即使不采用指导案例21号构建的逻辑判断框架，也同样可以通过适用明示的法规范达到排除

---

⑲　一审判决以此条款作为判决根据之一。见行例2-60，128。

⑳　与指导案例21号注重点不同的是，行例2-60尤其注重这种义务转化作用。见行例2-60，126的标题以及【裁判要旨】部分的内容。但是，行例2-60显然注重的是修建义务向缴费义务单方向转化的结果，而没有触及两者之间是否存在相同性质部分。

不妥当的结果。在此基础上,司法的解释路径则可以将第5点免除缴费义务的前提事项,“经济适用住房建设工程”与第2点免除修建义务的前提事项并列在同一逻辑层面上同等重要地适用。其中,正因为第4点缴费义务源于第1点修建义务的转化,两者性质相同,所以无论免除第1点的修建义务还是第4点的缴费义务,其结果都相同。而依照这样的逻辑判断框架,其在处理本件决定时会得出与二审判决相同的结论,但法解释的路径并不一致。

## 结语:两种司法判断方式之间的整合

指导性案例对同类案件的规范源自其自身内容所表现的说理逻辑框架。由于指导性案例的规范性是通过高度概括的“裁判要点”显现出来,但其内在的论证逻辑框架需要通过解读“裁判理由”才能获得。如果最高人民法院在指导性案例的制作过程中,“裁判理由”的内容构成方式不同,“裁判要点”的规范性证成结果就会存在差异,由此也就决定了该指导性案例在同案适用方面的不同,有时或许会根本性地影响指导性案例的规范效力。

本文在第一部分已经指出,在指导性案例的整个形成过程中,涉及两种司法判断方法,指导性案例制作以既有裁判文书为基础或出发点,但本身表现为面向未来的政策形成指向的司法判断方式。观察指导案例21号内容与行例2-60内容之间的差异,则可以看出由于形成过程,即“剪辑”方式的不同,最终的内容所体现出的法律逻辑框架也不尽相同。这样,在面向未来需要适用相关案例指导时,指导性案例所表现出的规范内容会因此不同而影响论证性和说服力。尤其在导入了同一“母本”裁判文书为基础的行例2-60作为比较时,这种论证说理逻辑框架方面的差异则更加显现。

行例2-60与指导案例21号来自同一“母本”裁判文书,但两者的“裁判理由”部分所剪辑的文本有着重大的差异,这决定了由此产生的逻辑框架和论证结果的不同。尤其是关键性的论证支撑点的有无,如是否将前述第3点批准程序设置入论证链条之中,或者是否将此置于重要位置,都决定着指导性案例期待的规范性能否成立,或者在期待之外产生另外的规范性。

与指导案例21号相比较,行例2-60所载内容量更多,也因此为推导规范增加了更多的逻辑支撑点。例如，在新法和特殊法适用优先与因此推导出极其不妥当结果，由此确立因分析立法本意和立法目的方面，行例 2-6 较之指导案例 21 号有更多的具体比较内容。而最为重要的不同在于以下两个关键之处。

其一，前述第 3 点批准程序。与行例 2-6 较为丰富的案件事实内容相比较，在"基本案情"部分，指导案例 21 号尽管提到了《民防工程规定》，但省略了第 48 条的规定，而该条的内容正式设定了该批准程序。案件的权利义务结构中缺少了这个最为重要的环节，便呈现了不同的规范性。二次逐层适用的结构中，由于欠缺了这一环节，导致两个逻辑层次之间产生断裂，从而导致无法解释为什么要逐层适用人防方面的法律规范和经适房建设项目方面的法律规范。同样，在采用立法目的或立法意图进行论证的过程中，指导案例 21 号只是表述了主张而欠缺论证，行例 2-60 则具体采用了利益衡量方法进行了论证。也正因如此，进一步讨论两者各自需要导入多少主观性因素，以及是否可以完全从客观的路径进行解释，则都是因此而不同。

其二，《内蒙古办法》。指导案例 21 号中完全没有显现这一地方性法规的存在。但在行例 2-6 却反映了案件的事实关系中存在适用该地方性法规的事实，因而与此相对应，在裁判理由部分也确定了其作用。严格而言，在行例 2-60 所涉及的法律体系中，《内蒙古办法》的作用至少有两项。第一，直接对应与上述第 3 点批准程序相关的义务，设立了实质上具有保障该义务履行的制裁制度；第二，为实施《人防法》设置的上述第 1 点修建义务提供了直接的行为法上的根据。因为《人防法》第 22 条规定"城市新建民用建筑，按照国家有关规定修建战时可用于防空的地下室"，而《内蒙古办法》正是其中的"有关规定"。只有在同时具有了《人防法》和《内蒙古办法》这两项法规范时，才能产生指导案例 21 号中被诉的行政行为。而指导案例 21 号省略了该地方性法规后，在其自身构建的二层逐次适用的逻辑结构中，则无法顺利地赋予裁判要点具有法律上可证的规范性。

通过上述对指导案例 21 号内容的微观分析，可以看到，如何制作指导性案例的内容是个极其重要的司法工作，其意味着最高人民法院是否能够通过指导性案例这种方式清晰地表达对法律问题的意思，建构可以适用于同类案件的规范内容。

从判例研究的角度而言，判例的事实上约束力发生在有效的审级关系之中，[21]而超然与这种关系之上的最高人民法院在制作指导性案例时，一方面，须遵守判例效力的规律，以裁判文书理由的逻辑论证性来展现对法律规范的理解。另一方面，又同样须面向未来具体设置解决问题的共同法律手段。这样的两种司法判断方式之间，存在既要严守又须超越的张力。显然，如要达到预定的制度目的，指导性案例在制作方面就必须兼顾司法原本解决既有案件纠纷的职责与政策形成作用这两方面的制度需要。因此，接受"母本"裁判文书所载案件事实的拘束，即在"要件—效果"框架中寻找和确定这些案件事实中存在的法律关系及其相关要件事实，只有这样，才能保持指导性案例具有真实案例(而非假设案例或者新案)的属性。同时，在接受事实关系不可增减的基础规则之上，裁判理由构建时需要尊重和接受"母本"裁判文书所载理由的主干逻辑框架。[22] 在此之上进行补充强化，以体现最高人民法院在法律解释方面的地位和作用，由此以个案产生对同类案件应适用的一般意义的法律规范内容。只有在这种司法的自我拘束之中，采取制作指导性案例的"剪辑"作业方式，方能整合上述两种司法判断方式的作用，从而在根本上实现"总结审判经验，统一法律适用，提高审判质量，维护司法公正"[23]的宗旨，进而推动法治国家建设。

---

[21] 参见朱芒:《行政诉讼中判例的客观作用——以两个案件的判决为例的分析》，载《华东政法大学学报》2009 年第 1 期。

[22] 有关裁判理由中哪些部分内容可以属于主干逻辑框架的问题，(参见解亘:《案例研究反思》，载《政法论坛》2008 年第 4 期)尤其是在该文第 15 页所指出的"紧密结合案情的、直接支持结论命题的理由命题"。

[23] 此为 2010 年 11 月 26 日最高人民法院《关于案例指导工作的规定》设立指导性案例制度和发布指导案例的宗旨。

# 审判委员会制度改革路径实证研究

徐向华课题组*

**内容摘要** 审委会"讨论案件并决议"的类审判职能因其非亲历性和不可追责性等缺陷而饱受争议并成为历次司法改革的重点攻坚对象。规范分析表明，由于法律设计和司法解释未能一以贯之，该项职能在实践中渐趋泛化和错位。实证研究显示，人员组成的高行政性与讨论议题的重影响性，使审委会更倾向于保障政治安全和社会稳定；而大量讨论个案，不仅影响其宏观职能的发挥，易成为司法责任的黑洞，而且把控案件质量的实际作用并非如愿。长远看，改革路径在于还权赋能，通过逐步取消审判职权，全面强化指导功能，实现审判权完整回归合议庭和独任庭，重塑审委会作为审判中的咨询者和规则制定中的决策者两大角色。这一变革应在法制框架下分"三步走"平稳实现，再通过修法予以固化并推广。

**关键词** 审判委员会　司法体制改革　审判权　实证研究

---

* 徐向华，上海交通大学凯原法学院特聘教授；石俏伟，上海市第二中级人民法院法官助理；张宇，上海市杨浦区人民法院工作人员；林彦，上海交通大学凯原法学院教授；卢飏，贵州省高级人民法院研究室主任、审委会委员。原文发表在《中国法学》2018 年第 2 期。本文是贵州省人大常委会委托课题"贵州地方法院改革及其成效与规律研究"的研究成果之一。详见 1954 年《法院组织法》第 10 条和第 12 条。

审判委员会(以下简称审委会)作为我国人民法院特有的组织结构,自中华人民共和国成立之初设立便行使“讨论案件”和“处理错误的生效判决”的类审判职能[①](以下或简称审判职能),旨在凭借“集体智慧优于个人智慧”的观念[②]及其程序来切实保障重大疑难案件的审判质量。的确,自 1979 年再次设立至今的四十余年间,审委会在保障政治安全、遏制法官滥用权力、保障人权等方面发挥了至关重要的作用。然而,随着法治的发展和司改的深化,审委会审判职能的非亲历性和不可追责性等固有缺陷日益凸显,并在一定程度上影响审判责任制的彻底落实。因此,如何调整审委会职能定位,使审判及其责任回归司法规律,是人民法院在深化司法体制改革中必须回应的问题。

## 一、学术争鸣:审判委员会及其类审判职能的存废之辩

自审委会制度诞生起,理论研究便始终与该制度的设计、运行、反思和完善相伴前行。

中华人民共和国成立初期,我国社会主义法制建设刚刚起步,成文法律有限,司法资源匮乏。此阶段的审委会无疑兼具必要和可行两性。故此,该时期的研究侧重以“集体领导”和“独立审判”原则为审委会制度证成。

改革开放后,随着刑法、刑事诉讼法的实施以及案件数量与法官办案水平的上行,学界转而关注审判制度的规范化。针对审委会行使审判职能带来的审判分离、庭审虚化、责任落空、办案低效、精力分散等弊端,部分学者倡导,明确审委会与合议庭职权划分,限制审委会讨论案件的范围,给予合议庭更多尊重。[③]

最早从立法层面对审委会制度提出灼见的梁忠前建议消除现

---

① 因“讨论案件”并不完全具备“审判案件”的主体、权限和程序等要素,故将其严谨表述为类审判职能。

② 参见廖永安、李世锋:《我国审委会制度的运行现状与反思——以中部某落后地区基层法院民事审判为考察对象》,载《东方法学》2007 年第 3 期。

③ 参见启明:《应当尊重合议庭的合法权利》,载《人民司法》1981 年第 5 期;江放:《怎样的案件才需提交审判委员会讨论》,载《法学》1983 年第 2 期。

行立法对审委会职能的矛盾规定，既强调审委会的案件讨论不具裁决效力和规范其讨论案件的程序，又加强审委会总结和监督审判工作的职能。④

20世纪80年代末，随着第十四次全国法院工作会议提出法院改革的构想以及三大诉讼法的相继制定和修改，关于审委会审判职能去留的讨论开始升温。"取消派"强调法官独立审判。其从诉讼原则、审判分离的弊端出发，认为取消审委会讨论并决定案件的职能必要且可行。⑤"保留派"坚持民主集中制的办案模式。强调审委会行使审判职能的问题完全可采用改进讨论程序、提高讨论质量解决。⑥"限制派"则认为审委会意见仅具参考性而不具约束力，主张保留其案件讨论权而取消决定权。⑦此外，围绕《人民法院组织法》的修改和司法制度的改革，1995年起最高人民法院（以下简称最高法）蒋惠岭等人通过系列文章深入讨论审判活动行政化的弊害和审判组织的优化，其中大篇幅论及审委会制度改革。⑧

1997年，党的十五大部署以"保证司法机关依法独立公正地行使审判权和检察权"为主要目标的司法改革，有关审委会制度的研究再度活跃且争鸣激烈，一批高质量研究成果面世，并逐步形成了审委会制度的存废之争。主存说立足于实质正义的现实需求，认为该制度利大于弊。除了防止法官腐败、统一司法尺度、提高法官能力之外，还可为法官抵制外部干扰提供屏障。⑨主废说则基于审判

---

④ 参见梁忠前：《审判工作改革问题刍议》，载《西北政法学院学报》1986年第4期。

⑤ 参见王祺国：《审判委员会讨论决定第一审案件之举不妥》，载《现代法学》1988年第6期；曾斯孔：《论合议庭的裁决权》，载《法学研究》1988年第2期。

⑥ 参见周士敏：《试谈提高审判委员会讨论案件的质量问题》，载《政法论坛》1988年第2期；王颖：《审判中的群体决策》，载《政治与法律》1990年第1期。

⑦ 参见王新如：《审判委员会定案应予改变》，载《政治与法律》1989年第1期。

⑧ 参见蒋惠岭：《法院组织法修改与司法制度改革论丛之三——关于审判组织的几个问题》，载《人民司法》1995年第3期；熊选国：《法院组织法修改与司法制度改革论丛之七——关于加强与完善审判组织的几个问题》，载《人民司法》1995年第7期；蒋惠岭：《法院组织法修改与司法制度改革论丛之九——审判活动行政化之弊害分析》，载《人民司法》1995年第9期。

⑨ 参见苏力：《基层法院审判委员会制度的考察及思考》，载《北大法律评论》1998年第2期；鲁智勇：《关于审判委员会制度的思考》，载《北大法律评论》1998年第2期。

法理，强调审委会“本身存在致命的缺陷，而且这些缺陷单单靠诸如缩小审判委员会讨论案件的范围或者提高其专业化程度等措施并不能得到根本的克服”。⑩

21 世纪之初，《人民法院第二个五年改革纲要（2004-2008）》清晰传递出最高法保留审委会制度的基本判断，但令其从“行政化”向“司法化”转变。审委会存废之争日渐式微，更多学者在认可该制度的前提下聚焦如何令其更合理化。

党的十八大的召开及本轮司法体制改革的全方位启动，有关审委会的讨论再度兴起。在审判理念和现实需求的双重影响下，审委会制度自诞生后便始终在褒奖和批判的对立声中缓步前行，而矛盾焦点在于审委会的定位。本轮司改提出的“让审理者裁判，由裁判者负责”的司法责任制为解决该矛盾提供了绝佳契机。如此，本文接续上述学者的努力，通过比较改革前后组织结构及制度运行的差异，客观并全面地审视审委会的实然功能，并在此基础上提出有利于构建符合中国特色的审委会制度的完善之策。

## 二、规范分析：审判委员会类审判职能的制度之悖

作为人民法院组织结构和诉讼程序中的重要构成，《人民法院组织法》和三大诉讼法对审委会审判职能的性质和效力等皆有明确规定。然而，法律设计和相关司法解释未能一以贯之，以致审委会的审判职能渐趋“泛化”。

### （一）四部基本法律对审委会审判职能的规定并不一致

#### 1.《人民法院组织法》仅赋予审委会类审判职能

1979 年《人民法院组织法》赋予审委会“讨论重大的或者疑难的案件和其他有关审判公正的问题”之职，然仅限以“讨论”的方式履行而无“决定”之权，合议庭等也无“执行”之责。之后，该法虽经 1983 年和 2006 年两次修改，但审委会的类审判权限规定始终如一。1979 年、1983 年和 2006 年《人民法院组织法》分别规定审委会有权“处理”再审案件，即“各级人民法院院长对本院已经发生法律效力

⑩ 参见陈瑞华：《正义的误区——评法院审判委员会制度》，载《北大法律评论》1998 年第 2 期。

的判决和裁定，如果发现在认定事实上或者在适用法律上确有错误，必须提交审判委员会处理"，但对"处理"对象并无明确指代。可推定为"是否再审"的程序性事项或"如何再审"的实体性内容，抑或两者兼有。多年来，上海、贵州、福建等地法院审委会所"处理"的多为决定"是否再审"而非"如何再审"。

2.《行政诉讼法》从未赋予审委会任何审判职能

1989 年出台的《行政诉讼法》仅在审判监督程序中规定了审委会"决定是否再审"⑪的职责，2014 年和 2017 年的修改继续这一制度的设计及其表述，仅将"应当提交审判委员会讨论决定"再审的具体情形予以专条列举。⑫

3. 现行《民事诉讼法》已废止审委会"审判组织"及其审判职能的规定

1982 年面世的《民事诉讼法(试行)》将审委会和独任庭、合议庭一并列入"第三章 审判组织"，且第 39 条规定："重大、疑难的民事案件的处理，由院长提交审判委员会讨论决定。审判委员会的决定，合议庭必须执行。"然而，对"审判组织"的确认、对审委会"决定"职权的明确以及对合议庭"必须执行"的强制性规定皆在 1991 年《民事诉讼法》的修改中得以拨乱反正，全部废止，仅保留"审判监督程序"章下关于"提交审判委员会讨论决定"院长"认为需要再审"⑬的案件，继续缩小审委会的职权范围，废止了申诉案件和执行异议处理程序中的审委会讨论决定权。⑭ 2007 年、2012 年、2017 年修正后的《民事诉讼法》均延续了 1991 年的所有设计，不再赋予审委会审判权限。

4.《刑事诉讼法》自出台至今始终赋予审委会有条件地行使"讨论决定""重大或疑难案件"的权力

作为与《人民法院组织法》同批面世的《刑事诉讼法》，自始便在审委会的性质及职能上与前者相异。该法首次将审委会和独任庭、合议庭一并列入第三编"第一章 审判组织"，并在第 107 条明确规定："凡是重大的或者疑难的案件，院长认为需要提交审判委员

---

⑪ 1989 年《行政诉讼法》第 63 条。

⑫ 详见 2014 年《行政诉讼法》第 91 条和 2017 年《行政诉讼法》第 92 条。

⑬ 1991 年《民事诉讼法》第 177 条。

⑭ 1982 年《民事诉讼法》第 158、162 条。

会讨论的，由院长提交审判委员会讨论决定。审判委员会的决定，合议庭应当执行。"此规定不但赋予院长启动审委会审判职能之权，而且明确其范围是"所有"重大疑难案件，同时还强调审委会的决定对合议庭的约束力。1996 年和 2012 年《刑事诉讼法》历经两次整体修改，但前述设计基本被原样保留，仅在"有条件"上微调两处。一是提交审委会讨论决定的案件对象"有条件"地扩大，从原先的"重大的或疑难的案件"调整至现行的"疑难、复杂、重大的案件"。二是提交审委会讨论的程序"有条件"地从严，从原有的"凡是"重大的或疑难的案件和"院长认为需要提交"讨论的两个要件调整至"合议庭认为难以作出决定""由合议庭先提请院长再由院长决定提交"的两个程序要素。换言之，既加强了庭审，[15]增加了"合议庭开庭审理并且评议后，应当作出判决"的要求，又将启动审委会讨论决定的主动权交给了合议庭。[16]

(二)最高人民法院相关司法解释和指导性意见对审委会审判职权作了扩张解释

或因法律的多头规定，或因审判的客观需要，法律的逻辑不得不服从现实的逻辑。有意思的是，完成这一"变法"重任的并非我国法定的立法机关——全国人大及其常委会，而是我国最高审判机关——最高人民法院。

首先，最高人民法院通过司法解释和指导性意见对刑事诉讼法关于审委会有条件地对特定刑事案件行使审判"决定"权的规定进行了扩张解释。1998 年最高人民法院《关于执行〈中华人民共和国刑事诉讼法〉若干问题的解释》第 114 条对 1996 年《刑事诉讼法》第 149 条作了两方面改变：一是对审委会讨论决定"疑难、复杂和重大"的案件进行了列举和概括，包括"人民检察院抗诉的"和"其他需要由审判委员会讨论决定的"（第 2 款）。二是将审委会讨论决

---

⑮　参见顾昂然：《关于〈中华人民共和国刑事诉讼法修正案（草案）〉的说明——1996 年 3 月 12 日在第八届全国人民代表大会第四次会议上》，载《中华人民共和国全国人民代表大会常务委员会公报》1996 年第 3 期。"三、完善庭审方式……"，"第一，完善审判方式。为了更好地加强庭审，发挥控辩双方的作用，草案作了以下修改补充：1. 发挥合议庭在审判中的决定作用。刑事案件由合议庭依法判决，只有疑难、复杂、重大的案件，合议庭认为难以作出决定的，由合议庭提请法院院长决定提交审判委员会讨论决定。"

⑯　1996 年《刑事诉讼法》第 149 条和 2012 年《刑事诉讼法》第 180 条。

定的案件范围从普通程序审判的案件扩大到独任程序审判的案件，即“独任审判的案件，开庭审理后，独任审判员认为有必要的，也可以提请院长决定提交审判委员会讨论决定”。（第4款）

其次，2010年最高人民法院印发经中央批准的《关于改革和完善人民法院审判委员会制度的实施意见》（以下简称《实施意见》）。关于审委会性质和职能的规定较四部基本法律表现为三个“进一步”：一是进一步强化审委会“最高审判组织”的定位（第3条）。二是进一步扩张地方法院审委会行使“讨论决定”的案件范围（第8条至第10条）。其中高、中级法院审委会讨论决定的案件包括“本院已经发生法律效务的判决、裁定确有错误需要再审的案件”、“同级人民检察院依照审判监督程序提出抗诉的刑事案件”、“拟判处死刑立即执行的案件”、“拟在法定刑以下判处刑罚或者免于刑事处罚的案件”、“拟宣告被告人无罪的案件”、“拟就法律适用问题向上级人民法院请示的案件”和“认为案情重大、复杂，需要报请移送上级人民法院审理的案件”。尤其后两项规定几乎将审委会的审判“触角”伸进了民事和行政案件。三是进一步虚化地方法院审委会行使“讨论决定”的程序制约，一笔“隐去”了1996年《刑事诉讼法》修改时特别强调的合议庭庭审和提交审委会讨论决定的启动权。

不得不说明的是，《实施意见》的“三个进一步”并未被吸收到2012年《刑事诉讼法》和《民事诉讼法》的修改之中。暂且不论最高法的扩张解释与现行《立法法》关于立法解释[17]和司法解释[18]的权限规定是否相符，仅从司法规律、审判组织的职责与司法责任制的视角出发，制度设计中的矛盾规定，映射到实践中表现为独任和合议庭与审委会之间关系的模糊和错位，导致审委会把关的制度初衷可能走样或落空，甚至反成为法院高效公正行使审判权的“关隘”。

综上，最高法多次在审委会案件讨论范围的“量”和决定效力的“质”上突破法律规定，客观反映出制度设计与现实需求间的巨大落

---

⑰ 《立法法》第45条第1款规定：“法律有以下情况之一的，由全国人民代表大会常务委员会解释：（一）法律的规定需要进一步明确具体含义的；（二）法律制定后出现新的情况，需要明确适用法律依据的。”

⑱ 《立法法》第104条第1款规定：“最高人民法院、最高人民检察院作出的属于审判、检察工作中具体应用法律的解释，应当主要针对具体的法律条文，并符合立法的目的、原则和原意。遇有本法第四十五条第二款规定情况的，应当向全国人民代表大会常务委员会提出法律解释的要求或者提出制定、修改有关法律的议案。”

差。如是,仅对审委会的运行予以规范可能落入治标不治本的窠臼,而以审判实践中的问题及需求为导向,以司法责任制为落脚点,找准审委会的职能定位,完善并统一相应法律的具体规定,方为根本之道。

## 三、实证研究:审判委员会类审判职能的实践表现

本课题组在首批司法体制改革试点的贵州省选取 11 家法院进行审委会组织构成和职能运行的现状调研,分析 2014 年至 2017 年上半年的相关数据。

为确保样本法院的代表性,除贵州省高级人民法院外,首先囊括了贵州首批试点的四家基层法院和一家中级法院。其中六盘水中级人民法院为中级法院代表,汇川、花溪、贵定、榕江法院各为城区、城郊、农村、边远民族地区基层法院代表。同时,以地区差异、司法环境、法官水平和案件数量及类别等为主要衡量标准,以相似性和可比性为前提,分别选取黔西南中级人民法院和播州、观山湖、龙里、从江法院为对照法院。

为确保研究结论的可靠性和可推论性,本定量研究借助百分比计算、卡方检验[19]和 T 检验[20]等数理统计工具,从改革"前后"、审级"上下"、试点与对照两类法院"左右"的时间、审级和空间维度三方切入,对审委会的组织结构和职能运行进行立体、可视的剖析,进而阐释并揭示数据背后的信息和规律。

---

⑲ 卡方检验(chi-square test),其以 $\chi^2$ 分布为基础,是对多个率或多个构成比进行差别比较的统计方法,主要用于说明统计样本的实际观测值与理论推断值之间的偏离程度。实际观测值与理论推断值之间的偏离程度决定卡方值的大小:卡方值越大($P>0.05$),偏差越大,即实际观测值不符合理论推断值;卡方值越小($P\leq 0.05$),偏差越小,两者越趋于符合;若两个值完全相等,卡方值即为 0,表明理论值完全符合实际值。本文对组织部分的审委会委员任职构成、审判经验、法学学历(学位)教育,职能运行部分的会议次数、议题项数、议题分布及各项具体议题、讨论案件均用时、案件类型、讨论情形、讨论内容和讨论结果 10 方面的内容进行了卡方检验,生成 112 个 P 值。

⑳ T 检验亦称 student t 检验(Student's t test),其用 t 分布理论来推论差异发生的概率,是用于比较两个较小样本的平均值之差异程度的检验方法。T 检验中的双总体检验研究的是两个样本平均数与其各自所代表的总体的差异是否显著。本文采用自身配对和同源配对样本的 T 检验方法,对审委会讨论案件的比重和讨论案件的质量进行 T 检验,共生成 22 个 P 值。其中当 P 值$\leq 0.05$时,表明两者之间具有显著性差异;当 P 值$>0.05$时,表明两者之间不具有显著差异。

（一）审委会的组织构成

审委会的组织构成是直接影响其职能定位及运行效果的组织基础。与审委会设立之初便法定化不同,其构成并无具体乃至原则的法律规定。[21] 本文从审委会委员的职务类别、审判经验和法学学历三个方面观察司改前后的变化。

1. 审委会委员任职构成的变化特点

第一,改革后 11 家样本法院(以下简称"总样本"或"11 家法院")的审委会规模呈扩大趋势(委员总数增 27 人),而院领导和业务庭负责人呈一降一升的反向变化(分别减 3 人和增 23 人)。更具政治性底色的院领导与更显专业性水平的业务庭负责人和资深法官从改革前的 59 人和 28 人变化为 56 人和 55 人(P=0.012)。这一任职类别上显著的平分秋色无疑是本轮司改在审委会组成人员上去行政化和强专业化成效的具体体现。(见表 1)[22]

**表 1　2014~2016 年贵州 11 家法院审委会委员任职构成总体比较**

| 年份 | 总人数/人 | 院领导/人(%) | 专职委员/人(%) | 综合部门负责人/人(%) | 业务庭负责人/人(%) | 资深法官/人(%) |
|---|---|---|---|---|---|---|
| 2014 | 105 | 59(56.2)↑ | 11(10.5)↑ | 7(6.7)↑ | 25(23.8)↓ | 3(2.9)↓ |
| 2015 | 122 | 61(50.0)↑ | 11(9.0)↓ | 8(6.6)↑ | 40(32.8)↑ | 2(1.6)↓ |
| 2016 | 132 | 56(42.4)↓ | 13(9.9)↑ | 8(6.1)↓ | 48(36.4)↑ | 7(5.3)↑ |
| 均值 | 119.7 | 58.7(49.0) | 11.7(9.8) | 7.7(6.4) | 37.7(31.5) | 4(3.3) |

第二,改革前后三级样本法院(以下简称三级法院)审委会的构成高级人民法院差异显著(P=0.0),中(P=0.102)基(P=0.187)两级法院无显著变化。增量最多者皆为业务庭负责人,占比都逾三成;同时院领导皆降至半数以下。其中 2014 年高级人民法院审委会除 2 位专委外清一色由院领导组成,但 2016 年院领导已不足三

[21] 除 1951 年中央人民政府委员会通过的《人民法院暂行组织条例》(已失效)第 15 条规定审委会"以院长或副院长、庭长(其设有审判庭者)及审判员组成之"之外,1954 年和 1979 年的《人民法院组织法》均未对审委会委员的人数规模、人员构成、任职资格以及任期等作出任何规定。

[22] 本文表格中"↑"、"↓"和"→"等升降和持平箭头都相对于同期的均值而言。

成,业务庭负责人却占据半壁江山。此外,基层法院的资深法官增至4.8%,实现零的突破。这些明显变化映射了审委会成员的专业性和多样性改革方向。(见表2)

**表2 改革前后贵州三级法院审委会委员任职构成自身比较**

| 法院 | 年份 | 总人数/人 | 院领导/人(%) | 专职委员/人(%) | 综合部门负责人/人(%) | 业务庭负责人/人(%) | 资深法官/人(%) |
|---|---|---|---|---|---|---|---|
| 高级人民法院 | 2014 | 11 | 9(81.8) | 2(18.2) | 0(0.0) | 0(0.0) | 0(0.0) |
| | 2016 | 17 | 5(29.4) | 2(11.8) | 1(5.9) | 9(52.9) | 0(0.0) |
| | 对比 | 6↑ | -4(-52.4)↓ | 0(-6.4)↓ | 1(5.9)↑ | 9(52.9)↑ | 0(0.0)→ |
| 中级人民法院 | 2014 | 18 | 8(44.4) | 3(16.7) | 1(5.6) | 3(16.7) | 3(16.7) |
| | 2016 | 31 | 12(38.7) | 5(16.1) | 1(3.2) | 10(32.3) | 3(9.7) |
| | 对比 | 13↑ | 4(-5.7)↓ | 2(-0.5)↓ | 0(-2.3)↓ | 7(15.6)↑ | 0(-7.0)↓ |
| 基层法院 | 2014 | 76 | 42(53.3) | 6(7.9) | 6(7.9) | 22(28.9) | 0(0.0) |
| | 2016 | 84 | 39(46.4) | 6(7.1) | 6(7.1) | 29(34.5) | 4(4.8) |
| | 对比 | 8↑ | -3(-8.8)↓ | 0(-0.8)↓ | 0(-0.8)↓ | 7(5.6)↑ | 4(4.8)↑ |

第三,改革后两类样本法院(以下简称两类法院)审委会在去行政化的力度和更体现专业性的构成上具有差异(P=0.061)。试点法院院领导委员的占比下降10.9个百分点,差异十分显著(P=0.0),而对照法院仅6.8个百分点(P=0.435);试点法院占比上升较大的为业务庭负责人(11.5个百分点),对照法院则更青睐资深法官(5.6个百分点)。(见表3)

**表3 改革前后贵州两类法院审委会委员任职构成比较**

| 法院 | 年份 | 总人数/人 | 院领导/人(%) | 专职委员/人(%) | 综合部门负责人/人(%) | 业务庭负责人/人(%) | 资深法官/人(%) |
|---|---|---|---|---|---|---|---|
| 试点法院 | 2014 | 47 | 26(55.3) | 6(12.8) | 2(4.3) | 12(25.5) | 1(2.1) |
| | 2016 | 54 | 24(44.4) | 7(13.0) | 2(3.7) | 20(37.0) | 1(1.9) |
| | 对比 | 7↑ | -2(-10.9)↓ | 1(0.2)↑ | 0(-0.6)↓ | 8(11.5)↑ | 0(-0.3)↓ |

续表

| 法院 | 年份 | 总人数/人 | 院领导/人(%) | 专职委员/人(%) | 综合部门负责人/人(%) | 业务庭负责人/人(%) | 资深法官/人(%) |
|---|---|---|---|---|---|---|---|
| 对照法院 | 2014 | 47 | 24(51.1) | 3(6.4) | 5(10.6) | 13(27.7) | 2(4.3) |
| | 2016 | 61 | 27(44.3) | 4(6.6) | 5(8.2) | 19(31.1) | 6(9.8) |
| | 对比 | 14↑ | 3(−6.8)↓ | 1(0.2)↑ | 0(−2.4)↓ | 6(3.5)↑ | 4(5.6)↑ |

2. 审委会委员审判经验的变化趋势

第一，总样本中具有10年以上审判经验的审委会委员占比呈下降趋势（P＝0.663）。2014年和2015年分别为91.4%、90.2%，2016年下降相对明显为87.1%，但依然是审委会的中流砥柱。（见表4）

**表4 2014～2016年贵州11家法院审委会委员审判年限总体比较**

| 年份 | 总人数/人 | 审判年限 | | |
|---|---|---|---|---|
| | | <5年/人(%) | 5～10年/人(%) | >10年/人(%) |
| 2014 | 105 | 4(3.8)↓ | 5(4.8)↓ | 96(91.4)↑ |
| 2015 | 122 | 7(5.7)↑ | 5(4.1)↓ | 110(90.2)↑ |
| 2016 | 132 | 8(6.1)↑ | 9(6.8)↑ | 115(87.1)↓ |
| 均值 | 119.7 | 6.3(5.3) | 6.3(5.3) | 107(89.4) |

第二，改革前后审委会委员的审判经验构成变化，高级人民法院差异显著（P＝0.036），中（P＝0.081）基（P＝0.319）两级法院变化不大。2016年三级法院审判经验少于5年的委员比例均呈上升趋势，逾10年的都有不同程度下降。其中基层法院的升幅最小而降幅最大，高级人民法院反之。（见表5）

**表5 改革前后贵州三级法院审委会委员审判年限自身比较**

| 法院 | 年份 | 总人数/人 | 审判年限 | | |
|---|---|---|---|---|---|
| | | | <5年/人(%) | 5～10年/人(%) | >10年/人(%) |
| 高级人民法院 | 2014 | 11 | 0(0.0) | 1(9.1) | 10(90.9) |
| | 2016 | 17 | 1(5.9) | 1(5.9) | 15(88.2) |
| | 对比 | 6 | 1(5.9)↑ | 0(−3.2)↓ | 5(−2.7)↓ |

续表

| 法院 | 年份 | 总人数/人 | 审判年限 | | |
|---|---|---|---|---|---|
| | | | <5 年/人(%) | 5~10 年/人(%) | >10 年/人(%) |
| 中级人民法院 | 2014 | 18 | 0(0.0) | 0(0.0) | 18(100.0) |
| | 2016 | 31 | 1(3.2) | 0(0.0) | 30(96.8) |
| | 对比 | 13 | 1(3.2)↑ | 0(0.0)→ | 12(-3.2)↓ |
| 基层法院 | 2014 | 76 | 4(5.3) | 4(5.3) | 68(89.5) |
| | 2016 | 84 | 6(7.1) | 8(9.5) | 70(83.3) |
| | 对比 | 8 | 2(1.9)↑ | 4(4.3)↑ | 2(-6.1)↓ |

第三,改革前后两类法院审委会委员审判经验构成的自身变化(试点 P=0.781,对照 P=0.145)和相互比较(P=0.965)均无显著性。改革后试点和对照法院审判经验逾 10 年者占比各降 2.3 个百分点和 6.7 个百分点。(见表 6)

**表 6　改革前后贵州两类法院审委会委员审判年限比较**

| 法院 | 年份 | 总人数/人 | 审判年限 | | |
|---|---|---|---|---|---|
| | | | <5 年/人(%) | 5~10 年/人(%) | >10 年/人(%) |
| 试点法院 | 2014 | 47 | 2(4.3) | 3(6.4) | 42(89.4) |
| | 2016 | 54 | 3(5.6) | 4(7.4) | 47(87.0) |
| | 对比 | 7 | 1(1.3)↑ | 1(1.0)↑ | 5(-2.3)↓ |
| 对照法院 | 2014 | 47 | 2(4.3) | 1(2.1) | 44(93.6) |
| | 2016 | 61 | 4(6.6) | 4(6.6) | 53(86.9) |
| | 对比 | 14 | 2(2.3)↑ | 3(4.4)↑ | 9(-6.7)↓ |

3. 审委会委员法学学历(学位)教育的变化态势

第一,改革后总样本的审委会委员法学学历(学位)教育水平虽有提升(P=0.859)但仍偏低,表现为具有法学教育背景的比例不高(58.3%)和学历层次偏低(学士占 45.5%)。两者仅分别上升 3.1 个百分点和 1.7 个百分点。(见表 7)

**表 7　2014~2016 年贵州 11 家法院审委会委员法学学历学位教育总体比较**

| 年份 | 总数/人 | 博士 | | 硕士 | | 学士/人(%) | 无法学教育背景/人(%) |
|---|---|---|---|---|---|---|---|
| | | 双证/人(%) | 单证/人(%) | 双证/人(%) | 单证/人(%) | | |
| 2014 | 105 | 0 | 0 | 6(5.7)↑ | 6(5.7)↓ | 46(43.8)↓ | 47(44.8)↑ |
| 2015 | 122 | 0 | 1(0.8)↑ | 6(4.9)↓ | 7(5.7)↓ | 55(45.1)↑ | 53(43.4)↑ |
| 2016 | 132 | 0 | 1(0.8)↑ | 7(5.30)↑ | 9(6.8)↑ | 60(45.5)↑ | 55(41.7)↓ |
| 均值 | 119.7 | 0 | 0.7(0.6) | 6.3(5.26) | 7.3(6.1) | 53.7(44.9) | 51.7(43.2) |

第二，改革前后有法学教育背景的审委会委员占比皆高级人民法院最高、中级人民法院次之、基层最低。改革后高级人民法院增 9.1 个百分点至 100%（P＝0.0）；基层法院微增 0.3 个百分点但未过半（P＝0.837）；中级人民法院反减 2.2 个百分点至 64.5%（P＝0.75）。（见表 8）

**表 8　改革前后贵州三级法院审委会委员法学学历学位教育自身比较**

| 法院 | 年份 | 总数/人 | 博士 | | 硕士 | | 学士/人(%) | 无法学教育背景/人(%) |
|---|---|---|---|---|---|---|---|---|
| | | | 双证/人(%) | 单证/人(%) | 双证/人(%) | 单证/人(%) | | |
| 高级人民法院 | 2014 | 11 | 0 | 0 | 5(45.5) | 0 | 5(45.5) | 1(9.1) |
| | 2016 | 17 | 0 | 1(5.9) | 6(35.3) | 0 | 10(58.8) | 0(0.0) |
| | 对比 | 6 | 0 | 1(5.9)↑ | 1(−10.2)↓ | 0 | 5(13.4)↑ | −1(−9.1)↓ |
| 中级人民法院 | 2014 | 18 | 0 | 0 | 1(5.6) | 2(11.1) | 9(50.0) | 6(33.3) |
| | 2016 | 31 | 0 | 0 | 1(3.2) | 3(9.7) | 16(51.6) | 11(35.5) |
| | 对比 | 13 | 0 | 0 | 0(−2.3)↓ | 1(−1.4)↓ | 7(1.6)↑ | 5(2.2)↑ |
| 基层法院 | 2014 | 76 | 0 | 0 | 0 | 4(5.3) | 32(42.1) | 40(52.6) |
| | 2016 | 84 | 0 | 0 | 0 | 6(7.1) | 34(40.5) | 44(52.4) |
| | 对比 | 8 | 0 | 0 | 0 | 2(1.9)↑ | 2(−1.6)↓ | 4(−0.3)↓ |

第三，改革后两类法院横向比较有显著差异（P＝0.0），且差距加大。试点法院无法学学历（学位）者减 3.9 个百分点至 25.9%（P＝

0.922);对照法院仅降0.9个百分点仍逾2/3(P=0.901)。(见表9)

**表9　改革前后贵州两类法院审委会委员法学学历学位教育比较**

| 法院 | 年份 | 总数/人 | 博士 | | 硕士 | | 学士/人(%) | 无法学教育背景/人(%) |
|---|---|---|---|---|---|---|---|---|
| | | | 双证/人(%) | 单证/人(%) | 双证/人(%) | 单证/人(%) | | |
| 试点法院 | 2014 | 47 | 0 | 0 | 1(2.1) | 5(10.6) | 27(57.4) | 14(29.8) |
| | 2016 | 54 | 0 | 0 | 1(1.9) | 7(13.0) | 32(59.3) | 14(25.9) |
| | 对比 | 7 | 0 | 0 | 0(-0.3)↓ | 2(2.3)↑ | 5(1.8)↑ | 0(-3.9)↓ |
| 对照法院 | 2014 | 47 | 0 | 0 | 0 | 1(2.1) | 14(29.8) | 32(68.1) |
| | 2016 | 61 | 0 | 0 | 0 | 2(3.3) | 18(29.5) | 41(67.2) |
| | 对比 | 14 | 0 | 0 | 0 | 1(1.2)↑ | 4(-0.3)↓ | 9(-0.9)↓ |

综上,形成以下初步结论:

第一,审委会的组织结构整体向好。改革后样本法院审委会委员的任职构成趋于合理、审判经验趋于合适,法学教育程度略有提升,从而更具备承担法定功能的资格和能力。

第二,担任院庭长和具有丰富审判经验是任职审委会委员的两项重要条件。2016年130名审委会委员中,56人担任院长(42.4%)、48人担任庭长(36.4%),115人审判经验超过10年(87.1%)。

第三,审委会成员的强政治化构成与长期以来审委会的主要定位高度契合。各样本法院审委会中多有与党政职务挂钩的委员,如此安排更利于发挥法院党政领导把控政治方向、保障政治安全的作用,更利于发挥审委会在减少死刑、保障人权以及审慎处理群体性案件等方面的重要作用。

第四,审委会成员审判年限的适度下降是其年轻化、专业化、多样化的改革成效使然。一方面,与员额制法官的年龄结构变化相关。随着入额法官年龄结构趋于合理[23]以及橄榄型年龄结构日趋

---

[23] 2015年9月施行的《贵州试点法院法官员额暂行办法》将"结构合理"作为"基本原则",其第3条规定:"确定法官员额时要保持老、中、青法官结构合理。"2016年10月出台的《贵州各中级、基层法院员额制法官首次遴选规定》第6条进一步细化了"结构要求",规定:"合理确定各年龄段员额制法官比例,努力形成老、中、青员额法官年龄结构合理梯次,原则上36-50岁的员额法官数不低于50%,35岁以下和51岁以上的员额法官应各占适当比例。"

稳定，[24]审委会成员也相对年轻化，其从事审判工作的年资亦必然相应下降。另一方面，与审委会成员的任职结构变化相涉。各样本法院高度重视审委会构成的专业化移植再造，吸纳了不少中青年庭室负责人。以审判年限下降较甚的汇川和龙里两院为例，不足10年经验的皆为新增的业务庭负责人。相比2014年，2017年汇川、龙里法院审委会新增审判经验5~10年的委员各1名和2名，前者为执行局局长，后者均为业务庭副庭长。因此，审委会委员审判年限的整体略降不宜予以简单否定。

第五，审委会成员的法学教育背景有待整体提高。近90%的审委会成员有10年以上审判资历，但受法学教育者却不足60%。随着员额制的普遍实现和司法责任制的真正落实，同时随着新型、群体、疑难案件的快速增加，未来的制度设计理当将法学教育背景作为审委会成员的主要任职资格，以确保切实履行法定职能。

第六，审委会规模应当适度控制。审委会行集体决策，即在充分有效表达意见的基础上作出一致或多数决定。因此，在会议时间和议决内容的彼此张力相对较小的前提下，审委会组织规模的合理限定将直接影响其工作的质量和效率。

### （二）审委会的职能运行之一——会议及其议题

审委会的职能运行现状是判定其审判职能去路的关键，而会议及议题是其履行职能的唯一载体和具体表现。

1. 审委会的会议次数和议题项数

第一，总样本中审委会的会议次数和议题数皆逐年降低，且改革前后呈显著差异。比较2014年，2016年会议次数降20.6%至285次（P=0.0），议题数减41.3%至729项（P=0.0）。（见表10）

第二，改革后三级法院审委会会议数仅中级人民法院上升，议题数皆下降。中级人民法院会议数升32.1%[25]（P=0.002），基层法院（P=0.023）和高级人民法院减半。议题数基层法院（62.4%，P=0.0）和高级人民法院（54.5%）减幅颇大而中级人民法院较小（2.5%，P=0.0）。（见表11）

---

[24] 贵州省首批试点的基层法院员额法官平均年龄42岁。截至2017年6月底，全省60.39%的员额法官处于36~50岁的中青年年龄段，较改革前提升31.1%。

[25] 中级人民法院审委会会议次数在2017年上半年已回落至32次，较2014年同期减少近半。

**表 10　2014~2016 年贵州 11 家法院审委会会议和议题分布总体比较**

| 年份 | 开会次数/次 | 议题数/项 | 议题类型 | | | | | |
|---|---|---|---|---|---|---|---|---|
| | | | 案件讨论/项(%) | 经验总结/项(%) | 回避决定/项(%) | 再审处理/项(%) | 审判管理/项(%) | 其他/项(%) |
| 2014 | 359 | 1242 | 1095(88.2)↑ | 31(2.5)↓ | 0 | 100(8.1)↓ | 9(0.7)↑ | 7(0.6)↓ |
| 2015 | 310 | 1044 | 888(85.1)↓ | 22(2.1)↓ | 0 | 117(11.2)↑ | 3(0.3)↓ | 14(1.3)↑ |
| 2016 | 285 | 729 | 650(89.2)↑ | 25(3.4)↑ | 0 | 47(6.4)↓ | 2(0.3)↓ | 5(0.7)↓ |
| 均值 | 318.0 | 1005.0 | 877.7(87.3) | 26.0(2.6) | 0 | 88.0(8.8) | 4.7(0.5) | 8.7(0.9) |

**表 11　改革前后贵州三级法院审委会会议和议题分布自身比较**

| 法院 | 年份 | 开会次数/次 | 议题数/项 | 议题类型 | | | | | |
|---|---|---|---|---|---|---|---|---|---|
| | | | | 案件讨论/项(%) | 经验总结/项(%) | 回避决定/项(%) | 再审处理/项(%) | 审判管理/项(%) | 其他/项(%) |
| 高级人民法院 | 2014 | 60 | 268 | 238(88.8) | 23(8.6) | 0 | 7(2.6) | 0(0.0) | 0(0.0) |
| | 2016 | 27 | 122 | 109(89.3) | 12(9.8) | 0 | 0(0.0) | 0(0.0) | 1(0.8) |
| | 对比 | -33↓ | -146↓ | -129(0.5)↑ | -11(1.3)↑ | 0 | -7(-2.6)↓ | 0(0.0) | 1(0.8)↑ |

续表

| 法院 | 年份 | 开会次数/次 | 议题数/项 | 议题类型 | | | | | |
|---|---|---|---|---|---|---|---|---|---|
| | | | | 案件讨论/项(%) | 经验总结/项(%) | 回避决定/项(%) | 再审处理/项(%) | 审判管理/项(%) | 其他/项(%) |
| 中级人民法院 | 2014 | 131 | 402 | 331(82.3) | 1(0.2) | 0 | 70(17.4) | 0(0.0) | 0(0.0) |
| | 2016 | 173 | 392 | 344(87.8) | 6(1.5) | 0 | 40(10.2) | 1(0.3) | 1(0.3) |
| | 对比 | 42↑ | -10↓ | 13(5.4)↑ | 5(1.3)↑ | 0 | -30(-7.2)↓ | 1(0.3)↑ | 1(0.3)↑ |
| 基层法院 | 2014 | 168 | 572 | 526(92.0) | 7(1.2) | 0 | 23(4.0) | 9(1.6) | 7(1.2) |
| | 2016 | 85 | 215 | 197(91.6) | 7(3.3) | 0 | 7(3.3) | 1(0.5) | 3(1.4) |
| | 对比 | -83↓ | -357↓ | -329(-0.3)↓ | 0(2.0)↑ | 0 | -16(-0.8)↓ | -8(-1.1)↓ | -4(0.2)↑ |

第三,两类法院审委会会议数和议题数的改革前后自身变化和改革后彼此比较皆呈明显差异。试点法院的会议数降 37.4%(P=0.003),对照法院则升 6.9%(P=0.0),差异显著(P=0.0)。议题数皆减但两类法院迥异(P=0.0),前者降 52.4%(P=0.0),后者仅 23.9%(P=0.0)。㉖ (见表 12)

**表 12　改革前后贵州两类法院审委会会议和议题分布比较**

| 法院 | 年份 | 开会次数/次 | 议题数/项 | 议题类型(项) | | | | | |
|---|---|---|---|---|---|---|---|---|---|
| | | | | 案件讨论/项(%) | 经验总结/项(%) | 回避决定/项(%) | 再审处理/项(%) | 审判管理/项(%) | 其他/项(%) |
| 试点法院 | 2014 | 139 | 471 | 424(90.0) | 5(1.1) | 0 | 31(6.6) | 7(1.5) | 4(0.8) |
| | 2016 | 87 | 224 | 204(91.1) | 9(4.0) | 0 | 8(3.6) | 0(0.0) | 3(1.3) |
| | 对比 | -52↓ | -247↓ | -220(1.1)↑ | 4(3.0)↑ | 0 | -23(-3.0)↓ | -7(-1.5)↓ | -1(0.5)↑ |
| 对照法院 | 2014 | 160 | 503 | 433(86.1) | 3(0.6) | 0 | 62(12.3) | 2(0.4) | 3(0.6) |
| | 2016 | 171 | 383 | 337(88.0) | 4(1.0) | 0 | 39(10.2) | 2(0.5) | 1(0.3) |
| | 对比 | 11↑ | -120↓ | -96(1.9)↑ | 1(0.4)↑ | 0 | -23(-2.1)↓ | 0(0.1)↑ | -2(-0.3)↓ |

2. 审委会会议的议题类别

议题的类别是指依据审委会职能而确定的会议讨论议题的种类,主要分为案件讨论、经验总结、㉗回避决定、㉘再审处理、㉙审判管理㉚以及其他议题等六类。

第一,讨论案件是审委会会议的第一要务(87.3%),但数量明显下降(P=0.0),占比微变。一方面,其数量大幅缩减,逐年降至 1095 次、888 次、650 次,各占议题总数的 88.2%、85.1%和 89.2%(见表 10),2017 年上半年骤降至 77.6%,仅 149 次。另一方面,改革后高级人民法院和基层法院(P=0.0)案件讨论数都大幅减少但

㉖ 对照法院在 2017 年上半年启动改革后,审委会会议次数和议题数亦双双大幅降低,较 2014 年同期分别减少 40.3%和 62.9%,快速缩小了与试点法院的差距。

㉗ 《人民法院组织法》第 37 条。

㉘ 《民事诉讼法》第 46 条。

㉙ 《民事诉讼法》第 198 条。

㉚ 最高人民法院《关于改革和完善人民法院审判委员会制度的实施意见》第 5 条。

占比变化甚微；中级人民法院则数量增和占比升5.4个百分点（P=0.0）（见表11）。另一方面，两类法院改革前后的自身比较和改革后的相互比较均呈显著性（P值皆为0.0）。其数量各减过半和近1/4，但占比反小升至91.1%和88.0%。（见表12）

第二，再审处理是审委会会议的第二主题（8.8%），但改革后显现疲软。一是经2015年的高位（11.2%）后，2016年骤减至6.4%（P=0.004）。（见表10）二是改革后三级法院审委会均较少处理再审。高级人民法院为0，中级人民法院从17.4%降为10.2%（P=0.094），基层法院仅处理7次降至3.3%（P=0.004）。（见表11）三是改革后两类法院处理再审议题的横向比较不具显著性（P=0.123），纵向比较皆减23次，但试点组降幅达74.2%（P=0.002），对照组仅37.1%（P=0.568）。（见表12）

第三，经验总结和审判管理两项职能发挥不足。一是11家法院审委会此两类议题量少（92项）率低（3.1%），且数量显著下降，各减6件（P=0.006）和7件（P=0.038）。（见表10）二是改革后三级法院经验总结占比皆微升，其中基层法院变化显著（P=0.013）；审判管理走低，高级人民法院为0，中级人民法院增至1件（P=0.212），基层法院从9件骤减为1件（P=0.107[31]）。（见表11）三是改革后两类法院经验总结小幅提升且均具显著性（试点P=0.029，对照P=0.016），但相互比较不显著（P=0.123）；审判管理议题试点法院降为零，对照组仍为2项。（见表12）

第四，样本法院审委会在一定程度上承担着行政性事项的决策功能，各统计时段内其几乎都议决其他事项（包括但不限于破产清算、延长审限、决定逮捕、司法救助、信访处理和安全防范等），（见表10）且在三级法院中占比皆呈上升趋势，（见表11）但两类法院一升一降，试点组更高。（见表12）

综上，本轮改革后，样本法院审委会在会议及其议题上呈现四项规律性变化：

第一，审委会会议及其议决事项逐年大幅减少。

---

[31] 2016年审判管理议题的数量骤减几乎都来自汇川法院，故不具统计学意义上的显著性。

第二，三级法院审委会的议题类型分布各有所重。占比最高者在高院、中院、基法院分别为经验总结、再审处理和案件讨论。此与三者在宏观指导、裁判监督和案件审判方面的相对侧重相涉。

第三，两类法院审委会会议次数及其议题分布差异显著。改革前后试点法院在控制会议及议题数、减少案件讨论和再审处理的程度上显著高于对照法院；同时，其总结经验的数量和比例的提升均高于对照法院，但后者在全省推开司法体制改革后已迎头赶上。2017 年 1~6 月，对照法院审委会总结经验 5 次，占比 6.0%，略高于同期试点法院的 3 次和 4.1%。可见，本轮司改对审委会的召开条件、议题范围和审判职能均有严格限缩，对其宏观指导职能的实现也有助推作用。

第四，审委会的案件讨论占比居高不下，而总结经验的作用依然不彰。前者可能因在推进司法责任制、取消业务庭签批的背景下，合议庭及其员额法官较以往更易将难以判断的案件主动提交审委会予以讨论。[32] 后者或许与以案定补的激励机制相涉。审委会构成中增长最为迅猛的业务庭负责人和资深法官在以案定员、以案定补机制下的工作重点当然是办理案件而非经验总结。由此，后续“制度丛”的建设应适当调整身兼法官和委员两职于一身者的考核机制，保障审委会在将案件讨论还权于合议庭的同时，为自身总结经验等宏观指导职能的充分发挥而赋能。

### （三）审委会的职能运行之二——案件讨论

案件讨论是审委会职能运行中的重点，亦是历次改革的焦点。本文选取审委会会议案件讨论占法院同期结案总数的比重、均用时、类型、情形、内容、结果以及案件讨论的质量进行重点研究。

#### 1. 审委会讨论的案件占法院同期办案总数的比重（以下简称院比重）

案件讨论的院比重指的是审委会讨论的案件数与法院同期结案总数之比。其反映审委会行使审判职能对法院案件审理工作在量上的影响程度。数据显示：

---

[32] 例如，花溪法院 2014 年由合议庭提请院长提交审委会讨论的案件 34 件，占 31.8%；2016 年反升至 38.8%。

第一，总样本中审委会案件讨论的院比重显降（P=0.0）。2016年为1.1%，仅2014年的1/3；（见表13）2017年上半年再缩至0.6%，不足2014年同期的1/6。[33]

**表13 2014~2016年贵州11家法院审委会案件讨论院比重总体比较**

| 年份 | 审委会的案件讨论数/件 | 法院结案数/件 | 比重/% |
| --- | --- | --- | --- |
| 2014 | 1095 | 33,005 | 3.3↑ |
| 2015 | 888 | 45,561 | 1.95↑ |
| 2016 | 650 | 56,911 | 1.1↓ |
| 均值 | 877.7 | 45,159.0 | 1.94 |

第二，改革后三级法院审委会的案件讨论院比重皆低于4%，其中基层和中级人民法院下降明显（P值皆为0.0）。2016年，该比重从高到底依次为中级人民法院（3.9%）、高级人民法院（1.4%）和基层法院（0.5%），降幅分别为3.1个百分点、6.1个百分点和1.6个百分点。（见表14）2017年上半年该比重继续降至0.9%（28件）、1.4%（45件）和0.4%（72件）。

**表14 改革前后贵州三级法院审委会案件讨论院比重自身比较**

| 法院 | 年份 | 审委会的案件讨论数/件 | 法院结案数/件 | 比重/% |
| --- | --- | --- | --- | --- |
| 高级人民法院 | 2014 | 238 | 3183 | 7.5 |
| | 2016 | 109 | 7691 | 1.4 |
| | 对比 | -129↓ | 4508↑ | -6.1↓ |
| 中级人民法院 | 2014 | 331 | 4690 | 7.1 |
| | 2016 | 344 | 8780 | 3.9 |
| | 对比 | 13↑ | 4090↑ | -3.1↓ |
| 基层法院 | 2014 | 526 | 25,132 | 2.1 |
| | 2016 | 197 | 40,440 | 0.5 |
| | 对比 | -329↓ | 15,308↑ | -1.6↓ |

第三，改革后两类法院审委会案件讨论院比重皆显著下降（P

[33] 2017年1~6月，总样本法院审委会讨论案件149件，同期法院结案数23,650件。

值皆为0.0)。改革前两者比重持平,2016年试点法院降2.1个百分点仅为对照组的一半(P=0.0)(见表15)。司改全面推开后,对照法院开始趋同试点法院,皆降至0.6%。

**表15 改革前后贵州两类法院审委会案件讨论院比重比较**

| 法院 | 年份 | 审委会的案件讨论数/件 | 法院结案数/件 | 比例/% |
|---|---|---|---|---|
| 试点法院 | 2014 | 424 | 14,855 | 2.9 |
| | 2016 | 204 | 25,814 | 0.8 |
| | 相比 | -220↓ | 10,959↑ | -2.1↓ |
| | 2017年1~6月 | 65 | 10,452 | 0.6 |
| 对照法院 | 2014 | 433 | 14,967 | 2.9 |
| | 2016 | 337 | 23,406 | 1.4 |
| | 相比 | -96↓ | 8439↑ | -1.5↓ |
| | 2017年1~6月 | 56 | 10,013 | 0.6 |

2.审委会案件讨论的均用时

案件讨论的均用时指每次审委会会议中个案讨论的平均用时。其长短较为直接地反映案件讨论的充分与否。数据显示:

第一,11家法院审委会案件讨论的均用时在改革之初有所缩短,之后拉长(P=0.526)。超一小时的先降至7.1%后回升至13.1%;少于半小时的则相反,升至49.5%后回落至43.3%(见表16)。2017年上半年保持趋势,逾一小时的同比上升11.8个百分点至24.2%,少于半小时的同比下降8.1个百分点至36.9%。[34]

**表16 2014~2016年贵州11家法院审委会案件讨论均用时总体比较**

| 年份 | 总数/件 | <0.5h | | 0.5~1h | | >1h | |
|---|---|---|---|---|---|---|---|
| | | 数量/件 | 占比/% | 数量/件 | 占比/% | 数量/件 | 占比/% |
| 2014 | 1095 | 400 | 36.5↓ | 574 | 52.4↑ | 121 | 11.1↑ |

[34] 2016年1~6月,11家法院审委会讨论案件307件,超一小时38件(12.4%),少于半小时的138件(45.0%)。2017年1~6月,11家法院审委会讨论案件149件,超一小时36件,少于半小时的55件。

续表

| 年份 | 总数/件 | <0.5h | | 0.5～1h | | >1h | |
|---|---|---|---|---|---|---|---|
| | | 数量/件 | 占比/% | 数量/件 | 占比/% | 数量/件 | 占比/% |
| 2015 | 888 | 440 | 49.5↑ | 385 | 43.3↓ | 63 | 7.1↓ |
| 2016 | 650 | 282 | 43.3↑ | 283 | 43.5↓ | 85 | 13.1↑ |
| 总计 | 2633 | 1122 | 42.6 | 1242 | 47.2 | 269 | 10.2 |
| 均值 | 877.7 | 374.0 | 42.6 | 414.0 | 47.2 | 89.7 | 10.2 |

第二，三级法院改革前后案件讨论均用时的自身变化趋势相仿。高级人民法院以半小时内为主，占比从1/3升至约3/4（P=0.26）；中级人民法院以半小时至一小时为主，但占比从63.1%降至53.2%（P=0.0）；三级法院中基层超一小时的最高，升6.7个百分点至21.3%（P=0.0）。（见表17）

**表17　改革前后贵州三级法院审委会案件讨论均用时自身比较**

| 法院 | 年份 | 总数/件 | <0.5h | | 0.5～1h | | >1h | |
|---|---|---|---|---|---|---|---|---|
| | | | 数量/件 | 占比/% | 数量/件 | 占比/% | 数量/件 | 占比/% |
| 高级人民法院 | 2014 | 238 | 161 | 67.6 | 72 | 30.3 | 5 | 2.1 |
| | 2016 | 109 | 80 | 73.4 | 24 | 22.0 | 5 | 4.6 |
| | 对比 | −129↓ | −81↓ | 5.7↑ | −48↓ | −8.2↓ | 0→ | 2.5↑ |
| 中级人民法院 | 2014 | 331 | 83 | 25.1 | 209 | 63.1 | 39 | 11.8 |
| | 2016 | 344 | 123 | 35.8 | 183 | 53.2 | 38 | 11.0 |
| | 对比 | 13↑ | 40↑ | 10.7↑ | −26↓ | −9.9↓ | −1↓ | −0.7↓ |
| 基层法院 | 2014 | 526 | 156 | 29.7 | 293 | 55.7 | 77 | 14.6 |
| | 2016 | 197 | 79 | 40.1 | 76 | 38.6 | 42 | 21.3 |
| | 对比 | −329↓ | −77↓ | 10.4↑ | −217↓ | −17.1↓ | −35↓ | 6.7↑ |

第三，改革后两类法院讨论均用时升降不一（P=0.0）。试点和对照组半小时至一小时者皆下降，半小时以下者皆上升，但逾一小时者走向相反，前者升8.6个百分点至27.5%（P=0.0），后者减1.2个百分点至7.1%（P=0.0）。（见表18）

**表 18 改革前后贵州两类法院审委会案件讨论均用时比较**

| 法院 | 年份 | 总数/项 | <0. 5h | | 0. 5~1h | | >1h | |
|---|---|---|---|---|---|---|---|---|
| | | | 数量/项 | 占比/% | 数量/项 | 占比/% | 数量/项 | 占比/% |
| 试点法院 | 2014 | 424 | 52 | 12. 3 | 292 | 68. 9 | 80 | 18. 9 |
| | 2016 | 204 | 30 | 14. 7 | 118 | 57. 8 | 56 | 27. 5 |
| | 对比 | -220↓ | -22↓ | 2. 4↑ | -174↓ | -11. 0↓ | -24↓ | 8. 6↑ |
| 对照法院 | 2014 | 433 | 187 | 43. 2 | 210 | 48. 5 | 36 | 8. 3 |
| | 2016 | 337 | 172 | 51. 0 | 141 | 41. 8 | 24 | 7. 1 |
| | 对比 | -96↓ | -15↓ | 7. 9↑ | -69↓ | -6. 7↓ | -12↓ | -1. 2↓ |

3. 案件讨论的类型

案件讨论的类型是指根据诉讼内容和形式确定的审委会讨论案件的种类，包括刑事、民事、行政、执行案件和国家赔偿案件等。数据显示：

第一，改革前后 11 家法院审委会讨论案件类型的构成变化不显著（P=0. 211）。刑事案件最多但逐年降低，渐次为 66. 4%、63. 1%和 51. 8%；民事案件次之但大幅上升，分别为 26. 5%、29. 8%和 40. 9%；其余案件之和维持于 7%左右。（见表 19）

**表 19 2014~2016 年贵州 11 家法院审委会案件讨论类型总体比较**

| 年份 | 总数/项 | 刑事/项(%) | 民事/项(%) | 行政/项(%) | 执行/项(%) | 国家赔偿/项(%) |
|---|---|---|---|---|---|---|
| 2014 | 1095 | 727(66. 4)↑ | 290(26. 5)↓ | 46(4. 2)↓ | 28(2. 6)↑ | 4(0. 4)↓ |
| 2015 | 888 | 560(63. 1)↑ | 265(29. 8)↓ | 38(4. 3)→ | 16(1. 8)↓ | 9(1. 0)↑ |
| 2016 | 650 | 337(51. 8)↓ | 266(40. 9)↑ | 30(4. 6)↑ | 13(2. 0)↓ | 4(0. 6)→ |
| 总计 | 2633 | 1624(61. 7) | 821(31. 2) | 114(4. 3) | 57(2. 2) | 17(0. 6) |
| 均值 | 877. 7 | 541. 3(61. 7) | 273. 7(31. 2) | 38. 0(4. 3) | 19. 0(2. 2) | 5. 7(0. 6) |

第二，改革后三级法院审委会讨论刑事案件仍占据鳌头，但皆降至 3/4 以下，而民事案件皆升至 1/4 以上。其中高级人民法院讨论刑事案件最多，达 75. 2%（P=0. 526）；中级人民法院讨论类型变化显著（P=0. 046），讨论民事案件居多且占比维持最高（31. 7%和 51. 2%），刑事案件则降 25. 2 个百分点至 41%；基层法院多见执行

案件,4.4%和6.1%的占比始终高出高、中级人民法院5~6倍(P=0.068)。(见表20)

**表20　改革前后贵州三级法院审委会讨论案件类型自身比较**

| 法院 | 年份 | 总数/项 | 刑事/项(%) | 民事/项(%) | 行政/项(%) | 执行/项(%) | 国家赔偿/项(%) |
|---|---|---|---|---|---|---|---|
| 高级人民法院 | 2014 | 238 | 197(82.8) | 33(13.9) | 3(1.3) | 2(0.8) | 3(1.3) |
| | 2016 | 109 | 82(75.2) | 27(24.8) | 0(0.0) | 0(0.0) | 0(0.0) |
| | 对比 | -129↓ | -115(-7.5)↓ | -6(10.9)↑ | -3(-1.3)↓ | -2(-0.8)↓ | -3(-1.3)↓ |
| 中级人民法院 | 2014 | 331 | 219(66.2) | 105(31.7) | 4(1.2) | 3(0.9) | 0(0.0) |
| | 2016 | 344 | 141(41.0) | 176(51.2) | 25(7.3) | 1(0.3) | 1(0.3) |
| | 对比 | 13↑ | -78(-25.2)↓ | 71(19.4)↑ | 21(6.1)↑ | -2(-0.6)↓ | 1(0.3)↑ |
| 基层法院 | 2014 | 526 | 311(59.1) | 152(28.9) | 39(7.4) | 23(4.4) | 1(0.2) |
| | 2016 | 197 | 114(57.9) | 63(32.0) | 5(2.5) | 12(6.1) | 3(1.3) |
| | 对比 | -329↓ | -197(-1.3)↓ | -89(3.1)↑ | -34(-4.9) | -11(1.7)↑ | 2(1.3)↑ |

第三,改革后两类法院的案件讨论类型不具显著性(P=0.092)。试点法院变化不显(P=0.161),除行政案件占比下降6.8个百分点,其他案件皆有不同程度上升,其中民事案件升幅最大达5.4个百分点;对照法院的变化显著(P=0.020),刑事案件占比降24.4个百分点,民事和行政案件各升18个百分点和6.2个百分点。(见表21)

**表21　改革前后贵州两类法院审委会案件讨论类型比较**

| 法院 | 年份 | 总数/项 | 刑事/项(%) | 民事/项(%) | 行政/项(%) | 执行/项(%) | 国家赔偿/项(%) |
|---|---|---|---|---|---|---|---|
| 试点法院 | 2014 | 424 | 260(61.3) | 110(25.9) | 35(8.3) | 18(4.2) | 1(0.2) |
| | 2016 | 204 | 127(62.3) | 64(31.4) | 3(1.5) | 9(4.4) | 1(0.5) |
| | 对比 | -220 | -133(0.9)↑ | -46(5.4)↑ | -32(-6.8)↓ | -9(0.2)↑ | 0(0.3)↑ |
| 对照法院 | 2014 | 433 | 270(62.4) | 147(33.9) | 8(1.8) | 8(1.8) | 0(0.0) |
| | 2016 | 337 | 128(38.0) | 175(51.9) | 27(8.0) | 4(1.2) | 3(0.9) |
| | 对比 | -96 | -142(-24.4)↓ | 28(18.0)↑ | 19(6.2)↑ | -4(-0.7)↓ | 3(0.9)↑ |

4. 案件讨论的情形

案件讨论的情形是指提交法院审委会"应当讨论"和"可以提请讨论"的规定情况。[35] 其反映进入审委会案件讨论的各种规定情形的比重。数据显示：

第一，改革前后11家法院审委会案件讨论的情形分布有所变化但不显著（P=0.217）。其中，"合议庭重大分歧"案件始终居首且每年以6个百分点递增至48.6%；"拟判死刑"案件小升后降至12.2%，保持第二；"再审抗诉"案件每年以3个百分点递增至10.8%；"社会影响重大"案件连年缩减至5.5%。"拟轻判或免罚"和"新类型案件"也分别在4%~9%和6%~7%徘徊。（见表22）

第二，改革前后三级法院审委会的案件讨论情形各有变化方向，其中高级人民法院呈显著性（P=0.0）。改革后，中、高级人民法院的"合议庭重大分歧""再审抗诉"皆上升并位列第一（37.6%、68.9%）和第三（23.9%、12.5%），"拟判死刑"大幅下降占据第二（28.4%、14.0%）；基层法院"拟轻判或免罚"大幅上升跃居首位（28.9%），"合议庭重大分歧"（19.3%）、"社会影响重大"（16.2%）大幅下降各居第二、第三。（见表23）

第三，改革后两类法院审委会案件讨论情形差异显著（P=0.0）。降幅最大者皆为"社会影响重大"，各达13.2个百分点和10.2个百分点。增量最多者相异，试点法院为"再审抗诉"，升13.5个百分点至21.1%（P=0.025）；对照法院为"合议庭重大分歧"，升12.7个百分点至70.9%（P=0.437），达试点组的4倍。（见表24）

---

[35] 详见前引[30]，第9~11条。为行文凝练，本文归纳为：一是"应当"讨论情形。包括：（1）再审抗诉案件；（2）拟判死刑案件；（3）拟轻判或免罚案件；（4）拟宣告无罪案件；（5）拟请示上级法院案件；（6）需移上级法院案件（统计为0，不入表）。二是"可以"讨论情形。包括：（1）合议庭重大分歧案件；（2）法律适用存疑案件（统计为0，不入表）；（3）社会重大影响案件；（4）新类型案件；（5）其他案件。

**表22 2014~2016年贵州11家法院审委会案件讨论情形总体比较**

| 年份 | 总数 | 再审抗诉/项(%) | 拟判死刑/项(%) | 拟轻判或免罚/项(%) | 拟宣告无罪/项(%) | 拟请示上级法院/项(%) | 合议庭重大分歧/项(%) | 社会影响重大/项(%) | 新类型案件/项(%) | 其他/项(%) |
|---|---|---|---|---|---|---|---|---|---|---|
| 2014 | 1095 | 52(4.7)↓ | 214(19.5)↑ | 89(8.1)↑ | 7(0.6)↓ | 50(4.6)↑ | 396(36.2)↓ | 161(14.7)↑ | 79(7.2)↑ | 47(4.3)↓ |
| 2015 | 888 | 72(8.1)↑ | 190(21.4)↑ | 35(3.9)↓ | 5(0.6)↓ | 11(1.2)↓ | 378(42.6)↑ | 85(9.6)↓ | 64(7.2)↑ | 48(5.4)↑ |
| 2016 | 650 | 70(10.8)↑ | 79(12.2)↓ | 58(8.9)↑ | 7(1.1)↑ | 18(2.8)↓ | 316(48.6)↑ | 36(5.5)↓ | 39(6.0)↓ | 27(4.2)↓ |
| 总计 | 2633 | 194(7.4) | 483(18.3) | 182(6.9) | 19(0.7) | 79(3.0) | 1090(41.4) | 282(10.7) | 182(6.9) | 122(4.6) |
| 均值 | 877.7 | 64.7(7.4) | 161.0(18.3) | 60.7(6.9) | 6.3(0.7) | 26.3(3.0) | 363.3(41.4) | 94.0(10.7) | 60.7(6.9) | 40.7(4.6) |

**表23 改革前后贵州三级法院审委会讨论案件情形自身比较**

| 法院 | 年份 | 总数 | 再审抗诉/项(%) | 拟判死刑/项(%) | 拟轻判或免罚/项(%) | 拟宣告无罪/项(%) | 拟请示上级法院/项(%) | 合议庭重大分歧/项(%) | 社会影响重大/项(%) | 新类型案件/项(%) | 其他/项(%) |
|---|---|---|---|---|---|---|---|---|---|---|---|
| 高级人民法院 | 2014 | 238 | 12(5.0) | 114(47.9) | 1(0.4) | 3(1.3) | 1(0.4) | 62(26.1) | 3(1.3) | 42(17.6) | 0 |
| | 2016 | 109 | 26(23.9) | 31(28.4) | 0(0.0) | 0(0.0) | 0(0.0) | 41(37.6) | 0(0.0) | 11(10.1) | 0 |
| | 对比 | -129 | 14(18.8)↑ | -83(-19.5)↓ | -1(-0.4)↓ | -3(-1.3)↓ | -1(-0.4)↓ | -21(11.6)↑ | -3(-1.3)↓ | -31(-7.6)↓ | 0 |
| 中级人民法院 | 2014 | 331 | 34(10.3) | 100(30.2) | 1(0.3) | 2(0.6) | 4(1.2) | 182(55.0) | 8(2.4) | 0(0.0) | 0 |
| | 2016 | 344 | 43(12.5) | 48(14.0) | 1(0.3) | 7(2.0) | 2(0.6) | 237(68.9) | 4(1.2) | 2(0.6) | 0 |
| | 对比 | 13 | 9(2.2)↑ | -52(-16.3)↓ | 0(0.0) | 5(1.4)↑ | -2(-0.6)↓ | 55(13.9)↑ | -4(-1.3)↓ | 2(0.6)↑ | 0 |

续表

| 法院 | 年份 | 总数 | 再审抗诉/项(%) | 拟判死刑/项(%) | 拟轻判或免罚/项(%) | 拟宣告无罪/项(%) | 拟请示上级法院/项(%) | 合议庭重大分歧/项(%) | 社会影响重大/项(%) | 新类型案件/项(%) | 其他/项(%) |
|---|---|---|---|---|---|---|---|---|---|---|---|
| 基层法院 | 2014 | 526 | 6(1.1) | 0 | 87(16.5) | 2(0.4) | 45(8.6) | 152(28.9) | 150(28.5) | 37(7.0) | 47(8.9) |
| | 2016 | 197 | 1(0.5) | 0 | 57(28.9) | 0(0.0) | 16(8.1) | 38(19.3) | 32(16.2) | 26(13.2) | 27(13.7) |
| | 对比 | -329 | -5(-0.6)↓ | 0 | -30(12.4)↑ | -2(-0.4)↓ | -29(-0.4)↓ | -114(-9.6)↓ | -118(-12.3)↓ | -11(6.2)↑ | -20(4.8)↑ |

**表 24　改革前后贵州两类法院审委会讨论案件情形比较**

| 法院 | 年份 | 总数 | 再审抗诉/项(%) | 拟判死刑/项(%) | 拟轻判或免罚/项(%) | 拟宣告无罪/项(%) | 拟请示上级法院/项(%) | 合议庭重大分歧/项(%) | 社会影响重大/项(%) | 新类型案件/项(%) | 其他/项(%) |
|---|---|---|---|---|---|---|---|---|---|---|---|
| 试点法院 | 2014 | 424 | 32(7.5) | 76(17.9) | 79(18.6) | 4(0.9) | 47(11.1) | 82(19.3) | 87(20.5) | 17(4.0) | 0(0.0) |
| | 2016 | 204 | 43(21.1) | 26(12.7) | 49(24.0) | 7(3.4) | 15(7.4) | 36(17.6) | 15(7.4) | 12(5.9) | 1(0.5) |
| | 对比 | -220 | 11(13.5)↑ | -50(-5.2)↓ | -30(5.4)↑ | 3(2.5)↑ | -32(-3.7)↓ | -46(-1.7)↓ | -72(-13.2)↓ | -5(1.9)↑ | 1(0.5)↑ |
| 对照法院 | 2014 | 433 | 8(1.8) | 24(5.5) | 9(2.1) | 0 | 2(0.5) | 252(58.2) | 71(16.4) | 20(4.6) | 47(10.9) |
| | 2016 | 337 | 1(0.3) | 22(6.5) | 9(2.7) | 0 | 3(0.9) | 239(70.9) | 21(6.2) | 16(4.7) | 26(7.7) |
| | 对比 | -96 | -7(-1.6)↓ | -2(1.0)↑ | 0(0.6)↑ | 0(0.0)→ | 1(0.4)↑ | -13(12.7)↑ | -50(-10.2)↓ | -4(0.1)↑ | -21(-3.1)↓ |

5. 案件讨论的内容

案件讨论的内容指法院审委会讨论案件的事实认定、法律适用和结果裁量中的某个或多个方面。观察某项内容的讨论数与总案件数之比㊱或分析其与案件讨论总件次之比㊲,有助于找准审委会讨论案件的着力点。数据显示:

第一,改革前后11家法院审委会的案件讨论均重结果裁量(P=0.718)。其始终占案件讨论数的40%以上,更占案件数一半以上,㊳但2016年两比例较2014年皆降。事实认定和法律适用的两比例皆在30%上下,但前者皆小升,后者微上下。(见表25)

**表25　2014~2016年贵州11家法院审委会案件讨论内容总体比较**

| 年份 | 总件数/件 | 事实认定 | | | 法律适用 | | | 结果裁量 | | | 案件数/件 |
|---|---|---|---|---|---|---|---|---|---|---|---|
| | | 数量/件 | 比例一/% | 比例二/% | 数量/件 | 比例一/% | 比例二/% | 数量/件 | 比例一/% | 比例二/% | |
| 2014 | 1437 | 366 | 33.4↓ | 25.5↓ | 416 | 38.0↑ | 28.9↑ | 655 | 59.8↑ | 45.6↑ | 1095 |
| 2015 | 1199 | 346 | 39.0↑ | 28.9↑ | 312 | 35.1↓ | 26.0↓ | 541 | 60.9↑ | 45.1↑ | 888 |
| 2016 | 800 | 235 | 36.2↑ | 29.4↑ | 235 | 36.2↓ | 29.4↑ | 330 | 50.8↓ | 41.3↓ | 650 |
| 总计 | 3436 | 947 | 36.0 | 27.6 | 963 | 36.6 | 28.0 | 1526 | 58.0 | 44.4 | 2633 |

第二,改革前后三级法院审委会案件讨论内容各有侧重。高级人民法院重点均为结果裁量,占案件数之比虽下降但仍达3/4(P=0.171)。中级人民法院法律适用的讨论始终50%上下,但结果裁量降17.3个百分点(P=0.209)。基层法院重在结果裁量和事实认定,各增6个百分点,而法律适用骤降23.8个百分点(P=0.004)。(见表26)

第三,改革后两类法院讨论内容的分布有显著差异(P=0.0)。试点法院重结果裁量(升10个百分点至72.1%㊴)轻法律适用(减17.4个百分点至7.8%),变化显著(P=0.003)。对照法院则完全相反(P=0.442)。(见表27)

---

㊱　表25至表27以“比例一”表示。

㊲　表25至表27以“比例二”表示。

㊳　其中对照组的龙里法院在统计期间内的案件讨论均关乎结果裁量。

㊴　需说明的是:试点法院讨论“结果裁量”的上升盖因花溪法院如下“非常态”情况所致:2016年下半年该院审委会的“结果裁量”数激增,达50件次,占比79.4%,较2014年同期的65.2%高14.2个百分点。

**表 26 改革前后贵州三级法院审委会案件讨论内容自身比较**

| 法院 | 年份 | 总件数/件 | 事实认定 | | | 法律适用 | | | 结果裁量 | | | 案件数/件 |
|---|---|---|---|---|---|---|---|---|---|---|---|---|
| | | | 数量/件 | 比例一/% | 比例二/% | 数量/件 | 比例一/% | 比例二/% | 数量/件 | 比例一/% | 比例二/% | |
| 高级人民法院 | 2014 | 299 | 38 | 16.0 | 12.7 | 61 | 25.6 | 20.4 | 200 | 84.0 | 66.9 | 238 |
| | 2016 | 116 | 6 | 5.5 | 5.2 | 28 | 25.7 | 24.1 | 82 | 75.2 | 70.7 | 109 |
| | 对比 | -183 | -32↓ | -10.5↓ | -7.5↓ | -33↓ | 0.1↑ | 3.7↑ | -118↓ | -8.8↓ | 3.8↑ | -129 |
| 中级人民法院 | 2014 | 478 | 136 | 41.1 | 28.5 | 155 | 46.8 | 32.4 | 187 | 56.5 | 39.1 | 331 |
| | 2016 | 459 | 145 | 42.2 | 31.6 | 179 | 52.0 | 39.0 | 135 | 39.2 | 29.4 | 344 |
| | 对比 | -19 | 9↑ | 1.1↑ | 3.1↑ | 24↑ | 5.2↑ | 6.6↑ | -52↓ | -17.3↓ | -9.7↓ | 13 |
| 基层法院 | 2014 | 660 | 192 | 36.5 | 29.1 | 200 | 38.0 | 30.3 | 268 | 51.0 | 40.6 | 526 |
| | 2016 | 225 | 84 | 42.6 | 37.3 | 28 | 14.2 | 12.4 | 113 | 57.4 | 50.2 | 197 |
| | 对比 | -435 | -108↓ | 6.1↑ | 8.2↑ | -172↓ | -23.8↓ | -17.9↓ | -155↓ | 6.4↑ | 9.6↑ | -329 |

**表 27 改革前后贵州两类法院审委会案件讨论内容比较**

| 法院 | 年份 | 总件数/件 | 事实认定 | | | 法律适用 | | | 结果裁量 | | | 案件数/件 |
|---|---|---|---|---|---|---|---|---|---|---|---|---|
| | | | 数量/件 | 比例一/% | 比例二/% | 数量/件 | 比例一/% | 比例二/% | 数量/件 | 比例一/% | 比例二/% | |
| 试点法院 | 2014 | 424 | 54 | 12.7 | 12.7 | 107 | 25.2 | 25.2 | 263 | 62.0 | 62.0 | 424 |
| | 2016 | 205 | 42 | 20.6 | 20.5 | 16 | 7.8 | 7.8 | 147 | 72.1 | 71.7 | 204 |
| | 对比 | -219 | -12↓ | 7.9↑ | 7.8↑ | -91↓ | -17.4↓ | -17.4↓ | -116↓ | 10.0↑ | 9.7↑ | -220 |

续表

| 法院 | 年份 | 总件数/件 | 事实认定 | | | 法律适用 | | | 结果裁量 | | | 案件数/件 |
|---|---|---|---|---|---|---|---|---|---|---|---|---|
| | | | 数量/件 | 比例一/% | 比例二/% | 数量/件 | 比例一/% | 比例二/% | 数量/件 | 比例一/% | 比例二/% | |
| 对照法院 | 2014 | 714 | 274 | 63.3 | 38.4 | 248 | 57.3 | 34.7 | 192 | 44.3 | 26.9 | 433 |
| | 2016 | 479 | 187 | 55.5 | 39.0 | 191 | 56.7 | 39.9 | 101 | 30.0 | 21.1 | 337 |
| | 对比 | -235 | -87↓ | -7.8↓ | 0.7↑ | -57↓ | -0.6↓ | 5.1↑ | -91↓ | -14.4↓ | -5.8↓ | -96 |

6. 案件讨论的结果

案件讨论结果指审委会对讨论案件按全体委员过半的多数意见作出的决定,其反映审委会对合议庭提交的包括拟裁判内容的审理报告的认可程度。数据显示:

第一,总样本中审委会多认同合议庭意见,且比例微升(P=0.721)。三甲为:"同意合议庭意见"稳居74%上下;"同意合议庭少数意见"升至13.2%;"改变合议庭意见"徘徊于7%~8%(见表28)。此外,2015年下半年和2017年上半年,"补查补证"和"附加补查补证"突增至7.6%和15.5%,明显高于4.9%均值。

第二,改革前后高、中两级人民法院审委会讨论案件的结果自身变化皆不显著,[40]但基层法院2015年较2014年和2016年皆有显著差异(P值皆为0.0)。"同意合议庭意见"仍在各级法院独占鳌头,其中基层法院升9.9个百分点至83.2%。"同意合议庭少数意见"始终在高、中级人民法院占居次席,且从约16%各升至22%和17%。"改变合议庭意见"在中、基两级法院多见,前者升2.7个百分点至9.3%,后者减4.3个百分点至5.6%。此外,改革后中级人民法院"补查补证"和"附加补查补证"之和保持为9%,基层法院前者维持3%,后者增至4.2%后重归于零。[41] (见表29)

第三,改革后两类法院间的案件讨论结果有显著差异(2015年P=0.0,2016年P=0.015)。试点法院"同意合议庭意见"和"改变合议庭意见"呈一升一降,变化显著(2015年较2014年P=0.0,较2016年P=0.036),对照组则完全相反(2015年较2014年P=0.016,较2016年P=0.198)。试点法院"补查补证"和"附加补查补证"各先升(增5.3、0.7个百分点至9.5%、1.9%)后降(跌5.6、0.9个百分点至3.9%、1.0%)(见表30)。对照法院亦在开展司法

---

[40] 2014年与2015年审委会案件讨论结果比较:高级人民法院P=0.939、中级人民法院P=0.26;2015年与2016年比较:高级人民法院P=0.602、中级人民法院P=0.227;2014年与2016年比较:高级人民法院P=0.836、中级人民法院P=0.971。

[41] 此结果与表26中中级人民法院和基层法院审委会讨论案件事实认定比例最高(42.2%、42.6%)的结果相呼应。

体制改革后出现类似趋势。[42]

7. 案件讨论的质量[43]

案件讨论的质量是指经审委会讨论的案件进入上诉、申诉以及二审和再审中改判和发回重审(以下简称改发)的情况。其反映对经审委会讨论案件的服判息诉状况,也是衡量审委会行使案件讨论职权提升审判质量的关键指标。

第一,改革前后 10 家样本法院审委会的案件讨论质量变化不明显($P=0.125$)。整体指标中上诉率和申诉率在改革初皆升,2016 年回落至 2014 年水平上下;再审指标中裁定再审率在改革后连续两年低于改革前,生效案件改发率连续两年保持为零;二审指标中改发率各升 6.3 个百分点和 1.4 个百分点至 23.4%和 15.3%。(见表 31)

第二,改革前后两级法院审委会的案件讨论质量变化显著(中级人民法院 $P=0.0$、基层 $P=0.004$)。整体指标皆上升,基层法院尤甚。二审指标中改革后两级法院改、发率皆为约 22%和 15%,但变化相反。再审指标中,生效案件改发率保持或降至零,裁定再审率两级法院各降 25 个百分点和 13.2 个百分点至 0.0%和 31.3%。(见表 32)

第三,改革前中级人民法院上会案件质量指标较全院案件差异不显($P=0.249$),基层法院区别明显($P=0.0$),但改革后皆有显著差异(P 值皆为 0.0)。其中中级人民法院整体指标反优为劣(上诉和申诉两率失去改革前 41.6 个百分点和 2 个百分点的优势)、二审指标继续高出、再审指标转高为低。基层法院三项指标持续高出(上诉率、二审发回重审率和申诉率)、一项指标反降为升(二审改判率)、一项指标转高为低(裁定再审率)。此外,改革前后两级法院生效案件改发率均略低于全院。(见表 33)

---

[42] 2016 年对照法院的"补查补证"和"附加补查补证"较 2015 年各升 0.9 个百分点、1.5 个百分点至 0.9%和 6.8%,2017 年上半年各降 0.9 个百分点、3.2 个百分点至 0.0%和 3.6%。

[43] 本部分有关样本法院全院数据取自本课题研究"贵州地方法院改革及其成效与规律研究"的另一研究成果(未公开发表)。为借助已有数据作比,本部分研究对象仅为 5 家试点法院和 5 家对照法院,不含高级人民法院。

第四,改革后两类法院案件讨论质量自身比较差异不同(试点P=0.284,对照P=0.001),但彼此相比差异显著(P=0.0)。试点法院上会案件的整体指标和二审指标全线上升,其中上诉率和申诉率升幅较小(1.6个百分点和3个百分点),二审改发率升幅较大(皆逾14个百分点),再审指标变化不大。对照法院则相反,除申诉率微升,其余皆降至试点组以下,上诉率、二审改发率各降1、1.1个百分点和14.5个百分点至15.4%、11.5%和3.8%,仅为试点法院近1/2、1/3和1/7。(见表34)

第五,改革前后两类法院上会案件质量指标较同期全院结案案件大多呈显著差异。共性是生效案件发回重审率皆低于全院约1个百分点。差异是:试点法院其他指标皆高于全院且改革后差值拉大(改革前P=0.0,改革后P=0.0);对照法院2016年质量指标较全院具有多项优势,其中裁定再审率低53.5个百分点,但二审改判率和申诉率劣势扩大(改革前P=0.066,改革后P=0.001)。(见表35)

第六,改变合议庭意见的审委会讨论结果存在判断失准的可能。以改变合议庭意见比例较高的两家样本法院为例:2014年六盘水中级人民法院审委会7件改变合议庭意见的案件中4件上诉,占比过半;2016年6件改变合议庭意见的案件中3件上诉,其中1件二审改判、2件发回重审。2014年播州法院审委会17件改变合议庭意见的2件上诉,其中1件发回重审;2016年6件改变合议庭意见的1件上诉。两家法院同期结案案件中皆无申诉、裁定再审案件。

**表 28　2014~2017 上半年贵州 11 家法院审委会案件讨论结果总体比较**

| 年份 | 同意合议庭意见/项(%) | 同意合议庭少数意见/项(%) | 改变合议庭意见/项(%) | 向上级法院请示/项(%) | 补查补证/项(%) | 其他/项(%) | 合计 | 附加补查补证/项(%) |
|---|---|---|---|---|---|---|---|---|
| 2014 | 812(74.2)↑ | 101(9.2)↓ | 85(7.8)↑ | 42(3.8)↑ | 28(2.6)↑ | 27(2.5)↓ | 1095 | 19(1.7)↓ |
| 2015 | 647(72.9)↓ | 119(13.4)↑ | 63(7.1)↓ | 12(1.4)↓ | 20(2.3)↑ | 36(4.1)↑ | 888 | 28(3.2)↑ |
| 2016 | 491(75.5)↑ | 86(13.2)↑ | 47(7.2)↓ | 4(0.6)↓ | 11(1.7)↓ | 11(1.7)↓ | 650 | 25(3.8)↑ |
| 均值 | 650.0(74.1) | 102.0(11.6) | 65.0(7.4) | 19.3(2.2) | 19.7(2.2) | 24.7(2.8) | 877.7 | 24.0(2.7) |
| 2015 年 7~12 月 | 352(70.5)↓ | 72(14.4)↑ | 41(8.2)↑ | 5(1.0)↓ | 16(3.2)↑ | 22(4.4)↑ | 499 | 22(4.4)↑ |
| 2017 年 1~6 月 | 95(63.8)↓ | 18(12.1)↑ | 13(8.7)↑ | 5(3.4)↑ | 18(12.1)↑ | 0(0.0) | 149 | 5(3.4)↑ |

**表 29　改革前后贵州三级法院审委会案件讨论结果自身比较**

| 法院 | 年份 | 同意合议庭意见/项(%) | 同意合议庭少数意见/项(%) | 改变合议庭意见/项(%) | 向上级法院请示/项(%) | 补查补证/项(%) | 其他/项(%) | 合计 | 附加补查补证/项(%) |
|---|---|---|---|---|---|---|---|---|---|
| 高级人民法院 | 2014 | 186(78.2) | 40(16.8) | 11(4.6) | 1(0.4) | 0 | 0 | 238 | 0 |
| | 2015 | 172(76.1) | 40(17.7) | 13(5.8) | 1(0.4) | 0 | 0 | 226 | 0 |
| | 2016 | 81(74.3) | 24(22.0) | 4(3.7) | 0(0.0) | 0 | 0 | 109 | 0 |
| | 2016 较 2014 | −105(−3.8)↓ | −16(5.2)↑ | −7(−1.0)↓ | −1(−0.4)↓ | 0 | 0 | −129 | 0 |

续表

| 法院 | 年份 | 同意合议庭意见/项(%) | 同意合议庭少数意见/项(%) | 改变合议庭意见/项(%) | 向上级法院请示/项(%) | 补查补证/项(%) | 其他/项(%) | 合计 | 附加补查补证/项(%) |
|---|---|---|---|---|---|---|---|---|---|
| 中级人民法院 | 2014 | 240(72.5) | 53(16.0) | 22(6.6) | 5(1.5) | 11(3.3) | 0 | 331 | 19(5.7) |
| | 2015 | 272(69.6) | 75(19.2) | 35(9.0) | 2(0.5) | 7(1.8) | 0 | 391 | 28(7.2) |
| | 2016 | 246(71.5) | 59(17.2) | 32(9.3) | 2(0.6) | 5(1.5) | 0 | 344 | 25(7.3) |
| | 2016较2014 | 6(-1.0)↓ | 6(1.1)↑ | 10(2.7)↑ | -3(-0.9)↓ | -6(-1.9)↓ | 0 | 13 | 6(1.5)↑ |
| 基层法院 | 2014 | 386(73.4) | 8(1.5) | 52(9.9) | 36(6.8) | 17(3.2) | 27(5.1) | 526 | 0 |
| | 2015 | 475(71.8) | 79(11.9) | 50(7.6) | 11(1.7) | 20(3.0) | 36(5.4) | 662 | 28(4.2) |
| | 2016 | 164(83.2) | 3(1.5) | 11(5.6) | 2(1.0) | 6(3.0) | 11(5.6) | 197 | 0 |
| | 2016较2014 | -222(9.9)↑ | -5(0.0)→ | -41(-4.3)↓ | -34(-5.8)↓ | -11(-0.2)↓ | -16(0.5)↑ | -329 | 0 |

**表 30 改革前后贵州两类法院审委会讨论案件结果比较**

| 法院 | 年份 | 同意合议庭意见/项(%) | 同意合议庭少数意见/项(%) | 改变合议庭意见/项(%) | 向上级法院请示/项(%) | 补查补证/项(%) | 其他/项(%) | 合计 | 附加补查补证/项(%) |
|---|---|---|---|---|---|---|---|---|---|
| 试点法院 | 2014 | 309(72.9) | 21(5.0) | 38(9.0) | 38(9.0) | 18(4.2) | 0(0.0) | 424 | 5(1.2) |
| | 2015 | 154(73.0) | 29(13.7) | 11(5.2) | 6(2.8) | 20(9.5) | 0 | 211 | 4(1.9) |
| | 2016 | 168(82.4) | 14(6.9) | 11(5.4) | 3(1.5) | 8(3.9) | 0(0.0) | 204 | 2(1.0) |
| | 2016 较 2014 | -141(9.5)↑ | -7(1.9)↑ | -27(-3.6)↓ | -35(-7.5)↓ | -10(-0.3)↓ | 0(0.0) | -220 | -3(-0.2)↓ |
| 对照法院 | 2014 | 317(73.2) | 40(9.2) | 36(8.3) | 3(0.7) | 10(2.3) | 27(6.2) | 433 | 14(3.2) |
| | 2015 | 321(71.2) | 50(11.1) | 39(8.6) | 5(1.1) | 0 | 36(8.0) | 451 | 24(5.3) |
| | 2016 | 242(71.8) | 48(14.2) | 32(9.5) | 1(0.3) | 3(0.9) | 11(3.3) | 337 | 23(6.8) |
| | 2016 较 2014 | -75(-1.4)↓ | 8(5.0)↑ | -4(1.2)↑ | -2(-0.4)↓ | -7(-1.4)↓ | -16(-3.0)↓ | -96 | 9(3.6)↑ |

**表 31 2014~2016 年贵州 10 家法院审委会案件讨论质量总体比较**

| 年份 | 案件数 | 整体指标 | | 二审指标 | | 再审指标 | | |
|---|---|---|---|---|---|---|---|---|
| | | 上诉/件(%) | 申诉/件(%) | 二审改判/件(%) | 二审发回重审/件(%) | 裁定再审/件(%) | 生效案件改判 | 生效案件发回重审/件(%) |
| 2014 | 857 | 187(21.8)↓ | 13(1.5)↓ | 32(17.1)↓ | 26(13.9)↑ | 5(38.5)↑ | 0 | 1(0.1)↑ |
| 2015 | 662 | 173(26.1)↑ | 47(7.1)↑ | 64(37.0)↑ | 17(9.8)↓ | 14(29.8)↓ | 0 | 0↓ |
| 2016 | 541 | 111(20.5)↓ | 16(3.0)↓ | 26(23.4)↓ | 17(15.3)↑ | 5(31.3)↓ | 0 | 0↓ |
| 总计 | 2060 | 471(22.9) | 76(3.7) | 122(25.9) | 60(12.7) | 24(31.6) | 0 | 1(0.05) |

**表 32 改革前后贵州三级法院审委会案件讨论质量自身比较**

| 法院 | 年份 | 案件数 | 整体指标 | | 二审指标 | | 再审指标 | | |
|---|---|---|---|---|---|---|---|---|---|
| | | | 上诉/件(%) | 申诉/件(%) | 二审改判/件(%) | 二审发回重审/件(%) | 裁定再审/件(%) | 生效案件改判 | 生效案件发回重审/件(%) |
| 中级人民法院 | 2014 | 331 | 59(17.8) | 4(1.2) | 17(28.8) | 6(10.2) | 1(25.0) | 0 | 0 |
| | 2016 | 344 | 66(19.2) | 6(1.7) | 14(21.2) | 10(15.2) | 0(0.0) | 0 | 0 |
| | 对比 | 13 | 7(1.4)↑ | 2(0.5)↑ | -3(-7.6)↓ | 4(5.0)↑ | -1(-25.0)↓ | 0 | 0 |

续表

| 法院 | 年份 | 案件数 | 整体指标 | | 二审指标 | | 再审指标 | | |
|---|---|---|---|---|---|---|---|---|---|
| | | | 上诉/件(%) | 申诉/件(%) | 二审改判/件(%) | 二审发回重审/件(%) | 裁定再审/件(%) | 生效案件改判 | 生效案件发回重审/件(%) |
| 基层法院 | 2014 | 526 | 128(24.3) | 9(1.7) | 15(11.7) | 20(15.6) | 4(44.4) | 0 | 1(0.2) |
| | 2016 | 197 | 111(56.3) | 16(8.1) | 26(23.4) | 17(15.3) | 5(31.3) | 0 | 0(0.0) |
| | 对比 | -329 | -17(32.0)↑ | 7(6.4)↑ | 11(11.7)↑ | -3(-0.3)↓ | 1(-13.2)↓ | 0 | -1(-0.2)↓ |

**表 33　改革前后中基法院审委会案件讨论的质量与全院案件质量的比较**

单位:%

| 类别 | | 整体指标 | | 二审指标 | | 再审指标 | | |
|---|---|---|---|---|---|---|---|---|
| | | 上诉 | 申诉 | 二审改判 | 二审发回重审 | 裁定再审 | 生效案件改判 | 生效案件发回重审 |
| 2014 年中级人民法院 | 上会案件 | 17.8 | 1.2 | 28.8 | 10.2 | 25.0 | 0.0 | 0.0 |
| | 全院案件 | 59.4 | 3.2 | 4.9 | 0.5 | 16.4 | 0.9 | 2.7 |
| | 相差 | -41.6↓ | -2.0↓ | 23.9↑ | 9.7↑ | 8.6↑ | -0.9↓ | -2.7↓ |
| 2016 年中级人民法院 | 上会案件 | 19.2 | 1.7 | 21.2 | 15.2 | 0.0 | 0.0 | 0.0 |
| | 全院案件 | 18.6 | 0.85 | 5.6 | 6.5 | 26.7 | 0.7 | 3.3 |
| | 相差 | 0.6↑ | 0.85↑ | 15.6↑ | 8.7↑ | -26.7↓ | -0.7↓ | -3.3↓ |

续表

| 类别 | | 整体指标 | | 二审指标 | | 再审指标 | | |
|---|---|---|---|---|---|---|---|---|
| | | 上诉 | 申诉 | 二审改判 | 二审发回重审 | 裁定再审 | 生效案件改判 | 生效案件发回重审 |
| 2014年基层法院 | 上会案件 | 24.3 | 1.7 | 11.7 | 15.6 | 44.4 | 0.0 | 0.2 |
| | 全院案件 | 11.4 | 0.3 | 13.5 | 8.1 | 34.7 | 0.02 | 0.8 |
| | 相差 | 12.9↑ | 1.4↑ | -1.8↓ | 7.5↑ | 9.7↑ | -0.02↓ | -0.6↓ |
| 2016年基层法院 | 上会案件 | 56.3 | 8.1 | 23.4 | 15.3 | 31.3 | 0.0 | 0.0 |
| | 全院案件 | 15.7 | 0.3 | 8.5 | 6.3 | 35.5 | 0.02 | 0.9 |
| | 相差 | 40.6↑ | 7.8↑ | 14.9↑ | 9.0↑ | -4.2↓ | -0.02↓ | -0.9↓ |

**表34 改革前后贵州两类法院审委会案件讨论质量比较**

| 法院 | 年份 | 案件数 | 整体指标 | | 二审指标 | | 再审指标 | | |
|---|---|---|---|---|---|---|---|---|---|
| | | | 上诉/件(%) | 申诉/件(%) | 二审改判/件(%) | 二审发回重审/件(%) | 裁定再审/件(%) | 生效案件改判 | 生效案件发回重审/件(%) |
| 试点法院 | 2014 | 424 | 116(27.4) | 8(1.9) | 23(19.8) | 13(11.2) | 4(50.0) | 0 | 1(0.2) |
| | 2016 | 204 | 59(28.9) | 10(4.9) | 20(33.9) | 15(25.4) | 5(50.0) | 0 | 0(0.0) |
| | 对比 | -220 | -57(1.6)↑ | 2(3.0)↑ | -3(14.1)↑ | 2(14.2)↑ | 1(0.0)→ | 0 | -1(-0.2)↓ |

续表

| 法院 | 年份 | 案件数 | 整体指标 | | 二审指标 | | 再审指标 | | |
|---|---|---|---|---|---|---|---|---|---|
| | | | 上诉/件(%) | 申诉/件(%) | 二审改判/件(%) | 二审发回重审/件(%) | 裁定再审/件(%) | 生效案件改判 | 生效案件发回重审/件(%) |
| 对照法院 | 2014 | 433 | 71(16.4) | 5(1.2) | 9(12.7) | 13(18.3) | 1(20.0) | 0 | 0 |
| | 2016 | 337 | 52(15.4) | 6(1.8) | 6(11.5) | 2(3.8) | 0(0.0) | 0 | 0 |
| | 对比 | -96 | -19(-1.0)↓ | 1(0.6)↑ | -3(-1.1)↓ | -11(-14.5)↓ | -1(-20.0)↓ | 0 | 0 |

**表35　改革前后两类法院审委会案件讨论的质量与全院案件质量的比较**

单位：%

| 年份 | 类别 | | 整体指标 | | 二审指标 | | 再审指标 | | |
|---|---|---|---|---|---|---|---|---|---|
| | | | 上诉 | 申诉 | 二审改判 | 二审发回重审 | 裁定再审 | 生效案件改判 | 生效案件发回重审 |
| 2014 | 试点法院 | 上会案件 | 27.4 | 1.9 | 19.8 | 11.2 | 50.0 | 0.0 | 0.2 |
| | | 全院案件 | 15.1 | 0.8 | 12.6 | 6.9 | 16.1 | 0.0 | 1.1 |
| | | 相差 | 12.3↑ | 1.1↑ | 7.2↑ | 4.3↑ | 33.9↑ | 0.0 | -0.8↓ |
| | 对照法院 | 上会案件 | 16.4 | 1.2 | 12.7 | 18.3 | 20.0 | 0.0 | 0.0 |
| | | 全院案件 | 9.6 | 0.7 | 12.6 | 7.7 | 29.2 | 0.0 | 0.7 |
| | | 相差 | 6.9↑ | 0.4↑ | 0.1↑ | 10.6↑ | -9.2↓ | 0.0 | -0.7↓ |
| | 平均 | 上会案件 | 21.8 | 1.5 | 17.1 | 13.9 | 38.5 | 0.0 | 0.1 |
| | | 全院案件 | 12.1 | 0.8 | 12.6 | 7.3 | 22.3 | 0.0 | 0.9 |
| | | 相差 | 9.7↑ | 0.8↑ | 4.5↑ | 6.6↑ | 16.1↑ | 0.0 | -0.8↓ |

续表

| 年份 | 类别 | | 整体指标 | | 二审指标 | | 再审指标 | | |
|---|---|---|---|---|---|---|---|---|---|
| | | | 上诉 | 申诉 | 二审改判 | 二审发回重审 | 裁定再审 | 生效案件改判 | 生效案件发回重审 |
| 2016 | 试点法院 | 上会案件 | 28.9 | 4.9 | 33.9 | 25.4 | 50.0 | 0.0 | 0.0 |
| | | 全院案件 | 13.7 | 0.3 | 6.2 | 5.3 | 17.9 | 0.0 | 0.9 |
| | | 相差 | 15.3↑ | 4.6↑ | 27.7↑ | 20.1↑ | 32.1↑ | 0.0 | -0.9↓ |
| | 对照法院 | 上会案件 | 15.4 | 1.8 | 11.5 | 3.9 | 0.0 | 0.0 | 0.0 |
| | | 全院案件 | 17.7 | 0.6 | 10.6 | 7.8 | 53.5 | 0.1 | 1.1 |
| | | 相差 | -2.3↓ | 1.2↑ | 0.9↑ | -3.9↓ | -53.5↓ | -0.1↓ | -1.1↓ |
| | 平均 | 上会案件 | 20.5 | 3.0 | 23.4 | 15.3 | 31.3 | 0.0 | 0.0 |
| | | 全院案件 | 15.8 | 0.4 | 8.3 | 6.4 | 29.5 | 0.0 | 1.0 |
| | | 相差 | 4.8↑ | 2.6↑ | 15.1↑ | 9.0↑ | 1.7↑ | 0.0 | -1.0↓ |

综上，本研究对样本法院审委会履职案件讨论形成以下初步结论：

司法责任制的落实无疑对审委会审判职能的限缩行使、实质讨论、谨慎决定发挥正向作用。样本法院在改革后案件讨论院比重的减少、“可以讨论”情形的缩水、讨论用时的提高、要求补查补证决定的先扬后抑，[44]体现了相关司改措施在收紧讨论入口、提升讨论深度、审慎履行职责等方面取得的成效。然而，审委会审判职能的行使依然存在如下趋势乃至困境：

第一，审委会审判职能发挥日渐式微，基层法院尤甚。一则合议庭办案对审委会的依赖微乎其微。上会案件仅占法院案件总量的极少数且仍不断下降。二则审委会讨论结果大多与合议庭并无二致。其或许说明部分案件疑难复杂程度不高，仅因“应当讨论”而上会，审委会的把关形式意义大于实质意义。

第二，审委会对案件事实的讨论有违亲历性原则。讨论涉及事实认定的比例逾 1/3 且有上升趋势，而讨论的时间虽整体上升但一小时以上者不足 20%。在如此短促的时间内仅通过会议形式对上会的重大、疑难、复杂案件的事实进行讨论，审委会显然难承其重。

第三，审委会的案件讨论决定容易成为司法责任的黑洞。因“可以讨论”而上会的案件保持 60%以上，其中“合议庭重大分歧”始终是上会主要情形且逐年递增。办理此类案件中的集体智慧和民主集中本应体现于合议庭本身[45]而非寻求对合议庭有强制约束力[46]的审委会背书。其不仅违背依法独立审判原则，更侵蚀权责对

---

[44] 最高人民法院《关于完善人民法院司法责任制的若干意见》第 31 条第 2 款规定：“案件经审判委员会讨论的，构成违法审判责任追究情形时，根据审判委员会委员是否故意曲解法律发表意见的情况，合理确定委员责任。审判委员会改变合议庭意见导致裁判错误的，由持多数意见的委员共同承担责任，合议庭不承担责任。审判委员会维持合议庭意见导致裁判错误的，由合议庭和持多数意见的委员共同承担责任。”在此约束下，审委会在讨论中对事实和证据把关更严，倒逼合议庭提高事实认定的准确性。

[45] 参见《刑事诉讼法》第 184 条。

[46] 参见《刑事诉讼法》第 185 条。

等原则,[47]造成"审者不判,判者不审"的错位现象,导致司法问责落空。[48]

第四,审委会的讨论对案件质量的把控有所弱化。一则经审委会讨论的案件在质量指标上并不优于同期全院结案案件的平均水平,改革后此况越显。二则审委会的案件讨论决定,尤其是改变合议庭意见的决定,在改革前后皆存在判断失准的可能。其背后原因错综复杂,既有上会案件疑难程度更强的自身原因和审委会委员多样化提升而变相稀释某一部门法专业力量的组织原因,也有取消业务庭负责人签批制而替代机制缺失的制度原因,更有审委会沿用会议制讨论方式和行政化决策程序带来的缺乏亲历性、时间有限性等内部原因。

第五,审委会的审判职能更倾向于把握案件的政治安全和社会稳定。一方面,审委会讨论始终以刑事案件为主,这与基本法律的制度预期以及审判实践的客观需求高度吻合。拟判死刑、社会影响重大两类案件分别位列高级、中级人民法院和基层法院讨论的三甲,皆因其关乎安全稳定。另一方面,审委会讨论内容更倾向结果裁量而非更专业的法律适用。2016 年后结果裁量大幅减少,至 2017 年上半年历史性地跌破一半,[49]可见审委会开始有意识减少对合议庭裁量权的过度挤压。

总之,从贵州样本法院的审判实践来看,尽管审委会成员在专业性和多样性上已获明显改善,但无论是成员的任职还是讨论的方式,审委会职能履行中的行政化色彩仍积重难返。于案件讨论而言,如此结构和运行模式有违司法规律,但于政治把控和宏观指导

---

[47] 审委会承担审判职能时至少在两个层面造成主体不清、责任不明。一是当合议庭的意见与审委会的决定不一致但又不得不执行审委会决定时,审判责任在合议庭与审委会之间应如何划分;二是审委会依民主集中制做出的审判决定,其审判责任在委员之间又应如何划分。

[48] 尽管最高人民法院《关于完善人民法院司法责任制的若干意见》第 31 条对合议庭和审委会的责任追究进行了划分,但其可行性、合理性仍待商榷。一则诸如"是否故意曲解法律发表意见""合理确定委员责任"的规定因过于"模糊"而流于形式,仅具"宣示"效用;二则审委会委员凭借合议制而非亲历性和直接言辞导致决定中的"过错",这种客观上的制度安排瑕疵和主观上的个人责任承担不具有合理性和匹配性。

[49] 2017 年 1~6 月,11 家法院审委会讨论案件数 149 件,涉及"结果裁量"的 70 件,占比 46.98%。

反利于推进落实。更重要的是,随着办案压力的激增,审委会审判职能对于审判质效的提升已力不从心,对于经验总结的推进反而行迈靡靡,对于司法责任制的落地甚至立关设卡。如此以己之短攻彼之长,亟须改革。

## 四、对策建议:审判委员会制度改革路径探讨

"合理定位审判委员会职能"[50]是本轮司法体制改革任务之一,以还权于合议庭和独任庭,推动法官独立公正审判的实现。从长远看,审委会应当还权赋能——逐步取消审判职权,全面强化指导功能。具体而言,一方面,将完整的审判权回归到以自己的名义独立承担责任的合议庭。另一方面,审委会的主要职能应转向总结审判经验和讨论合议庭提交的复杂疑难案件等专业咨询指导和程序性事项决定等方面。在复杂疑难案件讨论中,审委会应更多扮演类似"主任医生"的角色,通过"查房""会诊",充分发表审判意见,并最终以审委会的名义形成附说理部分的咨询意见供合议庭参考。合议庭以独立判断为前提,在审判中决定是否采纳或部分采纳审委会的专业咨询意见,并对案件审判结果承担完全的审判责任。如此,既能发挥审委会经验丰富、集思广益的优势,又能明确各自权力边界和审判责任,真正实现责任落实对权力行使的倒逼,建立权责统一的司法责任体系。

任何重要制度的变迁都需要一个徐图渐进的过程,以确保改革之路蹄疾步稳。对审委会审判职能的变革,可在现有法制框架下经"三步走"平稳达到变革目标,再通过修法将变革成果予以固化并推广。

第一步,重塑审委会行使审判职能的谦抑性。一是改革审委会人员构成。最高人民法院《关于改革和完善人民法院审判委员会制度的实施意见》第6条提出要加强审委会的专业化建设,配备不担任领导职务的资深法官委员。目前审委会的人员构成的确无法承受"讨论决定"的专业之重。要通过提高非院领导成员和业务骨干比例提升审委会委员的多样性和专业性。二是限缩审委会讨论案

---

[50] 参见《人民法院第四个五年改革纲要(2014-2018)》第32条。

件的范围。建立审委会议事过滤机制，形成明确的讨论决定案件正面清单，并将清单局限于目前不宜、不能由合议庭和独任庭独立审判的案件。例如，贵州省高级人民法院2013年《审判委员会工作规则》将审委会的类审判职能限于12类案件。结合改革实践，2017年1月修改后的该规则进一步将确需审委会讨论决定的案件限缩为9类。三是保留审委会类审判职能集中于刑事案件。前文的实证研究表明，审委会讨论始终以刑事案件为主，其中又以"拟判死刑"的情形为重。客观而言，审委会审判职能的行使虽难以避免非亲历性等弊端，但其集体智慧和多程序把关确是将错案风险降至最低的有效机制，也是对运用司法强制力剥夺公民自由权、财产权、政治权甚至生命权作审慎把关的再体现。因此，在改革审委会审判职能的当下，剥离其对其他类型案件的讨论而仅保留对刑案的讨论，既有利于改革循序推进，也易于为各方接受而减小改革阻力。四是规范讨论决定程序。尤其要矫正审委会行使审判职能中存在的程序性瑕疵，包括明确审委会成员公开及回避制度、采用亲历性的议决方式、建立合议庭异议救济途径等，为合议庭的独立审判提供宽松的制度环境。五是重视审判职能回归的衔接。在审判职能回归过程中，要防止审委会松手过快与合议庭接手不力造成的权力与能力的不相匹配，避免因此损害审判质量。

第二步，点面结合地试错审委会审判职能的取消。选择若干个省、自治区、直辖市的部分基层法院进行试点，也选择个别省份的地方各级人民法院开展试点。就基层法院的试点而言，一方面，有必要提交审委会讨论决定的案件比例较低，案件性质相对简单。基层法院受理的大多是民商事案件和一般刑事案件，复杂程度和社会影响普遍较小。另一方面，现有审判机制绰绰有余。对基层法院的重大、疑难、复杂案件，可以通过入额院庭长办案、法官联席会等机制予以解决，有效利用并用足、用好现有的优质司法资源和机制。就个别省份的中、高级人民法院试点而言，取消审委会审判职能的困难程度因其案件性质、审判程序不同而提升。要借助个别省份的"体温表"，将改革的试错风险尽可能控制在"低烧"乃至正常范围内。

第三步，条件成熟时全面彻底取消审委会的审判职能。将审判权完整回归合议庭和独任庭，真正实现"让审理者裁判，由裁判者负责"。在此过程中，一方面，要加强机制补位，发挥法官联席会的咨询功能。在还权法官的同时，通过改良院内法官联席会为非限于本院、非限于法官的"审判专业咨询委员会"，由法官、立法者、学者和律师等共同参与，对审判中的疑难问题提供指导意见，为法官正确理解和适用法律，妥善处理重大、复杂、疑难、敏感案件提供智力支持。另一方面，要还权赋能，强化自身主业。更加注重发挥审委会宏观指导、审判管理、审判监督职能，如审判经验的总结、指导性案例或参考性案例的讨论、类案类判工作机制的推进等，并注重细化具体规则和配套制度，以最终实现审判职能回归审判组织的同时完成审委会自身职能的回归。

上述变革达到预期且趋于稳定后，应及早总结经验，着手修法，将制度红利分享到全国其他法院。在修法过程中，应针对现有法律不尽完善甚至法律间不相一致之处进行修改，逐步完善，最终将改革中可推广、可复制的经验成果通过修法惠及全国。本文建议：修改《刑事诉讼法》，回归《人民法院组织法》对审委会功能的定位。一方面，确保审委会是总结审判经验、制定有关政策的组织。它对重大案件有听取合议庭意见，提出咨询意见的功能，但司法责任仍然由合议庭承担。另一方面，在涉及死刑的疑难案件中，可以组成主要是审委会成员参加的合议庭审判。此外，赋予法院院长有重大案件启动再审的权限。如此，确保合议庭与审委会各就各位，推动司法责任制落到实处。

# 比例原则适用的范式转型

蒋红珍*

**内容摘要** 比例原则正在经历某种范式转型。在辐射范围上,比例原则实现从国别、区域到全球的地域性影响,完成从公法、私法到其他部门法的渗透;在功能定位上,比例原则保留传统权利保障功能的基本定位,同时拓展到权力配置功能的复合形态;在适用路径上,比例原则作为法律原则的规范性命题伴随司法适用的推进得以进一步彰显,并且开始作为方法论成为“目标—手段”理性构建的基准。之所以呈现这些范式转换,除了比例原则自身的内涵和特质,离不开代际更迭中的法治观转型和全球化影响。需要认真探索比例原则范式转型的本土化实现路径,基本立场是突破公法适用的樊篱,遵循“统而分殊”的路径。“统”的立论基础是探索“无部门法差别”意义上的比例原则范式转型路径,“殊”则是探讨其在具体学科领域适用中的特殊性。

**关键词** 比例原则 范式转型 法律原则 法律方法论 司法适用

---

* 蒋红珍,上海交通大学凯原法学院教授。原文发表在《中国社会科学》2021 年第 4 期。本文为国家社会科学基金项目“比例原则的本土化和全球化”(17BFX038)阶段性成果。

法学界对比例原则的一个认知趋向是，它正在经历某种"突破性进程"。一方面，比例原则已经跨出了作为发端之地的德国的大门，不仅影响到诸多国家或地区的国内法，并且被引入区域法与国际法，体现出全球蔓延的地域影响力；①另一方面，从法系角度看，比例原则的适用正在消弭大陆法系和普通法系这一传统的法系界别，它不仅是大陆法系国家耳熟能详的公法基本原则，②并且成为英国、澳大利亚、新西兰甚至是美国等普通法系国家引鉴和热议的对象。③ 此外，从部门法角度看，与以往局限在公法领域不同，比例原则的现下发展，已经开始摆脱公法之樊篱，影响民商法、刑法和诉讼法等所有其他部门法，具有发展成为整个法律帝国之基本原则的趋势。④

如果将这种突破性发展作为一种外在现象加以观察，可以发现，除了上述适用范围的拓展，比例原则在迭代更替的法治发展脉络和纵横交错的全球化浪潮中还进行着本体论层面和认识论层面的范式转型，⑤并且，两者间交互印证着现象与实质之间的因果关系。本文试图揭示比例原则这种突破性进程的若干面向，分析其在辐射范围、功能定位和适用形态层面的范式转型，并剖析促成这些范式转型背后可能隐含的内部和外部机理。范式转型固然体现了比例原则在法治观更迭和全球化浪潮中的发展面向，但同时需要给予本土化路径选择的思考。借助相对成熟的国内行政诉讼实践的观察，总结作为法释义学概念的比例原则的适用经验，可以助益于未来学理和实践的更新发展。

---

① 参见蒋红珍：《比例原则的全球化与本土化》，载《交大法学》2017 年第 4 期。

② 比例原则作为公法帝王条款或第一原则的说法，参见陈新民：《德国公法学基础理论》，山东人民出版社 2001 年版，第 389 页。

③ 以英国为例看，比例原则被倡导为主导性审查标准，并影响英联邦国家。See Paul Craig, *Proportionality, Rationality and Review*, New Zealand Law Review, Vol. 2010: 2, pp. 265-301(2010).

④ 参见陈璇：《正当防卫与比例原则——刑法条文合宪性解释的尝试》，载《环球法律评论》2016 年第 6 期。

⑤ 范式的概念最早由托马斯·库恩于 1962 在《科学革命的结构》(The Structure of Scientific Revolutions)提出，本质上讲是一种理论体系。本文仅在描述性角度采用这一概念，不涉及范式及范式转型在体系性意义上的指向。

## 一、辐射范围的转型：从地域性影响到部门法扩展

从严格的释义学概念看，比例原则是德国法的产物。它发端于18世纪末期的警察行政法领域。一开始，比例原则通过行政法上判例和立法例的承认，确立起部门法位阶；第二次世界大战后，伴随《德国基本法》的出台与联邦宪法法院裁判适用的积累，渐趋发展出宪法位阶，并最终成为统摄德国公法领域的皇冠原则。⑥ 从这一发展流脉来看，形成之初的比例原则有其国别（德国）、法系（大陆法系）和部门法（公法领域）的渊源基础；在功能上，它强调通过对公权力的拘束或限制，来达成对公民权利给予保障的根本目的；⑦从适用形态看，它典型地作用于那些对具有"防御性质之权利"给予司法主张的领域，强调的是"法规范层面"的适用。⑧

但显然，这幅图景正在发生转变。放眼国际，比例原则正以日益旺盛的生命力，在全球不同法律体系、不同法律部门中广泛传播，以至于学界不仅关注其适用的普遍性问题，⑨并且将之概括为"比例原则的全球化现象"（Globalisierung des Verhältnismäs-sigkeit）。⑩ 在我国，有学者用"比例原则的双重普遍性"形容这种转变；⑪也有学

---

⑥ 相关介绍，参见蔡宗珍《公法上之比例原则初论——以德国法的发展为中心》。

⑦ Rudolt Wendt, Der Garantiegehalt der Grundrechte und der Übermaßverbot, AöR 104 (1979), S. 422.

⑧ 这从比例原则作为成文法渊源和不成文法渊源的讨论中可见一斑。前者认为它可以从《基本法》条款推导，后者认为它是宪法中实现正义的不成文规定，具有实质宪法的地位。有关比例原则的渊源，参见蔡震荣：《行政法理论与基本人权之保障》，台北，五南图书出版股份有限公司1999年版，第122~132页。

⑨ See Matthias Klatt & Moritz Meister, Verhältnismässigkeit als universelles Verfassungsprinzip, Der Staa51 (2012), S. 159; J. Rivers, *Proportionality and Discretion in International and European Law*, in N. Tsagourias, eds., Translational Constitutionalism: International and European Models, Cambridge University Press, 2007, pp. 107-108.

⑩ See Matthias Klatt & Moritz Meister, Der Grundsatz der Verhältnismäßigkeit Ein Strukturelement des globalen Konstitutionalismus, JuS (2014), S. 193; Johannes Saurer, Die Globaliserung des Verhältnismässigkeitsgrundsatzes, Der Staat 51 (2012), S. 3; Vicki C. Jackson, *Ambivalent Resistance and Comparative Constitutionalism: Opening up the Conversation on Proportionality, Rights and Federalism*, University of Pennsylvania Journal of Constitutional Law, Vol. 1:3, pp. 583-639 (1999).

⑪ 参见陈景辉：《比例原则的普遍化与基本权利的性质》，载《中国法学》2017年第5期。

者采用"纵横脉络"描绘比例原则纵向的跨领域（法律部门）和横向的跨地域（国家）发展趋势。[12] 无论是"双重普遍性"，还是"纵横脉络"，都试图揭示比例原则在以下两个层次的扩散效应。

（一）从国别、区域到全球的地域性影响

从一个国内法的公法原则，形成具有全球蔓延态势的地域影响力，从而发展为一项法律帝国的共通原理，这一发展在"阶段论"上可以区分为三个层次，每一阶段又显现出独特的发展机理：

其一，以国别为基础的继受模式。这一阶段主要发生在比例原则域外发展的早期。作为一项德国本土的公法原则，被借鉴到那些法治发展进程中深受德国法影响的国家或地区。比如，在日本，讨论宪法之公共福利和警察法适用时，往往借鉴德国法治国原则下的比例原则。[13] 这一时期比例原则的域外发展，基本以继受为主，通过搬抄德国法上的比例原则作为路径。因此，无论是功能还是形态上，比例原则的适用尚未产生实质性的变化。[14]

其二，以区域法为契机的整合模式。世贸组织及其规则体系的构建，为比例原则的发展提供了区域法或者国际法的契机，[15]不过，对比例原则适用的辐射效力拓展更具影响的，是欧盟以及欧盟法的出现。伴随欧共体法的确立及其对成员国内法的影响，尤其欧盟法院体系的采纳，比例原则从德国国内公法原则被引鉴至欧盟的法体系，它不仅在欧盟内部的多国国内法院以及欧盟法院中得以适用；[16]同时将英国卷入是否应当采纳比例原则进行国内法适用的争

---

⑫ 参见郑晓剑：《比例原则在现代民法体系中的地位》，载《法律科学》2017 年第 6 期。

⑬ 参见［日］室井力主编：《日本现代行政法》，吴微译，中国政法大学出版社 2000 年版，第 57~58 页。

⑭ 德国法中的比例原则随着法治国发展而变化，这些变化也会影响继受模式下的国别输出。参见［日］田村悦一：《自由裁量及其限制》，李哲范译，中国政法大学出版社 2016 年版，第 185~186 页。

⑮ 参见韩秀丽：《寻找 WTO 法中的比例原则》，载《现代法学》2005 年第 4 期。

⑯ J. Rivers, *Proportionality and Discretion in International and European Law*, in N. Tsagourias, eds., Translational Constitutionalism: International and European Models, Cambridge University Press, 2007, p. 107; Angelika Nußberger, Das Verhältnismässigkeitsprinzip als Strukturprinzip richterlichen Entscheidens in Europa, NVwZ - Beilage (2013), S. 36.

论之中，并深深地影响到英联邦诸国。[17] 与早期的继受模式不同，这一阶段的比例原则发展，以区域法为契机迎来了调整和更新，不仅在位阶秩序、审查密度等领域获得系统性讨论，并且原有的功能和形态也获得实质性的突破，为其范式转型提供了基础。[18]

其三，以全球化为背景的建构模式。比例原则发展的当下，开始脱离国别、法系和部门界分的桎梏，影响到了包含全球重要法系、超越国别和区域法、弱化公私法的传统分野、涵盖于实体法与程序法领域、深入国内和国际法的适用，形成一股全球化浪潮下“法律帝国之基本原则”的趋势。[19] 伴随全球化而进行的，是每一个个体都镶嵌在全球化进程中，共同见证和作用于“比例原则全球化”发展潮流的整体。这样，每一个适用单体的本土化进程，需要返回全球化背景下的比例原则体系性解释方能加以反馈和涵盖，这也形成了一种新的建构主义路径。[20]

（二）从公法、私法到其他部门法的渗透

与地域影响力的拓展相伴随的，是比例原则开始在不同部门法领域予以渗透。我国公法领域对比例原则的早期关注，大多来自日本和德国作品的介译，[21]21 世纪初叶，逐渐开始观察其在欧盟法的

---

⑰ Sophie Boyron, *Proportionality in English Administrative Law: a Faulty Translation*, Oxford Journal of Legal Studies, Vol. 12 pp. 2, 237 - 264 (1992); P. Craig, *Unreasonableness and Proportionality in UK Law*, in E. Ellis, eds., The Principle of Proportionality in the Laws of Europe, Oxford-Portland Oregon: Hart Publishing, 1999, p. 85.

⑱ Nicholas Emilious, *The Principle of Proportionality in European Law: A Comparative Study*, Oregon: Hart Publishing, 1999, p. 65; J. Rivers, *Proportionality and Variable Intensity of Review*, Cambridge Law Journal, Vol. 1, pp. 174 - 207 (2006); Cora Chan, *Proportionality and Invariable Baseline Intensity of Review*, Legal Studies, Vol. 33: 1, pp. 1-21 (2013).

⑲ Alec Stone Sweet & Jud Mathews, *Proportionality Balancing and Global Constitutionalism*, Columbia Journal of Transnational Law, Vol. 47, pp. 1, 73 - 164 (2008); Moshe Cohen - Eliya & Iddo Porat, *American Balancing and German Proportionality: The Historical Origins*, International Journal of Constitutional Law, Vol. 8, pp. 2, 263 - 286 (2010).

⑳ 参见黄舒芃：《比例原则及其阶层化操作》，载《中研院法学期刊》2016 年第 19 期。

㉑ 最早介绍比例原则的文献，参见［日］青柳幸一：《基本人权的侵犯与比例原则》，华夏译，载《比较法研究》1988 年第 1 期。

影响。[22] 尽管"作为舶来品之比例原则"的论断依然是我国公法学界的基本共识，但近年来，比例原则在我国公法领域尤其是行政法学领域取得了一定的研究进展。[23] 随着一系列司法案例的适用，特别是代表着最高人民法院态度的判例援引，比例原则已经成为具有司法适用正当性的规范命题。[24]

除了行政法学界，民法和刑法等部门法也开始对比例原则予以关注。[25] 从刑法角度看，支持者提倡"理性的罪刑模式需要比例原则的植入，由此来弥补刑法基本原则无法有效防止立法泛滥与刑法谦抑性所不具有的硬约束力的缺陷"；[26]继而有学者论证比例原则在刑法中的具体展开和适用。[27] 在民法领域，从应然层面上倡导比例原则民法适用的观点已经比较常见，[28]民法学者对比例原则的学理关怀已经涵盖了其引入民法的理论对接、制度规范、法律适用和方法论等诸多层面。

当然，这种跨学科适用的观点也不无争议。[29] 民商事领域，除了"全面适用论"，[30]也有学者坚持比例原则"作为控制处于强势地位

---

[22] 范剑虹：《欧盟与德国的比例原则——内涵、渊源、适用与在中国的借鉴》，载《浙江大学学报》2000年第5期；蒋红珍、王茜：《比例原则审查强度的类型化操作——以欧盟法判决为解读文本》，载《政法论坛》2009年第1期；高秦伟：《论欧盟行政法上的比例原则》，载《政法论丛》2012年第2期。

[23] 参见余凌云：《论行政法上的比例原则》，载《法学家》2002年第2期；黄学贤、杨红：《我国行政法中比例原则的理论研究与实践发展》，载《财经法学》2017年第5期。

[24] 最高人民法院于1999年作出"汇丰实业公司诉哈尔滨市规划局行政处罚案"［最高人民法院终审行政判决书，(1999)行终字第20号］后，相继公布并适用了一系列涉及比例原则的案例。该案中比例原则适用的学理分析，参见湛中乐：《行政法上的比例原则及其司法运用——汇丰实业发展有限公司诉哈尔滨市规划局案的法律分析》，载《行政法学研究》2003年第1期。

[25] 早期的讨论，参见李燕：《论比例原则》，载《行政法学研究》2001年第2期。

[26] 参见姜涛：《追寻理性的罪刑模式：把比例原则植入刑法理论》，载《法律科学》2013年第1期；姜涛：《比例原则与刑法积极主义的克制》，载《学术界》2016年第8期。

[27] 参见于改之、吕小红：《比例原则的刑法适用及其展开》，载《现代法学》2018年第4期；陈晓明：载《刑法上比例原则应用之探讨》，载《法治研究》2012年第9期。

[28] 参见王利明：《法学方法论》，中国人民大学出版社2012年版，第653页。

[29] 参见刘权、应亮亮：《比例原则适用的跨学科审视与反思》，载《财经法学》2017年第5期。

[30] 参见纪海龙：《比例原则在私法中的普适性及其例证》，载《政法论坛》2016年第3期。

的主体过度行使权力的工具性原则本质,决定了其在民法中适用的有限性”,[31]只能开放在有限的特殊领域。[32] 刑法领域对比例原则的委婉批判包括“比例原则无法超越‘法益保护原则’的内容,且受到自身审查范围的局限,只对贯彻法益保护原则具有方法论的意义”。[33] 但也有学者反对用“法益论”实现对国家刑罚权的实体性控制,而坚持认为比例原则是更适合作为对刑法体系进行控制的制度工具。[34] 类似的争议和讨论,可能还涉及诸如诉讼法、[35]反不正当竞争法、[36]知识产权法、[37]税法、[38]劳动法[39]等学科领域。

## 二、功能定位的转型:从权利保障到权力配置

解释比例原则之所以形成跨国别的地域影响力和跨部门的法适用效力,首先有必要交代比例原则在传统意义上作为规范立场的功能定位,以此为基础审视其在当下语境中的功能转型。随着传统功能定位转型所展现的,可能还有比例原则在不同法律关系谱图中主体结构的变化。

### (一)从防御性权利的保障到一般化的法益衡量

传统公法领域中的比例原则适用,根本功能定位于防御性权利

---

[31] 参见李海平:《比例原则在民法中适用的条件和路径》,载《法制与社会发展》2018 年第 5 期。

[32] 如无效合同的认定,参见黄忠:《比例原则下的无效合同判定之展开》,载《法制与社会发展》2012 年第 4 期。

[33] 参见张明楷:《法益保护与比例原则》,载《中国社会科学》2017 年第 7 期。

[34] 参见劳东燕:《刑事政策与功能主义的刑法体系》,载《中国法学》2020 年第 1 期。

[35] 参见秦策:《刑事程序比例原则构造方法论探析》,载《法学研究》2016 年第 5 期;裴炜:《犯罪侦查中网络服务提供商的信息披露义务——以比例原则为指导》,载《比较法研究》2016 年第 4 期。

[36] 参见兰磊:《比例原则视角下的〈反不正当竞争法〉一般条款解释——以视频网站上广告拦截和快进是否构成不正当竞争为例》,载《东方法学》2015 年第 3 期。

[37] 参见路平新:《比例原则视野下的创新技术规制》,载姜明安主编:《行政法论丛》第 19 卷,法律出版社 2016 年版,第 107 页。

[38] 参见叶金育、顾德瑞:《税收优惠的规范审查与实施评估——以比例原则为分析工具》,载《现代法学》2013 年第 6 期;付大学:《比例原则视角下税务诉讼“双重前置”之审视》,载《政治与法律》2016 年第 1 期。

[39] 参见阎天:《劳动规章性质三分说:以比例原则为检验标准》,载《交大法学》2017 年第 4 期。

的保障。所谓防御权，主要针对国家义务的消极性而言，即那些要求国家不得侵犯的公民权利。历史上，比例原则率先针对自由权问题提出。在个人自由和其他法益产生冲突（通常以公共利益为代表）的情况下，通过比例原则的权衡适用，防止个人自由受到公权力的不合理侵害。尽管防御权的功能并不一定为自由权所独享，[40]但不可否认，自由权作为最典型的防御性权利，是比例原则功能实现的核心领域。

改变比例原则功能定位的，或者说之所以能够支撑比例原则进行跨学科适用的关键，是不再必然将其视为针对国家义务而言，而是覆盖到所有主体之间的法益冲突。

在比例原则的分支结构中，均衡性原则（狭义比例原则）被誉为比例原则的"心脏"，代表在目的与手段之间进行利益衡量的精髓。[41] 传统公法上，目的与手段之间的利益衡量意味着"公共利益与私人权益"间的利益衡量。然而，利益衡量充斥在横跨公法与私法的广大领域，不仅存在于"公共利益—私人权益"的结构之中，还广泛存在于社会内部"私人利益—私人利益"的冲突之中。这就影响到比例原则究竟是仅仅适用于"国家—公民"结构中的"公共利益—私人权益"，还是应该拓展到"公民—公民"结构中的"私人权益—私人权益"？

比例原则能否适用于任何形式的法益冲突，学界存在分歧。否定者主张，既然比例原则的宗旨在于抵御国家公权力给公民造成过度的侵犯，那么其适用范围就只能局限在公权力机关损害公民权利的情况下。[42] 但也有学者坚持"比例原则的确滥觞于行政法领域，然而，该原则早已跨越具体部门法的疆界而成为现代法治社会中具有普遍性和根本性的指导原则"。[43] 既然侵犯公民自由的行为

---

[40] 正如同受益权并不只是社会权的功能，其他权利也具有受益权功能。参见张翔：《基本权利的规范建构》，高等教育出版社2008年版，第44~45页。

[41] Jeremy Kirk, Constitutional Guarantees, *Characterisation and the Concept of Proportionality*, Melbourne University Law Review, Vol. 21:1, pp. 1-64(1997).

[42] 参见蔡宏伟：《作为限制公权力滥用的比例原则》，载《法制与社会发展》2019年第6期。

[43] 参见陈璇：《正当防卫与比例原则——刑法条文合宪性解释的尝试》，载《环球法律评论》2016年第6期。

不仅可能来自国家,还可由个人实施,那么公民因行使基本权利而损害其他公民权益的行为,就不能不同样处在比例原则的约束和管控之下。[44] 可以说,正是将比例原则的审查功能扩展到一般化的法益冲突,使得比例原则适用所涉及的主体结构超越了传统定位中的国家,拓展到"公民—公民"之间。这样,比例原则适用所调整的权利义务关系也就突破了传统公法领域,开始向私法以及其他部门法迈进。

### (二)从"权利—权力""权利—权利"向"权力—权力"的结构拓展

比例原则出现在分权领域中的讨论,是尝试在原有权利保障基础上的结构性拓展。如果将国家、社会和个人之间的分权称为"初次分权",那么国家权力内部的分离、分立和分配则为"二次分权",比例原则被引入在这两次分权之中。[45] 德国法上,比例原则的适用甚至还被扩展到"代际之间"的"权力—权力"结构之中。[46]

区域法的整合模式中,欧盟宪法将比例原则作为欧盟与各成员之间权力架构的基本原则,便可以看出这种转型的契机。根据《欧盟宪法草案》,"欧盟行动的范围与形式不应超出实现本宪法之目标的需要。各机构应按照第三款所提到的《议定书》的规定贯彻辅助性原则和比例原则"。[47] 事实上,比例原则并非在欧盟宪法出现之后才得以在纵向分权架构中适用,它在联邦制、单一制等纵向分权的结构形式中都有其存在的形态,只是内容有差异而已。[48] 从比例原则在纵向分权结构中的适用看,我国虽然是单一制国家,但有权力纵向分工的制度因素,也就有比例原则的存在基础。

---

[44] 参见张翔:《基本权利冲突的规范结构与解决模式》,载《法商研究》2006 年第 4 期。

[45] 参见丁汪洋:《分权视域下比例原则应用刍议》,载《黑河学院学报》2015 年第 4 期。

[46] 比如政府债务代际公平的讨论,参见 Hermann Pünder, Staatsverschuldung, in Isensee/Kirchhof(Hrsg.), Handbuch des Staatsrechts der Bundesrepublik Deutschland, Band V, Rechetsuqellen, Organisation, Finanzen, Heidelberg, 2007, S. 1360。

[47] The European Union Constitution, Art. 1-11, Fundamental Principles.

[48] 参见王书成:《论纵向分权中的比例原则——以欧盟、联邦及单一制为考察对象》,载《重庆社会科学》2007 年第 5 期。

如果说纵向分权体现比例原则在“权力—权力”结构中适用的普遍性，那么在我国地方改革试点授权中的讨论，则体现其在“权力—权力”结构中适用的延展性和特殊性。《立法法》第13条确立起地方改革试点授权条款。如果说单一制国家需在全国范围内保证法律规则的单一性和同质性，那么，地方改革试点就需要创设一个有资格决定暂停法律实施的权力中心。从法治的根本要求看，这一特殊权力的行使存在“通过例外来颠覆常规”的危险，此时，比例原则的适用可以为地方改革试点的授权提供实践反思和法律解释的基础。[49]

## 三、适用形态的转型：从规范立场到超越规范立场

当比例原则突破以权利为基础的定位，扩展到“权力—权力”的结构，实际上赋予了比例原则在所有权利（力）义务配置框架中的适用可能性。这种功能定位的变化需要匹配其从传统的规范立场向超越规范立场的转型，从而进一步拓展比例原则在本体论和认识论层面上的内涵。

### （一）传统定位：规范立场及其司法适用

对比例原则的传统定位，是将其视为一项法规范，核心地作用于司法审查。通说认为，规范包含原则与规则，与法律规则通常作为“确定性命令”（definitive Gebote）、以一种“全有或全无”的方式被适用不同，法律原则作为一种最佳化命令（Optimierungsgebote），具有“分量”的向度，能够在不同情形中以不同的程度被实现。[50] 传统公法上的比例原则适用，主要立足于规范立场——以宪法为依据进行合宪性审查、以行政法为依据进行合法性审查。由于原则在法律体系中从来就不是孤立地被适用，在决定考虑实现某个原则时，不可避免地要考虑其他相对立之原则的存在和影响，因此，比例原则追求的目的（公益实现）和手段（私益负担）的合比例性要求，就会

---

[49] 参见王建学：《授权地方改革试点决定应遵循比例原则》，载《法学》2017年第5期。

[50] 参见雷磊：《论依据一般法律原则的法律修正》，载《华东政法大学学报》2014年第6期；Robert Alexy, *A Theory of Constitutional Rights*, trans. by Julian Rivers, Oxford University Press, 2002, pp. 47–48.

时刻与作为单体的“权利原则”相互影响。[51] 就比例原则三个分支原则而言，适用本身也带有可能的冲突性。[52] 总体而言，比例原则在规范立场上的展开，主要面向个案事实与法律效果之间的关联性、可适用性和预见可能性。[53]

（二）超越规范立场

不过，当下对比例原则适用路径的讨论，似乎有超越传统规范立场的倾向。“比例原则已经超越了原则与规则语境下的原则属性，构成了指导所有法律原则与规则适用的公设（postulate）或曰元规范（metanorm）。”[54]这种超越规范属性的定位，可能存在两种解释方向。

其一，返回“法理学（法哲学）化”。作为规范立场的比例原则，尽管“实定法化”本身并不会改变法律原则的性质，但是在以追求规范内涵的确定性为重任的释义学体系中，法律渊源之基础是比例原则得以印证的前提。[55] 比例原则的显著特点，本身就是由多个分支原则构成的规范结构使其从一个抽象的理念落实为具体、可操作的概念，体现规范适用的确定性。[56] 但促使比例原则从公法拓展到私法等领域、实现功能与形态转变的一个成因，恰恰是将其从原初的规范适用立场返回到法理学（或法哲学）的立场，存在一个“去规范化”的“法学理化”过程隐含其中。

---

[51] Robert Alexy, *Constitutional Rights and Proportionality*, Journal for Constitutional Theory and Philosophy of Law, Vol. 22, pp. 51-65(2014).

[52] 比如，适当性原则与必要性原则在根本上是以达成措施目的为着眼点，不会因为手段的后果而牺牲目标的追求。但均衡性原则可能产生推翻目标的结论（只要被损害的人权重过所追求目的的价值的话），它最终决定“该目的应不应追求，继而手段要不要采取之问题”。

[53] 阿列克西委婉指出：比例原则的三个分支原则并不构成他所界定的原则，而只是规则。See Robert Alexy, *A Theory of Constitutional Rights*, pp. 66-67, note 84.

[54] 纪海龙：《比例原则在私法中的普适性及其例证》，载《政法论坛》2016 年第 3 期。

[55] 比如，德国法中比例原则的适用，一直探讨其宪法和行政法上的规范依据问题。我国行政法上的比例原则适用，也存在部门法和行为单行法角度的法源基础讨论。参见章剑生：《现代行政法总论》，法律出版社 2014 年版，第 54 页，注 49。

[56] Aharon Barak, *Proportionality, Constitutional Rights and Their Limitations*, Cambridge University Press, 2012, p. 131.

这一方面体现在，若干跨学科的比例原则适用较少追问法释义学上的法源基础，而是将之理解为一种理念、思想或文化，以此来论证其作为一项行为准则所应具有的理性判断适用的普遍性。比如，有学者在论证比例原则之所以能够在包括民法在内的整个法律秩序适用时，强调的是“比例原则表达了一种适度、均衡的理念和思想，因而是一项理性的行为准则，能够作用于包括民法在内的整个法律秩序”。[57]“比例原则是一种检验公权力行使正当性的价值理念”，也被用于将比例原则引入刑罚权设定和实现的论证前提。[58]随着比例原则作为目的手段关系处理典范的观念日益勃兴，部门法纷纷以此作为比例原则适用的前提，司法判决中亦有所体现。[59]

另外，与承认利益衡量的普遍性相伴随，比例原则作为利益衡量之代名词的定位也得到越来越多的共识。比例原则作为利益衡量方法，应当得到全面的运用。[60] 公法学者也承认“利益衡量与狭义比例原则实际上内容应该是一致的”。[61] 如果忽略利益衡量本身在公私法领域适用时所针对的主体和利益种属的差异性，那么利益衡量本身就成为（部门）法解释学的内部体系和超越法解释学的外部（学理）观察所具有的共通性概念。按照卢曼的观点，利益衡量本身就是所有司法推理中的“特洛伊木马”，它巧妙地贯通起解释论的内部和外部视角。[62]

其二，从本体论迈向方法论。将比例原则从一个实体性的解释规范转变为一种方法论的观察视角，是比例原则得以超越狭义规范立场的另一种语境。与传统上将比例原则视为一项本体论意义上的法律原则不同，这一视角凝练出比例原则具有本体论和方法论的

---

[57] 郑晓剑：《比例原则在现代民法体系中的地位》，载《法律科学》2017 年第 6 期。

[58] 参见蓝学友：《规制抽象危险犯的新路径：双层法益与比例原则的融合》，载《法学研究》2019 年第 6 期。

[59] 陈宁诉辽宁省庄河市公安局不予行政赔偿决定案，最高人民法院行政审判庭编：《中国行政审判指导案例》第 1 卷，中国法制出版社 2010 年版，第 96 页。

[60] 参见纪海龙：《比例原则在私法中的普适性及其例证》，载《政法论坛》2016 年第 3 期。

[61] 蔡震荣：《行政法理论与基本人权之保障》，台北，五南图书出版股份有限公司 1999 年版，第 131 页。

[62] See Niklas Luhmann, *Law as a Social System*, trans. by Klaus A. Ziegert, Oxford University Press, 2004, p. 252.

双重性质。其中,在国家权力领域适用时,主要体现本体论的意义;而在非国家权力领域适用时,则更多地体现方法论的意义。[63] 换言之,传统公法领域中"用权利对抗权力"的功能实现属于比例原则本体论的场域,除此之外则倾向于方法论层面。"比例原则作为一个方法论意义上的工具性原则"的观点,受到一定程度的追捧。[64] 这一方面,可能是与比例原则作为在"权利原则"背后具有方法论意义上的指导价值有关系;[65]另一方面,也与比例原则自身的规范构造有关。较之以"目的与手段关系"的抽象描述,比例原则具有更为明确而具体的内涵层次和操作步骤,它以"非常精细严密的思考框架,含括了人类进行合乎理想的权衡所应考虑的各种因素,并以步骤化、可操作化的方式呈现出来"。[66] 此外,学理建构与司法实践相得益彰的类型化或阶层化适用模型,也使其更富有方法论的指引效果。[67]

比例原则在方法论意义上的延展,还可以与"成本收益分析"结合起来。比例原则与成本收益分析的同构性,得到不少学者支持。波斯纳曾指出:"手段—目的理性,与成本—收益分析,具有同等性。"[68]卢曼在提及合比例性时,也自然地将其等同于"成本效能"。[69] 成本收益分析的方法论基础,跨越了公私法的截然分割。一方面,发端于美国的成本收益分析广泛运用于行政决策和规制选择,使得探讨比例原则与成本收益分析的关系在公法领域具有一定

---

[63] 参见郑晓剑:《比例原则在现代民法体系中的地位》,载《法律科学》2017 年第 6 期。

[64] Aharon Barak, *Proportionality, Constitutional Rights and Their Limitations*, Cambridge University Press, 2012, p. 131.

[65] 比如,支持比例原则普遍化适用的阿列克西,将宪法权利适用的比例原则视为一种宪法权利司法解释和适用的结构和方法,参见钱福臣:《解析阿列克西宪法权利适用的比例原则》,载《环球法律评论》2011 年第 4 期。

[66] 参见张翔:《刑法体系的合宪性调控——以"李斯特鸿沟"为视角》,载《法学研究》2016 年第 4 期。

[67] 相关分析,可参见 J. Rivers, *Proportionality and Variable Intensity of Review*, Cambridge Law Journal, Vol. 65:1, pp. 174-207(2006); Cora Chan, *Proportionality and Invariable Baseline Intensity of Review*, Legal Studies, Vol. 33:1, pp. 1-21(2013)。

[68] [美]理查德·A. 波斯纳:《法理学问题》,苏力译,中国政法大学出版社 2002 年版,第 135 页。

[69] Niklas Luhmann, *Law as a Social System*, p. 224.

代表性。[70] 另一方面，“比例原则作为目的理性的集中体现，作为成本收益分析的另一种表达，在私法中也应具有普适性”。[71] 不过，两者间的关系问题存在争议。“取代说”认为，比例原则存在严重的理论缺陷，应当为成本收益分析所取代。[72] 而“取代不能说”则认为，成本收益的经济分析在揭示作为法律规范的比例原则时“注定非常有限”。[73] 考虑到法学科分类的成熟度和精细化本身就代表着解决复杂社会问题的能力的提升，作为“法释义学之经典概念”的比例原则和作为“法经济学之核心工具”的成本收益分析，必然在各自领域具有擅长的优势，但同时也有各自的弱点，[74]不宜简单地得出非此即彼、全有或全无的论断。[75] 不过，结合成本收益分析的视角对比例原则加以观察，确实有助于加强经济效率的观念，对反思当下公法学界所质疑的“公共利益”概念本身也不无助益。[76] 尤其是将一套法经济学的方法对照于一项法的基本原则，还有助于强化衔接在法律原则实体性价值之上的方法论认知。

## 四、契合比例原则适用转型的成因

如果将比例原则跨地域和跨学科的发展视为一个外在现象，那

---

[70] “均衡性审查代表一种成本收益分析”。Jeremy Kirk, *Constitutional Guarantees, Characterisation and the Concept of Proportionality*, Melbourne University Law Review, Vol. 21:1, pp. 1-64(1997).

[71] 参见纪海龙：《比例原则在私法中的普适性及其例证》，载《政法论坛》2016 年第 3 期。

[72] 参见戴昕、张永健：《比例原则还是成本收益分析——法学方法的批判性重构》，载《中外法学》2018 年第 6 期。

[73] 参见李海平：《比例原则在民法中适用的条件和路径》，载《法制与社会发展》2018 年第 5 期。

[74] 比例原则的优点和弱点的论述，可分别参见 Vicki C. Jackson, *Constitutional Law in an Age of Proportionality*, Yale Law Journal, Vol. 124:8, pp. 3094-3197(2015); Bernhard Schlink, *Proportionality in Constitutional Law: Why Everywhere but Here?*, Duke Journal of Comparative & International Law, Vol. 22:2, pp. 291-302(2012)。

[75] 两者共存论的观点可见宋雅方：《论我国行政法上的成本收益分析原则：理论证成与适用展开》，载《中国法学》2020 年第 2 期；沈岿：《论行政法上的效能原则》，载《清华法学》2019 年第 4 期。

[76] 对公共利益这一概念作为“不可言说的遮羞布”的批判，See Richard B. Stewart, *The Reformation of American Administrative Law*, Harvard Law Review, Vol. 88:8, pp. 1667-1930(1975)。

么实现功能定位和适用形态的拓展,代表着比例原则在学理和实践中适用的范式转型。有必要进一步区分内外视角,聚焦讨论之所以形成这种范式转型背后的助因。

(一)内部视角

比例原则解决目的手段关系。目的与手段间的理性,贯穿人类活动的全部。[77] 从(法)哲学思想看,与德国"不以大炮射麻雀"、英国"不用汽锤破坚果"等仿似,中国古代就有"杀鸡焉用牛刀"[78]"以隋侯之珠,弹千仞之雀,世必笑之"[79]"于所体之中,而权轻重之谓权"[80]等类似表述。杀鸡取卵、涸泽而渔、焚林而猎、削足适履等成语也常被用来警醒目的与手段之间的不相匹配。此外,"两弊相衡取其轻,两利相权取其重",以及"中庸""中道""过犹不及"等都包含着合比例的思想……这些无不说明着,目的与手段间的"因果关系审视"贯穿人类历史的古今中外。比例原则正是将这种"超越时空的价值内容"予以叙事和规范层面的转换。尽管德国法释义学领域中的比例原则有其自身的规范立场和功能定位,但其背后所体现的"目的与手段理性"却具有法哲学甚至哲学意义上的普适性。语义学上的"比例"一词本身包含着一种契合伦理共识、进退有度的内涵旨趣。[81] 这些都为比例原则超越部门法、甚至是超越法学学科提供了土壤。

法学作为一门追求实践理性的学科,目的与手段的理性关系自然占据重要地位,不仅"目的与手段的合理性及其因果关系的考

---

[77] 超越人类理性之外,类似蚂蚁搬家、燕雀筑巢、蜜蜂采蜜等动物行为,背后也有"目的—手段理性"的支撑。

[78] 《论语・阳货》。

[79] 《庄子・让王》。

[80] 《墨子・大取》。

[81] 比如,有学者指出:英文世界里 proportionality 这个词暗含的意义与一系列让人产生好感的伦理价值相契合,F. I. Michelman, *Proportionality outside the Courts with Special Reference to Popular and Political Constitutionalism*, in V. C. Jackson & M. Tushnet, eds., Proportionality: New Frontiers, New Challenges, Cambridge University Press, 2017, p. 35。在中文世界里,它也被认为契合中国传统上"执中行权"和"理一分殊"的精神,反映"一"与"多"的辩证统一。参见杨登杰:《执中行权的宪法比例原则:兼与美国多元审查基准比较》,载《中外法学》2015 年第 2 期。

虑，在法律、法院以及其他领域都应该发挥重要功能”，[82]甚至“手段符合目的，乃是法律中使用的唯一正当性方法”。[83] 目的手段关系判断的广泛性，在部门法内部和外部都有所体现。比如，从行政法角度看，立足于权力控制的视角，比例原则除了影响对实体结果的判断，同时作用于程序形式的选择；[84]除了对表意性的行政作用方式进行合法性判断，还可以对不具有法效力的事实行为给予审查；[85]除了为“具体”行政行为（行政处分）提供合法性审查标准，还可以针对抽象的（行政）立法形成提供合法性甚至是正当性评价标准。[86]除了适用领域的广泛性，比例原则对目的手段关系的评价，还具有“要求具体衡量、追求动态平衡”的特点，使相关的具体标准能够体现在个案和抽象规范间的利益衡量和选择之中，从而形成解释空间的广阔性。从某种层面说，比例原则之所以能够在不同法系、不同法律部门之间进行扩展，比一般化的“法益衡量论”更体现普适性基础的，[87]正是“目的手段理性”在人类行为模式中的普适性基础。[88]

并且，与单纯作为一个（法）哲学思想或价值命题不同的是，随着在德国公法学理和司法适用的不断发展，比例原则自身在规范结构上所具备的精致化和逻辑性，还为这种目的手段理性的价值追求提供了一条有效达成判断的路径和方法。

从经典的“三阶论结构”看，比例原则遵循适当性审查、必要性

---

[82] Cass R. Sunstein, *Legal Reasoning and Political Conflict*, Oxford University Press, 1996, p. 19.

[83] Vincent Wellman, *Practical Reasoning and Judicial Justification: Toward and Adequate Theory*, University of Colorado Law Review, Vol. 57:1, pp. 45-116(1985).

[84] 参见郑仲华不服福建省莆田市建设局拆迁行政裁决案，最高人民法院行政审判庭编：《中国行政审判案例》第3卷，中国法制出版社2013年版，第133页以下。

[85] 参见陈宁诉辽宁省庄河市公安局不予行政赔偿决定案，最高人民法院行政审判庭编：《中国行政审判指导案例》第1卷，中国法制出版社2010年版，第94页。

[86] 尽管尚未形成判例，但学界用比例原则评价相关政府管制措施选择的例子并不罕见，参见张翔：《机动车限行、财产权限制与比例原则》，载《法学》2015年第2期；王瑞雪：《政府规制中的信用工具研究》，载《中国法学》2017年第4期。

[87] “比例原则实际上是私法中利益衡量的另一种表达。”参见梁上上：《制度利益衡量的逻辑》，载《中国法学》2012年第4期。

[88] Lothar Hirschberg, Der Grundsatz der Verhältnismäßigkeit, Göttingen: Verlag Otto Schwartz & Co., 1981, S. 43.

审查和均衡性审查的三阶审查步骤。[89] 其中,适当性原则审查手段是否有助于目的实现;在此基础上,必要性原则要求在所有同样有效实现目标的手段中必须选取最温和、对权利损害最小的手段;最后,均衡性原则进一步审查手段产生的损害与目的追求的利益之间的平衡性。这三重审查标准,本身包含着法律评价中的多元视角,各自有着张弛不同的审查效果,涵盖不同利益诉求在法律论证中的实现。[90] 三阶审查模式,不仅仅指比例原则自身分为三个分支原则,还要求这三个分支原则具有逻辑上的延展、步骤上的递进,只有在符合了上一分支原则的前提下、才能够进入下一原则的位阶适用,从而使每后一个原则都有"强化"前一个原则的功能。[91]

位阶适用的路径化指向,丰富了利益衡量的周延性,同时为实体价值的追求提供了程序化以及方法论的指引。换言之,比例原则回应的不仅仅是目的手段理性的结果指向,并且试图确立手段选取与目标匹配的完整流程,体现一套具有逻辑延承的体系,是一套"分析框架或论证程序"。这种分析和论证步骤中的路径化,可能正是促使比例原则从规范拓展到方法论的原因所在。比例原则的核心,就成为一套"目的手段衡量方法"。[92] 作为程序性的思考框架,为实质的价值判断提供了更易为人所接受的理性"套路"。这样,当具体化、程序化、可操作性强成为比例原则的基本特征和主要优势,[93]即使刑法学者认为比例原则无法超越"法益保护原则"的内

---

[89] 学界还有四阶论和五阶论的主张。四阶论是在传统三阶论基础上,前置"目的正当性审查";五阶论是在四阶论之上增加"具体识别受侵害权利"。参见刘权:《目的正当性与比例原则的重构》,载《中国法学》2014 年第 4 期;F. I. Michelman, *Proportionality outside the Courts with Special Reference to Popular and Political Constitutionalism*, in V. C. Jackson & M. Tushnet, eds., Proportionality: New Frontiers, New Challenges, p. 32。

[90] 从学界用"法条式原则与开放式原则"、"决定性规范与操作性规范"和"事实可能性与价值可能性"等范畴区分比例原则三项分支原则的性质本身,就可看出其复杂性。相关介绍参见蒋红珍:《论比例原则:政府规制工具选择的司法评价》,法律出版社 2010 年版,第 69~72 页。

[91] Artur Wolffers, Neue Aspekte des Grundsatzes der Verhältnismäßigkeit, Zeitschrift des Bernischen Juristenverein 113(1977), S. 298.

[92] 参见纪海龙:《比例原则在私法中的普适性及其例证》,载《政法论坛》2016 年第 3 期。

[93] 参见李海平:《比例原则在民法中适用的条件和路径》,载《法制与社会发展》2018 年第 5 期。

容，也不得不承认它对贯彻法益保护原则具有方法论的意义。[94]

（二）外部视角

之所以比例原则形成跨地域和跨部门的影响力，完成在功能定位和适用形态上的拓展，除了比例原则自身的特质，可能还与代际更迭中的法治观转型和全球化影响相关。

首先，比例原则的全球宪法化，使之成为合宪性论证中的首要原则。[95] 人权观在20世纪的勃兴，并伴随司法职能及其独立性价值的全球扩张，为比例原则成为多元目标下、富有实践性的审查标准提供基础。宪法的全球化是比例原则全球化的重要支撑。"比例原则实质上是正当理由文化的需求，这种正当理由文化需求代表着宪法在全球水平的深刻转变。"[96]在宪制全球化的同时，全球宪制也进入"合比例时代"。[97] 伴随宪法全球化及其"正当限制基本权利"的观念传播，比例原则体现出"跨地域"的普遍性。同时，由于（宪法）涉及对所有公权力行为是否正当（合宪）的检验，至少在立法论层面，当所有部门法都服膺于宪法规范的审视，那么比例原则也就具备了"跨部门法"的普遍性。[98]

其次，从公私法从发展角度看，比例原则在私法领域的拓展，离不开现代法治转型中"私法社会化"或者"私法宪法化"浪潮的影响。受20世纪国家干预主义与福利制度的影响，法律规范的"社会化原则"，即保护弱势一方或者公共利益的意图开始突破公法，蔓延到私法领域，模糊了私法与公法之间的分界。[99] 换言之，私法在实现

---

[94] 参见张明楷：《法益保护与比例原则》，载《中国社会科学》2017年第7期。

[95] See Alec Stone Sweet & Jud Mathews, *Proportionality Balancing and Global Constitutionalism*, Columbia Journal of Transnational Law, Vol. 47:1, pp. 72-164(2008).

[96] Moshe Cohen - Eliya & Iddo Porat, *Proportionality and the Culture of Justification*, American Journal of Comparative Law, Vol. 59:2, pp. 463-490(2011).

[97] See Vicki C. Jackson, *Constitutional Law in an Age of Proportionality*, Yale Law Journal, Vol:124:8, pp. 3094-3197(2015).

[98] 参见陈景辉：《比例原则的普遍化与基本权利的性质》，载《中国法学》2017年第5期。

[99] Dunean Kennedy, *Transnational Genealogy of Proportionality in Private Law*, in R. Brownsword, H. Micklitz, L. Niglia and S. Weatherill, eds., The Foundations of European Private Law, Oxford: Hart Publishing, 2011, pp. 185-220.

个人利益的同时，亦需兼顾大众福利与集体利益。[100] 原本因为公私法分割造成的私人间权利主张属于不同权利保障体系的属性被打破，宪法及其基本权利效力观的转型，也为这种私人间的法益冲突提供了必要的理论储备。

与此同时，公法的发展在20世纪也呈现迭代变换中的波浪壮阔。国家干预主义导致"行政国"时代开启，福利观的兴起使得公民诉求和权利形态依赖于国家的积极给付义务。这对比例原则作为传统主观公权力的司法审查标准之定位带来了冲击。20世纪下半叶以来的"公法私法化"代表着世界范围内公法变迁中最引人注目的现象，七八十年代席卷了几乎整个西方世界的公共行政改革浪潮，被认为是福利国家政策的反潮流：大政府重新受到质疑和审视，回归市场再次受到青睐。这样，夹杂着社会法治国的转型、反福利国家政策的新市场主义运动、工业和科技发展集聚后的风险时代任务、信息化革命促使的新旧业态洗牌……这都使得现代国家的法治必须应对各种利益之间更为复杂的冲突和衡量。[101]

复杂的利益衡量需要借助混合型的法律推理。当需要通过政策评估和法律原则两个方面来形成案件结论的时候，就需要结合政策考量来丰富法律原则的演化。"尽管判决依然以传统原则和规则的形式出现，不同政策选择的结果决定着法律原则的内容和形态。"[102]在这种情况下，比例原则既包容多元价值，又提供系统框架的特质，一方面使它能在本来"不可通约"的价值间进行比较，具备多元论的冲突解决优势；[103]另一方面，它使得分析过程的各个阶段变

---

[100] 比如，伴随社会义务的兴起，财产权通过对所有权绝对观的反思，建构起财产权的社会义务。参见张翔：《财产权的社会义务》，载《中国社会科学》2012年第9期。

[101] 比例原则是否适用风险行政领域的讨论，参见赵鹏：《风险、不确定性与风险预防原则》，载沈岿主编：《风险规制与行政法新发展》，法律出版社2013年版，第256页；比例原则在共享经济领域的讨论，See Hongzhen Jiang & Xiaoyu Zhang, "An Experimental Model of Regulating the Sharing Economy in China: The Case of Online Car Hailing", *Computer Law & Security Review*, Vol. 35:2, pp. 145-156(2019)。

[102] Hugh Collins, "Utility and Rights in Common Law Reasoning: Rebalancing Private Law through Constitutionalization", *Dalhousie Law Journal*, Vol. 30, No. 1, 2007, pp. 1-26.

[103] Moshe Cohen - Eliya & Iddo Porat, *Proportionality and the Culture of Justification*, American Journal of Comparative Law, Vol. 59:2, pp. 463-490(2011).

得更加透明,这也促使方法论意义上的比例原则获得青睐。“固然比例性测试不能给所有案件提供清晰的解决方案,但是能提供分析问题的方法,在某种程度上实现可预测性。”[104]当然,跨法系、跨国别、跨地域、跨部门的法律应对需求,也促使比例原则通过在功能和适用形态上的范式转型,来回应这种代际之间延展、回潮甚至叠加之中的变化。

## 五、比例原则范式转型的本土化路径

在法治观更迭和全球化浪潮中不断勃兴的比例原则之范式转型,一方面,迎来了我国跨学科关注的热潮;另一方面,亦伴随着“滥用”之殇的忧虑。实际上,早在确立起宪法位阶之初,比例原则就遭受“流于质变”(Qualitätsumschlag)的争议,认为司法适用的主观性和随意性将破坏法的安定性和可预见性,从而形成“比例原则的暴力统治”。[105] 质疑声并没有伴随比例原则范式转型和全球发展得以终结,恰恰是,随着比例原则在国际适用的日益普及,引发学界越来越多的检讨和批判。[106] 在这种前提下,对比例原则的范式转型论需要保持必要的警醒,需要总结和分析阶段性努力,来认真探索本土化的实现路径。

### (一)基本立场:突破公法适用的樊篱

面对愈演愈烈的各种跨学科争论,“保守观”主张退回公法适用的传统领域,从而杜绝因为比例原则的范式转型而遭致的各种非议。这种路径选择的立论基础是:始终坚持公私两元论,并将比例原则适用的前提定位于权利保障观形成早期的“公权力限制说”。它并不否认私人之间会发生权益侵害,但更警惕的对象是国家,因此,比例原则只适用于针对国家的权利保障;而私人之间的权利,则

---

[104] 邱静:《论比例性原则在私法关系中的运用——以英国和欧洲人权法院案例为视角》,载《当代法学》2016 年第 1 期。

[105] 参见陈新民:《德国公法学基础理论》,山东人民出版社 2001 年版,第 387 页。

[106] See Frank Raue, *Müssen Grundrechtsbeschränkungen wirklich Verhältnismäßig Sein*? AöR 131(2006), S. 79(84 ff.); Stavros Tsakyrakis, *Proportionality: An Assault on Human Rights*? International Journal of Constitutional Law, Vol. 7:3, pp. 468-493(2009); Francisco J. Urbina, *A Critique of Proportionality*, American Journal of Jurisprudence, Vol. 57, pp. 49-80(2012).

可以交由契约加以节制。将比例原则的功能定位仅仅限缩在“以权利对抗权力”,或者说比例原则只用来“限制公权力滥用”,便是这种立场的诠释。[107] 具体说来,这种“唯公权力限制论”还可细分为两种不同观点:其一,只要属于公法领域,就不排除比例原则的可适用性,比如宪法、刑法、刑事诉讼法等领域;其二,认为比例原则“限制公权力”的独特内涵和价值功能,只针对行政法,“没有必要也不应当在民法、刑法等部门法中普遍适用,理应回归行政法这一固有领域”。[108]

如果把“保守观”视为对比例原则范式转型的本土化选择路径,其优势明显:一来它有助于巩固“将权力关进制度的笼子里”的法治主张,也有助于减少粗放型的范式转型论和全方位的适用扩张论可能导致的出错率,为将比例原则拔高为帝王条款的热情“泼上一瓢冷水”。[109] 但其过于保守的劣势也很明显。“私法公法化”“公法私法化”的泛公私两元化现象,在我国已经从观念突破到制度。[110] 与国家义务设定模式从防御论、福利论到风险论的阶段性转型相适应的,权利保障观也从国家视角突破到私人视角。比如当下,各类网络平台的兴起和大量电子信息技术的使用,使人们对权利侵害主体的警惕对象从国家蔓延至作为私主体的平台本身。[111] 这就需要比例原则对于权利保障的功能实现“去国家外观化”的转型,通过“去公法部门法化”而探索“泛主体性”之间权益冲突和衡量的可能性。在面向建构主义的比例原则全球化浪潮中,既需要增强制度和文化自信,更需要以审慎和开放的态度回应范式转型的需求。反观我国

---

[107] 参见蔡宏伟:《作为限制公权力滥用的比例原则》,载《法制与社会发展》2019年第6期。

[108] 参见梅扬:《比例原则适用的范围和限度》,载《法学研究》2020年第2期。

[109] 参见戴昕、张永健:《比例原则还是成本收益分析:法学方法的批判性重构》,载《中外法学》2018年第6期。

[110] 比如,传统上作为民事领域典型的合同,已经伴随修改后的《行政诉讼法》对行政协议的确认正式纳入行政法领域。

[111] 比如,平台对信息内容在高权干预与私人规制间的结合,参见孔祥稳:《网络平台信息内容规制结构的公法反思》,载《环球法律评论》2020年第2期;赵鹏:《私人审查的界限——论网络交易平台对用户内容的行政责任》,载《清华法学》2016年第6期。

的司法实践，比例原则在民商事审判的适用早已屡见不鲜，[112]用比例原则应对知产保护和科技创新的关系，亦体现司法创新性，[113]这都亟须学理的积极回应。

（二）迈向“统而分殊”的范式转型论

退避公法领域的保守路径已经无法有效回应法治观更迭和全球化背景下比例原则的发展需要。从本土化路径选择角度看，比例原则在跨学科、泛功能和多形态适用模式的嬗变，需要遵循“统而分殊”的路径。

1.“统”的立论基础

对于“统”而言，寻求宪法资源是比例原则范式转型得以实现的重要支撑。从宪法文本看，比例原则究竟是否存在明确的法律依据，存在争论。肯定者举出《宪法》第33条第3款、第51条等条款，甚至是作为宪法性法律的《立法法》第6条来证成比例原则的宪法基础，[114]但否定者认为“在我国，宪法并没有直接明确规定比例原则”。[115] 即使在德国，比例原则在《基本法》上是否具备规范基础也存在争议，[116]但德国宪法法院通过持续而有影响的判决赋予了比例原则宪法位阶及其司法适用力。从这一角度看，试图借助“宪法位阶”将比例原则的司法审查扩展到涉及所有部门法的合宪性领域，还有待学理和实践的精进。

比例原则是否具备“宪法位阶”，对于确立“统而分殊”的范式转型论有两方面的积极意义：其一，作为“宪法位阶”的比例原则可以约束所有公权力，它包含立法权、行政权和司法权。从我国现有行政和民事判例看，比例原则不仅成为审查行政权行使合法性的重

[112] 参见“深圳市深创华科自动化有限公司与蓝继星、胡鹏飞侵害实用新型专利权纠纷案”，最高法民申3851号（2017年）。

[113] 参见“杭州奥普卫厨科技有限公司与浙江现代新能源有限公司、浙江凌普电器有限公司侵害商标权纠纷案”，最高法民再216号（2016年）。

[114] 参见范进学：《论宪法比例原则》，载《比较法研究》2018年第5期；门中敬：《比例原则的宪法地位与规范依据——以宪法意义上的宽容理念为分析视角》，载《法学论坛》2014年第5期。

[115] 参见刘权：《行政判决中比例原则的适用》，载《中国法学》2019年第3期。

[116] 相关介绍可参见蔡宗珍：《公法上之比例原则初论——以德国法的发展为中心》，载《政大法学评论》1999年第62期。

要标准,并且最高人民法院也确立起用比例原则拘束司法权的先例,为比例原则的跨学科适用提供基础。[117] 其在立法论层面的适用,也得到学理的积极探讨。[118] 此外,纵向和横向分权亦是宪法核心任务,获取宪法位阶有助于比例原则在"权力—权力"结构中的突破。其二,宪法位阶的确立,还有助于比例原则借助基本权利的"效力理论"扩张而突破原有"权力—权利"的传统适用结构,进入私人之间的权利冲突和衡量领域,为比例原则在适用领域、功能、结构的转变提供助力。德国法上,基本权利第三人效力理论从魏玛宪法时代介入劳动契约开始萌芽和发展,虽然目前还存在直接效力说和间接效力说的争议,但在一定情形下可以进入私法领域已经成为共识。[119] 基本权利的水平效力说在我国的发展和推进,可能也是未来比例原则借助宪法基本权利条款进入"权利—权利"结构适用的助力之一。[120]

除了借助比例原则宪法位阶的力量,成文法的法源基础也能够为比例原则进入"泛主体性"间利益衡量这匹"特洛伊木马"提供支撑。在不同部门法内部找寻到比例原则的解释论规范基础,可为比例原则向部门法领域的适用提供依据。[121] 比如,刑法和民法中都有关于正当防卫和紧急避险的规定。从解释论的狭义立场看,尽管"违法阻却事由"涉及的可能仅仅是公民个人之间的利益冲突,但法条中包含着"采取措施不当""超过必要限度""不得以采取""不应

---

[117] 如栗某杰、张某生与鲁山县人民政府颁发房屋所有权证案,最高法行再 77 号(2017 年);合肥市奇美汽车用品有限公司与徐某某侵害实用新型专利权纠纷案,最高法民申 3625 号(2017 年)。

[118] 参见陈征:《论比例原则对立法权的约束及其界限》,载《中国法学》2020 年第 3 期。

[119] 参见[德]克劳斯-威尔海姆·卡纳里斯:《基本权利与私法》,曾韬等译,载《比较法研究》2015 年第 1 期。

[120] 我国学者对基本权利效力论的研究,可参见李海平:《基本权利间接效力理论批判》,载《当代法学》2016 年第 4 期;载《论基本权利对社会公权力主体的直接效力》,载《政治与法律》2018 年第 10 期。

[121] 行政法领域,除了一般的单行法和地方性程序立法,国务院 2004 年颁布的《全面推进依法行政实施纲要》、2010 年颁布的《关于加强法治政府建设的意见》,都有比例原则的规范基础。

有的损害”等不确定法律概念，[122]它们能否为比例原则进入法解释领域提供规范空间，存在论证的可能性。[123] 就适用结构看，无论是手段是否有助于目标实现的适当性审查、行为人是否在可能达成相同目标前提下采取最小侵害手段，还是在手段所损害的他人利益和所实现的个人权益保护目标之间是否保持均衡，均可为精确化法律论证过程提供助力，[124]体现出比例原则作为一种尽可能周延地涵盖了多元论证要素并提供一套可操作性路径的优势。涉及正当防卫和紧急避险判断中的突发性、临时性和紧迫性要素，也可以借助比例原则作为“滑动标尺”和“审查谱系”这一方法论的指引，给予必要的弹性。[125] 除了正当防卫和紧急避险，跨部门法的比例原则适用也可以寻找相关的规范空间作为适用正当性的前提。比如，《民法典》相邻关系条款中有关“必要的便利”和“合理分配”、[126]利用相邻不动产时“尽量避免……造成损害”，[127]以及地役权人“尽量减少……限制”[128]等规定。之所以将法源基础理解为比例原则范式转型路径中的“统”之基础，因为它立足本土化的成文法规范，为比例原则解释论的适用挖掘具有确立性的规范土壤。

---

[122] 参见《民法典》第181条、第182条；《刑法》第20条、第21条。这类似于行政法领域中比例原则的“适用性规范”，比如，有学者认为只要规范中采取“尽量”“相当”“相适应”“适当”“适度”“可接受性”“必要限度”“认为必要”“不得已”“显失公正”“明显不当”“显失均衡”等术语，就代表比例原则的规范依据。参见马怀德主编：《行政法与行政诉讼法》，中国法制出版社2000年版，第68～69页。

[123] 最高人民法院、最高人民检察院、公安部《关于依法适用正当防卫制度的指导意见》第7条、第10条等体现了比例原则的实质内涵。

[124] 也有学者认为适当性审查和必要性审查可以适用，但均衡性审查不宜在正当防卫限度的判断中适用。参见陈璇：《正当防卫与比例原则——刑法条文合宪性解释的尝试》，载《环球法律评论》2016年第6期。

[125] 比例原则在审查密度或者强度上的界分，体现出司法根据个案情境进行灵活调整的空间。这种审查密度的区分，既可能体现于作为整体的比例原则，也可能体现在比例原则的每个分支原则中。参见蒋红珍：《论适当性原则——引入立法事实类型化审查强度理论》，载《中国法学》2010年第3期；蒋红珍、王茜：《比例原则审查强度的类型化操作》，载《政法论坛》2009年第1期。

[126] 《民法典》第290条。

[127] 《民法典》第296条。

[128] 《民法典》第376条。

2. “殊”的具体表现

如果说“统”的立论基础是探索“无部门法差别”意义上的比例原则范式转型路径，那么“殊”则是探讨其在具体学科领域适用中的特殊性。

总体说来，结合部门法自身特点，寻找部门法中比例原则适用的特别正当性基础，可以为比例原则跨学科适用提供依据。刑法可谓一个典型。除了前述正当防卫和紧急避险因为法条中包含着比例原则适用的规范基础之外，“罪责刑相适应原则”作为刑法特有的原则，也能为比例原则进入整体刑法领域的适用提供部门法基础。“罪责刑相适应原则”由我国《刑法》第5条所确立，虽然没有提及比例原则，但正如同我国《行政处罚法》第5条第2款所确立的“过罚相当原则”，即使学理上普遍认同它本质上并未受到德国比例原则这一释义学概念的影响，[129]但由于“过与罚的关系”在行政处罚法领域的特殊地位，因此，在学理演进和法律适用过程中，“过罚相当原则条款”已经被公认为是比例原则在制定法中的“诫命性规范”，并涵盖了（行政处罚）立法论和执法论的全部。[130] 广义刑法领域，将刑罚作为国家惩戒至为严厉的、无可替代的最后手段，贯彻制刑、求刑、量刑和行刑的过程，是否本身体现比例原则？它能否从“罪责刑相适应原则”的法律条款中推导出来，是值得论证的视角。[131] 美国刑法上，早在德国法上比例原则概念开始在全球流行之前，就已经有本土的“刑罚合比例性”的讨论，可以提供借鉴。[132]

---

[129] 参见杨登峰、李晴：《行政处罚中比例原则与过罚相当原则的关系之辨》，载《交大法学》2017年第4期。

[130] 从比例原则第一案“汇丰公司案”始，延续这一思路的行政判例可参见苏州鼎盛食品公司不服苏州市工商局商标侵权行政处罚案，载《最高人民法院公报》2013年第10期；陈超诉济南市城市公共客运管理服务中心客运管理行政处罚案，载《最高人民法院公报》2018年第2期。

[131] 比如，有学者提倡我国建立“治安管理处罚法、轻犯罪法、刑法的递进式无缝衔接制裁机制”，实际上内含着“越是严厉的（惩戒）措施，保留给越是严重的违法”的比例原则思路。参见周光权：《转型时期刑法立法的思路与方法》，载《中国社会科学》2016年第3期。

[132] 美国刑法上早有罪刑设定的合比例性讨论，它与德国法中的比例原则没有任何承继关系。See John Deigh, *Punishment and Proportionality*, Criminal Justice Ethics, Vol. 33:3, pp. 185－199 (2014); Jim Staihar, *Proportionality and Punishment*, Lowa Law Review, Vol. 100:3, pp. 1209－1232 (2015).

在行政法上，比例原则已经具备一定的规范基础，其作为司法审查标准的适用也在学理和实践中确立。但就部门法的特殊性而言，依然可以讨论比例原则在功能和适用形态的多样性。一方面，需要承认：在传统解释论领域，比例原则主要适用于行政裁量。但与其说只是从形式上看法条基础是否包含事实要件和法律后果的裁量授权，不如说它只对实质意义上的“部分裁量判断”发挥效力。[133] 另一方面，由于行政法体系的特殊性，行政主体亦享有立法论意义上的形成自由权。因此，比例原则在行政法领域的适用，可在方法论层面拓展和强化规制政策选择的流程面向和成本收益分析方法的引入。同样在民事领域，比例原则能否拓展适用到违约救济制度、违反强制性规定的合同无效认定、侵权损害完全赔偿责任等领域，也可以结合部门法的特殊性进行论证。

（三）“统而分殊”论的补充

“统而分殊”的范式转型论，其本质是在顺应法治观更迭和全球化浪潮的基础上为比例原则的本土发展提供可行的路径选择。“统”面向部门法适用的无差别性；“殊”则是探索各部门法的特殊性。“统而分殊”的比例原则范式转型，基本遵循了释义学立场，努力寻求制定法层面比例原则范式转型的正当性依据。

按照毛雷尔的观点，比例原则“在德国的效力基础非常深厚，兼及若干相互补充和交叉的理由”：其中包括习惯法、宪法的具体化、参照现行法律规定（法律研究方法主要是类推和对比），和所谓的法律原则（如正义原则）。[134] 从这个角度看，实证法的概念本身超越制定法，比例原则的效力基础还可以寻求更为广泛的渊源。首先，正如有学者直接从《刑法》第1条的立法依据条款得出作为“宪法基本原则”的比例原则能够直接获得刑法适用的规范基础，[135]这种借

---

[133] 从这个意义上说，用统一的比例原则取代合理原则的观点，值得商榷。“比例原则一统论”的观点，可参见杨登峰：《从合理原则走向统一的比例原则》，载《中国法学》2016年第3期。

[134] 参见［德］哈特穆特·毛雷尔：《行政法学总论》，高家伟译，法律出版社2000年版，第66页。

[135] 参见于改之、吕小红：《比例原则的刑法适用及其展开》，载《现代法学》2018年第4期。

助于立法依据条款的路径是否可以通用到所有部门法领域？其次，正如有学者从刑法和行政法均属于公法领域，推论得出"适用于行政法领域的比例原则与刑法的法益保护原则具有相通与重合之处"，[136]能否推而广之地将比例原则适用到诸如刑事诉讼法等公法领域？甚至，借助部门法规范之间的类推与对比，能否使我国行政法上相对成熟并获得司法适用正当性的比例原则，具备为其他部门法提供参照适用的基础？

方法论立场也是比例原则在适用形态层面进行范式转型的重要体现。换言之，即使不是侧重于一项实体法上的法律原则之定位，比例原则能否作为目的手段理性建构中的路径化、工具性方案，进入法益衡量中的论证过程和司法判断？此外，一方面，能否从超实证规范的立场，[137]将比例原则融通到部门法规范解释适用中的裁判理由部分；[138]另一方面，能否借助不同部门法中的司法先例，尤其是最高人民法院所确立的判例拘束力，为比例原则的适用提供依据，[139]均可以成为努力的方向。

## 结　语

比例原则适用的范式转型，除了自身的内涵和特质使然，更离不开代际更迭中的法治观转型和全球化影响。在全球建构主义的

---

[136] 参见张明楷：《法益保护与比例原则》，载《中国社会科学》2017年第7期。

[137] 比如，拉伦茨认为，比例原则直接来源于正义。［德］卡尔·拉伦茨：《法学方法论》，陈爱娥译，商务印书馆2003年版，第312页，注110。

[138] 最高人民法院《关于加强和规范裁判文书释法说理的指导意见》，明确承认实定法之外的法源作为裁判理由论证的可行性："除依据法律法规、司法解释的规定外，法官可以运用下列论据论证裁判理由，以提高裁判结论的正当性和可接受性：最高人民法院发布的指导性案例；最高人民法院发布的非司法解释类审判业务规范性文件；公理、情理、经验法则、交易管理、民间规约、职业伦理；立法说明等立法裁量；采取历史、体系、比较等法律解释方法时使用的材料；法理及通行学术观点；与法律、司法解释等规范性文件不相冲突的其他论据。"

[139] 比如，在行政法领域，最高人民法院判例首次明确采用比例原则这一概念的"王丽萍案"，在评述部分写道："比例原则目前在我国虽然仍处于理论发展阶段，没有明确的法律规定，但其作为基本的行政法原则，已经得到一致认同，且最高法院在（1999）行终字20号汇丰公司诉哈尔滨市规划局一案中就适用了比例原则，表明我国的最高审判机关亦认同该原则在行政审判中的运用。"参见王丽萍诉河南省中牟县交通局交通行政赔偿案，最高人民法院行政审判庭编：《中国行政审判指导案例》第1卷，第92页。

范式下，不同国家对于比例原则适用的理解和态度，既需要兼容开放，积极回应比例原则范式转型的发展趋势；又必须兼顾自身特点，稳妥寻求范式转型的本土化之路。法治的功能始终在不确定和确定性之间寻求平衡，这种认识似乎同样可以适用于对比例原则范式转型的理解。

无论对比例原则的范式转型持何种态度，也无论是否赞成迈向"统而分殊"的本土化发展路径，甚至是退避到传统公法领域的保守立场，本质上都包含着对作为法学经典概念的"比例原则"，就其"本土适用"在已然和应然层面的肯定。就此而言，在多大程度上开放跨学科领域的适用范围，在怎样的主体结构中实现审查功能的突破，以及基于怎样的认识论基础进行规范主义立场的超越，都离不开对比例原则作为一个"法释义学概念"的底线观察。比例原则发端于德国公法，而行政法作为典型的公法部门，在我国已经借助行政诉讼法体系确立起相对成熟的司法审查机制，积累了较为丰富的本土化司法实践经验，[140]应当借助其对学理发展的助推，寻求为其他部门法提供参考和借鉴。

将行政法领域作为观察比例原则本土发展的重要窗口，一方面，比例原则的规范基础理论已经突破实证法与超实证法规范的体系，通过界分隐含规范和明示规范、[141]诫命性规范和适用性规范的类型化，[142]架构从实体法到程序法、授权法到控权法、行为法到裁判法的规范适用衔接体系；另一方面，在总结本土化司法实践的经验基础上，比例原则在位阶秩序、审查强度、规范类型和引入理据、举证

---

[140] 自 1999 年"汇丰公司案"始至 2019 年，代表最高人民法院司法态度的行政判例有近 50 起，其他各级法院判决仅在"本院认为"部分明确出现比例原则字样的超过 200 例。案件类型已经涵盖行政处罚、行政强制、行政许可、行政裁决、行政协议、政府信息公开以及行政不作为和行政赔偿等领域。

[141] 它以是否吸收德国法释义学上的比例原则概念为标准，有助于解决比例原则究竟作为裁判依据还是裁判理由的地位问题。前者如《人民警察使用警械和武器条例》第 4 条，后者如《突发事件应对法》第 11 条第 1 款。

[142] 它以是否明确比例原则之内涵为标准，有助于解决比例原则"为什么适用"和"在哪里适用"的问题。前者如《湖南省行政程序规定》第 4 条，后者如《重大动物疫情应急条例》第 25 条。

责任和裁判技术的学理都得到丰富和推进。[143] 从未来发展看，实现作为实体性的审查标准和技术论上审查密度多元的“阶层式比例原则建构”，[144]将有助于其契合法治观更迭和全球化浪潮中的范式转型，并致力于成为具有操作性和相对客观化的审查基准来回应“容易流向主观的、反理智的、情感主义”的批判，真正实现学界和实务界对比例原则在全球化与本土化间的“交互性建构”。

---

[143] 从案例视角归纳行政法中比例原则的学理发展，可参见蒋红珍：《比例原则位阶秩序的司法适用》，载《法学研究》2020 年第 4 期；刘权：《行政判决中比例原则的适用》，载《中国法学》2019 年第 3 期；王静：《比例原则在中国行政判决中的适用》，载《交大法学》2017 年第 4 期；蒋红珍：《比例原则在“陈宁案”中的适用》，载《交大法学》2014 年第 2 期；蔡培如：《均衡性原则司法适用解读及适用路径的精致化构造》，载姜明安主编：《行政法论丛》第 19 卷，法律出版社 2016 年版，第 237～253 页。

[144] 借助位阶秩序的构成论和适用论进行阶层式审查密度建构，可参见蒋红珍：《比例原则位阶秩序的司法适用》，载《法学研究》2020 年第 4 期。

# 我国交强险立法定位问题研究

韩长印*

**内容摘要** 交强险的重复投保以及法院处理此类案件中出现的“同案不同判”现象，折射出我国交强险的保障不足及对交强险立法定位的认识分歧。实务中采取解除起期在后交强险合同的裁判方法欠缺保险法的法理依据。重复投保的成因主要在于交强险的封顶式保障模式及事故分项责任限额模式不能为被保险人和受害人提供相对充分的保险保障；而现有保障模式的形成则又受制于交强险的“不盈不亏”费率模式及为商业三责险的运营预留必要盈利空间的立法定位。解决重复投保问题的长远出路在于将商业三责险与强制三责险合二为一，在此基础上取消对三责险的封顶限制，同时改“不盈不亏”的费率模式为“适度盈利”的费率模式。

**关键词** 交强险 三责险 重复投保 合同解除 限额模式

## 一、问题的提出

近年来，我国出现了不少重复投保的交强险案

---

* 韩长印，上海交通大学凯原法学院特聘教授。原文发表在《中国法学》2012 年第 5 期。本文系上海市法学会 2012 年度一般项目“交强险疑难案件法律适用问题研究”的中期成果。台湾政治大学叶启洲教授为本文写作提供了宝贵的资料和建议，特致谢忱。

件,法院对此类案件采用了迥然不同的裁判方法。如果从保单生效的时间上划分,重复投保交强险案件大致可分为“先后生效”与“同时生效”两大类别,法院的裁判思路相应地也分为以下两类。其一,对于“先后生效”的交强险案件,法院采取的做法通常是支持保险公司解除起期在后的保险合同,判决保险公司仅在一份交强险责任限额内承担保险责任。① 其裁判理由主要在于:中国保险行业协会制定并在保监会备案的《机动车交通事故责任强制保险承保、理赔实务规程要点》第1章第5节中规定:“投保人因重复投保解除交强险合同的,只能解除保险期间的起期在后面的保险合同,保险人全额退还起期在后面的保险合同的保险费,出险时由起期在前的保险合同负责赔偿。”中国保险行业协会以中保协函发〔2010〕44号复函对有关保险公司的答复中也称:起期在后的保险公司不承担责任。② 其二,对于“同时生效”的交强险案件,法院采取的做法通常是,认定两份以上的交强险合同均有法律效力,并将两份以上交强险合同的保险金额合并计算,以作为事故受害人的赔偿责任总限额。③ 这些法院的裁判依据主要在于:一方面,现行的强行法规范没有对

---

① 参见四川省双流县人民法院民事判决书,(2010)双流民初字第2742号,载中国保险行业协会组织编写:《保险诉讼典型案例年度报告》第3辑,法律出版社2011年版(本文以下引作“《保险诉讼典型案例年度报告》第3辑”),第383~386页。本案案情为:2009年2月9日和2010年1月13日,王某分别在甲、乙两家保险公司各购买一份交强险,保险期限均为1年。2010年1月29日,王某驾驶被保险车辆与凡某驾驶的人力三轮车相撞,致凡某伤残。法院判决支持保险公司解除起期在后的第二份保险合同。与此相似的一个案例是:杜某于2009年6月24日向某甲保险公司投保交强险,后发生事故,甲保险理赔117,583元之后,发现杜某此前曾在乙保险公司投保交强险并已获得等额赔偿,遂诉至法院要求杜某退还重复获益的交强险理赔款。法院支持了保险公司的诉讼请求。参见吉林省白城市洮北区人民法院民事判决书,(2010)白洮民初字第297号,参见中国保险行业协会组织编写:《保险诉讼典型案例年度报告》第3辑,第396~398页。

② 参见前引吉林省白城市洮北区人民法院民事判决书,(2010)白洮民初字第297号。

③ 参见湖南省株洲市中级人民法院民事判决书,(2010)株中法民一终字第188号,中国保险行业协会组织编写:《保险诉讼典型案例年度报告》第3辑,法律出版社2011年版,第387~392页。本案案情为:某运输中心作为被保险人为其拥有的赣09号变型拖拉机,于2009年2月19日分别在甲、乙两家保险公司共投保两份交强险,后发生事故涉诉。一审法院认为,我国尚未有法律、法规明确禁止两份交强险合同同时受偿,两份交强险合同并不违反我国现行法律、法规的强制性规定,均有法律约束力;我国交强险立法的目的在于以人为本,最大限度保障受害人获得及时有效的经济补偿和医疗救治,两份交强险合同的效力应受法律保护。二审法院维持了一审法院的判决。

重复投保的交强险合同的效力作出否定性评价；另一方面，《道路交通安全法》第76条作为《机动车交通事故责任强制保险条例》（以下简称《交强险条例》）的上位法，确立了保护交通事故受害人权益的无过错责任原则。④

无论从我国现有法律规定的角度看，还是从保险法法理的视角进行分析，法院采取的判决解除起期在后的交强险合同这一做法，都会存在以下明显的缺陷：

1. 与《交强险条例》规定的解除交强险合同的条件不符。按照《交强险条例》第14条规定，保险公司解除交强险合同的唯一事由是"投保人对重要事项未履行如实告知义务"；并且，保险公司解除交强险合同必须遵从一定的程序，即解除合同之前，必须书面通知投保人，并且有义务在投保人接到书面通知之日起5日内接受投保人对重要事项履行告知的补正；在解除合同之后，还必须收回已经送达的保险单和保险标志，并书面通知机动车管理部门。⑤ 反观交强险的重复投保行为：首先，未见相关立法将是否重复投保列入告知义务的"重要事项"范畴；其次，某些重复投保的合同是与同一家保险公司共同订立的合同，投保方并未违反告知义务，反倒是保险公司主动接受了重复投保的做法；⑥最后，《交强险条例》第9条早在2006年就要求有关机关逐步建立"有关机动车交通事故责任强制保险、道路交通安全违法行为和道路交通事故的信息共享机制"，《交强险条例》实施至今已经15年有余，对于保险行业不愿意接受的重复投保问题不仅不能通过信息共享而加以杜绝，反而将该问题通过赋予保险公司单方解除权加以处置，其中所要宣示的保险

---

④ 山东省昌乐县人民法院在(2010)乐民一初字第1005号民事判决书认定，《交强险条例》的相关规定违反了作为上位法的《道路交通安全法》规定，遂根据《道路交通安全法》第76条在认定两份合同均有效的基础上，对相似案件直接作出了相应的判决。参见中国保险行业协会组织编写：《保险诉讼典型案例年度报告》第3辑，法律出版社2011年版，第322~323页。

⑤ 有学者还讨论了交强险解除后退还保费的事宜。参见张新宝、陈飞：《机动车交通事故责任强制保险条例理解与适用》，法律出版社2006年版，第121页。

⑥ 前引山东省昌乐县人民法院(2010)乐民一初字第1005号民事判决书所涉一案即属同一保险公司接受两份交强险的双重投保。参见中国保险行业协会组织编写：《保险诉讼典型案例年度报告》第3辑，法律出版社2011年版，第323页。

理念实在令人不解，莫非为了在重复保险而又没有发生保险事故的情况下，赚取额外的保险费？

2. 与《保险法》有关重复保险的处理方式不相符合。即便法院认定交强险的重复投保适用重复保险的处理规则，根据《保险法》第56条第2款规定，重复保险的处理方法也不是区分合同订立或者生效的先后而由保险公司对起期在后的合同行使解除权，[⑦]而是除了合同另有约定外，[⑧]由各保险人按照其保险金额与保险金额总和的比例承担赔偿保险金的责任，并且各保险人赔偿保险金的总和不得超过保险价值。如果一概采取“解除起期在后合同”的方法，则对于同日生效的两份以上的交强险合同，会陷入束手无策的境地。何况，如果合同解除是在保险事故发生之前，根本就不涉及保险公司的保险责任；如果是在保险事故发生之后，由于保险合同的解除实质上是保险合同的终止，对解除之前发生的保险事故保险公司仍应承担保险责任，结果是解除与否没有什么意义。[⑨]

3. 与重复保险的保险法一般法理不符。即便从保险法法理上把重复保险区分为善意与恶意的视角看，交强险的重复投保也难谓构成恶意重复保险从而确认其无效或者解除其效力。不少学者从抑制恶意重复保险诱发道德危险的角度，主张我国大陆保险立法应借鉴我国台湾地区做法，对重复保险的善意、恶意作出区分并区别对待。[⑩] 的确，我国《保险法》不仅没有对重复保险的善意、恶意作出区分，而是“认定所有构成重复保险的合同均为有效合同，并采用

---

⑦ 这也正是(2010)株中法民一终字第188号民事判决书中株洲县人民法院一审审理的案件中，为何保险公司上诉中提出在一份交强险限额内由“两家保险公司比例分摊”的请求。

⑧ 这里的另有约定，如果产生约定之间互不负责的竞合情况，则适用相关的保险竞合处理规则。参见易萍：《保险竞合制度研究》，上海交通大学2010年民商法专业硕士学位论文，第14页。

⑨ 有学者提出了这样的建议，“我国关于责任强制保险合同的解除权规定，应修订为保险合同的终止，符合机动车责任强制保险合同效力维持的发展趋势”。参见李青武：《机动车责任强制保险制度研究》，法律出版社2010年版，第131页。

⑩ 这些学者主张，在我国保险法中“引入恶意重复保险理论，从当事人主观心态的立场加以划分，区别恶意重复保险的存在，使主观具有恶意的投保人所订立的保险合同归于无效”。参见史卫进：《保险法原理与实务研究》，科学出版社2009年版，第175页；温世扬、黄军：《复保险法律问题探析》，载《法商研究》2001年第4期。

比例赔偿的方法”加以处置；而且没有规定投保人违反重复保险的通知义务的法律后果。若重复保险未被发现，则被保险人就可能获得多重赔偿，即便被发现，其获得的赔偿金额不仅不因此减少，反而要全额退还保险公司多收的保险费用，这客观上无疑会对重复投保现象产生激励和纵容的作用。但下文的分析将表明，交强险作为责任保险的一种，属于第三方保险，被保险人一般没有获取不当利益的可能。所以，重复投保的交强险不仅不应适用恶意复保险的合同无效规则，而且无所谓保险事故发生之后保险费的退还问题。原因在于责任保险在保险危险发生之前，判断保险金额是否足以填补被保险人对第三人的赔偿责任，投保人可以根据合同自由原则在保险危险发生之前通过减少保险金额从而要求退还相应的保险费；但在保险事故发生之后，应当不发生所谓的保费退回问题。因而，前述《机动车交通事故责任强制保险承保、理赔实务规程要点》第1章第5节规定的“保险人全额退还起期在后面的保险合同的保险费”，也与交强险作为责任保险的一般特性相违背。

有必要明确指出的是，法院以重复保险为理由，判决解除起期在后的交强险合同，其最直接的缺陷在于，与交强险作为第三者责任险的性质不相吻合而难以适用重复保险规则，因为责任保险在保险事故发生之前，无所谓保险价值的确定，也就无所谓保险金额超过保险价值的问题，因而不能按照积极保险的判断方法得出交强险重复投保就一定构成重复保险而解除合同或者按照重复保险比例分摊规则进行处理的结论。

## 二、重复保险的立法功能及交强险适用与否之判断

我国《保险法》第56条第4款规定：“重复保险是指投保人对同一保险标的、同一保险利益、同一保险事故分别与两个以上保险人订立保险合同，且保险金额总和超过保险价值的保险。”

重复保险的立法功能在于通过防止被保险人经由重复保险获得不当利得，进而预防道德危险的发生。[11] 重复保险的立法根据在

---

[11] 有学者进一步指出，规制复保险关系的立法意旨，举其要者，有以下四端：其一，防止超额保险；其二，避免不当得利；其三，制止道德危险；其四，增强安全保障。其中第四项立法意旨表现在保护要保人或被保险人利益方面，减少或避免因保险人资力不足所承担的风险。参见温世扬、黄军：《复保险法律问题探析》，载《法商研究》2001年第4期。

于财产保险贯彻损失填补原则，是损失填补原则的下位规则之一。保险法在财产保险中除了限制重复保险之外，还限制投保方超额保险，并赋予保险公司对造成保险标的损失的第三人以代位追偿权。但重复保险规则是否以及如何适用于包括交强险在内的责任保险，则是个值得探讨的问题。

根据保险法原理，损害保险可以分为积极保险和消极保险。⑫积极保险是指保险利益的关系联结对象为被保险人的某一特定财产或者利益，其保险金额可以通过该特定财产或者利益的客观价值加以确定，进而通常在保险合同订立之时便可确定保险合同是否构成超额保险或者重复保险。积极保险中重复保险的法律后果不外有二，“若非造成被保险人不当得利，就是造成保险费的浪费”。⑬

而消极保险则是指以消极保险利益为保险客体的保险，其保险利益的关系联结对象并非特定财产或利益，而在于被保险人的一般财产之上。⑭“消极保险所填补的，系被保险人因法律规定、契约约定所生的责任或者事实上之必要费用，对被保险人所产生之总体财产的经济上负担，并非被保险人因其特定财产所遭受的损害。”⑮消极保险的保险金额无法事先在保险契约订立时通过特定财产或者利益的客观价值加以确定，只需在合同中约定责任限额，而待保险事故发生后，如果保险金额超过损害赔偿额，被保险人仅可在损害额的范围内获得全额补偿或者相应补偿，此时保险合同的效力并不适用超额保险的规定，也不适用不足额保险的相关规定。

当消极保险中的保险金额低于损害额时，被保险人只能在责任限额内获得赔偿，而当保险危险发生时被保险人对第三人的损害赔偿额超过保险金额时，保险公司只在保险金额范围内予以赔偿。就是说，责任保险作为消极保险的一种，在保险事故发生之前，均不会发生所谓的超额保险或者重复保险问题，即便有两份以上的保险合

---

⑫　参见江朝国：《保险法基础理论》，中国政法大学出版社2002年版，第86～111页。

⑬　参见叶启洲：《强制汽车责任保险之复保险撤销权与法定保险金额制——新强制汽车责任保险法第二十二条评析》，载台湾地区《法学丛刊》2007年第4期。

⑭　参见江朝国：《保险法基础理论》，中国政法大学出版社2002年版，第86～111页。

⑮　叶启洲：《强制汽车责任保险之复保险撤销权与法定保险金额制——新强制汽车责任保险法第二十二条评析》，载台湾地区《法学丛刊》2007年第4期。

同存在，也仅在形式上构成重复投保或者构成“复合保险”，[16]此时，虽可参照重复保险的处理规则进行比例分摊，但各保险人合计赔偿的保险金额同样不得超过被保险人的损害赔偿额，不允许被保险人在损害额之外获得保险金赔偿，[17]而这仅仅是损失填补原则在责任保险中的体现和贯彻而已，无所谓构成积极保险意义上的重复保险。因为责任保险作为消极保险同样必须贯彻损失填补原则，不允许被保险人不当得利。[18] 包括交强险在内的所有责任保险险种，即便投保人订有两份以上的保险合同，也同此理。

然而，我们必须承认，我国当前立法并不鼓励交强险的重复投保行为，因为它要么会给被保险人不当得利创造了可能的机会，要么会造成被保险人额外的保险费支出（因为实践中的惯常做法是恪守保险人对损失额的比例分摊），还可能增加案件处理的成本开支。[19] 何况，就目前机动车三责险的立法定位，正如有学者指出的，交强险对于机动车驾驶员而言只是基本保障，而交通事故中的受害方从交强险中获得的也仅仅是部分补偿；如果想以交强险代替商业险来获取限额之外的赔偿，这不符合强制保险制度的政策性。[20]

那么，重复投保是否应当在我国交强险司法实践中加以否定或禁止呢？答案或许是否定的。

首先，重复保险防止被保险人不当得利的立法功能在交强险中

---

⑯　参见韩长印、韩永强：《保险法新论》，中国政法大学出版社 2010 年版，第 218 页。

⑰　参见我国《保险法》第 56 条第 2 款。这也正是吉林省白城市洮北区人民法院在审理杜某一案时支持保险公司追回额外支付的保险理赔款的原因所在。参见吉林省白城市洮北区人民法院民事判决书，(2010) 白洮民初字第 297 号，详见前引①，中国保险行业协会组织编写：《保险诉讼典型案例年度报告》第 3 辑，第 396～398 页。

⑱　参见叶启洲：《保险法专题研究》(一)，台北，元照出版有限公司 2007 年版，第 68～69 页。

⑲　重复保险在特定情况下具有一定的积极意义，即“当保险人出现偿付能力不足或破产的情形时，重复保险能保证被保险人得到足额的安全保障”，“善意的重复保险合同，因投保人旨在得到双重保障，而非获得双重赔偿，法律予以保护，如在海运货物保险业务中，往往发生既在卖方所在地的保险公司保险，又在买方所在地的保险公司保险的情况”。参见孙积禄：《保险法》，高等教育出版社 2008 年版，第 116～117 页。

⑳　参见王卫国、曾宪杨：《交强险重复投保如何赔付》，载《上海保险》2011 年第 1 期。该文是笔者检索到的唯一一篇专论交强险重复投保的论文，其学术敏感性值得钦佩，但该文对交强险中的重复投保并不持肯定态度。

无法得到体现。道理非常简单,交强险作为责任保险属第三方保险,[21]系为第三方利益而设,保险合同的保障对象和保险金的最终赔付对象是交通事故的受害第三人。被保险人以及被保险车辆上的"本车人员"均不属于交强险保险金的赔偿对象,保险公司最终的赔偿数额是根据被保险人对受害第三人承担的损害赔偿责任来决定的,被保险人本身不可能产生不当得利问题。

其次,交强险中被保险人不具有制造道德危险或者交通事故的内在诱因。一方面,交强险的保险费收取实行差别费率制,这是保证交强险促进道路交通安全立法目的实现的措施之一。《交强险条例》第 8 条规定:"被保险机动车发生道路交通安全违法行为或者道路交通事故的,保险公司应当在下一年度提高其保险费率。……多次发生道路交通安全违法行为、道路交通事故,或者发生重大道路交通事故的,保险公司应当加大提高其保险费率的幅度。"另一方面,对于无证驾驶肇事、醉酒驾驶肇事、故意制造交通事故等恶意肇事行为,保险公司在责任限额范围内垫付抢救费用之后,有权向致害人追偿;甚至假如保险公司就恶意肇事行为向受害第三人承担了保险金的垫付义务的,也有权向被保险人或者致害人追偿。[22]

这样来说,意图获得不当得利并非投保人重复投保交强险的主要动因,重复投保交强险的目的和诱因,归根结底在于通过强制性的赔付条件和程序以及相对低廉的保险费价格获得被保险人自身和受害第三人更大程度的保险保障和更为充分的补偿需求。也就是说,重复投保交强险的需求和做法并不足以构成法律上的否定性评价,也不足以构成道德观念上的不光彩行为。因此,对交强险的重复投保直接持否定态度,法理上是值得检讨的。如果司法实践中法院决意否定重复投保的效力,其合理的裁判依据显然不是基于防止被保险人不当得利,只能在于迎合所谓交强险的"法定分项封顶

---

[21] 该保险和以"第一人保险契约"为基础建立起来的无过错保险制度存在根本差别。后者不仅对第一人(要保人兼被保险人)责任提供保障,亦扩大将第二人责任(车上乘客之伤亡)与第三人责任(行人之伤亡),于被保险人驾驶被保险汽车肇事时,不论其过失与否,保险人对其所造成之上述三种损害一概予以赔偿。此种保险已非单纯的责任保险或者伤害保险,可以说是已经成为一种融合人身保险(伤害险)与财产保险(责任险)之综合保险。参见江朝国:《强制汽车责任保险法》,中国政法大学出版社 2006 年版,第 16 页。

[22] 参见韩长印、易萍:《交强险中恶意肇事的保险垫付责任》,载《法学》2010 年第 10 期。我国现行立法对此类恶意肇事行为既免予承担保险责任,又免于承担垫付责任。

式限额”的基本保障(而非充分保障)定位,为“一车一份交强险”之外的商业三责险预留充分的市场份额和盈利空间而已,但却忽略了交强险这一政策性保险本应承担的风险管理责任。

## 三、交强险责任模式及保障程度之检讨

关于交强险的责任模式可以从保险金的赔付模式和保险金的限额模式两方面进行分析。前者是指个案中保险金赔偿和给付的具体方式;后者是指整个交强险在保障限额是定位在基本保障还是充分保障的立法政策选择方面。

### (一)交强险赔付模式及保障程度之检讨

立法例上,交强险的赔付方法具有不同的分类模式。其一,根据是否区分赔偿项目而设定责任限额,分为概括限额与分项限额。两者差异在于,分项限额不允许分项间赔偿额的相互抵用,其立法宗旨体现了交强险保护受害人利益的不同侧重点,即保障的重点依次是:人身伤亡、医疗费用、财产损失。但在某项赔偿金额过高而其他赔偿金额较低的情况下,由于分项限额不允许各项目间相互打通、相互抵用,受害人得到的保障程度将明显低于概括限额模式。㉓其二,根据是否区分受害人人数而设定不同的责任限额,分为事故限额与受害人限额。两者差异在于,事故限额是指一次事故不管有多少受害人人数,均在固定的一个责任限额内赔付,保险公司赔付的最高限额不因人数的增加而相应增加;而受害人限额则相反。如将两种分类合在一起可进一步区分为:受害人概括限额、受害人分项限额、事故概括限额与事故分项限额四种模式。该四种模式对于受害人的综合保障程度(不考虑其保障的侧重点)从高到低依次是:受害人概括限额、受害人分项限额、事故概括限额、事故分项限额。也就是说,受害人概括限额对受害人的保障程度最高,而事故分项限额对受害人的保障程度最低。

我国由保监会批准、保险行业协会制定的《机动车交通事故责任强制保险条款》(以下简称《交强险条款》)第6条规定:“交强险

---

㉓ 概括限额与分项限额又称为“单一限额制”与“分离限额制”。林勋发教授指出,分离限额制之保费负担虽然较低,但极易误导被保险人,造成保额不敷实际需要,致无法获得充分保障。参见林勋发:《大陆强制汽车责任保险制度比较评析》,载台湾地区《铭传大学法学论丛》2010年第13期。

合同中的责任限额是指被保险机动车发生交通事故,保险人对每次保险事故所有受害人的人身伤亡和财产损失所承担的最高赔偿金额。责任限额分为死亡伤残赔偿限额、医疗费用赔偿限额、财产损失赔偿限额以及被保险人在道路交通事故中无责任的赔偿限额。其中无责任的赔偿限额分为无责任死亡伤残赔偿限额、无责任医疗费用赔偿限额以及无责任财产损失赔偿限额。"[24]据此判断,我国采用的限额模式是"事故分项限额"模式,而非事故概括限额或者受害人概括限额模式。也就是说,是四种模式中对受害人的保障程度最低的模式。

以我国现行法定分项限额模式下1份交强险为例,被保险人有责时的死亡伤残、医疗费用、财产损失赔偿限额分别为110,000元、10,000元、2000元、合计122,000元。假定一次事故造成甲、乙2名受害人死亡伤残和财产损失,并假定具体损失额分别为,甲:死亡伤残10,000元、医疗费用100,000元、财产损失150,000元;乙:死亡伤残150,000元,医疗费用100,000元、财产损失10,000元,试列表例示(见表1)。[25]

---

[24] 《交强险条款》第8条规定:"在中华人民共和国境内(不含港、澳、台地区),被保险人在使用被保险机动车过程中发生交通事故,致使受害人遭受人身伤亡或者财产损失,依法应当由被保险人承担的损害赔偿责任,保险人按照交强险合同的约定对每次事故在下列赔偿限额内负责赔偿:(一)死亡伤残赔偿限额为110,000元;(二)医疗费用赔偿限额为10,000元;(三)财产损失赔偿限额为2000元;(四)被保险人无责任时,无责任死亡伤残赔偿限额为11,000元;无责任医疗费用赔偿限额为1000元;无责任财产损失赔偿限额为100元。"

[25] 一次事故有两个以上受害人时,各受害人之间就限额内保险金的分配方式,立法并未做出规定。实务中通常并用以下三种方式:(1)平均分配。当各受害人的(单项)概括赔偿金额超过法定责任限额时,平均分配。比如,甲、乙的(死亡伤残)赔偿金都超过(5.5)6.1万元时,每人平均获赔(5.5)6.1万元。(2)先少后多模式。比如,甲、乙的死亡伤残赔偿金分别为2万元、10万元时,甲获赔2万元,乙获赔9万元(如果两人以上各人的赔偿总额不同,则情况更为复杂)。(3)先来后到模式。比如,甲、乙的死亡伤残赔偿金均超过11万元时,如果甲先行提起诉讼,法院有可能把11万元全部判赔给甲(因为法官无法判断乙是否提起诉讼以及何时提起诉讼)。显然,由于立法和司法实践中对该问题没有统一的审理标准,同样会产生相应的同案不同判现象,这里还不考虑同一事故经由不同的法官承办时,可能忽视不同受害人之间的平衡获赔问题。表1中所作的列举只是展示这里提到的一部分分配方式。从逻辑上讲,上述三种方式之外至少还有两种方式:其一,比例赔偿模式。亦即,按每人的实际分项损害赔偿额分别占法定事故分项限额的比例进行赔偿。其二,死亡伤残和医疗费用赔偿优先于财产损失。此处略述。当然,一俟未来立法改采最佳的受害人事故限额模式之后,区分上述不同的分配方式自然就会丧失其意义。

**表1　一份我国现行法定分项限额模式下的交强险**

单位：万元

| 受害人 | 受害人概括限额 | 受害人分项限额 | 事故概括限额 | | | 事故分项限额 | | |
|---|---|---|---|---|---|---|---|---|
| | | | 方法(1) | 方法(2) | …… | 方法(1) | 方法(2) | …… |
| 甲 1/10/15 | 12.2 | 1+1+0.2=2.2 | 6.1 | 6.1 | …… | 1+0.5+0.1=1.6 | …… | …… |
| 乙 15/10/1 | 12.2 | 11+1+0.2=12.2 | 6.1 | 6.1 | …… | 10+0.5+0.1=10.6 | …… | …… |
| 两人合计获赔 | 24.4 | 14.4 | 12.2 | 12.2 | | | | |

《交强险条例》第23条第1款规定："机动车交通事故责任强制保险在全国范围内实行统一的责任限额。责任限额分为死亡伤残赔偿限额、医疗费用赔偿限额、财产损失赔偿限额以及被保险人在道路交通事故中无责任的赔偿限额。""机动车交通事故责任强制保险责任限额由保监会会同国务院公安部门、国务院卫生主管部门、国务院农业主管部门规定。"由此可以肯定地说，我国的交强险责任限额模式并不是由《道路交通安全法》作出规定的，并且从字面和文义上看，《交强险条例》也仅仅确立了"分项限额"的赔偿模式（排除概括限额模式），但并未明确分项限额具体是"事故分项限额"还是"受害人分项限额"。

保监会于2008年1月11日公布了我国现行的交强险责任限额调整方案，自当年2月1日起开始执行，这是2006年责任限额方案的升级版。[26] 无论2006年的责任限额方案还是现行责任限额调整方案，均没有明确确定我国究竟是采用事故限额还是受害人限额模式。确切地说，是中国保险会批准、中国保险行业协会制定的《交强险条款》这一全国统一的格式保险合同文本正式确立了我国的事故分项限额模式（见前文《交强险条款》第6条）。而这偏偏是四种

[26] 参见中国保监会网：http://www.circ.gov.cn/tabid/106/InfoID/61961/frtid/3871/Default.aspx，最后访问日期：2012年1月8日。此前，保监会曾于2006年6月19日发布了旧的责任限额方案。

限额模式中对受害人保障程度最差的模式。无怪乎，一些法院在审理案件的过程中，并不情愿适用《交强险条例》和《交强险条款》。[27]

对于法院的上述做法，有论者指出：司法审判中打通赔付分项限额的做法，“一方面是没有意识到交强险的特殊保险性质，另一方面则是……想借打通限额简化程序、推卸责任、增加自身便利甚至牟取不当利益。这种行为应当坚决予以反对，根除于萌芽之中，以免对交强险、对社会、对人民群众造成更大的损害”。[28] 问题在于，如果说分项限额是《交强险条例》作为行政法规加以确定的话，那么，关于事故限额抑或受害人限额的规定，即限额模式的规定是否也该由行政法规作出明确的规定而不是交由保险条款来“约定”？保险行业协会或者保监会是否有权创设事故分项限额（而不是受害人分项限额）的限额模式？我们不禁要问，责任限额这种同一性质的规范内容为何不是由同一效力层次的立法规范来加以创设呢？何况，如果就交强险的保险金额设定上限之后，是否还有充分的理由区分不同项目设置上限，从而推行各模式中保障程度最低之责任赔偿模式？

我国台湾地区保险方面专家施文森教授指出，如若强制汽车保险法一方面将赔付基础确定为严格责任，另一方面又就赔付项目加以列举以及就每一个人之应赔偿金额设定上限，必然为被保险人就超过赔付项目及赔偿金额上限部分所应付之赔偿责任带来负累。[29]

我国交强险作为一种“保障机动车道路交通事故受害人依法得

---

[27] 这方面的例子不在少数。早在2008年，江苏省溧阳市人民法院在审理胡某诉范某无证驾驶肇事一案中，判决认为：《交强险条例》第22条的规定与《道路交通安全法》第76条的规定冲突，应适用上位法。遂判定保险公司的答辩意见不成立。参见江苏省溧阳市人民法院民事判决书，(2008)溧民一初字第3549号，载中国保险行业协会组织编写：《保险诉讼典型案例年度报告》第1辑，法律出版社2009年版，第289~290页。综合相关案例，还可发现法院审理交强险的法律适用情况可具体分为：其一，仅仅适用《道路交通安全法》第76条而不适用《交强险条例》对案件作出判决；其二，选择适用《交强险条例》第1条关于立法目的的规定，而不适用该条例其他相关条款的规定；其三，有的法院选择适用《交强险条款》作为处理交强险案件的合同依据，有的则拒绝适用。

[28] 参见朱铭来、吕岩：《我国交强险经营若干法律实务问题评析》，载杨华柏主编：《保险业法制年度报告2009-2010》，法律出版社2011年版，第97页。

[29] 参见施文森、林建智：《强制汽车保险》，台北，元照出版有限公司2009年版，第25~26页。

到赔偿”的政策性保险，首先通过《道路交通安全法》确立了责任限额制度，然后通过行政法规《交强险条例》设定了分项限额制度（和有责无责区分限额赔偿制度），最后则通过《交强险条款》设定了迥异于受害人分项限额的“事故分限限额制度”。至此，其限额模式的弊端至为明显地显露出来。

其一，当事故导致多名受害人受害与一名受害人受害时，各受害人获赔的数额和比例将产生严重差异。多名受害人分项获赔的数额不得超过122,000元的分项最高限额，对于无辜而又无法左右事故严重程度的多名受害人而言不但因事故程度的增加而更显保障不力，而且实际上是让他们就自己的保障问题听天由命。

其二，当受害人某一分项损失额过大而超过上限时，无法打通立法的分项壁垒而互相抵用，对受害人的保障程度极为有限。在陈某诉黄某一案中，黄某肇事致陈某车辆损失等合计88,200元，按照分项限额的赔偿方法，陈某只能获赔财产损失2000元；[30]再如，某受害人并无死亡伤残却需要长期治疗而须支付巨额医疗费时（在受害人治愈前，保险公司对死亡伤残赔偿限额110,000元是不预先支付的），医疗费用的赔偿限额最多为10,000元，被保险人通过投保转移保险危险的程度之低由此也可见一斑。[31]

其三，将医疗费从死亡伤残赔偿项目中分离出来，并且其金额与死亡伤残赔偿金额相失调的结果，“导致了被保险人宁愿将受害人致死，而不愿意受害人受伤，原因是……如果受害人受伤需要大

---

[30] 但本案法院采用了概括限额赔偿方式，使陈某在交强险122,000元的限额内获赔全部损失88,200元。参见浙江省杭州市余杭区人民法院民事判决书，（2010）杭余民初字第2225号，载中国保险行业协会组织编写：《保险诉讼典型案例年度报告》第3辑，第320~321页。

[31] 《交强险条例》和《交强险条款》似乎都没有明确，在不构成死亡、伤残的情况下，诸如误工费、护理费、住宿费、交通费等费用是否可以在“死亡伤残赔偿限额”内赔偿。如果司法实务对此采肯定态度，则在受害人并未死亡或者并未构成伤残的情况下，保障程度会更高一些；但如果司法实务中的态度相反，或者受害人出现了死亡伤残，上述项目计算在“死亡伤残赔偿限额的结果”，仍将会出现“此涨彼消”的不利后果。对此，司法实践中存在不同的意见。参见福建省泉州市中级人民法院民一庭：《涉及机动车交通事故责任强制保险赔偿案件若干问题的调研报告》，载《民事审判指导与参考》2010年第2集（总第42集），法律出版社2011年版，第72~73页。同时，我们也无从知悉厘定交强险费率时，是以哪种操作方法作为费率确定基础的。

量治疗费,保险人在医疗费方面的赔偿限额仅为 10,000 元,如果是多人受伤,保险人赔付的微薄医疗费,可谓杯水车薪,难以满足受害人治疗需求,大量的医疗费将由被保险人承担。这种分项规定,容易导致被保险人主观向恶”。[32]

其四,致害人无责肇事时,[33]受害人所能获得的数额微乎其微,即最多获赔 12,100 元的赔偿金额(伤残赔偿限额为 11,000 元、医疗费用赔偿限额为 1000 元、财产损失赔偿限额为 100 元)。

笔者已经注意到,已经有司法审判人员对分项限额的实际效果提出了质疑,并提出了向概括限额改革的建议,如规定医疗死亡伤残赔偿限额改为 120,000 元,而不再区分死亡伤残赔偿、医疗费用赔偿的限额。[34] 这多少反映了司法实践对受害人分项限额立法错位的回应。

固然,根据保险合同法的对价平衡原则,[35]确定的保险金额应当对应确定的保费标准,保险金额的提高有可能相应增加投保人的保费负担。问题是,过低的责任限额是否能达到转移被保险人事故风险的目的,[36]以及是否在受害人的权益保障和被保险人的保费负担之间达到合理的平衡,这本身也是考量保险限额时不可忽略的问题。何况,我国保险费的厘定因素并没有在立法中明确地反映出

---

[32] 参见前引 9,李青武:《机动车责任强制保险制度研究》,第 150 页。李青武先生还指出,我国现行规定,还会遏制保险人之间的竞争,不利于保险人通过责任限额方面的竞争,向社会提供更多的低保费、高保障的机动车责任保险。详见该书第 150~151 页。

[33] 实务中,交警部门还可能因为无法查清事实、属意外事故等而对责任不予认定的情况。

[34] 参见福建省泉州市中级人民法院民一庭:《涉及机动车交通事故责任强制保险赔偿案件若干问题的调研报告》,载《民事审判指导与参考》2010 年第 2 集(总第 42 集),法律出版社 2011 年版,第 76 页。

[35] 该原则又称给付反给付均等原则,日本学界又称收支相等原则,是指所收取的保险费与所承担的风险或者保险金的给付相当。参见汪信君、廖世昌:《保险法理论与实务》,台北,元照出版有限公司 2010 年版,第 5 页。

[36] 有调查表明,“在我国现有医疗保险制度、医疗体系尚不完善的情况下,当发生重大交通事故,尤其是造成严重的多人伤亡的情况时,10,000 元的医疗费用远远不足以支付受害人巨额的医疗费用,使得交强险的保障受害人得到及时救治的功能无法体现”。参见福建省泉州市中级人民法院民一庭:《涉及机动车交通事故责任强制保险赔偿案件若干问题的调研报告》,载《民事审判指导与参考》2010 年第 2 集(总第 42 集),法律出版社 2011 年版,第 63 页。

来，保险责任限额在费率结构中的占比也无从考究。

（二）交强险限额模式及保障程度之检讨

根据保险法理论，交强险作为一种责任保险，其保险金额的多少应当根据被保险人在发生事故后可能对受害人承担的损害赔偿责任而定，即在可能发生的赔偿额限度内，满足被保险人通过保险转移风险的内在诉求。实务中，每个被保险人都可以根据自己的驾驶水平、驾驶习惯、所在地交通状况、事故概率以及自身对事故赔偿责任的承担能力，来决定购买多大限额的包括交强险在内的机动车第三者责任险。如果交强险的责任限额足以提供充分或者完全的保障来满足被保险人的保险需求，实践中在交强险之外当无商业三责险存在的余地；反之，如果交强险责任限额所能提供的保障并不充分，那么，除非机动车所有权人或者管理人对超出交强险责任限额的事故风险愿意主动自留或者被动自担，实务中都会有附加购买商业三责险的保险需求。否则，被保险人和事故受害人都将处于保障不足的境地。

事实上，我国现行立法实行的是固定的、既保底又封顶的交强险责任限额制度，也就是说，交强险的赔偿限额最少是人民币122,000元，最多也是人民币122,000元（姑且不考虑分项限额还是综合限额、事故限额还是受害人限额）。实务中，保险人在信息充分的情况下通常是不接受投保人订立两份以上的交强险合同的。这样说来，交强险的封顶式法定限额如果偏低甚至过低，将产生以下后果：

其一，仅仅购买一份交强险不足以完全分散被保险人潜在的保险危险，必将迫使被保险人另外购买商业三责险以为补充。否则，受害人和被保险人的利益均可能得不到相应的完全保障，最终与《交强险条例》第1条确立的“保障机动车道路交通事故受害人依法得到赔偿”立法目的相背离。

其二，在封顶式法定限额模式下，本来可以通过重复投保交强险而节省的保险费（因为交强险的基础费率实行总体上不盈不亏的原则），[37]被别无选择地转移到商业三责险中而成为保险公司的收

---

[37] 《交强险条例》第6条规定：“机动车交通事故责任强制保险实行统一的保险条款和基础保险费率。保监会按照机动车交通事故责任强制保险业务总体上不盈利不亏损的原则审批保险费率。”

入和利润。商业三责险中诸多的除外不保事项,将事实上转化成被保险人和受害人的风险,最终成为被保险人的责任负担。显然,封顶式法定限额的交强险保障模式极大地限制了被保险人和受害人的保障程度。

第三,将机动车三责险这样一个单一属性的险种明显地分割为强制保险和商业保险两份性质不同的保险关系,"使得强制汽车责任保险在保险实务上形成一种脱离汽车第三人责任保险之特殊险种。强制汽车责任保险与任意第三人责任保险之间,遂形成一种既割裂又衔接的奇妙关系"。[38] 所谓割裂,除了适用不同的法律规范外,被保险人与受害人在两种法律关系中所获得的保障差别极为悬殊;所谓衔接,则指无论在强制保险的法定保险金额之内或之外,要保人均有投保任意责任保险的需求。[39]

对于我国交强险与商业三责险双轨模式的形成背景及利弊得失,有学者作出了这样的评价:"同属商业保险的交强险与自愿机动车第三者责任保险并存,似乎是简单复制某些立法例关于机动车责任强制保险的制度框架而形成的。以我国台湾地区为例,1996 年颁布的"强制汽车责任保险法"规定了最高限额的汽车责任强制保险,其主要目的是改革先前的强制汽车责任保险的不足,诸如以汽车交通事故的过失责任和推定过失责任为归责原则的责任保险,不能为受害人提供有效的救济,等等。但是,在我国大陆,机动车肇事而引起的赔偿责任,其归责原则自 1986 年《民法通则》后就实行"无过失责任原则",此为理论和司法实务的通说;以此为基础的机动车责任保险,以机动车无过失赔偿责任为承保之标的,并不存在我国台湾地区改革机动车过失责任或推定过失责任的需求;立法者所要完成的工作只不过是要对机动车第三者责任保险附加强制性而已,实现机动车第三者责任自愿保险向机动车第三者责任强制保险的转轨;这在立法技术和制度设计上比引进一项能够"局部"替代机动车交通事故侵权损害赔偿责任的新制度(诸如机动车无过失保

[38] 参见叶启洲:《强制汽车责任保险之复保险撤销权与法定保险金额制——新强制汽车责任保险法第二十二条评析》,载台湾地区《法学丛刊》2007 年第 4 期。

[39] 参见叶启洲:《强制汽车责任保险之复保险撤销权与法定保险金额制——新强制汽车责任保险法第二十二条评析》,载台湾地区《法学丛刊》2007 年第 4 期。

险）具有更加合理的可操作预期。[40] 但《交强险条例》却采取了形似机动车“无过失保险”的强制责任保险模式，以致形成目前的机动车责任保险的“双轨制”框架。[41] 其中，交强险采取了既保底又封顶的限额模式。

这样说来，交强险采取封顶式法定限额的立法目标定位，除了为商业三责险预留市场份额和利润空间之外，再无其他言之有据的理由了。问题在于，其一，现行的交强险封顶式法定限额制度是否足以给受害人以及被保险人提供相对充足的保险保障；其二，为商业三责险预留赢利空间，是否足以构成对交强险保险金额的封顶理由，何况，为保险公司保留车辆三责险的利润空间是否只有此途径。答案或许都是否定的。

首先，就保障程度而言，2006 年确定交强险的责任限额时，保监会有关负责人就当时总额 60,000 元的保障程度及相关根据作了如下介绍：一是满足交通事故受害人基本保障需要。根据 2001 年至 2004 年机动车三责险赔偿数据分析，在 60,000 元总责任限额下，“50,000 元/8000 元/2000 元”的分项限额可以覆盖约 60%的死亡伤残赔案、70%的医疗费用赔案和 65%的财产损失赔案，可以解决大部分交通事故的赔偿问题。二是与国民经济发展水平和消费者支付能力相适应。三是参照了国内其他行业和一些地区赔偿标准的有关规定。例如，我国海上旅客运输、铁路旅客运输的人身伤亡赔偿责任限额最高均为 40,000 元，旅客自带行李灭失或损坏的赔偿金额均不超过 800 元。[42]

但在笔者看来，上述理由仍有较大的商榷余地。按照上述说法：其一，为何将基本保障之外的，高达 40%的死亡伤残、30%的医疗费用以及 35%的财产损失，强制性地排除在交强险的覆盖范围之外，而不允许被保险人在法定限额之上通过自行选择相对较高的保

---

[40] 参见邹海林：《我国机动车交通事故责任强制保险的制度评析》，载李劲夫主编：《保险法评论》第 1 卷，中国法制出版社 2008 年版。

[41] 参见邹海林：《我国机动车交通事故责任强制保险的制度评析》，载李劲夫主编：《保险法评论》第 1 卷，中国法制出版社 2008 年版。

[42] 参见中国政府网，http://www.gov.cn/jrzg/2006-06/19/content_314463.htm，最后访问日期：2012 年 1 月 18 日。

险限额，经由交强险的保险移转来减轻自己的责任负担呢？其二，如果顾及国民经济发展水平和消费者的支付能力，完全可以确定一个与上述两项因素相适应的最低法定限额，且在限额之上允许消费水平较高或者风险负担能力较差、抑或风险厌恶型的投保人，自愿选择其可接受的更高保额以转移其驾车的事故风险，而不是在保险金额方面作出最高额的封顶限制。须知，机动车三责险通过立法采取强制保险这一做法的法律乃至法理依据，只能在于保障作为社会公众的不特定的受害第三人的利益，并且其强制性的边界只能定位在最低保障以上的限定方面，而不应定位在最高保障以下的限制方面。根据投保人对保费的负担能力大小，立法应当采取的态度是最低保障之上多多益善，而不是相反。其三，我国海上旅客、铁路旅客的人身赔偿标准是何时确定的？数额的确定是否与我国国民经济发展水平以及消费者的支付能力等作出了同步的协调和同步的相应调整，其标准本身是否合理？如否，这样一种与海上旅客、铁路旅客赔偿标准的金额竞次（而不是攀高）的攀比逻辑，最终无疑会使三个领域的赔偿标准永远没有调高的可能。

其次，为保险人预留赢利空间不足以构成交强险封顶式限额的法理依据。的确，机动车三责险市场中，交强险与商业三责险之间由于交强险采“不盈不亏”经营原则而存在市场份额和赢利空间的此消彼长关系，如果扩张交强险的保险金额，必然会挤占商业三责险的利润空间，“因此，任意保险的存在空间，确实应同时作为强制保险制度发展的考量”因素。[43] 但若仅仅如此，则是欠缺说服力的。因为一方面，与交强险的政策性保障目标相比较，保险行业的营利性目标不应置于政策性目标之上，不能因为保险公司的营利性需求而侵蚀和削弱交通事故三责险对被保险人和事故受害人的保障功能和保障程度，交强险在这方面的立法目标应当定位在“帕累托最优”而非此消彼长的机制上；另一方面，为保险业预留赢利空间，决非仅有挤占交强险的赔偿金额这一不良途径。如果能够在整体不加重投保人保费负担的基础上，既实现交强险减轻被保险人风险负

[43] 参见叶启洲：《强制汽车责任保险之复保险撤销权与法定保险金额制——新强制汽车责任保险法第二十二条评析》，载台湾地区《法学丛刊》2007 年第 4 期。

担和增加事故受害人保障程度的立法目标，又能保证保险行业适度的盈利空间，或许是更为可取的立法选择。毕竟，我们难以找到去强制那些商业性保险公司担当公益性保险业务的法理依据，难以找到政府在不给予保险行业任何金钱补贴的情况下，实现国家保护事故受害人利益这一公共政策目标的同时，却让保险公司承担"不盈不亏"为国家"买单"的营业代价。

最后，更为重要的是，我们应当看到交强险与商业三责险之间的关系并非没有改革的余地。如果我们首先能够明确交强险与商业三责险之间的关系可以改革，并且改革的根本方向定位在为被保险人和受害人提供保障程度不同的"阶梯式"保险产品或者保险保障梯度。那么，接下来要做的工作无非就是根据这一根本目标，对保险费厘定的原则作出相应的改革即可，比如，围绕"不盈不亏"、"微利"或者"适度盈利"，一定程度"市场化"等费率厘定原则而逐步展开。

## 四、交强险立法模式的改革思路

综上所述，我国交强险领域中之所以出现重复投保，原因在于一个基本的、封顶式保障模式定位不足以为被保险人以及受害第三人提供相对充分的保险保障；赔付模式上的事故分项限额大大降低了交强险对受害人的保障程度；并且，使用重复保险的一般理论和法律规则来解释和对待交强险这一责任保险，法理上存在不能圆通之处。化解交强险重复投保这一疑难问题的最终思路在于取消现行的封顶式法定限额制度，改而采用仅有保底而无封顶的法定保障模式，具体理由已如前述。除了"改封顶式限额为保底式限额"外，尚需完成以下两方面的同步改革：㊹

### （一）改三责险分离模式为三责险合一模式

前文已经述及，机动车辆三责险本来就是针对交通事故或者机动车第三者责任这一同质性风险而开办的一个独立险种，却在立法和实务中人为地将之区分为强制性的交强险和自愿性的商业险两

---

㊹ 实际上，理想的改革还应完成"分项限额"向"概括限额"、"事故限额"向"受害人限额"两种模式的过渡，对此，笔者拟另文讨论。

套业务。交强险本来的立法意图是为了防范部分机动车所有人或者管理人基于侥幸心态等原因而不主动投保三责险或者维持三责险合同效力,为避免交通事故受害人在致害人缺乏赔偿能力时陷入"流血又流泪"的悲惨境地,才强制全部机动车所有人或者管理人必须在上路行驶之前投保三责险。立法在设定交强险限额时将交强险的保障层次确定为基本保障,并同时用交强险这种统一的格式合同加以调整;而将超出交强险最低限额的保障层次分离为商业三责险,由商业三责险合同加以调整,其结果不啻为把简单问题复杂化,同一保险合同关系在实务中必须订立两份合同,投保人需要履行两份合同重要事项的告知义务,保险人需要履行两份合同的说明义务;事故发生后,当事人往往还需要对过错的认定、赔偿以及免责的范围、请求权的归属主体、法院的审理和执行等进行区别对待和处理(交强险合同与商业三责险合同不在同一保险公司投保时尤为突出)。[45]

从比较法的角度看,机动车保险对受害人和被保险人的保障模式共分为三种。除了美国一些州以及部分国家采用的无过错保险制之外,[46]还存在如下两种类别:一是我国现行法采用的机动车三责险"双层结构"模式,该模式的特点是:以交强险作为基本架构对机动车交通事故的受害人优先赔偿,以商业三责险作为累加结构,对

---

[45] 交强险的立法目标主要在于经由三责险对受害人的保障来减轻被保险人的债务负担,"基于保险费率、保障范围与给付条件的考量,选择重复投保强制责任险,通常是对要保人比较有利之途径。而且,从潜在受害人之角度而言,由于无过失条款、直接请求权与除外危险的限制等特别规定,对于任意第三人责任保险均不适用,因此,受害人在强制责任保险中的地位,也显然优于其在任意责任保险中的地位"。参见叶启洲:《强制汽车责任保险之复保险撤销权与法定保险金额制——新强制汽车责任保险法第二十二条评析》,载台湾地区《法学丛刊》2007 年第 4 期。附带指出的是,我国台湾地区学者习惯上把过错责任和无过错责任称为过失责任和无过失责任,实际内涵并无差异。

[46] 无过失保险制,概指一切将劳保、社会保险或汽车保险医疗费用给付条款加以扩张而承保车祸事故所导致之体伤或死亡之保险。参见施文森、林建智:《强制汽车保险》,台北,元照出版有限公司 2009 年版,第 16 页。"由于侵权诉讼费时费力,人们一直寻求一种不需要侵权诉讼并可直接获得伤害补偿的办法。无过失汽车保险是将汽车第三者责任保险转变成为第一者意外保险,被保险人是侵权行为中的受害人,他从自己的保险人处获得赔付,同时有条件地放弃进行侵权诉讼的权利。无过失汽车保险有两种方式,美国的商业保险方式和瑞典、新西兰的社会保障方式。"参见陈欣:《关于汽车第三者责任保险的几点看法》,载《中国保险报》2008 年 1 月 21 日,第 6 版。

交强险不足的部分承担补充赔偿责任（尽管存在责任范围等方面的差异）；二是德国的机动车三责险"统一模式"，采取最低保险金额制，取消强制与任意汽车责任保险之界限，适用统一的法律关系，使得投保人（和受害人）借助单一保险契约便能分散其使用汽车的全部责任风险。[47]

总体看来，机动车三责险的三种模式中，以"无过错保险制"对受害人的保障程序最为简便易行，以"双层结构模式"最为烦琐复杂，"统一模式"则属折中。我国未来交强险与商业三责险之间的关系模式应当向德国的"统一模式"转变，以统一和简化两者若即若离的关系模式，因为这本来就是一种性质的法律关系，一个侵权行为引发的损害赔偿责任，一样具有通过第三者责任保险进行风险转移和分散的内在诉求。正如有学者所言，"交强险"就是汽车保险的一个产品，与其他汽车保险产品相辅相成。统一设计车险产品，统一制定保单条款和除外责任，能够避免和减少汽车保险产品之间承保责任的重复和缺口。[48] 因此，商业三责险与强制三责险两者合一乃是简化投保和理赔、增强保险保障的合理选择和大势所趋。

（二）改"不盈不亏"费率模式为"适度盈利"费率模式

商业三责险的市场份额让位于自愿扩张的阶梯状交强险模式之后，由于要全部采行交强险的保障范围、归责原则和赔付条件，[49]

---

[47] 德国《强制汽车责任保险法》第1条规定："要保人订立符合主管机关所定最低保险金额之保险契约，并有义务维持其效力。"德国采"法定最低保险金额制"。在保险实务中，契约所定之保险金额高于"法定最低保险金额"者，相当常见。参见叶启洲：《强制汽车责任保险之复保险撤销权与法定保险金额制——新强制汽车责任保险法第二十二条评析》，载台湾地区《法学丛刊》2007年第4期。美国的个人车险中，整个汽车第三者责任保险都是强制性的，每个州规定了本州"交强险"在交通事故中一个人/每次事故/财产三个项目的最低限额，投保人在不低于最低限额的前提下根据自己需要保护的财产数额决定责任保险金额。这种做法对投保人简单清楚，也有利于保险公司的经营管理。参见陈欣：《关于汽车第三者责任保险的几点看法》，载《中国保险报》2008年1月21日，第6版。

[48] 参见陈欣：《关于汽车第三者责任保险的几点看法》，载《中国保险报》2008年1月21日，第6版。

[49] 有学者指出，"将交强险与商业保险对立起来的理由似乎还有一种说法，即交强险实行'无过错赔偿'，即使被保险人'完全无责'也要赔偿；'商业性机动车第三者责任险'实行'有责赔偿'。这种说法的依据本身也不成立"。参见邹海林：《我国机动车交通事故责任强制保险的制度评析》，载李劲夫主编：《保险法评论》第1卷，中国法制出版社2008年版。

保险费率等方面的保险运营基础也需要随之改变(比如,对恶意肇事的行为就必须辅之以保险人的垫付义务,以及保险人垫付保险金之后的追偿权问题),唯此方可弥补商业三责险并入交强险保障模式之后,由于承保范围放宽而给保险公司增加的赔偿压力。当然,也可同时采纳另一项辅助性备选方案,将机动车三责险中的财产损失从交强险中剔除出去,完全采用商业三责险模式或者无过错第一方保险模式运营,将合并后的机动车强制三责险保障范围仅仅局限在死亡伤残和医疗费用之内。[50]

将商业三责险与强制三责险实施合并之后,保险费率不应再继续采用现行交强险中的"不盈不亏"模式,[51]因为那会遭受保险业界"与虎谋皮"式的反对,[52]何况,法理上也缺少强制那些商业性保险公司义务地为国家推行政策性保险的正当依据。[53] 但反过来说,既然交强险是在商业三责险基础上通过强制保底的方式加以推行的,费率标准也就不应完全采用现行商业三责险所采用的市场化标准。

---

[50] 我国目前包括上海市在内的一些城市,对于双方都有过错的、2000 元以下的车碰车财产损失,早已实行无过错保险即"互撞免赔"制度,各被保险人(在高速公路或者高架路上实行紧急撤离)直接向自己的保险人求偿(从交强险中直接赔付),这样的话,交强险中是否还有承保此类危险的必要,财产损失险既然已经转化为无过错的第一方保险,也就没有必要使财产损失继续寄居在作为第三方保险的交强险中。

[51] 交强险的保险费率分为基础费率和附加费率两个组成部分。基础费率实行全国统一标准,并根据被保险人的违章行为(酒驾)、事故比例进行浮动;附加费率则根据各保险公司的管理水平和经营水平,以及本地区的道路、人群、车辆等方面的不同情况而有所差异。保监会则需根据总体上不盈利、不亏损的原则对附加费率进行审批。有学者指出:"现行的交强险费率固然有不合理之处,但社会公众对此不满的主要原因不是认为征收交强险不合理,而是认为交强险保费收入与保险公司经营挂钩,有为保险公司牟取不合理利益之嫌。"参见管晓峰:《关于交强险的若干法律问题》,载王保树主编:《中国商法年刊》2007 年卷,北京大学出版社 2008 年版。

[52] 据统计,2000 年以来,以第三者责任商业保险为主的汽车保险收入已占到财产保险保险费收入的 60%以上,而有些地区机动车辆保险比重更高,比如北京接近 70%。参见贺锐等:《商业三者险的需求的影响因素的实证研究》,载《现代商业》2011 年第 6 期。

[53] 从世界范围看,交强险业务的经营模式主要有代办模式和商业经营模式两种。前者是指由国家设立的特定机构经营,保险公司受委托代办承保和理赔业务,并根据业务量收取手续费的模式。代办模式下经营风险由国家承担,国家一般奉行无盈利、无亏损原则;后者是指业务交由保险公司经营的模式,这种模式下保险公司要承担经营风险,政府只负责监管,一般实行微利原则。参见张新宝、陈飞:《机动车交通事故责任强制保险条例理解与适用》,法律出版社 2006 年版,第 64 页。

笔者注意到，已经有学者针对交强险的强制性和商业三者险的商业自主性本身存在的不可调和的矛盾，提出了“从长远来看，将交强险和商业三者险统一为一体，并推行车险费率市场化是一种趋势”的判断。[54] 笔者赞同合并后的交强险费率在保留与现行交强险保额相对应的保费标准不变的基础上，采用“适度盈利”的模式（这是交强险为全体被保险人提供的基本保障所对应的保费标准）。[55]同时，费率标准的拟定同样应当作为“关系社会公众利益的险种以及依法实行强制保险的险种”，由保监会遵循保护社会公众利益和防止不正当竞争的原则进行审查和批准。唯此，方既能调动“保险公司经营‘交强险’的积极性”，[56]又能兼顾交强险的政策性目标与商业化运作模式两方面的属性和特征。

此外，确立合并后的交强险费率模式还应当注意以下问题：

其一，列明精准具体的费率结构。我国台湾地区“强制汽车责任保险法”第44条规定：“本保险之保险费结构如下：一、预期损失；二、保险人之业务费用；三、安定基金；四、特别补偿基金之分担额；五、费率精算、研究发展、查询服务、资讯传输等健全本保险之费用。”（同时，各类保险的具体费率精算结果均可在专业网站予以查询）我国大陆《交强险条例》和《交强险条款》却均未具体说明保险费的结构构成。但根据《交强险条例》第11条关于“投保人投保时，应当向保险公司如实告知重要事项”，“重要事项包括机动车的种类、厂牌型号、识别代码、牌照号码、使用性质和机动车所有人或者管理人的姓名（名称）、性别、年龄、住所、身份证或者驾驶证号码、

[54] 参见贺锐等：《商业三者险的需求的影响因素的实证研究》，载《现代商业》2011年第6期。

[55] 本文不赞成对保底限额采取不赢不亏模式，而对超过保底限额的保险金额采取适度盈利而设置不同梯度的保费标准，而主张全部保险金额的费率应当统一，否则，还会因为不同梯度的费率差异而出现重复投保问题，这样还会回到交强险和商业三责险相互区分的老路上去。

[56] 陈欣先生早就指出：在严格监管的前提下，允许“交强险”适当盈利，有利于调动保险公司经营“交强险”的积极性。参见陈欣：《关于汽车第三者责任保险的几点看法》，载《中国保险报》2008年1月21日，第6版。陈先生还主张，在一定的范围内给予“交强险”费率更大的浮动空间，提高对有优良驾驶记录投保人的费率优惠和不良驾驶记录投保人的费率惩罚的幅度，才能够尽量避免责任保险所可能产生的道德风险因素，使被保险人之间费率水平公平合理。

续保前该机动车发生事故的情况以及保监会规定的其他事项”的规定，上述事项中的某些事项或可算作全国统一基础费率基础上各保险合同厘定附加费率时的部分基础因素。此外，费率厘定无疑还应参考其他立法例关于交强险费率的厘定因素，以及业务收入可能产生的投资收益。[57]

其二，采行科学合理的精算方法和常态性费率检讨机制，辅之以客观公正的监管机制。[58] 交强险系“公督民办之政策性保险”，“如何维持费率的公平、允当与低廉，实系本政策性保险经营成功与否的关键”。[59] 要做到这一点，需要从负责精算的担当主体、负责审核的担当主体、社会公众的正当参与、保险监管的公正无私等多方面下功夫，尤其要杜绝低级、偏颇的精算和计算错误。

以精算主体和审核主体为例，虽然《交强险条例》规定，“保监会在审批保险费率时，可以聘请有关专业机构进行评估，可以举行听证会听取公众意见”（第 6 条第 2 款），“调整保险费率的幅度较大的，保监会应当进行听证”（第 7 条第 3 款）。但事实表明，2006 年交强险的保险条款、费率、限额，都是由“保险行业协会组织保险公司的人员制定的”，并且“保监会的审核有走过场的嫌疑……没有对该条款和费率进行任何修改就予以通过了”，也没有进行听证。[60] 这方面，不妨借鉴我国台湾地区的精算工作机制以及常态性费率检

---

[57] 需要特别强调的是，在保险合同中列明保险费率的厘定因素，不仅应当推行至所有关涉公共利益和强制保险的险种，还应向其他险种推广。否则，凡是涉及保险公司应当承担保险责任而最终逃脱责任的场合，保险公司及其代言人都会堂而皇之地拿出“对价平衡原则”，“以不变应万变”来加以应对。

[58] 交强险的费率改革还涉及全国范围内采用统一费率还是地区差别费率的问题，涉及不同车辆类别以及不同行驶里程的费率是否区别对待的问题，涉及费率浮动办法的科学合理问题等，此处略述。参见周明祥：《交强险经营的现状、原因与对策——以湖南省为例》，载《经济研究导刊》2010 年第 22 期；孟生旺：《交强险的经营结果和费率结构分析》，载《统计研究》2008 年第 4 期；张新宝、陈飞：《机动车交通事故责任强制保险条例理解与适用》，法律出版社 2006 年版，第 181 ~ 184 页；管晓峰：《关于交强险的若干法律问题》，载王保树主编：《中国商法年刊》2007 年卷。

[59] 参见曾武仁：《强制汽车则保险精算及研究发展工作小组之建制与使命》，载我国台湾地区财团法人保险事业发展中心编辑发行：《强制汽车责任保险实施十周年回顾专辑》，第 91 页。

[60] 参见张新宝、陈飞：《机动车交通事故责任强制保险条例理解与适用》，法律出版社 2006 年版，第 67 页。

讨工作机制。我国台湾地区“强制汽车责任保险法”第45条规定，本保险费率，由主管机关会台湾地区主管机构拟订，提经社会公正人士组成之费率审议委员会审议通过后发布之。前项费率拟订工作，得委托适当专业机构办理。实务中，我国台湾地区主管机关于2002年成立了专门的“强制汽车责任保险费率调整机制专案小组”，随后于2005年委托台湾地区财团法人保险事业发展中心（以下简称保发中心）负责办理费率拟订业务并负责办理工作小组的执行。保发中心受托之后，将“专案小组”重新整并为四项长期性工作分组，分别为：“费率及统计工作分组”“准备金及财会工作分组”“资讯工作分组”“法制工作分组”，以持续进行本保险精算、准备金、资讯与法制等相关议题之研究计划与执行工作。其费率及统计工作分组的工作程序是：每年提出定期费率检讨报告，呈报给“强制汽车责任保险精算及研究发展工作小组”，该小组讨论后提出调整建议案给“强制汽车责任保险费率审议委员会”，该审议委员会通过新费率后，呈请“金融监督管理委员会”及“交通部”会衔发布实施；其准备金及财会工作分组的工作目标是，统一检视并追踪各公司特别准备金余额的适足性及合理性；其资讯工作分组的工作目标在于，研议建立保险费查询中心，以提供车主和保险业者查询正确保费的渠道，希望借由保费信息的透明化，消弭保费计算的错误问题；其法制工作分组的工作内容，一为配合实务需要进行“法规”面之检讨与“修法”之研究，另一则为落实对消费者及车祸受害人之保障议题，从制度面进行整体架构性探讨，并提出未来改进方向与其他相关议题研讨。[61]

再以交强险推行第一个业务年度的盈亏结果的计算为例，保监会在其官方网站公布的“机动车辆交通事故责任强制保险专题财务报告汇总”中，2006年7月1日至2007年6月30日（交强险的第一个业务年度）账面亏损为392,158万元。有学者指出了该计算方法的错误之处：该核算把交强险在第一个业务年度的保费收入分解成了已到期保费（已赚保费）和未到期保费（未到期责任准备金），并

---

[61] 参见曾武仁：《强制汽车则保险精算及研究发展工作小组之建制与使命》，载我国台湾财团法人保险事业发展中心编辑发行：《强制汽车责任保险实施十周年回顾专辑》，第91~97页。

且把未到期保费作为下一个业务年度的保费收入处理，但并没有同时把经营费用分解为与已到期保费相配比的经营费用和与未到期保费相配比的经营费用。如果对保费收入和经营费用进行恰当配比，再加上投资收益，我国交强险在第一个业务年度的经营利润大约为38.5亿元，而不是亏损约39亿元，保费利润率为17%。[62]

## 结　语

曾有一段时间，社会上有“车祸猛于虎”的哀叹。从“一次车祸害三代”的角度看，此话并不为过。甚至有学者指出，机动车事故所导致之广泛而严重的损害，并非简单的加害人与受害人之间的问题，它已构成极为严重的社会、经济问题。[63] 我国《道路交通安全法》与《交强险条例》的颁布实施以及交强险制度的推行，无疑在全国范围内促进这一突出的社会问题的解决。

中国特色社会主义法律体系宣告形成之后，我国法制工作的重心似应转移到司法和执法上来，但如果司法实践中的“同案不同判”或者所谓的“越位司法”是因为立法目标的错位引发的，而不是单纯的法律解释和法律适用问题，那么，根本的解决之道，还需回到立法的本源上去寻求“治本之策”。因为，法治应该包含以下两重含义，已制定的法律获得普遍服从，而大家所服从的法律又应该本身是制定得良好的法律。[64]

---

[62] 参见孟生旺：《交强险的经营结果和费率结构分析》，载《统计研究》2008年第4期。

[63] 参见刘春堂：《建构新的机动车辆事故侵权责任刍议——“强制汽车责任保险法”实施十周年之期待与展望》，载我国台湾财团法人保险事业发展中心编辑发行：《强制汽车责任保险实施十周年回顾专辑》，第133页。

[64] 参见［古希腊］亚里士多德：《政治学》，吴寿彭译，商务印书馆1965年版，第199页。

# 从法律原则到个案规范

彭诚信*

**内容摘要**　司法中针对某具体个案适用法律原则的通常情形是,没有既有规则可以适用(穷尽规则),或者尽管有规则,但因其与原则相冲突而被排除适用。这两种情形的规范表现在实质上均可理解为原则之间的冲突。在相冲突的原则中确定何者最终适用于该具体个案,恰是阿列克西原则理论(尤其是其"竞争法则")所要解决的问题。适用"竞争法则"的核心在于找寻与确立优先条件或变量,相较于阿列克西的比重公式,参照生活常情或"事物本质"能为其找寻与确立提供更为具体的实践操作路径,因为优先条件或变量的确立由此转变为找寻连接基本案件事实与优先原则的中点("裁判案件要确定的核心要素")。以"竞争法则"为理论根基,再辅之以确立优先条件或变量的具体路径,原则的规则化便水到渠成:通过具体的优先条

---

* 彭诚信,上海交通大学凯原法学院特聘教授。原文发表在《法学研究》2014年第4期。本文是国家社科基金项目"现代权利理论研究:以'意志理论'与'利益理论'评析为起点"(11 BFX006)的阶段性研究成果。感谢王鹏翔、简资修、郑成良、崔建远等师友对本文提出的良多建议。本文的主旨不是界定何为法律原则,而是原则的法律适用,因此仅宽泛地认为,在具体法律规则之外,凡作为具体个案论证依据或作为裁判最终制度性支持或其背后法理的基本理念,均可理解为原则。

件或变量确立相冲突原则中优先适用的原则(优先原则),适用优先原则的结果便是创设一个规则(个案规范),优先条件或变量进而成为该个案规范的构成要件。个案规范才是裁判该具体个案的直接依据。

**关键词**　法律原则　优先条件　优先原则　原则具体化　个案规范

## 引言:问题的提出

在我国,适用相关法律原则[①]裁判的案件很多,其中最为棘手的核心难题之一,是法律原则应如何适用或者说具体化。[②] 如考夫曼指出的,在德国,就是一个有关诚信原则的"条文释义"("法律原则在实证法上的具体化"),也"至少有几千页"。[③] 可以想象,要泛泛讨论法律原则的具体适用,需要相当大的篇幅。本文无意讨论有关原则适用的所有理论问题,而是仅在我国法院适用原则作为裁判理由或裁判依据[④]的四类民事判决书的基础上,探讨原则的适用前提及其具体化途径。

下面四类民事判决书纯粹是为写作本文而作的精心筛选与简要概括,它们不是学术性分类,而仅为描述性分类。第一类到第三类民事判决书主要是针对"有规则可以适用,但规则因与既有原则相冲突而被排除适用"的情形。第四类案例主要是为了说明原则适

---

① 有关法律原则的宽泛存在样态,可参见黄茂荣:《法学方法与现代民法》(增订6版),我国台湾地区植根法学丛书编辑室2011年版,第576页以下;舒国滢:《法律原则适用的困境——方法论视角的四个追问》,载《苏州大学学报(哲学社会科学版)》2005年第1期。本文采规则的狭义内涵,仅指包含构成要件及具体法律后果的法律规范。参见[英]尼尔·麦考密克:《法律推理与法律理论》,姜峰译,法律出版社2005年版,"前言"第2页;雷磊:《法律规则的逻辑结构》,载《法学研究》2013年第1期。为行文简化,本文仅以民法基本原则(如诚实信用、公序良俗、禁止权利滥用等)的法律适用为例予以演示,但原则的内容与类型绝非仅限于此。

② 原则的具体化即规则化,或权利、义务化。"规则(权利、义务)化"与"具体化"在本文是通用的。

③ 参见[德]考夫曼:《法律哲学》,刘幸义等译,法律出版社2004年版,第150页。

④ 严格来说,原则不能直接作为裁决依据,但援引有关原则直接作为裁判依据却是我国审判实践的常态。下文提供的诸多案例亦可证明此点。如何避免或克服该现象也是本文的一个努力目的所在。

用的另一个前提，即无具体规则可资适用的情形。

第一类案例可简单概括为“赠与(含遗赠)情妇财产案”。

由于此类案件中作为赠与标的的财产归属比较复杂，为简化法律关系，本文仅讨论赠与人(含遗赠人)将其个人财产赠与(或遗赠)给其情妇的情形。

案例一，张某英与蒋某芳遗赠纠纷案。⑤ 原告张某英(二审上诉人)要求被告蒋某芳(被上诉人)基于其情人黄某彬(蒋某芳之夫)所立书面并经公证之遗嘱，返还其受遗赠财产。本案两审皆以遗嘱违反公序良俗而判决无效。该判决结果引起社会强烈反响，赞同者有之，批评者更是不绝于耳。⑥

案例二，张某青与张某方合同纠纷案。⑦ 原告张某青与被告张某方协议，原告为被告出资 70 万元人民币购买房屋两处并承担其中一处的按揭余款，但以被告做原告的情人作为不予返还的条件。原告以该“双方协议”违反社会公德为由，请求法院认定无效并令被告返还该款项。一审法院主要依据《民法通则》第 7 条有关公序良

---

⑤ 四川省泸州市中级人民法院民事判决书，(2001)泸民一终字第 621 号。见北大法宝案例数据库。

⑥ 赞同者的代表性论文，参见赵兴军、时小云：《违反公序良俗的民事行为无效》，载《法律适用》2002 年第 3 期(其中作者时小云是本案二审的审判长，该文在某种意义上代表了法官审判本案时的总体思路)；范愉：《泸州遗赠案评析——一个法社会学的分析》，载《判解研究》2002 年第 2 辑。反对者的代表性论著，参见许明月、曹明睿：《泸州遗赠案的另一种解读》，载《判解研究》2002 年第 2 辑；周辉斌：《法官自由裁量权的获得与运用》，载《法律适用》2002 年第 3 期；萧瀚：《被架空的继承法——张××诉蒋某芳继承案的程序与实体评述》，载易继明主编：《私法》总第 3 卷，北京大学出版社 2002 年版，第 300 页以下；金锦萍：《当赠与(遗赠)遭遇婚外同居的时候：公序良俗与制度协调》，载《北大法律评论》第 6 卷第 1 辑，法律出版社 2005 年版；林来梵、张卓明：《论法律原则的司法适用》，载《中国法学》2006 年第 2 期；于飞：《公序良俗原则研究——以基本原则的具体化为中心》，北京大学出版社 2006 年版，第 202 页以下。还有兼顾双方当事人利益的折中观点，代表性论文有郑永流：《道德立场与法律技术——中德情妇遗嘱案的比较与评析》，载《中国法学》2008 年第 4 期；黄江东：《公序良俗原则的规范功能》，载《法律适用》2002 年第 3 期。

⑦ 浙江省杭州市萧山区人民法院民事判决书，(2009)杭萧商初字第 1170 号。参见北大法意案例数据库。

俗的规定支持了原告的诉请。[8]

此类民事判决书基本上都是以公序良俗原则作为论证理由或裁判依据。选择此类案例,除了试图说明公序良俗原则如何适用外,还意在揭示原则能否直接作为裁判依据。

第二类案例可简单概括为"买卖凶宅案"。

典型案例为李某与刘某文房屋买卖纠纷案。[9] 原告李某因得知从被告刘某文处买受的房屋中曾发生过碎尸命案,而诉至法院主张撤销该买卖合同。法院最后基于诚实信用原则,以出卖人没有履行告知义务构成欺诈为由,支持了原告的诉请。通过此类案例,本文试图重点探讨诚实信用原则的具体适用。

第三类案例可简单概括为"产权式商铺纠纷案"。

案例一,吴某与宁波某电器公司物权保护纠纷案。[10] 原告(二审上诉人)吴某因其产权式商铺所在的宁波某大厦一层至三层部分商场被某物业公司整体出租给被告(二审被上诉人)宁波某电器公司,不顾其他92%的业主同意且已与某物业公司续租,而诉请法院要求被告停止侵害、排除妨害、恢复原状以及赔偿损失等。法院依据《民法通则》第4条(主要是诚信原则与公平原则)驳回了吴某的各项诉请。

案例二,顾某炎与哈哈大酒店等房屋迁让纠纷案。[11] 原告(上诉人)顾某炎因第三人(被上诉人)珠宝城公司未经其同意把原告的产权式商铺(21.64平方米)出租给被告(被上诉人)哈哈大酒店使用,而诉请法院判令被告迁出其商铺并赔偿相应损失。二审法院最终依据《民法通则》第5条中的"民事权益受法律保护原则",驳

---

[8] 本案二审[浙江省杭州市中级人民法院民事裁定书,(2009)浙杭商终字第1138号]基于双方当事人"无视我国的婚姻家庭制度,以协议的形式用金钱去维系双方不正当的情人关系,其行为违背了社会公德。因该协议引起的纠纷,不属于人民法院民事诉讼受理的范围",裁定撤销一审判决,驳回张正青的起诉。本文主要针对该案一审法院的判决予以分析讨论。

[9] 四川省成都市金牛区人民法院民事判决书,(2008)金民一初字第315号。本案由当地法官提供判决书。

[10] 浙江省宁波市中级人民法院民事判决书,(2012)浙甬民一终字第123号。见北大法意案例数据库。

[11] 江苏省无锡市中级人民法院民事判决书,(2003)锡民终字第422号。本案由当地法官提供判决书。

回其要求被告迁出的诉讼请求，但维持了其获得租金的请求。

法官尽管也多运用原则作为解决此类案件的论证理由甚至作为裁判依据，但适用的原则却很不确定（《民法通则》第 4 条或第 5 条等均有使用），有时甚至故意模糊使用（如把诚信原则与公平原则放在一起使用）。这或许与我国民法尚未明确规定禁止权利滥用原则有关。通过此类案例，本文意在揭示禁止权利滥用原则的适用问题，并试图通过概括其内在构成要件而为此类案件提供统一的适用方法，避免出现同类案件适用多种原则的现象。需补充的是，权利滥用其实还包含特定情形的权利冲突。⑫ 权利冲突作为民法理论与实务中的一个重要与疑难问题，用禁止权利滥用原则解决此类案件，⑬或许能拓展一个新的思路。

第四类案例可简单概括为“侵害‘祭奠权’纠纷案”。

案例一，严某英与史某宝一般人格权纠纷案。⑭ 原告（二审被上诉人）严某英（与被告是母子关系）、史某珍（与被告是妹兄关系）与史某芬（与被告是姐弟关系）因被告（二审上诉人）史某宝未经原告许可擅自将其父史某田的骨灰从殡仪馆取走，致使该骨灰无从下葬并妨碍了原告对亲人的悼念，而请求判令被告返还骨灰下葬于指定墓穴，并赔偿一定的精神损失费。法院最终依据《民法通则》第 5 条之规定并依据公序良俗原则支持了原告的诉请。

---

⑫　尽管权利冲突的存在前提是双方当事人的行为都有权利依据，而权利滥用的存在前提是仅行为者一方有权利基础，但可发现，若在权利冲突的双方中确定不出一个滥用权利者，此类案件便难以解决。在此意义上，权利冲突往往是权利滥用的一个具体形态。当然，如学者崔建远正确指出的，解决权利冲突问题未必仅依靠禁止权利滥用原则，如紧急避险等也是解决权利冲突的制度。权利冲突与权利滥用的关系远非简单，本文也无意在此专门研究，而只是指出，在法律没有明确的制度解决权利冲突时，适用禁止权利滥用原则应该是一个行之有效的解决途径。

⑬　典型案例为金某某与上海输变电公司财产损害赔偿纠纷案，上海市第一中级人民法院（2009）沪一中民一（民）终字第 330 号民事判决书（见北大法意案例数据库）。原告金某某（二审上诉人）因被告（二审被上诉人）输变电公司修剪了其超过高压线安全距离（4.5 米）的香樟树而诉至法院，要求被告赔偿经济损失及信息资料查询费，并对所损树木进行养护。本案双方当事人一年前曾因相同纠纷进行过诉讼并达成了和解协议。法院最终依据民法通则第 6 条、第 7 条、电力法第 4 条、第 53 条第 3 款的规定，驳回金某某的各项诉请。

⑭　上海市第二中级人民法院民事判决书，（2010）沪二中民一（民）终字第 971 号。载 http://www.fabang.com/a/20130313/597477.html。

案例二，元某甲与元某乙其他人格权纠纷案。[15] 原告元某甲（与被告是姐弟关系）因被告元某乙未经原告同意擅自将其父的骨灰从殡仪馆取走，并在未通知原告的情况下，被告与第三人邱某某（原、被告母亲）办理并参加了骨灰海葬仪式，致使其祭奠权益受到侵害并带来不可逆转的精神痛苦，而诉请法院判令被告赔礼道歉并赔偿一定的精神抚慰金。法院认为海葬行为“并不违法”，亦“不违反现代社会的公序良俗”，尽管海葬时“未通知原告参加存在不妥”，但因“海葬者均有立碑刻字，亦未侵害原告……祭奠的权益”，最终依据《民法通则》第 5 条、第 7 条之规定，驳回了原告的诉请。

案例三，史某清与史某文财产损害赔偿案。[16] 原告史某清因被告史某文（原告之兄）未告知父亲死讯而“侵犯了自己对父亲进行悼念的权利”为由，诉请被告赔偿特定精神损失、赔礼道歉等。法院按照“我国传统的道德伦理和习惯”肯定了原告作为子女有对其父“进行悼念和哀思”的权利，但“鉴于我国目前的法律对于该项权利的相对义务人未作规定，因此被告的不作为不具有违法性”以及原告“长期不关心且不与父亲联系”，而驳回其要求被告赔礼道歉并赔偿其精神抚慰金的诉讼请求。

基于这些实践素材，本文以适用法律原则的逻辑前提及其规范表现为基础，运用阿列克西的原则理论来讨论并演示从法律原则到个案规范的创设过程，以便为具体个案的裁判找寻论证理由或裁判依据。

## 一、适用原则的规范表现：原则冲突

从上述四类案件的裁判可以看出，适用原则的逻辑前提主要有两种情形：一是有规则，但既有规则因与原则相冲突而被排除适用；二是没有具体的规则可以直接适用。

### （一）既有规则因与原则相冲突而被排除适用

#### 1. 规则与原则发生冲突的可能

这看似一个错误的理论预设，因为依照规则优先适用的规范适

---

[15] 上海市徐汇区人民法院民事判决书，(2013)徐民一(民)初字第 2549 号。

[16] 北京市宣武区人民法院民事判决书，(2001)宣民初字第 3520 号。

用原理,具体个案若有规则依据,则不能适用原则;即便适用原则,也仅是对规则说理的进一步补充与证成。在此意义上,规则与原则没有冲突的可能。当然,这仅是理想情境。在现实的法律实践中,适用规则有时的确有违法律的客观目的。正如美国学者史密斯指出的,“每个新案件都是一个试验。如果某个看上去可以适用的、已被接受的规则产生了令人感到不公正的结果,就需要重新考虑该规则。但并不是立刻修改它,因为试图使每个案件都实现绝对公正便不可能发展和保持一般规则;但是,如果一个规则持续产生不公正,那它终会被重新改造”。[17] 这种有违法律客观目的而产生实质不公正后果的规则在实践中经常表现为与原则的冲突。[18]

2. 规则与原则发生冲突的常态实践表现

规则与原则发生冲突,在实践中经常表现为:某具体个案确有规则依据,只不过严格适用规则可能导致不公正的结果而与原则相冲突,法官最终选择了原则作为论证理由。在“吴某与宁波某电器公司物权保护纠纷案”中,吴某的诉讼请求有规则依据,毕竟其拥有该商铺的所有权。只不过其自身物权的行使,可能会损害其他人的利益,从而有违禁止权利滥用原则。在“金某某与上海输变电公司财产损害赔偿纠纷案”中,原告金某某提起诉请的规则依据是其对香樟树的所有权,被告输变电公司修剪香樟树枝的行为也有《电力法》第 53 条第 3 款中的规则支持,但因双方的规则依据相矛盾而无从适用。此类案件尽管形式上符合规则冲突,但却不能适用规则冲

---

⑰ Munroe Smith, *Jurisprudence*, Columbia University Press, 1909, p. 21.

⑱ 除了本文列举的发生在我国的相关案例外,此处以近乎周知的百年前发生于美国的 Riggs v. Palmer, 115 N. Y. 506, 22 N. E. 188(1889)案为例,说明规则与原则发生的冲突。针对遗嘱继承人 Palmer 在杀害其祖父(立遗嘱人)之后还有无继承权的问题,有多种完全相左的意见。其中一种意见是,依照当时纽约州遗嘱法的规定,即使继承人杀害了遗嘱人,除令其承担相关刑事责任外,似乎并不应当剥夺其继承权。但法官指出,在法律规则的背后有着更为重要的法律原则:“在‘必须遵守合同约定’的条文的背后,可以发现‘诚实信用’的原则,在‘不得伤害他人’的条文的背后,可以发现‘保护个人权利’的原则。同样,继承遗产的条文也依赖‘不得有过错’的原则。试想,遗嘱法怎能容忍继承人谋杀被继承人而获得遗产!因此,法律包括了原则,违反了原则当然是违反了法律。”参见刘星:《西方法学初步》,广东人民出版社 1998 年版,第 77 页。此案最终判决 Palmer 败诉,并因此提炼出一个重要的法律原则:“任何人不得……从其过错中获利。”

突定律来处理。[19] 两个规则的冲突最终体现为作为规则依据的原则（支持保护物权规则的“物权的自由支配原则或私权绝对原则”与支持为保护电力设施而致他人财产受损的“公共利益原则”）之间的冲突。在“李某与刘某文房屋买卖案”中，法官应首先想到买卖合同规则；在“张某英与蒋某芳遗赠纠纷案”中，首先想到的应是遗赠规则。当法官认为仅依据规则裁判会产生有违客观公正的后果时，便会考虑某个或某些原则的适用。在应然意义上，法官须基于严密的论证程序才能得出那个最终优先适用的原则，即“优先原则”。一旦优先原则得以确立，与其相冲突的规则即被排除适用。如“张某英与蒋某芳遗赠纠纷案”，如果法官认定该遗赠行为有违公序良俗，那么遗赠规则便失去效力。

3. 规则与原则发生冲突的本质

实践表明，针对某具体个案，当某规则 R 与某原则 P 发生冲突时，其实质是原则与原则的冲突，[20]即支持规则 R 的实质（正当性）原则 Ps 及形式（合法性）原则 Pf 与实质原则 P 之间的冲突。此处的实质原则“是裁决的理由，该理由反映原则的实质内容”；[21]而形式原则“没有内容，毋宁说它是如何形成内容的，因此亦可称为程序

---

[19] 因为无论根据德沃金还是阿列克西的原则理论，其结果都是要么其中一个规则无效，要么其中一个规则是另一规则的例外（Ronald Dworkin, *Taking Rights Seriously*, Duckworth, 1977, pp. 24 - 28; Robert Alexy, *On the Structure of Legal Principles*, Ratio Juris, Vol. 13: 294, pp. 295 - 296;［德］罗伯特·阿列克西：《法律体系与实践理性》，载［德］罗伯特·阿列克西：《法理性商谈：法哲学研究》，朱光、雷磊译，中国法制出版社2011年版，第211页）。首先，让本案两个相冲突规则中的任何一个无效都不符合法律目的，其结果或是对私人物权的无视，或是对公共权力的违背。其次，本案中任何一个规则都不能作为另一规则的例外。物权的行使是独立的、普适的个人自由，不能作为例外；保证超高压电线的安全运行，不仅是为了保护电力设施，更是为了保护公共利益，也不能作为例外。

[20] 麦考密克曾指出，“体现原则正是规则应当具有的特征所在”（前注[1]，麦考密克书，“前言”第3页），由此亦可表明，规则与原则的冲突在终极意义上为原则与原则的冲突。

[21] See Martin Borowski, *The Structure of Formal Principles-Robert Alexy' s "Law of Combination"*, in Martin Borowski, ed., On the Nature of Legal Principles, ARSP Beiheft 119, Stuttgart: Franz Steiner Verlag, 2010, p. 24.

原则"。[22] 波洛斯基(Borowski)进而指出，形式原则"首要地在于描述特定法律裁决的权威向度"。[23] 其典型的例子为，"由正当权威制定的规则必须被遵守""没有正当理由不得偏离一贯的实践"等，[24] 因此，亦可将该原则概括为"权威机关所创设之法律规则的安定性原则"。[25] 可见，"形式原则注重的是制定规则的来源，而实质原则关切的是规则内容所欲实现的价值或目的"，此即两者的主要区别。[26] 依照阿列克西的观点，法官必须要在原则 P 与规则所依据的实质原则 Ps 和形式原则 Pf 之间进行权衡，经过严密的权衡程序后方能确定最终适用的优先原则。[27] 只有当法官选择了原则 P 时，米尔恩所说的"原则所起的一种作用应该是证明违反规则为正当"，[28] 才有其合理性。

(二)没有既有规则可直接适用

对于没有既有规则可直接适用而适用原则的情形，可简要概括为"穷尽规则"。[29]

1. "穷尽规则"的理解

此处的"穷尽规则"要扩大理解，即包含穷尽对规则的解释与类

---

㉒ Robert Alexy, *A Theory of Constitutional Rights*, trans. by Julian Rivers, Oxford University Press, 2002, pp. 416-417.

㉓ 前注㉑，Borowski 编书，第 26 页。

㉔ 参见前注㉒，Alexy 书，第 58 页。

㉕ 颜厥安：《规则、理性与法治》，载《台大法学论丛》2002 年第 2 期。

㉖ 王鹏翔：《规则是法律推理的排它性理由吗?》，载王鹏翔主编：《2008 法律思想与社会变迁》，台北，台湾"中研院"法律学研究所 2008 年版，第 358 页。

㉗ 参见前注㉒，Alexy 书，第 57 页以下。优先原则意味着，针对某具体个案，当没有具体规则可适用或既有规则因与原则相突而被排除时，法官便通过该原则的具体化作为裁判依据或者作为联结裁判本案之既有规则的媒介。优先原则的选择与具体化皆需严格的论证程序，这亦为本文的研究重点。我国的审判实践往往会对优先原则的适用进行简单化处理，比如审理"张某英与蒋某芳遗赠纠纷案"的法官就简单地认为，公序良俗原则"在法律适用上有高于法律具体规则适用之效力"。法官不但不对选择该原则的理由等予以论证，而且对原则与规则的效力比较也过于简单。有学者对此已提出了批评，参见林来梵等文。

㉘ [英]A. J. M. 米尔恩：《人的权利与人的多样性——人权哲学》，夏勇、张志铭译，中国大百科全书出版社 1995 年版，第 29 页。

㉙ 参见舒国滢：《法律原则适用中的难题何在》，载《苏州大学学报(哲学社会科学版)》2004 年第 6 期。

推适用等法律适用方法。换句话说,只有在穷尽了对规则的解释、无习惯法予以补充、没有类推适用等方法时,才能适用原则。[30] 其目的就是防止法官恣意司法、僭越立法权。此处的解释,应包括依据原则进行的解释,但不包括依据原则进行的漏洞填补。[31] 此处的类推适用是指,针对具体个案,当没有规则 R 存在或者规则 R 被推翻,法官选择了某项原则作为裁判依据时,还应进一步审查是否存在受此原则支持的某些近似规则 R'可供类推适用。若有,法官应当首先适用类推;若无,才可适用原则并依据原则具体化后生成的规则来解决本案。[32] 清楚了"穷尽规则"的广义内涵,便可知本文仅是在狭义的漏洞填补或法律续造的意义上讨论原则的适用。[33]

2."穷尽规则"的实践表现

此点可通过侵害"祭奠权"案件类型(如"严某英与史某宝一般人格权纠纷案")予以说明:原告诉请被告返还骨灰安葬于特定墓穴并赔偿精神损害(其中涉及骨灰之法律属性、"悼念"之权利性质、损害之存在根源等),确实难以找到直接适用的、明确的规则依据,法院不得已才适用原则。实践中,针对个案找寻及穷尽可以适用的具体规则,尤其是法律解释与类推,不仅需要全面的法律知识,还需要深厚的学理基础与丰富的实践技巧,是件具有高深难度

---

[30] 参见梁慧星:《民法解释学》,法律出版社 2009 年版,第 314 页;王泽鉴:《民法学说与判例研究》(第 5 册),北京大学出版社 2009 年版,第 172 页。

[31] 在此意义上,对于需要依据原则补充不完全法条的情形(规则欠缺部分或全部的构成要件,或者欠缺法律效果,而需依据原则予以补充),或者需要依据原则限缩或扩张既存规则适用范围的情形,在终极意义上仍是在适用规则。

[32] 参见梁迎修:《法律原则的适用——基于方法论视角的分析》,载《华中师范大学学报(人文社会科学版)》2007 年第 6 期。

[33] 应该承认,当穷尽规则包括基于原则对规则的解释时,在填补漏洞意义上适用原则的空间已经很小。尤其是,若采用德沃金教授的观点,所有的法律适用问题最终都是依据原则的解释而非漏洞填补时,即便对于疑难案件,也难以存在适用原则填补漏洞的空间。

的技艺。[34]

3.“无既有规则可直接适用而适用原则”的本质

无规则依据案件的规范适用依然表现为两个实质原则之间的冲突。如裁判侵害“祭奠权”纠纷案所适用的规范，就首先表现为支持原告诉讼请求的实质原则（如公序良俗）与支持被告主张或抗辩的实质原则（如法不禁止即自由[35]）之间的冲突。

无论是既有规则因与原则相冲突而被排除适用，还是没有具体的规则可以直接适用，针对具体个案的原则适用最终都表现为原则

---

[34] 在笔者将本文提交“民法九人行”沙龙讨论时，戴孟勇认为，法官对于侵害“祭奠权”纠纷案很多时候其实并未“穷尽规则”，因为依据当时的法律，对原告“祭奠利益”的保护可能仍有诸多途径：(1)该利益能否为2001年最高人民法院《关于确定民事侵权精神损害赔偿责任若干问题的解释》第1条中的“人格尊严权”所涵盖。(2)或可通过物权请求权的方式解决（基于近亲属对死者骨灰、骨灰盒等的所有权或使用权等），法律依据为《物权法》第34条（返还原物）、第35条（排除妨害或者消除危险）、第36条（修理、重作、更换或者恢复原状）。(3)如因侵害死者遗体、遗骨等祭奠物产生精神损害赔偿，可适用侵权责任的救济方式，要求赔偿精神损失。法律依据是2001年最高人民法院《关于确定民事侵权精神损害赔偿责任若干问题的解释》第3条或第4条。(4)如不能通过上述方式解决，还可按照2001年最高人民法院《关于确定民事侵权精神损害赔偿责任若干问题的解释》第1条第2款关于“违反社会公共利益、社会公德侵害他人隐私或者其他人格利益，受害人以侵权为由向人民法院起诉请求赔偿精神损害的，人民法院应当依法予以受理”的规定解决。综上，侵害祭奠权的责任方式，包括停止侵害、排除妨碍、消除危险、返还财产、恢复原状、赔偿损失、赔礼道歉等。可以说，戴孟勇为解决此类案件提供了极为全面而精致的规范依据与解释路径。如果法官循此路径，此类案例确可得以有效解决。但需要指出的是：其一，对于“祭奠利益”是否为权利（如人格尊严权），“骨灰”是否为一般物权法意义上的物，其实都还需要法律解释（主要依据原则如公序良俗等），而非有明确的法律依据。其二，即便是依据原则解释解决此类案件，也比利用原则进行漏洞填补更符合法律适用的原理要求。在此意义上，笔者同意上述解决思路。其三，中国的法律实践（至少从笔者收集的近二十余份与此类案件相关的民事判决书来看）并没有采用其解决思路。根源可能在于，法官并没有真正做到“穷尽规则”，便简单地适用原则予以裁判。若依戴孟勇的理解，对于侵权责任法施行后判决的“元某甲与元某乙其他人格权纠纷案”（2013年），其规则依据更为明显，即该法第6条第1款以及第22条中的“权益”之规定，但法院仍丝毫未体现出采纳其解决思路的倾向。可见，问题未必如此简单。对于诸如“法益”“合法利益”等规范的司法适用，依然需要“进一步的具体化”，这就仍离不开原则具体化的理论指引。相关论述还可参见孙维飞：《祭奠纠纷的类案研究》，载《交大法学》2012年第1期。

[35] 在没有既定规则而仅有支持原告诉请的原则可供选择的具体个案中，被告往往以“法不禁止即自由”予以抗辩，而此抗辩有时还能得到法院的支持。如在“史某清与史某文财产损害赔偿案”中，法院就以“我国目前的法律对于该项权利的相对义务人未作规定，因此被告的不作为不具有违法性”为由，驳回了原告的诉请。

之间的冲突。在相冲突、相竞争的原则中要确定何者最终适用于本案,则需要解决原则冲突的理论,阿列克西的原则理论便成为重要选择。

## 二、解决原则冲突的理论参照:阿列克西的原则理论

### (一)阿列克西的原则理论

依据阿列克西的原则理论,解决既有规则与原则发生冲突的法律途径是,把支持规则 R 适用的实质原则 Ps 及形式原则 Pf 加总后与反对规则 R 适用的实质原则 P 进行衡量,即(Ps+Pf) vs. P。如果(Ps+Pf) ≥ P,则支持规则 R 适用的实质原则 Ps 优先适用;如果(Ps+Pf) < P,则反对规则 R 适用的实质原则 P 优先适用。[36] 详言之:

1. 阿列克西原则理论“首先是一种权衡理论”,(Ps+Pf)与 P 之间的权衡为其公式化体现,因为“权衡不外乎是相对于相对立之原则的最佳化”。阿列克西用“原则间权衡的定律”(Law of Balancing Principles,下称“权衡法则”)与“原则间竞争的定律”(Law of Competing Principles,下称“竞争法则”)[37]来把握权衡的结构。权衡

---

[36] 参见前注㉒,Alexy 书,第 48 页注 24,第 58、82 页。

[37] “The Law of Competing Principles”(参见前注㉒,Alexy 书,第 50 页以下)或“The collision law”(前注⑲,Alexy 文,第 295 页以下)对应的德文是“das Kollisionsgesetz”,中文有译为“碰撞法则”者(如陈显武:《论法学上规则与原则之区分——由非单调逻辑之观点出发》,载《台大法学论丛》2004 年第 1 期;我国学者翻译的阿列克西两本论文集均采此译法,如前注⑲,阿列克西书,第 219 页;[德]罗伯特·阿列克西:《法:作为理性的制度化》,雷磊编译,中国法制出版社 2012 年版,第 133 页),有译为“冲突法则”者(如张嘉尹:《法律原则、法律体系与法概念论—— Robert Alexy 法律原则理论初探》,载《辅仁法学》2002 年第 24 期;前注㉖,王鹏翔文)。“The Law of Competing Principles”或“The collision law”本身并不难翻译,难题出在阿列克西在著作中经常把“Collisions of Principles”与“Conflicts of Rules”并列使用。如果后者通常译为“规则冲突”,那么再把前者译为“原则冲突”,就难以表现出阿列克西有意对两者作出的区分,此亦陈显武、朱光、雷磊等学者采用“原则碰撞”之翻译的原因。但在笔者拿本文参加的数次学术讨论中,几乎没有学者知道“碰撞”为何义,多名学者专门提出“碰撞”的翻译较为生硬、偏僻且疏离学术术语的通常译法。为实现阿列克西的初衷,如果一定要与“规则冲突”相区分,那么采用“原则竞争”的译法或许既能实现区分两个术语之目的,又能做到较为通俗易懂。相对应地,“The Law of Competing Principles”或“The collision law”也就译为“竞争法则”。而且,“竞争”也较符合阿列克西借该法则所意图表达的含义,即在相竞争的原则中确立某个优先适用的原则。

法则是“某个原则的受干预度越强烈，相对应原则的实现就越重要”。他并通过“比重公式”(the Weight Formula)[38]揭示权衡法则的核心结构。其目的就是要确立(Ps+Pf)与P的具体重要性分别为何，进而为确定何者优先打下基础或创造前提。竞争法则是“一个原则优先于另一个原则的条件，构成了赋予该优先原则法律后果——规则的实施要件”。此处的条件即优先条件[condition(s) of precedence]，是决定某一原则优先于另一原则的条件。[39]

由于权衡法则中判断原则具体重要性的条件与竞争法则中确立优先关系的条件是一致的，这两个法则也因此内在地统一起来。确切地说，权衡法则是刻画(Ps+Pf)与P之间予以衡量的论证结构，并进而论证原则之间的条件式优先关系(a conditional relation of precedence)。竞争法则是由权衡法则之论证结果(条件式优先关系)而得出的具体规则。竞争法则在于说明原则衡量结果与规则之间的关系；权衡法则的功能则是说明衡量的论证方式，在终极意义上当然也是对作为衡量结果的规则予以证立。[40]

2. 把支持规则R适用的实质原则Ps及形式原则Pf加总后，即把(Ps+Pf)一起与反对规则R适用的实质原则P进行衡量，意味着形式原则自身并不能与其他实质原则相权衡，它只有跟其他实质原则一起，才能与相对立的实质原则相权衡。阿列克西称此为形式原则的“联合法则”(Law of Combination)。[41] 这种“采用一并权衡所有相关形式原则与实质原则的模式”，亦为波洛斯基赞赏并支持。[42]

3. 在(Ps+Pf)与P分量相等的情形下，(Ps+Pf)优先适用完全是由形式原则Pf决定的，因为它实际上是既有规则R存在的合法

---

㊳ See Robert Alexy, *The Weight Formula*, in Brian Bix and Horacio Spector, eds., Rights: Concepts and Contexts, Ashgate Publishing, 2012. 雷磊先生对此(其使用的相应翻译为“重力公式”)亦有较为详细的介绍和深入研究，可参见《法律推理基本形式的结构分析》(载《法学研究》2009年第4期)、《法律规范的同位阶冲突及解决——以法律规则与法律原则的关系为出发点》(载《台大法学论丛》2009年第38卷第4期)等。

㊴ 参见前注㉒，Alexy书，第53页。

㊵ 相关内容参见前注⑲，Alexy文，第295页以下；前注㉒，Alexy书，第44页以下；前注㊳，Alexy文，第539页以下；[德]罗伯特・阿列克西：《法的双重本质理论的主要素》，载[德]罗伯特・阿列克西书，第288页以下。

㊶ 参见前注㉒，Alexy书，第423页。

㊷ 参见前注㉑，Borowski编书，第35页。

性基础。形式原则要求,“如果没有坚强的反面论据,则应该推定权威所制定的规则代表了正确衡量的结果”。只有在(Ps+Pf)与P分量相等情形下推定(Ps+Pf)优先适用,才能给欲偏离既有规则的决定者以论证负担,“亦即他必须确定并且提出坚强的论据证成适用规则的结果的确与原则衡量的要求不符”。[43] 分量相等情形下(Ps+Pf)的优先适用,在终极意义上亦是追求法律稳定性的要求。

4. 阿列克西的原则理论也面临着到目前为止一些难以克服的矛盾。一是形式原则与实质原则不能通约(incommensurability)的问题;[44]二是数个原则(尤其包含实质原则与形式原则)在衡量时其重要性是否可加总的问题。阿列克西在提出算术化的比重公式后,直觉上认为Ps与Pf的分量(重要性)可以加总。[45] 形式原则与实质原则不能通约的矛盾主要揭示出,对何为形式原则及其与实质原则的关系还有待深入研究,但该问题也决定了阿列克西原则理论中权衡的前提能否存在。数个形式原则与实质原则的重要性能否加总的矛盾既揭示出数量是否跟重要性有关的问题,也再次揭示出形式原则与实质原则能否通约的问题,但最终揭示出权衡法则的内容与结构究竟为何的问题。其实,这些质疑都关涉到阿列克西原则理论的一个核心点,即权衡法则如何实现。具体说就是,在权衡法则中如何论证原则之间的具体重要性:近者,它决定着如何确定原则之间的优先关系;远者,它决定着原则作为“最佳化命令”之目的的实现。解决这些问题,也一直是阿列克西的研究目标,其所有有关原则理论的研究成果其实都是围绕这个问题而努力,“比重公式”的提出就是其努力的最重要体现。也有其他学者为解决上述问题

---

[43] 参见前注㉖,王鹏翔文,第378页。

[44] See Joseph Raz, *The Morality of Freedom*, Oxford University Press, 1986, p. 328; T. A. Aleinikoff, *Constitutional Laws in the Age of Balancing*, Yale Law Journal, Vol. 96: 943, pp. 972–976 (1987). 需指出,不可通约并不意味着不可比较。具体论证可参见Virgílio Afonso da Silva, *Comparing the Incommensurable: Constitutional Principles, Balancing and Rational Decision*, Oxford Journal of Legal Studies, Vol. 31: 273, pp. 273–301 (2011).

[45] 前注㊳,Alexy文,第539页以下,尤其是最后一部分“扩展公式”。

付出了艰辛，但亦未获得理想答案。[46] 权衡法则若不能很好地得到论证，毫无疑问会影响竞争法则的实现，因为竞争法则的适用前提便是优先条件的确立。

（二）借鉴阿列克西竞争法则之理由

为避免其理论难题，本文仅借鉴阿列克西原则理论中的竞争法则。

1. 竞争法则的主要内容

竞争法则的实现前提是，要依据具体个案的具体情形在原则之间建立"条件式优先关系"。相冲突原则中某个原则的优先适用完全取决于特定场景中的个案条件。换句话说，如果给出的是其他条件，优先关系可被倒转过来。[47] 有关竞争法则的一个较为技术性的表述是：

如果原则 P1 依据条件 C 优先于原则 P2，即（P1 P P2）C，并且 P1 在条件 C 下引起法律后果 R，那么包含行为事实 C 和法律后果 R 的规则就是有效的，即 C→R。[48]

此处的 C，即优先条件。它在竞争法则中具有双重特性：在（P1 P P2）C 中，是确定原则间"优先关系的条件"，其后果是确立了优先原则；在"C → R"中，则是"规范构成要件"（the protasis of a norm），其后果是创设了规则。无须说，适用优先原则的结果便是创设了一个规则，即"一个原则优先于另一个原则的条件，构成了与该优先原则具有相同法律效果之规则的要件"。此即阿列克西原则竞争法则之精髓。[49] 简言之，竞争法则的运作过程就是，通过优先条件

---

[46] 王鹏翔先生曾为此提出一个富有创见性的建议：即把形式原则当作影响实质原则强度的理由（strength-affecting reason）。基此可把阿列克西的主张修正为：若要根据原则 P 来限制规则 R 在某个案件中的适用，则 P 的重要性必须胜过 Ps 被形式原则 Pf 增强后的重要性。参见前注㉖，王鹏翔文，第 382 页。该修正理论的结果是把（Ps+Pf）与 P 之间的权衡变为两个实质原则 P 与 Ps 之间的衡量，只不过此时的 Ps 已经包含了 Pf 的增强。该修正可回避 Pf 与 Ps 不可通约的问题，但仍不能回避数个原则在衡量时其重要性是否可以加总的问题。在具体个案论证中，该修正也回避不了 Pf 会增强 Ps 多少的问题。

[47] 参见前注㉒，Alexy 书，第 51 页。

[48] 前注⑲，Alexy 文，第 297 页。括号中的 P 为"优先于"的意思，同情形中的 P 在本文皆是在此意义上使用。

[49] 参见前注㉒，Alexy 书，第 53 页。

确立原则之间的优先关系，再由该优先条件内含的行为事实作为规范构成要件进而创设一个具体规则。该规则实际上是与某实质原则相冲突之既有规则的例外规则。[50]

2. 借鉴阿列克西竞争法则的主要理由

其一，竞争法则不仅包含了阿列克西原则理论的所有精华，还反映了其原则理论的最终结果。优先条件的找寻与确立在阿列克西的整个原则理论中扮演着三种重要功能：确立原则间具体重要性的功能、确立原则间优先关系的功能以及作为优先原则生成之规则的具体构成要件的功能。优先条件因此亦为竞争法则的核心，正是由它决定了原则之间的优先关系，并成为优先原则所创设新规则的具体构成要件，该规则最终成为具体个案的裁判依据。

其二，就阿列克西的形式原则予以反思。形式原则旨在保障既有规则的推定优先适用，以实现法的确定与安全。其价值或许仅在于此，而无其他新意。其实践运行无非是，针对具体个案，如果要适用与R相冲突的实质原则P作为裁判理由，那就意味着制定该规则的权威机关（如国会、议会、我国的全国人民代表大会等）的权威性将受到消减。但"仅仅透过论证是没有办法消减这些机关的权威性，也不会有什么实效。因此这势必要以另一个权威机关来'做'这件事"。[51]"另一个权威机关"具体是什么，不同国家或地区依据其政治体制可有不同设置，如最高法院、联邦法院、宪法法院、司法院等。此种会动摇既有规则适用基础的权力无论赋予哪个机关，都会与分权原则相矛盾。现实社会中，该矛盾又不可排除，这或是法治本身的固有缺陷与代价。形式原则绕了一圈又回到了问题老路，即民主、分权、法治等基本问题。表现在司法上，又回到了民主法治国家内应否赋予法官造法的权力、法官有无自由裁量权等问题。长期的司法实践已经表明，即便法官不考量形式原则，也并不意味着其裁判结果肯定会偏离保持法律确定性的形式要求。如有学者指出的，"尽管民主统治确实要求法官得出的结论要受到立法的约束，但并不能因此得出结论说，当立法机构提供的理由不能确定出唯一结

---

[50] 此处的例外规则应采广义理解。它并不意味着必然是新规则，也包括以原则具体化的规则为桥梁沟通既有规则的情形。下文会对此具体论证。

[51] 前注㉕，颜厥安文。

论时，法官没有受到这样的约束。别忘了，在原则性下实行灵活性也是受到了约束的。”[52]王鹏翔进而指出，“形式原则是 Alexy 原则理论中的问题儿童，引发的问题可能比解决的问题还多。一定程度要摆脱 Alexy 的窠臼才能推进研究”。[53] 笔者深以为然。

其三，对于阿列克西的原则理论，可以借鉴的主要是其论证思路，而非把它作为僵化的公式。其提供的以优先条件为纽带将相冲突的原则通过具体重要性的比较（权衡法则）、优先关系的确立并最终由优先原则创设出具体规则（竞争法则）的论证思路，大有借鉴价值。它解决了原则适用的最重要问题，即经由原则如何创设规则，因为只有规则而非原则才能作为直接裁判依据。尽管如此，对于如何找寻与确立优先条件亦不必拘泥于其思路，尽可另辟蹊径。

其四，即便完全遵循阿列克西的原则理论，在（Ps+Pf）与 P 之间衡量的最终结果也仍然是具体实质原则的适用，即在支持规则 R 适用的实质原则 Ps 与反对规则 R 适用的实质原则 P 之间的择一适用。至于实质原则 Ps 或 P 如何具体适用于个案，这恰是竞争法则的内容。阿列克西原则理论的终点在逻辑上恰好成为本文的研究起点。

### （三）阿列克西竞争法则的实践运行演示

清楚了规则与原则之冲突的本质以及阿列克西的原则理论（尤其是竞争法则），便会明晰解决相关个案的途径。亦即，针对具体个案，先要找出实质原则 P 及与其发生冲突的具体规则 R 背后所依据的实质原则 Ps，然后再经由优先条件确立优先原则，并由它创设解决该案的具体规则。阿列克西通过 Lebach 案[54]演示了基于竞争法

---

[52] ［美］朱尔斯·科尔曼、［美］布赖恩·赖特：《确定性、客观性与权威性》，载［美］安德雷·马默主编：《法律与解释》，张卓明等译，法律出版社 2006 年版，第 303 页。

[53] 摘自王鹏翔先生 2013 年 8 月 14 日给笔者 email 中的内容。

[54] BVerfGE 35，202. 简要案情为：1972 年德国第二电视台（ZDF）播出了名为“Lebach 之士兵谋杀”的纪录片。本片的内容是有关发生于 1969 年的一起重大刑事犯罪，犯罪人杀害了位于 Lebach 的联邦部队军火库中四个熟睡的士兵，并抢夺了武器供其他犯罪之用。其中有一个被确认为次要罪犯而即将被释放出狱的人，看到该纪录片中有其照片并配有其名，便基于这会危及其“再社会化”的理由，主张侵害了其德国基本法第 1 条第 1 款和第 2 条第 1 款下的宪法权利，请求法院判令禁止电视台的播放行为。其诉请遭到两级地方法院的驳回，该人便诉请德国宪法法院废止地方法院判决。

则从原则生成规则的论证过程，认为德国宪法法院[55]经由三个步骤的推理便可获得解决本案的理想答案。[56]

第一步，找出两个竞争性原则间的竞争（紧张）关系，即人格权保护（P1）（与德国基本法第1条第1款相关联的第2条第1款）和新闻报道自由（P2）（德国基本法第5条第1、2款）。无疑，这两个原则在本案中存在竞争的紧张关系：适用P1导致禁止播放，适用P2则允许播放。

第二步，基于一般的优先条件确立一般的优先关系。法院认为，在“时事报道罪行”（C1）的情形下［BVerfGE 35,202（231）］，媒体报道自由具有一般的优先性，即（P2 P P1）C1。但这种优先关系仅是初显性[57]（一般性或原则性）的，因此可以允许有例外。

第三步，基于“特定的优先条件”确立“有条件的优先关系”，并基此创设具体规则。法院认为，在“严重刑事犯罪的重复报道、不再包含时事信息之利益、危及犯人再社会化”的情形下［BVerfGE 35,202（237）］，保护隐私优先于媒体报道。此处的重复F1、无现实利益F2、严重的刑事犯罪F3、危及再社会化F4等便是“特定的优先条件C2”，基此形成的“优先关系”为：保护隐私优先于媒体报道，即

---

[55] 阿列克西的原则理论主要是在基本法（宪法）的领域内予以讨论的，本文是把其理论运用到私法领域的一个尝试。

[56] 参见前注[22]，Alexy书，第54页以下。

[57] 有关“prima facie”的翻译，有的译作“初步的”或“表面的”（薛波主编：《元照英美法词典》，法律出版社2003年版，第1088页），有的译作“初步印象”（参见前注[37]，陈显武文），有的译作“初显”（参见前注[37]，张嘉尹文），在我国出版的阿列克西的两本论文集中均采用了“初显”的翻译（参见前注[19]，阿列克西书；前注[37]，阿列克西书）。尽管“prima facie”并没有统一而确定的内涵［See Georg Nils Herlitz, *The Meaning of the Term* “*Prima Facie*”, Louisiana Law Review, Vol. 55:391, pp. 391-408（1994）］，但针对该术语在阿列克西著作中的含义（某种原则仅在表面上具有优先性，该优先性可以被某种新的条件所推翻）来讲，把它翻译成“（法官）推定”可能最合适。之所以在“推定”前加上“法官”，是因为“推定”往往由法律直接规定，阿列克西使用的“prima facie”显然是由法官“推定”而非法律规定。“推定”是颜厥安先生的翻译，如“原则与规则具有不同（强度）的推定性质（Prima facie charakter）”（前注[25]，颜厥安文）。“prima facie”在诉讼法中比较固定而统一的翻译是“表见”，主要体现在“prima facie Beweis”往往被译作“表见证明”，且其含义亦与阿列克西著作中的使用基本相同（参见［德］普维庭：《现代证明责任问题》，吴越译，法律出版社2006版，第132页以下）。不过，实体法中构成“表见”（如“表见代理”）便发生效力而不容被推翻。鉴于诉讼法中的“表见”与实体法中“表见”的含义略有出入，且阿列克西的译著在我国已产生广泛影响，本文还是采用“初显”之译文。

(P1 P P2)C2。具体规则 R 也随即在该“有条件的优先关系”中创设:媒体报道被禁止,此即 C2→R。该规则用公式可表示为:C2(F1+F2+F3+F4)→R;用语句可表示为:一项关涉严重刑事犯罪(F3)的重复(F1)且不再拥有时事信息之利益(F2)的媒体报道,当危及犯人的再社会化(F4)时,应为宪法所禁止。

可见,在阿列克西原则理论中,无论是优先原则的确立,还是由优先原则进而具体化的规则,其前提与核心内容都在于优先条件(变量)的确立。

## 三、原则间有条件的优先关系的确立

正因为优先条件是阿列克西原则理论的前提与核心内容,他才持之不懈地致力于比重公式的研究,以寻求其确立途径与具体方法。鉴于比重公式遇到的种种难题甚至质疑,[58]更换一种找寻优先条件的思路或视角,或许能有新的发现。

### (一)确立优先条件(或变量)的新思路:生活常情或事物本质

法律原则是长期积淀并为人们所公认的合理价值的法律表达,诚实信用、公序良俗等原则莫不如此。要确定适用原则的优先条件或变量,便须找到合乎一般道义、契合于正当性社会生活的一般常识或常情,换句话说,就是要找寻原则在现实生活中所依据的生活原型并由它决定原则的适用。一句话,原则的司法适用取决于

---

[58] Vgl. Alexander Somek, Rechtliches Wissen, 2006, S. 135; Matthias Jestaedt, Die Abwägungslehre – ihre Stärken und ihre Schwächen, Otto Depenheuer/Markus Heintzen/Matthias Jestaedt/Peter Axer(Hg.), Staat im Wort. Festschrift für Josef Isensee, 2007, S. 260 ff. 其实,当阿列克西试图通过对相冲突的原则分别予以轻(l)、中(m)、重(s)的分类并对相应类型予以相对应的赋值 1、2、3[适用于比重公式为“差公式”(Differenzformel)]或 20、21、22[适用于比重公式为“商公式”(Quotientformel)],以利用比重公式计算每个原则的具体重要性时(参见前注[38],Alexy 文,第 539 页以下),便宣告了其努力的失败。道理很简单,每个法律原则的具体重要性不可能如数字般准确,用数学公式计算法律原则的具体重要性是不可能完成的任务,甚至是“不可用的手段”。Vgl. Thomas Riehm, Abwägungsenrscheidungen in der praktischen Rechtsanwendung. Argumentation – Beweis – Wertung, 2006, S. 66. 这些反对意见并不为阿列克西所认可,在他看来,数字并不取代判断或命题,而仅是一种指代。比重公式在终极意义上只不过是实践商谈的一种论证形式,是理性实践商谈的一个要素而非其敌手。Vgl. Robert Alexy, Hauptelemente einer Theorie der Doppelnatur des Rechts, ARSP 95(2009), S. 151ff.

找寻到缘何适用该原则的生活事实。[59] 两大法系有关原则的司法实践莫不如此。

英美法系有关原则的司法实践便非常注重生活常情对法律含义(包括原则与规则)的引领,卡多佐大法官就是如此理解与运用法律原则的。甚至有学者认为,“卡多佐是英美法第一个谈论原则与规则思想的人”。[60] 在回答立法者确立法律规则之际“应该去哪里找寻法律规则的含义”时,卡多佐说,规则的含义“显然体现在它们的渊源中,更确切地说,体现在社会生活的迫切需要之中。这里有发现法律含义的最大可能性。同样,当问题是填补法律的漏洞时,我们需要的解决办法不是逻辑演绎,而是社会需求”。[61] 针对具体个案,如果要在相互冲突的原则中确立哪个原则优先适用的条件,而该条件又能作为由原则生成规则之规范构成要件的,那就必须到现实生活中去寻找。其实,若从法律作为裁判规范的意义上讲,英美法系的遵循先例制度本身便已在客观上实现了此要求。因为,每个案件都是活生生之现实生活的体现,案件的解决不仅意味着找到了契合法律要求的生活事实与社会需求,而遵循先例还意味着这种生活事实与社会需求对法律所生影响的延续。另外,若从法律作为行为规范的意义上说,主体的行为亦受到现实生活的影响,具有法律意义的行为最终为法律所固定,从而又在现实生活中指引着人的行为。此即卡多佐所言,“生活塑造行为的模具,该模具将来某一天会如同法律那样固定。法律亦保护这些模具,因为其形体是从生活中来。”[62]

---

[59] 生活事实指的是生活常态。但正如学者指出的,个案所体现的社会生活未必是正常的社会生活,例如犯罪行为等。即便如此,判断这种行为违反常规同样是以正常的社会生活为依据。参见胡玉鸿:《法律原则适用的时机、中介及方式》,载《苏州大学学报(哲学社会科学版)》2004 年第 6 期。

[60] 参见吴从周:《概念法学、利益法学与价值法学:探索一部民法方法论的演变史》,中国法制出版社 2011 年版,第 412 页。另见亚历山大和克雷斯对卡多佐在 MacPherson v. Buick Motor Company [217 N. Y. 382,111N. E. 1050(1916)]案中有关法律原则运用方式及理念的讨论。See Larry Alexander and Ken Kress, *Against Legal Principles*, Iowa Law Review, Vol. 82:739, pp. 749-750(1997).

[61] Benjamin N. Cardozo, *The Nature of the Judicial Process*, Yale University Press, 1921, pp. 122-123.

[62] Ibid., p. 64.

在大陆法系，尤其是德国学界提炼出的“事物本质”概念，[63]对原则的司法适用（尤其是优先条件或变量的寻找）亦能带来重要启示。在普赫塔看来，“事物本质”甚至是法律原则创设法律规则的基点。[64]

将“事物本质”视为“当为”（原则或法律理念）与“存在”（生活事实）之桥梁、中点或调和者的理解，恰好契合找寻优先条件或变量的前提（原则适用）与依据（生活事实）。考夫曼把“事物本质”理解为，能够把原则（法律理念或法律规范，也就是“当为”）与生活事实（“存在”）相联结、相对应的调和者。立法是使法律理念与将来可能的生活事实相调适，法律发现（司法）是使法律规范与现实的生活事实相调适，“此种调适、此种同化、此种事当为与存在相对应”，必须以“有一个能使理念或者说规范与事实在当中取得一致的第三者，亦即，当为与存在之间的调和者”为前提。这个“第三者”或“调和者”就是“事物本质”。它意味着法律理念或法律规范与生活事实必须同一，它们相互之间能够彼此“相对应”“相调适”，即意义关系上具有同一性。但这种同一性需要法律类推，即当存在与当为相互遭遇时，通过从事实推论至规范或者从规范推论至事实，来寻求现实与价值互相联系、互相对应的中间点，或说是事物正义与规范正义之中间点。在此意义上，“事物本质”不仅是立法也是法律发现之类推过程的基础。[65] 因此，找到沟通原则与生活事实之间的中间

---

[63] 就“事物本质”这个词，德埃尔（Dreier）曾说，不可将之视为法学上的“专门术语”。考夫曼甚至说它都称不上“一个概念或一个比喻”，“它只是一个相当不特定的语言习惯”。但无论如何，“事物本质”都标示出了“法学理论上一个真正的难题”。参见［德］亚图·考夫曼：《类推与“事物本质”——兼论类型理论》，吴从周译，台北，学林文化事业有限公司1999年版，第3页。就“事物本质”各种学说的介绍及其在我国台湾地区的实践应用，可参见林更盛：《对于以“事物本质”作为法学论证的反思——一个方法论上的尝试》，载《黄宗乐教授六秩祝贺——基础法学篇》，台北，学林文化事业有限公司2002年版，第235页以下。

[64] 其原话是：“如果法官不适用外在的法源，他就必须从现行法的法律原则中创造可以适用的法律规则……从事物的本质出发，通过法学推理与类推，他可以获得该法律规则。”Georg Friedrich Puchta，Pandekten，1883，S. 22. 转引自谢鸿飞：《法律与历史：体系化法史学与法律历史社会学》，北京大学出版社2012年版，第132页。

[65] 参见前注[63]，考夫曼书，第103页。总结说来，考夫曼理解的“事物本质”是把法律理念或法律规范与生活事实调适为同一的“催化剂”（前注[63]，考夫曼书，第133页以下；前注③，考夫曼书，第48页注释[55]）。

点，就是适用原则解决具体个案的关键。这个中间点，就是确立相竞争原则间优先关系以及由优先原则创设规则之构成要件的“优先条件或变量”，由此而实现了卡纳里斯所说的，“法律原则最后还可以在事物的本质中得其效力根据”。[66]

“事物本质”的法律功能也恰好契合适用原则的功能与目的（填补漏洞、作为解释依据等）。传统观点认为，“事物本质”是一种法发现技术上的方法，具体说就是一种填补漏洞的方法。拉德布鲁赫就把“事物本质”定位在“只是法律解释与漏洞填补”的终极理据。[67] 拉伦茨也曾明确指出，“填补开放的法律漏洞，通常是以类推适用，或回归法律所包含的原则之方式行之。取向于‘事物的本质’也是一种可能的方法”。[68] 考夫曼对此评价说，“显然‘事物本质’与‘类推’被理解为法发现技术上不同的方法，而且这可以视为目前的通说”。[69] 可见，基于“事物本质”来找寻原则适用的优先条件或变量，确符合其填补漏洞之功能。尽管考夫曼明确指出其与传统观点不同，[70]但本文讨论的适用原则填补法律漏洞的目的亦不与其观点相矛盾。原则本身不仅是作为漏洞填补方法或法律规范之法源，适用原则本身就是要连通立法与司法，在终极意义上就是要做到法律理念与生活事实的融贯。其实，无论原则适用还是“事物本质”，在终极意义上皆为实现法的本质。

（二）找寻优先条件或变量的具体路径

找寻优先条件或变量，在本质上就是找寻到能够连接基本案件事实（存在）与所适用的优先原则（当为）的中点或调和者。具体说就是，以基本案件事实为基础，寻找到“裁判案件要确定的核心要

---

[66] 转引自［德］卡尔·拉伦茨：《法学方法论》，陈爱娥译，商务印书馆2003年版，第47页。

[67] Radbruch, Die Natur der Sache als juristische Denkform, Festschr. Zu Ehren von Rudolf Laun, 1948, S. 15. 转引自前注[63]，考夫曼书，第133页。

[68] 前注[66]，拉伦茨书，第258页。

[69] 前注[63]，考夫曼书，第3页。

[70] “‘事物本质’不只是填补法律的方法，亦不是如法律规范般的法源，而是一种‘催化剂’，在每个立法与法律发现行为中必要的‘催化剂’，以便能够使法律理念或者法律规范与生活事实，当为与存在，产生一种关联（‘对应’）。”前注[63]，考夫曼书，第133页以下。

素”,并使之连通该案件事实与适用于本案的具体法律原则。此处以实例来演示找寻优先条件或变量的具体路径及步骤。

1. 针对具体个案,应首先明确基本的案件事实(存在)与拟适用的法律原则(当为)。例如,在“李某与刘某文房屋买卖纠纷案”等“买卖凶宅案”中,基本的案件事实是在作为买卖标的的房屋内“发生过凶杀”,解决此类案件适用的法律原则通常为诚信原则。在“张某英与蒋某芳遗赠纠纷案”等“赠与(含遗赠)情妇财产案”中,“赠与情人特定财产”是基本案件事实,裁判此类案件适用的法律原则通常是公序良俗。在“吴某与宁波某电器公司物权保护纠纷案”等“产权式商铺纠纷案”中,基本的案件事实是原告(如本案吴某)拥有商铺的所有权,且其诉请直接影响到其他大多数业主(如本案受影响的至少有92%的业主)的财产利益(租金损失等),裁判此类案件通常适用的法律原则为禁止权利滥用。

2. 确立解决具体个案的努力目标以及法律要点。例如,在“李某与刘某文房屋买卖纠纷案”等“买卖凶宅案”中,解决此类案件的努力目标在于通过认定“被告有欺诈故意并构成欺诈”,赋予原告撤销该买卖合同的权利,法律要点就是如何通过诚信原则来证成“被告有披露房内发生过非正常死亡信息的义务”。在“张某英与蒋某芳遗赠纠纷案”等“赠与(含遗赠)情妇财产案”中,裁判此类案件的努力目标在于通过认定“该合同内容违反公序良俗”而使其无效,法律要点就是通过怎样的标准证成“是否违反公序良俗”。在“吴某与宁波某电器公司物权保护纠纷案”等“产权式商铺纠纷案”中,裁判此类案件的努力目标在于通过认定“权利人的诉求构成权利滥用”而否定其效力,法律要点就是如何确立“构成权利滥用的要件”。

3. 确立攻克法律要点的“核心要素”。这其实就是确定解决整个案件的核心要素,可简称为“裁判案件的核心要素”。例如,在“李某与刘某文房屋买卖纠纷案”等“买卖凶宅案”中,证成“被告有披露房内发生过非正常死亡信息的义务”的“核心要素”,在于判断该凶杀信息是否会影响原告的意思表示。在此类买卖合同案中,房屋价格与使用目的等是最重要的意思表示内容,因此,裁判案件的核心要素就是要判断该凶杀信息是否会对这两者产生影响。在“张某英与蒋某芳遗赠纠纷案”等“赠与(含遗赠)情妇财产案”中,对于是否违反公序良俗的判断,若立足于现实生活常情的考量,便可以做他人情人的目的是否为“以性换取财产或以财产换取性”作为判定“是否违反公序良俗”的要件。[71] 通常,若做他人情人的目的纯粹是为了金钱,便可判定此行为违反了公序良俗。因此,是否为“以性换取财产”的判断,便是裁判案件的核心要素。就本案来讲,被告蒋某并没有证成原告张某是“以性换取财产”,至少在这一点上,还难以证成张某做黄某情人的行为构成违反公序良俗原则。相反,“张某青与张某方合同纠纷案”中的合同内容赤裸裸地表明“以性换取财产”,无疑违反了公序良俗原则。在“吴某与宁波某电器公司物权保护纠纷案”等“产权式商铺纠纷案”中,判断原告的诉请是否符合“构成权利滥用的要件”,立足于生活常情或“事物本质”的考量,不外乎通过权衡权利人诉请的“利害”来判断其诉请的正当性。如果该诉请对原告无利而对他人有害,或者尽管对原告有利,但获利远小于对他人的损害,就说明原告的诉请有违权利的客观目的而缺乏正当性。如果在此法律事实中能证明权利人有主观害意,那么其侵害他人权利的目的便更加明显。这些要素便足以判断其权利行使构成权利滥用。总结说来,权利行使是否“对自己无利,但对他人有害”,或者“对自己有利,但远小于对他人造成的损害”等,便是裁判案件的核心要素。

4. 明确裁判案件的核心要素即是连通基本案件事实(存在)与适用于本案的具体法律原则(当为)的中点或调和者,确切地说,就是解决该具体个案的优先条件或变量。例如,在“李某与刘某文房屋买卖纠纷案”等“买卖凶宅案”中,由于“裁判案件的核心要素”是要判断该凶杀信息是否会对房屋价格与使用目的等产生影响,因此房屋价格与使用目的等要素便是连通本案基本案件事实与诚信原则的中点或调和者,也即解决本案的优先条件或变量。在“张某英与蒋某芳遗赠纠纷案”等“赠与(含遗赠)情妇财产案”中,由于裁判案件的核心要素是要判断赠与情人特定财产的行为是否为“以财产

---

[71] 如果一国(如荷兰、德国、新西兰等)相关法律承认卖淫合法,以性换取财产并不当然违反公序良俗。

换取性”，因此该考量因素便是连通本案基本案件事实与公序良俗原则的中点或调和者，即解决本案的优先条件或变量。在“吴某与宁波某电器公司物权保护纠纷案”等“产权式商铺纠纷案”中，由于裁判案件的核心要素是要权衡权利人行使权利对自己与他人的利害关系，因此，权利行使是否“对自己无利，但对他人有害”，或者“对自己有利，但远小于对他人造成的损害”等考量因素，便是连通本案基本案件事实与禁止权利滥用原则的中点或调和者，即解决本案的优先条件或变量。

可见，具体个案中优先条件或变量的寻找并非依赖于法官的主观任意。它也不是一项完全抽象的智识性活动，而是一种须遵循法律适用程序与适用逻辑，并有规律可循的法律适用活动。有规律可循并不意味着优先条件或变量的确定性或唯一性。不同的疑难案件有不同的案件事实，优先原则的选择亦因此而有变化，由此决定了法官依据生活常情、生活经验或“事物本质”所获得的优先条件或变量也会不同。无疑，优先条件或变量的寻找标准包含着每个法官的主观价值取向，即便如此，也不必担心案件的裁判会出现任意或随意的结果。原因在于，任何国家通常都不会把疑难案件交由单个法官独立裁判。数名法官会针对每个法官提出的优先条件或变量予以斟酌、讨论并在尊重多数意见的基础上作出终局选择，即便有时存在法官的任意，此时往往也已被过滤掉了。清楚了此点，则更应鼓励法官寻找尽可能多的优先条件或变量，因为法官能够设想出的优先条件或变量越多，得出的结论越一致，形成的判决结果便会越符合、越接近客观。优先条件或变量的找寻因此更应开放而非封闭。

## 四、基于原则的规则创设：从优先条件到个案规范

确立了优先条件或变量，也仅仅是完成了原则适用中的一个环节，尽管是最为重要的一环。由于能够作为案件裁判依据的只能是

规则而非原则，[72]因此，要适用原则解决案件，还须将该原则具体化，即规则化为具体权利、义务。但有了阿列克西的竞争法则作为理论依据，再辅之以确立优先条件或变量之具体路径的指引，原则规则化已是水到渠成。

（一）个案规范的产生

参照阿列克西竞争法则的实践运行，本文通过实际案例演示诚实信用、禁止权利滥用、公序良俗等原则的具体化。

1. 诚实信用原则具体化之适例

“李某与刘某文房屋买卖纠纷案”实际上涉及支持买卖合同规则的“合同自由原则 P1”（合同法第 4 条）与“诚实信用原则 P2”（合同法第 6 条）之间的冲突。确立了原则间的竞争（紧张）关系，只是完成了解决本案的第一步。

第二步，基于一般的优先条件确立一般的优先关系。依据规则优先适用的一般理论（本案双方当事人已经基于买卖合同形成了具体的权利义务，即条件 C1），“合同自由原则 P1”具有一般的优先性，即（P1 P P2）C1。当然这种优先关系仅具初显性（一般性或原则性），可以允许有例外。

第三步，基于“特定的优先条件”确立“有条件的优先关系”，并基此创设具体规则。本案的法律要点是要通过诚信原则来推论出“被告有披露房内发生过非正常死亡信息的义务”，因此需要法官提供并证成该具体告知义务的依据来源，确立“特定的优先条件”便必不可少，此即该信息对于房屋价格或使用目的的影响等。结合本

---

[72] 此点可谓法学共识，在此仅择几位法学家的相关表述作为例证。如卡纳里斯指出，“原则，最后为其实现，需要透过利用独立的法律事实所得之下位原则及个案判断予以具体化。亦即，原则并非法律规定，因此不能直接适用，尚必须先以构成要件确定之，使之‘规范化’”。Claus - Wilhelm Canaris, Systemdenken und Systembegriff in der Jurisprudenz, 1969, S. 57. 杰曼也认为，“无论法律原则是否已经成为实证法的一部分，通常都不能被直接作为个案的裁判依据，作为个案的裁判依据只能是具体规则”。O. A. Germann, Probleme und Methoden der Rechtsfindung, 2. Aufl. 1967, S. 156. 麦考密克亦曾说，“实定法体系，尤其是一个现代国家的法律体系，都内含着一个冲动，即将宽泛的行动原则具体化为相对稳定、明确、细致和可以客观地加以理解的规则形式，并提供一个应用于人际间的可信赖的和可接受的程序，以使得这些规则付诸实施”。前注①，麦考密克书，“前言”第 2 页。拉伦茨还进而指出，该具体化“首先多由立法者来承担。而最终的具体化则多由司法裁判针对该当个案为之”。前注⑥⑥，拉伦茨书，第 349 页。

案，具体来说：

(1)在原、被告生活的区域内，该信息会影响房屋价格(C2)。价格是买卖合同的必备条款，决定着意思表示的具体效果，体现着意思表示中的效果意思。如果房屋内发生碎尸案在原、被告所生活的区域内会影响房屋的价格，一个“诚信”的当事人就有告知相对人的义务。尽管本案当事人没有提及房屋价格是否会受该凶杀信息的影响，但判决书还是认定了此点，“虽然发生过凶杀碎尸肢解事件的住宅在实物形态上没有受损，但是房屋会因购买者避讳而贬值。因此，这已经构成了合同标的物的重大瑕疵”。本案被告因而有义务披露该信息，否则便有违诚信原则。此种情形下，优先原则应为诚信原则，即(P2 P P1)C2。

(2)在原、被告生活的区域内，该信息会影响买受人的使用目的(居住及居住效果)(C3)。使用目的是当事人表示意思的内容，在一定程度上也决定着意思表示的构成及其效力。无须说，原告认为该信息影响了其使用目的，这是其提起诉讼的最重要理由。判决书也确认了此点，“根据现实生活中人们的观念和风俗习惯，对在住宅内发生的凶杀碎尸肢解事件感到恐惧和忌讳，是一种客观存在的普遍现象”。被告因而也应该披露该信息，否则便有违诚信原则。此种情形下，优先原则仍应为诚信原则，即(P2 P P1)C3。

从这两个优先条件考量，被告都应披露该特定信息，结论都是诚信原则的优先适用。

(3)确立了优先原则，最后便是它如何进一步具体(权利、义务)化的问题。那就是，基于特定的优先条件(C2 或 C3)形成有条件的优先关系：诚信原则优先于合同自由原则。具体规则 R 也随即在该有条件的优先关系中创设：出卖人有信息披露义务，此即 C2 或 C3→R。用规则语句可表示为：在作为买卖合同标的之房屋内发生过凶杀等非正常死亡事件影响到买受人的使用、居住等目的或房屋价格的，出卖人对此应予以披露。

此处优先原则所创设的规则并不是解决本案的最终依据，而只是沟通最终裁判依据(基于欺诈事由撤销合同之规则)的中介与桥梁。具体说来，当出卖人没有履行该告知义务时，在法律上便可进一步认定为欺诈，原告从而可撤销该买卖合同。如果能够证明出卖人“故意隐瞒与订立合同有关的重要事实”成立,被告甚至还需依据《合同法》第42条承担缔约过失责任。从另一个视角说,这种通过原则推论出的权利、义务往往就是相对于既有规则的例外规则,即通过原则创造了既有规则的例外。针对本案,还可把该例外规则表述为:当事人基于自由意志签订的买卖合同应为有效,但如果房屋内存在非正常死亡的情形,出卖人违背诚信原则而不予告知的,买受人可基于欺诈予以撤销。

2. 禁止权利滥用原则具体化之适例

在“吴某与宁波某电器公司物权保护纠纷案”中,并存在以下几个原则:原告诉请被告“停止侵害、排除妨害、恢复原状”所依据的《物权法》(第34条、第35条)与《侵权法》(第15条)等具体规则上的实质原则(“物权的自由支配原则P1”),被告所主张的“保护大多数人(业主)利益”上的“禁止权利滥用原则P2”(《民法通则》第4条)等。

第一步,这些原则之间存在着竞争(紧张)关系。如果坚持“物权的自由支配原则P1”,那么“禁止权利滥用原则P2”就应让步;反之,如果坚持“禁止权利滥用原则P2”,那么“物权的自由支配原则P1”便应让步。

第二步,基于一般的优先条件确立一般的优先关系。依据规则优先适用的一般理论(原告作为所有权人有支配权,即条件C1),“物权的自由支配原则P1”具有一般优先性,即(P1 P P2)C1。这种优先关系仅具初显性,可以允许有例外。

第三步,基于“特定的优先条件”确立“有条件的优先关系”,并基此创设具体规则。依据“事物本质”或生活常情,对所有权人行使物权的目的与效果等“核心要素”的权衡结果,便是解决本案的“特定的优先条件C2”。具体步骤是:

(1)本案所有权人有行使权利的基础,正如判决书中提到的,吴某是“讼争商铺的所有权人,依法享有相应的权利”。

(2)所有权人行使物权对自己无益,或获益远小于对他人的损害。本案所有权人行使权利属于“自己的获益远小于对他人的损害”之情形,如判决书提供的理由,“考虑到商铺整体上具有不可分性,少部分业主的分隔使用会对整个宁波某大厦的规划及经营产生影响，从而损害其他业主的利益”。法院认定其损害的是92%业主的利益，即“大多数业主利益”。

（3）原告行使物权不具有正当目的。本案判决指出，“商铺之间无永久分割围护结构，商铺之间具有不可分性，本身不具有独立使用的价值”，刻意使用“不具有独立使用的价值”的标的物本身便意味着不当，何况原告也没有说明并证明使用该标的物的其他正当意图。

（4）对物权的限制不能让所有权人利益受损。判决书亦指出，若原告“通过参与整体出租形式取得租金收益，也不损害其自身的合法权益”。

法院正是在条件C2的基础上，得出所有权的行使应该受到一定限制的结论，即（P2 P P1）C2。C2即特定的优先条件，具体包括四项内容（有权利依据F1、获益远小于对他人的损害F2、不具有正当目的F3、不让所有权人利益受损F4）。基于该优先条件形成了原则间有条件的优先关系：“禁止权利滥用原则P2”优先于“物权的自由支配原则P1”。具体规则R也随即在有条件的优先关系中创设：物权的行使应该被限制，此即C2→R。用规则公式可表示为：C2（F1+F2+F3+F4）→R；用语句可表示为：一项物权的行使尽管有权利依据F1，当权利人获益远小于对他人的损害F2且不具有正当目的F3时，该权利行使应为法律所禁止，但权利人的利益不应因此而受损F4。

权利冲突案件作为权利滥用的一个具体形态，其解决途径完全可参照禁止权利滥用原则的规则化方式。在“金某某与上海输变电公司财产损害赔偿纠纷案”中，原、被告均有具体的规则依据支持其权利主张（原告金某某可依据《物权法》第37条等维护其香樟树所有权，被告输变电公司可基于双方之前的和解协议及《电力法》第53条第3款等主张其有修剪树枝的权利）。尽管本案形式上符合规则冲突，但实质上却是规则背后原则（支持物权保护规则的“物权的自由支配原则或私权绝对原则P1”与支持保护电力设施的“公共利益原则P2”）之间的冲突，由此仍可用竞争法则解决此类案件。具体步骤为：

第一步，“物权的自由支配原则或私权绝对原则P1”与“公共利益原则 P2”之间显然存在竞争(紧张)关系。

第二步,基于一般的优先条件确立一般的优先关系。在涉及对他人财产的损害或妨害 C1 情形时,私权绝对原则往往具有一般的优先性,即(P1 P P2)C1。这种优先关系亦仅具初显性,可以允许有例外。

第三步,基于特定的优先条件确立有条件的优先关系,并基此创设具体规则。依据“事物本质”或生活常情,对双方当事人行使权利的目的与效果等“核心要素”的权衡结果,便是解决本案的“特定的优先条件 C2”。

(1)原告金某某尽管拥有香樟树的所有权,但其权利行使不符合“公共利益”(一审判决书),从而也潜在地影响他人利益。

(2)被告输变电公司修剪树木的行为不但有规则依据,即电力法的规定与双方协议的约定(二审判决书),且也符合公共利益,即为“保护电力设施和公共利益”(一审)。

(3)该修剪行为“并未损害金某某的合法权益”(一审),亦未对其造成“相应的经济损失”(二审)。金某某因其树木被修剪造成的损失已经基于双方先前的协议获得赔付,当下权利行使已对其无益。

这些便是解决本案的“特定的优先条件 C2”,此即(P2 P P1)C2,由此形成的优先关系为:保护公共利益原则优先于私权绝对原则。具体规则 R 也随之创设:私权的行使被禁止,此即 C2→R。用规则公式可表示为:C2(F1+F2+F3+F4)→R;用语句可表示为:一项物权的行使尽管有权利依据 F1,但该权利行使对已无益 F2 且有违公共利益 F3 或潜在地危害他人利益 F4 时,应为法律所禁止。

3. 公序良俗原则具体化之适例

若承认“严某英与史某宝一般人格权纠纷案”没有明确的规则依据,如同司法实践所显示的,法院对大多数此类案件往往以公序良俗原则作为说理或论证依据,那么裁决此类案件的规范选择便经常表现为“公序良俗原则 P1”与“法不禁止即自由 P2”之间的冲突。确立了这两个原则间的竞争(紧张)关系,便完成了解决本案的第一步。

第二步,基于一般的优先条件确立一般的优先关系。当原告的诉请没有规则依据(条件 C1)时,被告所依据的“法不禁止即自由 P2”是私法的一般原理,具有一般优先性,即(P2 P P1)C1。这种优先关系仅具初显性，可以允许有例外。

第三步，基于特定的优先条件确立有条件的优先关系，并基此创设具体规则。依据"事物本质"或生活常情，能够作为连通案件基本事实（亲人的骨灰被擅自取走）与法律原则（公序良俗）之中点的"核心要素"为，"原告利益有无受损"以及"若有受损，该利益有无保护的正当性"。此两要素便是解决本案的优先条件或变量 C2，具体说来：

（1）在原、被告生活的区域，从人的生活常情（通常的道德价值或基本情感）来说，考虑亲人的骨灰对原告有无积极利益或者消极利益。所谓积极利益，就是该标的本身便有物质或精神价值；所谓消极利益，就是该标的物丧失或受损等会给原告带来物质上的受损或精神上的受害。就本案来说，骨灰至少对原告具有消极利益，因为基于通常的道德情感与生活常情，亲人骨灰的丧失、毁损等已给其带来精神上的不悦、不快甚至痛苦。如判决书指出的，"现上诉人史某宝诉称已将史某田的骨灰撒入江中，该行为未征得被上诉人的同意，影响了被上诉人对史某田的祭奠活动，确对被上诉人造成了一定的精神痛苦"。

（2）在原、被告生活的区域，从人的生活常情（通常的道德价值或基本情感）来说，考虑此类精神损害（不悦、不快甚至痛苦）是否应受保护。答案是肯定的。两审判决书亦都肯定了此点，即如果上诉人史某宝不配合被上诉人将骨灰落葬，他"将赔偿被上诉人精神损害抚慰金"。

第一个优先条件或变量试图说明原告对其亲属的骨灰具有特定的"利益"属性，第二个优先条件或变量试图说明保护此类利益具有一定的社会"正当"基础。如果某项利益具备这两个特性，说它是法律上的权利应该没有争议，至于赋予其何种具体权利名称（甚至是否赋予）已不重要。法官选择的往往是"祭奠权""悼念权"等称谓。相对应地，当判决保护该正当利益（权利）时，也就给相对人施加了尊重该正当利益的义务。违反该义务，便是对权利的侵害而要承担一定的侵权后果。法院正是在这些条件 C2 的基础上，得出被告擅自取走骨灰的行为不但不是自由，而且是构成违反公序良俗的侵权行为，即（P1 P P2）C2。该条件即"特定的优先条件 C2"，具体包括两项内容（有精神利益 F1、基于生活常情该利益受损应受保护 F2）。基于该优先条件形成了原则间的优先关系："公序良俗原则 P1"优先于"法不禁止即自由 P2"。具体规则 R 也随即在该优先关系中创设：被告擅自取走骨灰的行为应被禁止，此即 C2→R。用规则公式可表示为：C2（F1+F2）→R。这一论证结果转化成规则语言便是：当毁损、隐匿他人或本人之亲人骨灰而造成他人精神受损且该损害基于人的通常道德价值应受保护时，该行为应为法律所禁止。

原则的规则化，实质就是实现原则之具体权利化或义务化的过程。上述民法基本原则的具体化演示揭示出，基于优先原则具体化或规则化而形成的具体权利或义务便是适用于具体个案的规范，即"个案规范"。个案规范由于是原则间权衡的结果与表现，优先原则便也因此成为该具体规则的基础与理由。只不过其表征出来的无论是权利还是义务，都仅是解决具体个案的权宜之策，而非普适性的法律规范。[73] 原则具体化并没有统一公式，但却需遵循基本的法律理论（阿列克西的竞争法则）或法律适用逻辑（优先条件或变量的确立）。

（二）个案规范的主要功能

1. 沟通优先原则与作为裁判依据之既有规则。针对具体个案，原则具体化的个案规范有时并非本案的直接裁判依据，而是沟通优先原则与作为裁判依据之既有规则的中介。此点在"李某与刘某文房屋买卖纠纷案"中得以鲜明体现。诚实信用原则针对本案具体化的个案规范是，"在作为买卖合同标的之房屋内发生过凶杀等非正常死亡事件影响到买受人的使用、居住等目的或房屋价格的，出卖人对此应予以披露"。但被告的告知义务并非解决本案的最终依据，原《合同法》第 54 条基于欺诈赋予受欺诈人的撤销权才是解决本案的最终规则。告知义务仅是判断被告构成欺诈的一个核心要件，是沟通诚实信用原则与合同撤销规则的中介。此中介（被告的告知义务）的实质，首先依然是原则对既存法律漏洞（无从

---

[73] 若个案规范对其后相同或相似的案例具有法律拘束力，它就成为法源。个案规范在实质上便成为"法官法"，作为法官法的个案规范便是判例。Fikentscher, Methoden des Rechts IV, 1977, S. 222, Fn. 58. 参见吴从周：《试论判例作为民法第 1 条之习惯法》，载《台大法学论丛》2010 年第 2 期。

认定本案被告存在欺诈故意）的填补或者架构，其次才是诚信原则与作为裁判依据之既有规则（撤销权）的联结。

2. 直接作为裁判依据。在“严某英与史某宝一般人格权纠纷案”中，法院基于公序良俗原则对“祭奠权利”的论证，创设了原告享有“祭奠权利”以及被告负有尊重该正当精神利益或不得给他人造成该类精神痛苦的义务。裁判本案的直接规则依据可具体表述为，“毁损、隐匿他人或本人之亲人骨灰而造成他人精神损害的不当行为应该为法律所禁止”。

须指出，即便法律明确规定了诸如“违反公序良俗的合同无效”，[74]也仍然需要把原则规则化后才能作为裁判依据。如“张某青与张某方合同纠纷案”，即便将“以性换取金钱”作为判断适用公序良俗原则的优先条件或变量成立，也并不意味着该原则就是裁判本案的直接依据。公序良俗原则仍须进一步具体化为规则，即“当一方当事人设立赠与合同的目的是为满足自身的性欲时，其与相对人成立的合同应为法律所禁止”，才能作为本案的裁判依据，基此该赠与合同才无效。当然，即便赠与合同因违反公序良俗而无效，该无效后果在具体实施上亦存在特殊规定，即“对接受他人违反公序良俗而为的履行可不予返还”。[75] 再如“吴某与宁波某电器公司物权

---

[74] 如德国民法典第 138 条第 1 款、瑞士债法典第 20 条第 1 款、荷兰民法典第 3:40 条、日本民法典第 90 条、我国台湾地区“民法”第 72 条等。

[75] “张某青与张某方合同纠纷案”的一审判决在认定合同违反公序良俗及其法律后果无效等重大问题上并无不当，其不当之处在于无效后果的具体实施上，即判决“张某方在本判决生效后三十日内返还张某青人民币 70 万元”。其实，“对接受他人违反公序良俗而为的履行可不予返还”，在国外及我国台湾地区已基本形成共识，如德国民法典第 817 条、瑞士债法典第 66 条、日本民法典第 708 条、我国台湾“民法”第 180 条之四之规定。甚至早在古罗马法就已有相似规定，“如果你由于不道德的原因对蒂丘斯作出了允诺，尽管如果他提起诉讼，你可以以恶意诈欺的抗辩或基于事实的抗辩挫败他，但如果你作出了清偿，你不能索回，因为要式口约最近的原因已经失效，它因行使抗辩权而变得无用。过去的原因，即不道德行为——保留下来。进言之，如果给付人和收受人都有不道德的原因，占有人处在更好的地位，因此，尽管已根据要式口约作了偿付，不得索回［已作之偿付］”。D. 12,5,8.［意］保罗：《问题集》第 3 卷，参见［意］桑德罗 · 斯奇巴尼选编：《民法大全选译：法律行为》，徐国栋译，中国政法大学出版社 1998 年版，第 70 页。不予返还的理论基础或许就在于当今英美法中所谓的“洁手原则”［参见林诚二：《民法总则》（下册），法律出版社 2008 年版，第 599 页］或德国法中“禁止主张自己之不法”的原则（MünchKommBGB/Lieb，2004，§ 817 Rn. 9，Fn. 20）。

保护纠纷案”，即便将“有权利依据”“获益远小于对他人的损害”“不具有正当目的”“不让所有权人利益受损”等作为判断适用禁止权利滥用原则的优先条件或变量成立，也并不意味着该原则就是裁判本案的直接依据。禁止权利滥用原则仍须进一步具体化为规则，即“一项物权的行使尽管有权利依据，当权利人获益远小于对他人的损害且不具有正当目的时，该权利行使应为法律所禁止，但对该权利的限制不应让权利人利益受损”，才能作为本案的裁判依据，基此方能驳回原告“停止侵害、排除妨害、恢复原状”的诉讼请求。

当然，由于优先条件或变量既是作为优先原则的适用条件，同时也是原则所创设规则的规范构成要件，判决即便不用规范语句描述出个案规范，在形式上直接把原则作为裁判依据，也不会有实际差别。但若严格遵循规范适用原理，则只有规则才可直接作为裁判依据。

## 结 语

在判例法体系中，若把原则理解为法律规范的组成，它便可作为法律解释的依据，法律自身就成为一个内在圆满的体系。即便如此，当法官面对具体个案（尤其是疑难案件）需要运用原则作为裁判理由时，依然需要复杂的论证程序，尤其是其中优先条件或变量的选择，无不包含法官个人的价值判断。法律制度本身终究具有不确定性与不圆满性，“封闭完美的法律体系”或许只是所有法学家（德沃金便是其中最典型的一位）的“高贵梦想”。[76]

在成文法体系中，基本原则或一般条款在一定程度上弥补了法律必然存在的漏洞，法律此时亦表现为一个内在圆满或封闭完美的体系。即便如此，当法官面对具体个案（尤其是疑难案件）需用原则作为裁判理由时，无论是把它作为法律解释抑或填补漏洞的依据，依然包含法官个人的价值判断。运用原则填补漏洞常会产生新的漏洞，法律终究难成“封闭完美的体系”。完美而确定的判决尽管

---

[76] See H. L. A. Hart, *American Jurisprudence through English Eyes: The Nightmare and the Noble Dream*, Georgia Law Review, Vol. 11:969, p. 978(1977).

难得，但正是法律原则，尤其是通过原则适用之论证程序的完善，裁判结果便会无限接近确定与客观，现实法律亦会无限接近理想中的完美。

原则的正确适用决定着规则的终极实现程度，原则本质上是具体规则的补充。其补充具体权利、义务性质的不同，所产生的具体法律效果也就不同。原则理论其实就是权利（义务）理论，在终极意义上也是法的理论。原则是一个抽象概念，也是一种抽象规范，却不能被抽象适用。其适用须以规则化为核心，即具体化为实在的权利、义务。在此意义上，原则与规则才皆为真正的法律规范。原则是实在的法律规范，但却需要实在的法律人来适用。唯此，原则才有可能从“世上最糟糕的东西”[77]变成“世上最美好的事物”。

---

[77] 前注[60]，Larry Alexander 等文，第 754 页。

# 论反不正当竞争的基本范式

孔祥俊[*]

**内容摘要** 反不正当竞争基本范式涉及不正当竞争的理念、价值、认定方式和标准，大体上可以归结为竞争观、损害观和法益观等“三观”，并通过对于竞争行为进行利益衡量加以实现。这种“3+1”判断模型，即“三观”加上竞争行为正当性的利益衡量方法，构成反不正当竞争的基本维度。其中，“三观”是观念支撑，利益衡量是实现路径，“3+1”模型构成了竞争行为正当性判断的独特范式。不正当竞争行为的认定应当奉行动态的竞争观、损害中性和法益中性，并采取行为正当主义而非法益保护主义，且对于竞争行为的正当性判断采取多因素利益衡量和利益比较。

**关键词** 反不正当竞争　动态竞争观　法益中性损害　中性利益衡量

随着市场关系日趋复杂和市场竞争更加激烈，近年来反不正当竞争问题受到空前关注和高度重视，反不正当竞争法的适用尤其是竞争行为正当性的判断不断遭遇新挑战。这些问题的有效解决最终都取决于如何把握反不正当竞争的基本范式。

---

[*] 孔祥俊，上海交通大学凯原法学院讲席教授。原文发表在《法学家》2018年第1期。

概而言之，反不正当竞争基本范式涉及认定不正当竞争的理念、价值、方式和准则，大体上可以归结为竞争观、损害观和法益观等“三观”，并需要通过对于竞争行为正当性的利益衡量加以实现。这种“3+1”判断模型，即“三观”加上行为判断的利益衡量，构成反不正当竞争的基本维度。其中，“三观”是观念支撑，利益衡量是实现路径，“3+1”模式构成了竞争行为正当性判断的独特范式。鉴于此，本文拟结合市场竞争的新态样、新趋向和新需求，就反不正当竞争基本范式问题提出一些新思考。

## 引　言

当前我国法院在涉互联网领域的不正当竞争判断中，提出所谓的“非公益不干扰”原则，即非因特定公益（如杀毒）的必要，不得直接干预竞争对手的经营行为。[①] 该原则已成为“网络不正当竞争审判中得到遵循普遍认同的一项原则”。[②] 我们可以从以下几个典型判例中大致看到该原则陆续被确立的过程和实质。

北京市高级人民法院在2013年“百度与360插标不正当竞争案”的判决中，首倡非公益不干扰原则，即“虽然确实出于保护网络用户等社会公众的利益的需要，网络服务经营者在特定情况下不经网络用户知情并主动选择以及其他互联网产品或服务提供者同意，也可干扰他人互联网产品或服务的运行，但是，应当确保干扰手段的必要性和合理性。否则，应当认定其违反了自愿、平等、公平、诚实信用和公共利益优先原则，违反了互联网产品或服务竞争应当遵守的基本商业道德，由此损害其他经营者合法权益，扰乱社会经济秩序，应当承担相应的法律责任。前述规则可以简称为非公益必

---

① 例如，百度与360插标不正当竞争案，参见北京市高级人民法院（2013）高民终字第2352号民事判决书；猎豹浏览器屏蔽优酷网视频广告案，参见北京市海淀区人民法院（2013）海民初字第13155号民事判决书，北京知识产权法院（2014）京知民终字第79号民事判决书；“极路由”视频广告屏蔽不正当竞争案，参见北京知识产权（2014）京知民终字第79号民事判决书。

② 参见北京市海淀区人民法院课题组：《北京市海淀区人民法院关于网络不正当竞争纠纷案件的调研报告（三）》，载微信公众号“知产力”2017年10月25日，https://mp.weixin.qq.com/s/DGPbk2GAvh7FUNJCuuiHig。

要不干扰原则”。[③] 在 2013 年“猎豹浏览器屏蔽优酷网视频广告案”[④]、2015 年“极路由视频广告屏蔽不正当竞争案”[⑤]中，有关判决均重申该原则。北京市高级人民法院在将“极路由”案作为典型案例予以公布时的评论指出，“技术革新应当鼓励，但对技术的使用不能突破法律限制。非因公益必要，经营者一般不得直接干预他人的经营行为。使用‘屏蔽视频广告’插件看似符合消费者眼前利益，但长此以往必将导致视频网站经营者‘免费广告’的商业模式难以为继，从而向收费模式转变，最终也将损害消费者的长远利益”。[⑥]

这些案件的裁判思路一脉相承，此中所谓“非公益不干扰”原则，是指非因公益（如杀毒）必要，不得直接干预竞争对手的经营行为。从有关裁判理由来看，“非公益不干扰”标准更多关注于竞争者之间互不干扰、相安无事或者和平共处的静态竞争，即经营者推出自己的商业模式等之后，他人应当予以尊重和不能干扰，经营活动由此可以静态地进行，除非在消费者选择之下自生自灭，或者由同业竞争者进行超越式的颠覆。该原则提出之后即引起激烈的争论。它涉及反不正当竞争法基本的竞争观和方法论，触及市场竞争的深层理念和运行机制，涉及不正当竞争判断的根本标准。

质言之，该原则能否证立，涉及反不正当竞争法的基本范式。首先，它涉及基本竞争观，主要是坚持静态的还是动态的竞争观问题。“非公益不干扰”所体现的是静态竞争思维，恰恰与市场经济实际背道而驰，不符合动态竞争的市场竞争基本规律。其次，它突出强调了对于商业模式的保护，具有鲜明的法益保护色彩，由此而将不正当竞争判断更多地落入了一般侵权行为的套路。再次，它涉及对于竞争性损害或者“干扰”的态度。先不论如何精确界定“干扰”，仅就“非公益不干扰”原则将干扰的前提和范围限于特定“公益”而言，它无疑是将竞争中“干扰”的普遍性转换成个别性。以反不正当竞争法制止或者“干预”的“干扰”只能是极少数市场行

---

③ 北京市高级人民法院民事判决书，（2013）高民终字第 2352 号。

④ 北京市第一中级人民法院民事判决书，（2014）一中民终字第 3283 号。

⑤ 北京知识产权法院民事判决书，（2014）京知民终字第 79 号。

⑥ 北京知识产权法院民事判决书，（2014）京知民终字第 79 号。

为，是例外而不是原则。最后，它涉及竞争行为正当性的基本判断模式。例如，如果将商业模式作为一种法益进行保护，并以此为基础认定行为的正当性，则更倾向于权益保护模式或者权益保护主义；如果将正当性判断更多地基于行为本身的正当性，法益保护充其量只是其一个考量因素，更多考虑的是其他因素，此时就属于行为正当性模式或者行为正当主义。

总之，这些问题可以归结为不正当竞争判断的竞争观、法益观和损害观，以及利益衡量的基本路径。此"三观"和利益衡量路径构成了反不正当竞争法的基本范式，它整合了该法的理念、精神和行为标准的把握，并深深地根植于深层的市场机制和竞争原理。

## 一、竞争行为正当性判断的竞争观

竞争观涉及对于市场竞争的基本认识、观念和态度。竞争行为正当性的判断首先以竞争观为基础。有什么样的竞争观就有什么样的反不正当竞争态度，有什么样的判断标准和路径，竞争观是反不正当竞争基本范式的首要因素。反不正当竞争法应当奉行动态而非静态的竞争观。动态的竞争观是市场竞争的总体竞争观。

### （一）动态的而非静态的竞争观

就反不正当竞争法的适用而言，有静态的竞争观与动态的竞争观之别。近年来，这种分别愈加突出。前述"非公益不干扰"之下的市场竞争，就代表了一种线条单一、互不干扰及和平竞赛式的静态竞争观。例如，互联网竞争秩序时常被有些法官描述为：互联网经营者和平共处，自由竞争，是否使用特定互联网产品或者服务，取决于网络用户的自愿选择；互联网产品或者服务之间原则上不得相互干扰，不得擅自干扰他人产品或者服务的正常运行，不得干扰网络用户终端的共存；确实出于保护网络用户等社会公共利益的需要，网络服务提供者在特定情况下不经网络用户知情并主动选择以及其他互联网产品或者服务提供者同意，也可以干扰其他互联网产品或者服务的运行，但是应当确保并证明干扰手段的必要性和合理性，否则会构成不正当竞争。而且，"非公益不干扰"中的"公益"是指特定的或者特殊的公共利益。[7] 很显然,这种静态的市场竞争观是一幅市场竞争的理想图画,但更多是一种"乌托邦",市场竞争不是、不必和不可能如此"祥和"与"和谐"。市场竞争向来是动态的,不可能也不应该是静态的。

可以说,静态的竞争观不符合市场竞争和反不正当竞争的属性与实际,即不符合动态的或者效率的竞争观。市场竞争是在内生机制("看不见的手")的引导下动态地进行(动态性),且现代市场竞争是相互交织和跨界的(交织性),市场界限日趋模糊,跨界经营日趋便利,资源配置在更深入、更宽广的范围内有效进行。不正当竞争行为的判断应当坚持动态的竞争观,反映动态竞争的实际。广而言之,反不正当竞争法因维护自由贸易的健康运行、遏制其破坏因素的需要而产生,因而它首先以尊重市场机制为前提,以维护市场机制为目的。竞争和不正当竞争都是在这些机制和过程中产生的,识别竞争行为的正当性当然需要追溯竞争属性的原点,从这些根本属性上进行把握。

### (二)竞争属性与竞争观

据以判断竞争行为正当性的竞争观根植于市场竞争的本质属性,必须从本质属性中进行寻找。市场竞争首先是以动态的过程而非静态的条件维护市场过程。亚当·斯密对于动态竞争有经典的论述,例如,"斯密还从竞争中看到另一些好处,它们至少和它的经济好处一样重要,并且也要求对思想模式进行根本改造。例如,他认为竞争不是对共同体社会网络的威胁。传统观点把经济行为描述为追逐私利,是对共同体稳定的威胁,因为它使人们试图从牺牲对方中获益,从而会引起冲突和混乱。这种观念为政府管制经济提供了强大的理由:防止混乱是必要的。但是在斯密看来,竞争能够产生它自身的和谐。市场能够自我调整,人人都可以从这个过程中获益,所以它增加而不是减少了共同体的稳定性。这也改变了共同

---

⑦ 如实践中常被归纳为三种情形,即客观原因导致的冲突,如杀毒软件等因硬件或者软件方面的客观原因,导致不能同时并存,由此产生的互联网产品或者服务之间的相互干扰;用户知情并主动选择,影响结果只能限于该用户,且不影响他人合法权益;用户不知情也未选择,但系为保护用户安全的公共利益所必需,如杀毒软件普遍具有主动查杀他人提供的危害网络用户安全的病毒的功能。

体的观念,把它建立在动态的过程而不是静态的条件上”。[⑧] 这是说,市场主体看似众多和行为各异,但由于受市场机制即“看不见的手”的引导,而呈现出协调的内在秩序和动态过程。如果误读这种内在机制而将市场自发竞争行为视为混乱,必将导致加强政府管制;相反,如果认清了这种内在的协调和动态机制,就更多地依靠市场机制和尽量不干预市场,更多地让市场自行解决自身的问题。后者才是市场和竞争的正常生态。

市场竞争具有强烈的对抗性。动态的竞争体现的是对抗性的竞争机制,对抗性使竞争者充满了市场压力和动力,在对抗之中激励创新和产生活力,使市场具有勃勃生机。确如经济学家所说,“一个社会中经济竞争的强度与其产生的创新量之间呈现出强烈的相关性”。[⑨] “一个好的竞争概念是建立在对抗的基础上的”,“这个概念认为,‘竞争’这个词意味着努力在生产与自愿交易中胜过竞争者。这意味着一个公司竭力去降低成本并定一个更低的价位,使自己的产品与众不同。做广告并通过让消费者自愿地转向自己的产品来让竞争者破产。这让人们对经济体系中竞争实际上如何产生有一个清楚的了解”。[⑩] 竞争行为的正当性必须以是否符合正当的市场机制要求和实际进行判断,它本质上是保护有活力的竞争机制,维护社会福利即消费者集体利益和竞争性市场的一般利益。[⑪] 它不同于知识产权保护思路,知识产权保护是“守成”,即对于已有权利的静态保护;反不正当竞争是维护破旧立新的动态竞争机制,以行为对于竞争机制的损害性为判断标准。例如,就上述互联网领域的屏蔽广告行为而言,倘若只损害竞争对手的部分利益、影响部分消费者的选择,还达不到根本性影响其生存的程度,此时允许其存在只能是加剧跨界竞争以及商业模式和相关技术的创新,增

---

⑧ 参见[美]戴维·J. 格伯尔:《二十世纪欧洲的法律与竞争》,冯克利、魏志海译,中国社会科学出版社 2004 年版,第 23 页。

⑨ See Christina Bohannan, Herbert Hovenkamp, *Creation Without Restraint: Promoting Liberty and Rivalry in Innovation*, New York: Oxford University Press, 2012, pp. XI–XII.

⑩ 参见[美]布里安·P. 辛普森:《市场没有失败》,齐安儒译,中央编译出版社 2012 年版,第 59 页。

⑪ See Gustavo Ghidini, *Intellectual Property and Competition Law: The Innovation Nexus*, Northampton: Edward Elgar, 2006, p. 113.

强竞争的强度,有利于增进社会总福利。这也正是欧美一些国家在利益衡量的基础上慎重遏制此类行为的根本原因所在(下文另有探讨)。如果将其定性为不正当的“干扰”,也只是维护了表层的和平共处和社会和谐意义上的“公平”,但未必符合深层次的市场竞争机制。

市场竞争具有交织性。竞争的形态是多样化的,竞争关系犬牙交错。经济实践中不乏平行竞争、超越式竞争和嵌入式(交织性)竞争。仅仅认可平行竞争和超越式竞争,而否定嵌入式竞争,不符合错综复杂的竞争情形,可能会在很大程度上损害创新能力。[⑫] 我国有的判决将竞争定义为“经营者通过对自身经营活动的改善创新而进行的竞争”,似乎原则上排除了介入式竞争或者“干预”的正当性,这更是静态竞争观的体现。例如,“如果合法的经营活动可以被其他经营者随意破坏,却无法得到救济,则必将使得经营者对自己的经营活动无法预期,并进而导致合法有序的市场竞争秩序无法形成与被破坏。据此,《反不正当竞争法》所鼓励的竞争应是经营者通过对自身经营活动的改善创新而进行的竞争,而非通过破坏其他经营者的经营活动而进行的竞争”。[⑬] 这种自生自灭或者“不用扬鞭自奋蹄”式的竞争当然是一些竞争者所希望的,但这显然只是市场竞争的一个侧面,不能反映市场竞争的全貌,实际上市场竞争情况远为复杂和形式多样。正是竞争形式的多样性,才会有激烈的或者颠覆性的市场竞争,才使市场更具生机活力。如下文对中外广告屏蔽案件司法态度的比较所表明的,德国等法院以重要的竞争利益(消费者体验、技术创新等)为立足点,采取利益比较的方式决定行为的正当性,两害取轻或者两利取重,典型地体现了具有市场竞争特色的正当性判断思路和标准,这与一般侵权行为判断相去甚远。反不正当竞争法不保护或者不简单保护静态权益,就是为了维持市

---

⑫ 参见[英]理查德·贝拉米:《自由主义与现代社会》,毛兴贵等译,江苏人民出版社2012年版,第43页。

⑬ 北京市第一中级人民法院民事判决书,(2014)一中民终字第3283号。

场竞争的生命力。[14]

## 二、法益损害中性的损害观

如何认定竞争中的法益损害及其对不正当竞争构成的影响，涉及不正当竞争行为的根本特性，及其与一般侵权行为的差异。对竞争中法益损害的误读也导致判断思路上的偏差。因此，损害观是不正当竞争构成的重要元素。

### （一）损害观：竞争性损害的中性

市场竞争具有独特的损害观，损害观是竞争观的重要组成部分。市场竞争的损害观是以独特的观念和视角认识和衡量由市场竞争造成的损害，即竞争性损害。市场竞争是一种“损人利己”的行为，竞争与损害相伴而生和如影随形。换言之，一般而言，市场竞争产生的损害也即竞争性损害是中性的，不具有是与非的色彩。这就是损害中性，即竞争行为的损害或者说由竞争行为给其他竞争者造成损害是常态，损害本身通常不构成评价竞争行为正当性的倾向性要件，只有特定的损害才成为不正当竞争的考量因素。

例如，美国《不正当竞争法重述》（第3版）[15]第1条（一般原则）明文规定，除非符合特别的规定，“凡从事商业或者贸易在商业关系中造成他人损害的，不需要对该损害承担责任”。该规定被认为对于不正当竞争行为采取“负面清单”或者“负面列表”的做法，市场竞争的行为人仅对列举的行为所造成的损害承担责任，即行为人承担责任是例外，不承担责任是原则。这种竞争性损害观念派生于自由竞争原则，且竞争性损害还被归结为竞争“特权”，即“本条所体现的原则常常被泛称为竞争‘特权’（a ‘privilege’ to compete）。……主

---

[14] 有的历史学家在比对计划经济与市场经济的优劣时指出：“虽然当大量资源配置到大型工程时，计划经济确实可以实现创新，但是缺少竞争所带来的持久压力，无法形成资本主义世界生产力提升的持续创新潮流。”参见［美］大卫·克里斯蒂安：《极简人类史——从宇宙大爆炸到21世纪》，王睿译，中信出版集团2016年版，第176页。其实，这种精神同样可以类比于竞争行为正当性的判断。静态的竞争思路可能维护了市场竞争的和平，但过多地限制了竞争自由和损害了市场活力；动态竞争才符合竞争实际，有利于维护经济的持续增长和不断创新。

[15] 美国法律协会根据历来的判决要旨整理汇编所形成的法条式陈述。

张因竞争而遭受损害的人必须确定按照本条列举的情形有足以使行为人承担责任的事实”。该规定开篇即申明反不正当竞争奉行自由竞争原则,维护自由竞争是其基本原则。如其注释所说:“自由从事商业活动以及自由竞争预期客户的惠顾,是自由企业制度的根本前提。”“竞争自由必然意味着损害市场上的其他参与者的商业关系的可能性。”本条旨在开宗明义地“表达促进竞争的根本规则,以确保无论是新的进入者还是已有竞争者均不仅因参与市场的行为所造成的损害而承担责任”。“竞争自由默示一种可以诱使潜在客户与其本人而不与其竞争对手从事交易的权利。本条不仅允许销售商寻求一般性地分走竞争对手的业务,而且允许其分走特定竞争对手的业务。本条适用于因与竞争对手直接竞争所造成的损害,也适用于因行为人决定进入或者继续其业务而遭受影响的其他人的损害。因此,行为人对于间接竞争对手所受的损害,以及对于因行为人的市场活动而给其他人的雇员或者供应商造成的损害不负责任。依据本条以及本重述所承担的责任仅适用于因被认定为不正当(unfair)的特定竞争方式所造成的损害。”⑯

再如,在英国,“市场哲学假定通过给别人带来经济损失而获利是合法的……显然已经发展出一种共识,认为致人经济损失是我们必须接受、不应予以法律救济的事实,除非该损失是因诸如欺诈或胁迫等具体的不合法行为所致”。⑰ 英国法官 Robin Jacob 的如下归纳被广泛援引:“夺取他人的市场或者客户不构成侵权。无论是市场还是客户都不是原告自己的。……不存在竞争侵权行为。”⑱这意味着,市场竞争中竞争性损害是常态和合法的,例外的情况下才构成违法。

由竞争所产生的竞争性损害是市场经济的常态,只是在例外的情况下才会将一些“过火”的竞争行为定性为不正当竞争。而且,无

---

⑯ *Restatement of the Law, Third, Unfair Competition* §1, *General Principles*, American Law Institute, 1995.

⑰ [意]毛罗·布萨尼、[美]弗农·瓦伦丁·帕尔默主编:《欧洲法中的纯粹经济损失》,张小义、钟洪明译,法律出版社2005年版,第17页。

⑱ Hodgkinson Corby Ltd., v. Wards Mobility Services Ltd [1995] F. S. R. 169. See Christopher Wadlow, *The Law of Passing-off: Unfair Competition by Misrepresentation*, London: Sweet & Maxwell, 2011, pp. 5-6.

论是同行业竞争还是不同行业竞争，对于竞争性损害的态度并无不同，事实上跨行业竞争恰恰是竞争更为发达和更为激烈的产物，更不必为其设定异于同业竞争的更为严格的限制性标准。因此，竞争的属性决定了竞争者之间的损害或者“干扰”通常并非不正当，而恰恰是常态而不是例外。例如，“非必要不干扰”显然颠倒了竞争行为和竞争性损害的主次关系，扩张了“不干扰”的范围，不符合市场竞争的基本观念。况且，市场竞争本来是为了私益而争夺交易机会，维护公益不是经营者的固有目标，公益通常也是在经营者追求私益时得以实现，[19]仅将竞争性损害、干扰或者破坏的例外限定为“公益”，不符合市场竞争的常态和属性。前述“非公益不干扰”原则实际上误解了市场经济条件下私人利益与公众利益的关系。竞争性损害或者“干扰”乃是效率和激励机制之所在。只要此类损害达不到使市场失灵（市场功能根本发挥不出来）和违背所在社会的根本道义，就不用去规制。

如有的学者所说，“反垄断政策经常反映出对竞争损害的夸大担忧，并因此发展出一些具有过度保护性的规则，以消费者利益为代价使无效率的企业免于竞争压力。同样，知识产权法授予的权利也经常远远超过创造适当创新激励所需的程度，从而削弱而非促进创新”。[20] 其实，在《反不正当竞争法》适用中，不少法官对竞争损害和不正当性时常有夸大的担忧，因而有高度干预和动辄认定构成不正当竞争的偏好，易于使反不正当竞争扩大化，减弱市场竞争。甚至立法者有时对于竞争性损害观念把握不准，以致有不适当扩张不正当竞争行为和过度干预竞争的倾向。例如，《反不正当竞争法（修订草案送审稿）》第 6 条规定，经营者没有正当理由，不得利用相对

---

⑲　如亚当·斯密在其《国富论》中所说，“我们每天所需的食物和饮料，不是出自屠户，酿酒家或烙面师的恩惠，而是出于他们各自的打算”。说到底，为自己谋利才是增加国家和全体国民之福利的最重要的驱动力。商人受“一只看不见的手”指引，去“促进与其本意无关的目标”。正是通过对其自我利益的追求，个人会促进社会之福利。参见［德］森图姆：《看不见的手——经济思想古今谈》，冯炳昆译，商务印书馆 2016 年版，第 7 页。

⑳　Christina Bohannan, Herbert Hovenkamp, *Creation Without Restraint: Promoting Liberty and Rivalry in Innovation*, New York: Oxford University Press, 2012, p. 10.

优势地位,实施限定交易对象、指定商品等不公平交易行为。[21] 但是,竞争优势通常源于竞争者的相对优势地位,除非构成垄断行为或者极端情形下的不正当竞争行为,不论交易相对人是否心甘情愿接受交易条件,利用相对优势地位与他人进行市场交易都是市场竞争的常态,而无须考虑是否有正当理由问题。该条文对于利用相对竞争优势"强迫"交易均附加正当理由的要求,显然会使不正当竞争行为扩大化,有悖市场竞争的损害观。

我国法院有的判决还直接提出了"不得破坏其他经营者正常经营活动这一原则",这种原则恰恰与反不正当竞争法中的"损害中性"和"竞争特权"原理相背离。例如,"《反不正当竞争法》的立法目的在于维护合法有序的竞争秩序,而维护竞争秩序的基本要求在于使每个经营者合法的经营活动以及经营利益在竞争环境下不受损害"。[22] 显然,维护合法经营活动不是反不正当竞争法追求的目标,经营者的正常经营活动不断遭受竞争性损害恰是竞争的常态,"损人利己"经常是"竞争特权"的合法范围,而如果将其表达为不受不正当竞争的侵害或者不受非法侵害,才符合反不正当竞争法在例外的情况下制止特定损害性竞争行为的本意。换言之,法律只是在例外的情况下禁止"不正当"的损害。该判决还指出:"本院这一认定并非意味着合一公司的经营活动以及其所采用的免费视频加广告这一商业模式不得受到任何冲击或影响,本院要强调的仅仅是合一公司的经营活动及其商业模式是否变化以及如何变化不应受制于其他经营者的破坏行为。无论合一公司采用何种商业模式,只要采用这一经营模式的经营活动未违反法律规定及诚实信用原则,均应受到《反不正当竞争法》保护,任何经营者均无权对该经营活动进行破坏。""在良性有序的市场竞争中,经营者对其经营活动及商业模式的改变或改善,可以来源于其他经营者经营活动的'影响',但不应来源于其他经营者的'破坏行为'。所谓影响,是指其他经营者通过发展并改善自己的经营活动从而客观上对于该经

[21] 原国务院法制办公室于 2016 年 2 月 25 日公布。所谓相对优势地位是指在具体交易过程中,交易一方在资金、技术、市场准入、销售渠道、原材料采购等方面处于优势地位,交易相对方对该经营者具有依赖性,难以转向其他经营者。

[22] 北京市第一中级人民法院民事判决书,(2014)一中民终字第 3283 号。

营者的经营活动产生影响。”[23]在此“破坏”是一种否定性判断，而“影响”性损害是正当的，但因对于“影响”有专门界定，且限于狭窄的特殊情形，这就颠倒了竞争性损害原则上正当而例外的情况下不正当的关系，使正当性损害限于对于他人仅有客观性影响的情形。这显然不符合竞争性损害乃是常态的实际。因此，对于竞争性损害和竞争利益保护的认识偏差，很可能会导致不正当竞争行为认定的扩大化。因此，竞争行为正当性判断范式必须回到法益中性上来，重在行为本身的正当性判断。

（二）损害中性源于竞争属性

损害中性或者损害观根本上源于市场竞争的本质属性。市场竞争首先是一种通过追求自利而实现公益的机制。这是一种自利与公益的悖论和对立统一。市场竞争的根本机理是其实现私人利益与公众利益和谐统一的特殊原理，即在一个良好运行的市场机制中，“看不见的手”可以引导市场主体通过对于私人利益的追求，最终却增进了公共福利。如亚当·斯密所说：“每个人都力图用好他的资本，使其产出能实现最大的价值。一般来说，他既不企图增进公共福利，也不知道他能够增进多少。他所追求的仅仅是一己的安全或私利。但是，在他这样做的时候，有一只看不见的手在引导着他去帮助实现另外一个目标，尽管该目标并非他的本意。追逐个人利益的结果，是他经常地增进社会的利益，其效果要比他真的想要增进社会的利益时更好。”这就构成了市场的一个具有内在逻辑的体系。市场经济是一部复杂而精良的机器，它通过价格和市场体系来协调个人和企业的各种经济活动。[24] 在市场经济中，正是这种私人利益与公众利益的特殊协调机制，使得对于私人利益的追求最终会促进公众利益，而且正是承认和肯定对于私人利益的追求，才形成了特殊的市场激励机制和市场运行的内在逻辑。这种悖论也成

[23] 北京市第一中级人民法院民事判决书，(2014)一中民终字第3283号。

[24] “它也是一部传递信息的机器，能将数十亿各不相同的个人的知识和活动汇集在一起。在没有集中的智慧或计算的情况下，它能解决涉及亿万个未知变量或相关关系的生产和分配的问题，对此连当今最快的超级计算机也都望尘莫及。并没有人去刻意地加以管理，但市场却一直相当成功地运行着。”[美]保罗·萨缪尔森、[美]威廉·诺德豪斯：《萨缪尔森谈效率、公平与混合经济》，萧琛主译，商务印书馆2012年版，第68页。

为允许市场竞争具有“损人利己”性的依据。

竞争的秩序原理是“混乱”之中的秩序。市场经济有其独特的秩序观念。按照斯密的观点，“在混乱的背后确实存在着秩序”。[25]而且，市场经济下的“经济效率”是指“在不损害其他经济福利的前提下，已无法再增进某个人的经济福利”。[26] 市场经济条件下的“损人利己”恰恰是其本质逻辑。市场经济的“统治者”有两个，即偏好和技术。一个基本的决定因素是“消费者偏好”，即“消费者根据自己先天或后天的偏好（并以其货币选票加以表达）解决社会资源的最终用途，也即在生产可能性边界上的各个点之间进行选择”。[27]允许最大限度地追求私益，正是激励之所在。虽然是追求私益，但可以增强竞争强度，促进商业模式的改变和技术创新，实现消费者福利最大化，以此实现公众利益。这恰恰是市场机制的正常运行原理。为追求私益而“损人利己”是常态，如果动辄将此类“损害”或者“干扰”当作不正当竞争遏制，必然不利于促进市场竞争。因此，如前述“猎豹浏览器屏蔽优酷网视频广告案”二审判决所谓，“如果合法的经营活动可以被其他经营者随意破坏，却无法得到救济，则必将使得经营者对自己的经营活动无法预期，并进而导致合法有序的市场竞争秩序无法形成与被破坏”，[28]这种说法并不符合“损人利己”的竞争属性，即对他人正当或者正常的经营活动进行竞争性破坏是市场竞争的常态，竞争性破坏的对象就是他人的“合法经营活动”。竞争的“损人利己”性，使对于他人经营活动的破坏必定呈现“随意”性，即“随意破坏”是常态。如果“随意破坏”都成为不正当竞争，则市场竞争将寸步难行，或者说市场上将遍布不正当竞争。正是原则上允许“随意破坏”的存在，才使得破坏性成为市场竞争的压力和动力，使市场充满了革新和超越，也使得市场竞争变化莫测。而且，受损害的经营活动的合法性，并不是判断破坏行为

[25] See Christina Bohannan, Herbert Hovenkamp, *Creation Without Restraint*: *Promoting Liberty and Rivalry in Innovation*, New York: Oxford University Press, 2012, pp. XI-XII.

[26] See Christina Bohannan, Herbert Hovenkamp, *Creation Without Restraint*: *Promoting Liberty and Rivalry in Innovation*, New York: Oxford University Press, 2012, p. 77.

[27] See Christina Bohannan, Herbert Hovenkamp, *Creation Without Restraint*: *Promoting Liberty and Rivalry in Innovation*, New York: Oxford University Press, 2012, p. 73.

[28] 北京市第一中级人民法院民事判决书，（2014）一中民终字第3283号。

违法性的根本依据，充其量只是一个因素。

市场竞争具有创造性破坏的属性。自由竞争是一种以市场需求为导向、受"看不见的手"指引、奉行优胜劣汰和适者生存法则的动态竞争，是一种创造性破坏过程。市场经济越发达，这种创造性破坏越激烈。以当前我国反不正当竞争中常见的商业模式保护（尤其是互联网行业）为例，法律没有将商业模式纳入知识产权之类的专门保护，[29]就是要将其留在自由竞争的领域，让优胜劣汰的市场机制决定其命运。特定的商业模式产生以后，它并不是静态地受法律保护，就像受保护的权利那样，不是静态地等待自生自灭和寿终正寝，不是敝帚自珍而不受滋扰，而是要受动态竞争的考验，需要接受即便"我不犯人"而人照样可以犯我的动态市场竞争，其间必然会在干扰与反干扰、破坏与反破坏中毁灭、创新或者重生，经济和科技由此而得到增长和发展。这是市场机制生生不息的源泉。所谓"问渠那得清如许，为有活水源头来"，同样也是优胜劣汰的动态市场竞争的真实写照。况且，市场竞争的另一种写照是，"竞争总是对强者有利，因为它使经济活动变得如同战斗一样"。[30] 创造性破坏使市场真正成为一个多元化和充满张力的生态系统，在竞争中形成相互制衡的动态平衡结构，让市场处于平衡和可持续的状态中。因此，前述"猎豹浏览器屏蔽优酷网视频广告案"一审判决有所谓"商业模式的优劣理应由市场选择决定，而非由其他经营者以破坏性手段，采取'丛林法则'竞争方式进行评判"[31]的说法，并不准确。因为，"破坏"常常是一种优胜劣汰的选择方式，如果过滤视频广告行为只是影响网络视频服务经营者部分利益，并不能对其产生根本性影响，允许其"相生相克"式的共存，往往更利于推动技术和商业模式的创新。

这些属性构造了生机勃勃和活力四射的市场经济画面，塑造了市场竞争和市场机制的基本性格。如果不正当竞争的判断标准不

---

[29] 有些国家以商业方法专利保护某些商业模式，但这也是有限的和有期限的保护。

[30] 参见［比］保罗·纽尔：《竞争与法律》，刘利译，法律出版社2004年版，第130页。

[31] 北京知识产权法院民事判决书，（2014）京知民终字第79号。

符合市场竞争的属性,必然导致对于市场竞争的不适当干预,尤其是过多干预,因而会损害健康的竞争机制。

## 三、法益损害中性的法益观

法益观的基点是法益中性。它是指侵害合法或者不违法(不为法律所禁止)的法益并不必然具有不正当性,即仅从法益损害本身尚不足以推定行为的不正当性。这是不正当竞争与以特定权利(绝对权或者专有权)为侵害对象的侵权损害的根本性差异。[32] 损害中性与法益中性显然是一个事物的两个方面,且具有互为因果的关系。[33]

### (一)正当性判断并非立足于可诉的"法益"

反不正当竞争中的"法益"中性本质上是不以保护特别法益(或者说商业资产)为出发点和立足点,它甚至对一些法益或者事实上的利益说不上保护还是不保护,如商业机会或者商业模式,只要这些法益并非非法即可。换言之,如果主张保护的法益不正当或者非法,通常会导致不构成不正当竞争,但正当的法益也并不像其他专有权(绝对权)那样受积极保护。这是不正当竞争与一般侵权行为(侵害绝对权行为)的重要区别所在。反不正当竞争法立足于竞争(市场)行为的正当性,而不是立足于静态的法益。例如,一些裁判将商业机会和商业模式作为受保护的合法权益,实际上这种说法

---

[32] 侵权法上以权利之外的"利益"为损害对象的行为,其"利益"也是特定的,"利益"仍是判断的基点,只是其侵权构成的法律要求通常更高一些。这与反不正当竞争法上的竞争利益并不相同。

[33] 我国已有学者开始注意类似的问题。例如,有的学者从浏览器的"免费视频+广告"的商业模式上探讨,认为商业模式不是一种法律应强制保护的权益,其总是会在不断演进过程中,不应刻意保护,若非要通过法律手段来强制保护,会导致社会很难进步。参见窦新颖:《浏览器拦截或快进广告侵权吗》,载《中国知识产权报》2014 年 3 月 28 日。"在正常的市场竞争中,除去受知识产权保护的商业模式外,企业并不负有尊重他人的商业模式、维护其他经营者的利益的义务,这正是市场经济竞争法则的体现。"参见张广良:《具有广告过滤功能浏览器开发者的竞争法责任解析》,载《知识产权》2014 年第 1 期。

和做法有些简单化。[34] 因为如果将商业机会和商业模式作为合法权益，继而主要以该法益受到侵害而认定（或者推定）其构成不正当竞争，这实际上无异于将保护基点放在了该法益之上，使其成为财产或者“准财产”，而在反不正当竞争法上这些法益通常无所谓保护和不保护，也即法益保护不是立足点。这是与一般侵权法中权利保护的重大差别。如果存在像物权或者知识产权那样的权利，他人擅自介入其权利范围即构成侵权，即此类权利具有边界上的排斥力，甚至适用排除妨碍、停止侵权等责任方式并不以行为人的主观状态为依据。商业机会或者商业模式之类的法益只是中性的竞争载体或者工具，不具有合法权益属性。《反不正当竞争法》第 2 条第 2 款虽然有“损害其他经营者合法权益”的规定，该措辞更多是一种习惯性表达和套路式的泛泛说法，不妨碍按照反不正当竞争法的特性对其损害属性的探讨和理论上的精确界定。

例如，由于竞争是争夺交易机会的活动，法益损害最典型和最突出的体现是对待商业机会的保护态度。如最高人民法院在“马某庆案”裁定中指出：“在反不正当竞争法上，一种利益应受保护并不构成该利益的受损方获得民事救济的充分条件。商业机会虽然作为一种可以受到反不正当竞争法所保护的法益，但本身并非一种法定权利，而且交易的达成并非完全取决于单方意愿而需要交易双方的合意，因此他人可以自由参与竞争来争夺交易机会。竞争对手之间彼此进行商业机会的争夺是竞争的常态，也是市场竞争所鼓励和提倡的。对于同一交易机会而言，竞争对手间一方有所得另一方即有所失。利益受损方要获得民事救济，还必须证明竞争对手的行为具有不正当性。只有竞争对手在争夺商业机会时不遵循诚实信用

---

[34] 我国司法实践实际上习惯于从保护法益的角度认定，或者说这是表达习惯。如奇虎公司与腾讯公司“3Q 大战”不正当竞争案中，最高人民法院判决指出，本案中被上诉人的“免费平台与广告或增值服务相结合的商业模式”并不违反反不正当竞争法的原则精神和禁止性规定，被上诉人以此谋求商业利益的行为应受保护，他人不得以不正当干扰方式损害其正当权益。参见最高人民法院民事判决书，（2013）民三终字第 5 号。当然，该判决的基点仍是“不正当干扰方式损害”。再如，“无论合一公司采用何种商业模式，只要采用这一经营模式的经营活动未违反法律规定及诚实信用原则，均应受到《反不正当竞争法》保护，任何经营者均无权对该经营活动进行破坏”。参见北京市第一中级人民法院民事判决书，（2014）一中民终字第 3283 号。

的原则，违反公认的商业道德，通过不正当的手段攫取他人可以合理预期获得的商业机会，才为反不正当竞争法所禁止。”[35]显然，商业机会不同于一般意义上的合法权益。它本质上是中性的，即无所谓保护与不保护，不具有专有性和排他性。

笔者之所以强调反不正当竞争法上的利益可以仅为正当的竞争利益，而不必是侵权法意义上的特定合法权益或者可诉的法益，首先，为了强调竞争损害涉及“竞争特权”，损害是常态，不正当竞争的构成不以损害特定私益为根本性要件，其判断思路因此与一般侵权行为（侵害绝对权的行为）有根本区别。其次，为了防止将其保护的法益“资产”化或者类似知识产权的专有权化，防止知识产权范围的不适当扩张而妨碍竞争自由。因为如果认定其为合法权益且具有可诉性，就使其成为可诉的商业资产，类似或者相当于其他知识产权，这显然与其作为竞争对象的属性相悖，不符合反不正当竞争保护的本意和实际，且事实上法律也无意依此种方式保护该利益。而且，实践中本来就有以权利（特别是知识产权）保护的思维模式处理不正当竞争的倾向，甚至仅以或者主要以权益受损而推定行为的不正当性，因此强调此类竞争利益与可诉的合法权益的区别，也可以从观念上将不正当竞争与一般侵权行为区别开来，使其回归不正当竞争重在认定竞争行为正当性的轨道。显然，这种利益属性的界定是一个基础性问题，从法理和观念上将其归结为中性的或者一般性的“正当的竞争利益”，具有重要的范式价值。

（二）行为特性是正当性判断的基点

在反不正当竞争保护中，法益受损害问题往往不是一个重要和突出的问题。这是因为，竞争本来就是以损害他人利益为常态，但损害的法益是中性的，即仅损害本身尚不足以作构成违法或者不正当行为的推定。不正当竞争行为的违法性恰恰在于行为本身的违法性，而不在于或者主要不在于法益的受损害。例如，在“马某庆案”中，最高人民法院裁定认为：“适用反不正当竞争法第二条第一款和第二款认定构成不正当竞争应当同时具备以下条件：一是法律对该种竞争行为未作出特别规定；二是其他经营者的合法权益确因

---

[35] 最高人民法院民事裁定书，（2009）民申字第1065号。

该竞争行为而受到了实际损害；三是该种竞争行为因确属违反诚实信用原则和公认的商业道德而具有不正当性或者说可责性，这也是问题的关键和判断的重点。”其中，将第三点说成“关键和判断重点”是恰当的，前两点充其量只是非实质性的或者衬托性的要素，仅有损害并不能说明什么。但是，将“合法权益”受损害作为要件之一，当然是沿袭了《反不正当竞争法》第 2 条第 2 款的规范用语，从裁判的角度看无可厚非或者只能如此，但从理论上说则过于狭窄，且在思路上容易落入一般侵权行为的判断思路。实际上，看待问题的角度可以转化一下，如从竞争利益的正当性角度来看，即只要求经营者存在正当的竞争利益（如商业机会）即可，这种利益本身不足以使其成为侵权的损害对象和主张权利的充分依据，即竞争利益本身不具有可诉性（可救济性），但可以作为不正当竞争行为的判断因素，与其他因素组合起来作为判断不正当性的依据。或者从反面理解，如果经营者不存在正当的竞争利益，就没有必要给予反不正当竞争保护。易言之，凡竞争皆有损害，不论是正当竞争还是不正当竞争均是如此，仅有损害并不构成不正当竞争，但不正当竞争必须首先有损害，无损害必然无不正当竞争。不正当竞争行为的损害对象既可能是特定法益（如商业秘密），又可能是一般性竞争利益（如虚假宣传）。

例如，德国反不正当竞争法奉行模仿自由原则，在没有知识产权的情况下，模仿原则上是自由的，但在极为特殊的情况下仍可构成不正当竞争。该法特别规定了构成不正当竞争的三种模仿情形。即便是这些行为，法律所保护的并非模仿对象，即不是像专有权那样保护模仿对象，而是因为模仿行为不公平而予以制止。也即，该法旨在管制市场行为，起决定作用的是行为即产品被模仿的方式而不是该产品，即便生产该产品需要大量劳动和支出。反不正当竞争法保护消费者和诚实经营者不受不公平市场行为的损害，而不是立足于产品本身的保护。[36] 这就决定不正当竞争与侵权行为在判断标准和方式上的不同。在下述德国判例中，德国法院的裁判方式典型

---

㊱ See Rogier W. de Very, *Towards a European Unfair Competition Law: A Clash Between Legal Families*, Leiden: Martinus Nijhoff Publishers, 2005, pp. 179-180, 192-193.

地体现了竞争行为正当性判断的属性。

综上所述,法益损害中性意味着,认定不正当竞争采取的是“行为正当主义”,而不是“权益保护主义”。对于是否构成不正当竞争,仅以是否损害他人正常经营活动(如商业模式)进行判断还是不够的,更为关键的是还必须具有其他不正当性,这些不正当性在判断中甚至有更高的权重。例如,竞争行为是否具有中立性,如对于竞争对手一视同仁还是具有刻意损害特定竞争者的选择性;[37]是对于正常的商业模式等经营活动产生导致利益明显失衡的根本性冲突,还是仅仅增加了选择的多样性;是否另有实质性非侵权意义(用途),等等。仅仅考量是否损害特定权益(如为自己获利而破坏他人正当商业模式)以及行为人主观状态,充其量只是判断知识产权侵权行为的思路,即确定权利范围及判断被诉行为是否落入权利范围的方式,而不完全是反不正当竞争法的裁判思路。总之,反不正当竞争法更注重判断行为本身的正当性,且根据竞争原则判断竞争行为的正当性,权益(如商业模式)是否受保护充其量只是考量因素之一,而不是判断的基准。

## 四、行为规制范式与权衡性利益衡量路径

反不正当竞争法是行为规制法,采取行为规制范式,加之竞争行为变动不居和变化莫测,致使认定不正当竞争在很大程度上取决于利弊权衡式的不确定性具体利益衡量。这是反不正当竞争法的固有属性所决定的。当然,利益衡量同样根植于市场竞争特性和规律。

### (一)判断不正当竞争行为的利益衡量特性

首先,竞争行为正当性判断具有与生俱来的利益权衡属性。19世纪以来的竞争立法史始终伴随着一个矛盾的态度,即人们认识到

---

[37] 如在搜狗诉奇虎阻碍浏览器安装设置不正当竞争纠纷案中,奇虎公司的360安全卫士软件对搜狗浏览器在安装、设置默认浏览过程中进行弹窗提示和直接干预,使用“木马防火墙提醒您-风险”“威胁”“快速清除残余木马”等虚假描述提示,但对待不同企业的浏览器产品未做到一视同仁,对360浏览器和IE浏览器的相关安装和设置不作任何提示。法院认定此类行为构成不正当竞争。参见北京市高级人民法院民事判决书,(2015)高民(知)终字第1071号。

竞争的好处之时才开始认为有必要保护竞争，但竞争的坏处又需要管制和干预竞争。例如，欧洲是反不正当竞争法的发源地，在19世纪初的欧洲，竞争并未得到普遍承认，它充其量只是少数人头脑中的一个模糊观念。“19世纪赋予它形式和轮廓。在这个世纪，欧洲人逐渐理解了它是什么，并习惯于把它作为一个独特的过程进行讨论和思考。人口中相当多的一部分人逐渐从个人通过经济活动追求私利的决定中看到了一个过程，它有着大体上可以预期的范围和后果。这满足了使保护竞争的一般性法律体制得以出现的一条要求。”“在19世纪中期的二三十年里，另一项要求也得到了满足。竞争过程的巨大潜力在这个时期得到了确证。‘竞争’已经产生了效率；经验已经证明了它的威力。它能产生不同寻常的财富！”“但是，19世纪的竞争经验是矛盾的。在最后几十年里，竞争暴露出它是多么不可靠，以及它会造成什么损害。它的创造财富的能力似乎变幻无常，只在令人捉摸不透的环境下发挥作用。此外，给少数人创造的繁荣，似乎必须以巨大的、迅速增加的人口的困苦作为代价。难怪那些感受到这种伤害的人要控制这个制造伤害的过程。”“这导致了一种对竞争的进退两难的态度。从某些方面看，它的好处居多，它所显示的繁荣前景甚至使它如上帝一般。从另一些角度看，它是魔鬼的化身。某些经验和价值似乎要求对它加以保护，另一些经验和价值则要求对它进行管制。如何看待竞争，取决于人们看到的是什么，以及他们带着什么样的经验和观念。”[38]竞争的这种矛盾的交汇点是物极必反的那个区域，即竞争是自由的，竞争自由受法律保护，但过犹不及，负面效果大于正面效果的过度竞争行为必然会破坏竞争机制，法律需要管控此类自由竞争行为。竞争的这种好坏交织的矛盾性，决定了必须通过利益衡量的方式对其是否达到过犹不及的程度进行判断。[39] 法律类型化地明确规定的不正当竞争行为都是自身违法的行为，依据一般条款认定的行为尤其必须进行利益衡量以决定其正当性。因此，竞争的属性决定了其天然地具

---

[38] Christina Bohannan, Herbert Hovenkamp, *Creation Without Restraint: Promoting Liberty and Rivalry in Innovation*, New York: Oxford University Press, 2012, pp. 48-49.

[39] 按照习惯说法，反垄断法维护竞争自由而反不正当竞争法维护竞争公平。但是，反不正当竞争法本质上也是为了维护竞争自由。

有利益衡量的特性。

其次,行为规制模式导致判断标准的不确定性。就法律的保护对象而言,权益(绝对权)保护模式具有法律适用上的确定性,而行为规制模式具有内在的不确定性,这种不确定性同样与生俱来,构成其法律特质和调整特色。例如,“法律一般是保护权利的:法律系统确定权利是否受到侵害以及侵害的程度,然后尽力阻止这种侵害或使受害人得到补偿。而保护一种过程是个相当含糊的目标。是什么东西侵害了这个过程?法律系统为消除或减少这种侵害能够做些什么?”[40]制止不正当竞争具有“保护一种过程”或者一种机制(市场竞争机制)的属性。尤其是,依据一般条款认定竞争行为的正当性,本质上属于行为规制模式而不是权益保护模式,其天然地具有内在不确定性。[41] 如果简单地按照权益保护模式衡量,则与不正当竞争行为判断属性相悖,即可能背离反不正当竞争法保护竞争(竞争机制)的目标。

最后,法律调整方式的独特性与行为判断的不确定性。反不正当竞争法的语言具有概括性和描述性,且各类行为之间的逻辑关系不紧密。这是该法的显著特征,而且从其诞生之时就存在这种问题。这是该法调整对象和调整需求特殊性的产物。例如,“运用法律保护竞争的观念,也面临着一些概念上的障碍。如我们所知,竞争的概念在19世纪中期以前一直身份暧昧,因此人们不易理解要用法律保护那种只有朦胧感觉和知之甚少的事情。考虑到当时人们对法律语言的预期,这一点尤为真切。在德国‘法律科学’的影响下,世纪末的欧洲法律思想习惯于要求高度的概念精确,对一般性

---

[40] “对这种特殊性的意识,以及感到有必要防止竞争法损害经济发展,也导致人们强调竞争法是一种建设性的社会力量,而不是对行为的限制。有关欧洲竞争法系统的讨论,倾向于强调它们在创造和维护有效竞争的必要条件中的作用,而不仅仅消除不当行为的作用。重点一般是放在实用主义的考虑和建设性后果上,而不是放在严格执行抽象的规则上,虽然这种情况也会发生变化。” See Christina Bohannan, Herbert Hovenkamp, *Creation Without Restraint: Promoting Liberty and Rivalry in Innovation*, New York: Oxford University Press, 2012, p. 15. 这虽然是针对反垄断法而言的,但对于反不正当竞争法也有借鉴意义。

[41] 一些类型化的不正当竞争行为,如仿冒行为和侵害商业秘密行为,已逐渐接近于权益保护,具有较大程度的确定性。但与已经类型化的权利及其保护相比,仍具有不确定性。

法律就更是如此。概念不仅要精确，还要遵照演绎逻辑原则形成一个体系。保护竞争的法律不可能符合这些要求——这种观念太新颖了。它的用语不可能做到概念精确，至少无法做到私法中那样精确，因为它不能依靠私法所享有的数十年乃至数百年的分析。”[42]尽管后来的发展完善使反不正当竞争法的用语和判断标准不断清晰化，但对于尤其是法律没有列举的依照一般条款认定的行为，仍更多靠利益衡量确定。这本身使其确定性和可预见性天然地相对较差。

我国法院为克服适用反不正当竞争法一般条款的不确定性，进行了一系列探索，“非公益不干扰”之类的具体标准显然都是司法所探索的操作性路径。这些具体的操作理念和方式固然便利了法律适用，但如果把具体而复杂的利益衡量简单化，就可能误导法律的适用。因此，这些标准都需要接受具体利益衡量的检验，且不能代替具体的利益衡量。

（二）美、德类似裁判分析

我国法院将“非公益不干扰”原则典型地适用于互联网领域的广告屏蔽案，其他一些具体规则也多是提出于互联网领域的案件。在此我们可以通过与国外类似判例的比较，以便清晰和直观地展现不正当竞争判断范式上的差异和特色。

在美国法院裁判的一些广告屏蔽案件中，消费者利益为裁判是否构成不正当竞争时着重考虑的要素，美国法院表达了支持广告屏蔽工具开发商的司法裁判态度。例如，2012 年 11 月，美国加州法院驳回了 Fox 禁止卫星运营商 Dish Network 销售拦截广告的视频录制设备 Hopper 的请求。[43] 在 2009 年的 Zango, Inc. , v. Kaspersky Lab, Inc. ,一案中，[44]Zango 公司是一个在线提供视频、游戏等服务的网络媒体公司，网络用户需要先同意观看网站上的广告，才能获得浏览其网站上的内容的权利。被告 Kaspersky 公司销售帮助过

---

[42] Christina Bohannan, Herbert Hovenkamp, *Creation Without Restraint: Promoting Liberty and Rivalry in Innovation*, New York: Oxford University Press, 2012, p. 47.

[43] 参见董慧娟、周杰：《对浏览器过滤视频广告功能构成不正当竞争的质疑》，载《电子知识产权》2014 年第 12 期。

[44] Zango, Inc. , v. Kaspersky Lab, Inc. , 568 F. 3d 1169(9th Cir. 2009).

滤、阻止潜在的恶意软件的产品。Zango 公司对软件经销商 Kaspersky 公司提起诉讼，称 Kaspersky 公司不正当地阻止了 Zango 公司的软件。Kaspersky 公司辩称其受《通信规范法》[Communications Decency Act(CDA)]第 230(c)(2)(B)条保护而不负法律责任，因为其是阻止和屏蔽恶意软件的“好撒玛利亚人”。华盛顿西区联邦地区法院作出了有利于被告 Kaspersky 公司的判决，认为 Kaspersky 公司是“交互式计算机服务”的提供商，有权就通过技术手段来限制访问令人反感的材料或软件所采取的行为享有豁免权，这是符合《通信规范法》的相关规定的。Zango 公司提起上诉，认为《通信规范法》第 230 条的规定并非旨在使商业侵权行为得到豁免。美国第九巡回区联邦上诉法院维持了一审法院的判决，认为 Kaspersky 公司可以根据 1996 年《通信规范法》的避风港条款获得豁免，《通信规范法》第 230 条规定的豁免权可以包括商业侵权行为。

德国最高法院于 2004 年对“电视精灵”案[45]所作的判决，被认为是涉及广告拦截软件经营不正当竞争诉讼的经典判例。原告的电视台以在其播放的电视节目中投放广告为盈利方式。被告生产和销售被称为“电视精灵”的一种控制装置，可以安装在电视或录像机上，具有广告屏蔽功能。被告的装置可以由用户设置，把正在播放的节目中插播的广告自动弹出。为了实现屏蔽广告的目的，被告会通过该控制装置在选定的节目广告播放时间内向电视机或录像机发出指令信号，直接转到不插播广告的节目，并在广告时间结束时转回原频道。原告认为被告的行为构成不正当竞争，请求被告停止该装置的经营和使用，停止推广拦截广告的服务。德国最高法院认为被告的行为不构成竞争阻碍。它首先不构成对产品的阻碍。本案中被告提供的装置并没有破坏原告的节目，只是在出现插播广告时自动转台，并未对原告造成直接影响，也不存在间接影响。被告的行为同样不构成对竞争者广告营销的阻碍。另外，被告的行为不具有不正当性。德国最高法院终审认定，被告提供具有广告拦截

---

[45] BGH, Urteil v. 24. 06. 2004, Az. I ZR 26/02[联邦德国最高法院(BGH)判决书(1ZR26/02)2004 年 6 月 24 日].

功能的控制装置的行为及对其发射指令信号以实现广告拦截的行为，均不构成不正当阻碍竞争行为和一般市场阻碍。

德国汉堡州法院第16民事庭于2015年4月21日判决的一起关于带有付费白名单的广告屏蔽案（以下简称白名单案），是互联网领域的此类典型案例。[46] 在该案中，原告《时代周报》与《商报》的运营模式是在其网站上提供免费新闻，而通过其网页上的广告模块盈利。被告无偿为网络用户提供屏蔽广告的软件，该软件可以安装在网络用户的特定浏览器中，网络用户则可以自行选择是否屏蔽广告。被告的软件可以屏蔽原告网站中的促销广告，但进入“可接受广告”的名单（“白名单”）中就可以不被屏蔽，只是需要交费。原告诉称，由于被告的广告屏蔽软件的广泛应用，原告在广告营销市场遭受了巨大损失，同时导致其制作新闻内容所必需的资金周转紧张。而原告之所以能够受到广告商家的资金支持，是因为他们能够提供高质量的新闻，若周转资金紧张将影响新闻版块的制作。通过对网页上的广告的限制，被告迫使原告花钱进入他们的白名单之中。这是一种法律禁止的行为，因为它唯一的交易动机是盈利，而不是基于诸如公共利益之类的其他合法目的。原告请求判决被告承担责任。德国汉堡州法院认为被告的行为未违反《反不正当竞争法》的规定，不构成不正当竞争，判决驳回诉讼请求。首先，被告未违反行为人有目的地妨碍竞争者的规定。不正当竞争法意义上的妨碍行为，是指阻碍竞争对手的发展与排挤竞争对手，或者说，相关干扰行为导致受损的竞争对手已经无法通过自身的努力，以适宜的方式在市场上提供服务。带有白名单功能的广告屏蔽软件的提出，是被告建立销售市场的前提。这就是说，任何一家企业，都会因此产生收入。因此，原告的销量受损是此事的伴随现象，这是纯粹的正常竞争，不能因此证明存在不公平竞争。另外，也没有其他的证据证明，被告的软件对原告的妨碍是有目的性的。其次，被告未违反妨碍商业行为的规定。被告没有显著妨碍原告自主决定权。显著妨碍的前提是，被告施加的压力如此巨大，以致使原告无法避开此压制，被压迫得无法生存。本案中被告的强度并没有达到这个

---

[46] 416 HKO 159/14.

地步。最后,被告不存在不正当的市场干扰。

上述国外有关拦截广告的判例与我国有关互联网广告屏蔽案例所涉事实和法律问题基本相同或者类似,但是考量的角度、方法和裁判结果明显不同。从美国和德国的判例和司法态度看,其判断互联网广告拦截软件的经营行为是否构成不正当竞争,更为关注消费者自主选择决定权或者消费体验,以及更加注重比较各方利弊得失的实质性利益平衡。归根结底,它们更关注以市场机制调节竞争行为,司法采取了谨慎介入的态度。这是更多体现效率的竞争观念。例如,德国法院的态度很明显,就是尽量在鼓励网络技术创新、保护消费者利益和维护竞争者利益上取得平衡。其中,就鼓励技术创新的公共利益而言,考量了争议技术产品本身的技术中立性及该新技术产品的经营者尝试和探索新的经营模式的空间和机会;对消费者利益的保护则重点考量消费者自主的决定权是否受到影响;对竞争者的利益保护则以竞争者的生存不受威胁为底线。

归结起来,美国和德国更多考虑竞争的动态性,以市场和效率的标准衡量竞争者之间的"干扰"性竞争行为,采取了宽容和宽松的态度。[47] 相比之下,我国目前有关屏蔽广告的典型判例多体现了静态的竞争观念及效率之外的公平考虑。

### (三)中外不正当竞争判断范式比较

#### 1. 裁判理念:更多宽容与更多管制

前述中外裁判的基本理念、基本态度和方式有着重大差异,即美、德法院有更强的市场意识,更加重视市场的作用,对竞争行为更

---

[47] 这种态度与大的制度背景有关。就反不正当竞争而言,英美国家有崇尚竞争自由的传统,信奉自由能够带来效率。欧陆国家反不正当竞争法则有由以"公平"取向的强化管制到以效率取向的"自由化"的转变过程。例如,德国反不正当竞争法历来重视国家干预和管制竞争行为的思想,1994 年之前的历次法律修订无不体现国家干预市场竞争、强化管制竞争者行为的精神。1994 年修法是一个重要转折点,自此由此前的"管制性"修订转变为反不正当竞争法的"解除管制"或者"自由化",即放松对竞争者行为的限制,将竞争者以前所享有的竞争自由重新返还。2004 年德国颁布全面修改的反不正当竞争法进一步巩固"自由化"目标和推进"自由化"运动。该法对以前法律的修改也体现了尽量放宽对竞争行为进行管制的理念。参见邵建东:《德国反不正当竞争法研究》,中国人民大学出版社 2001 年版,第 13~14 页;范长军:《德国反不正当竞争法研究》,法律出版社 2010 年版,第 13 页。

为宽容；我国裁判对市场行为具有更多的干预和管制意识。

例如，德国法院具有强烈的"市场的归市场"和"技术的归技术"的理念，尤其强调竞争者自身的应对和自救能力。例如，"传媒企业也必须接受市场的挑战，而市场的生命力就在于商业活动自由和创新。根据本院依法作出的认定，可以期待原告完全可以通过与广告经营者一起努力激发并维持观众对广告节目的兴趣，或者主动采取技术革新来解决广告屏蔽的问题。至于到目前为止是否存在这样的技术手段以帮助原告避免被告产品对其经营活动造成的生存威胁和影响与本案的法律问题认定无关"（"电视精灵案"）。"原告仍可通过其他适当的方式在市场上获得经济效益，例如，技术上的改变、对广告屏蔽软件用户作相应提示，或者通过不再免费提供新闻等方法来应对。如果这样，原告因被告的广告屏蔽软件而导致的在广告市场处于劣势地位的状况将不再那么明显。""被告的产品，仅仅是使那些通过某些特定的技术手段加载出来的广告不被读者看到。原告要靠自己的能力去说服读者，让他们有理由关闭广告拦截软件。""原告除了加入白名单之外还有各式各样的方式来解决此问题。原告有这样的自由，对于屏蔽了广告的用户，拒绝他们进入网页，或者至少提出要求，让他们将屏蔽软件关闭；或者原告可以做出技术上的改进以防止广告被屏蔽。同样需要被考虑的是，在线广告只是在线新闻行业多个融资模式中的一个，因此，原告也可以开辟另一种模式，他们可以选择对自己有利的情况。可能是加入被告的白名单，但这不是必需的。如果这样真实的选择自由仍然存在，那么就不会有显著的对决定权的妨碍。"（"白名单案"）尤其是，在"白名单案"中，面对原告的"免费新闻+营利性广告"与被告的"免费屏蔽广告软件+收费的白名单"商业模式，德国法院判决并未厚此薄彼，未将被告通过后者建立销售市场和损人利己的行为认定为不正当竞争。而且，将构成不正当竞争的"损人利己"界限划在是否导致竞争对手无法生存上，如"被告的行为对原告广告收入的影响并非无足轻重，但尚不危及其生存"（"电视精灵"案），以及是否达到"施加的压力如此巨大，以至于使原告无法避开此压制，被压迫的无法生存"，"本案中原告并未证明由于被告的产品，他们正面临即将被市场淘汰的情境，企业面临生死存亡危机。如果原告新闻版块的业务不再仅仅通过广告筹集资金,那么经营活动不会过于困难。因此,法院认为原告的理由并不充分,通过原告的阐述,无法推导出被告利用他们的产品在广告市场上所做的行为真正地危害了原告生存的论断”(“白名单案”)。这些判决在判断正当性时很看重被告是否具有市场的和技术的应对能力及出路。这种“损害”界限和评断标准显然会增强市场竞争的对抗性,提升市场竞争的张力、韧性和强度,并以发展的眼光对待竞争问题,旨在让市场和技术去解决竞争中的冲突,避免动辄构成不正当竞争,显然有利于商业创新和技术进步。

美国法院同样持宽松态度。在美国屏蔽广告早已引起关注,当初为应对大量在线广告传输导致的浏览器速度过慢问题,1999 年就出现了屏蔽广告软件。该软件诞生后即备受争议,法院有关判例虽少,但在为数不多的判决中,法院更倾向于将技术和竞争问题先交给市场去解决,而并不轻易判决构成侵权。事实上,此类司法态度收到了良好效果。YouTube 网页广告模式的成功转型就是著例。美国已将是否屏蔽广告的选择权交给用户。YouTube 于 2010 年推出“True View”服务。用户可以选择是否跳过广告,或者选择在视频特定位置观看某广告。YouTube 充分考虑了用户体验,由用户选择广告呈现的方式,并人性化地设置视频内嵌广告,时长不超过 15 秒;时长达到 60 秒的广告,用户可在 5 秒后选择快进。YouTube 根据用户体验改变商业模式,实现了用户体验、版权保护、广告商收益和自身盈利之间的良好平衡。[48] 这种网页广告模式的成功转型是竞争自由和市场机制作用的结果,即经营者在谋求自利的同时实现了公益。

我国的相关判决更多着眼于原告既有商业模式受到的静态损害,据此认定被告行为的不正当性,缺乏对于技术和市场的相关因素进行全方位的深入分析和评估,在利益衡量上线条单一,更易于使新出现的市场竞争行为动辄得咎,对于市场竞争的宽容度较低。这种态度不利于培育市场理念和市场机制。

---

[48] 参见黄武双、刘健臣:《中美屏蔽网页广告行为法律规制比较》,载《竞争政策研究》2015 年第 1 期。

2. 总体裁判思路：保护静态法益与综合性利益考量

前述我国几个典型的互联网屏蔽广告案的基本裁判思路是先论述原被告之间有竞争关系，然后论述“免费观看+广告”商业模式的合法性（或者经营活动受保护）、侵害行为（对原告经营模式的破坏行为以及从中获利）以及过错（故意）。这基本上是一种一般侵权行为的判断思路。例如，在“猎豹浏览器屏蔽优酷网视频广告案”中，二审判决认定，“金山网络公司及金山安全公司对被诉猎豹浏览器的开发及提供行为与该过滤后果具有直接关联关系，这一行为客观上造成了破坏合一公司正常经营活动的后果”；“金山网络公司与金山安全公司主观上亦有破坏合一公司正当经营活动的故意”；“在结合考虑金山网络公司与金山安全公司的主观故意，以及被诉猎豹浏览器开发及提供行为所带来的客观后果的情况下”，“金山网络公司与金山安全公司开发并提供被诉猎豹浏览器的行为构成对合一公司经营活动的破坏”。[49] 该法院裁判的思路是，合一公司有受保护的法益、金山公司实施了侵害行为并有主观故意，据此认定构成不正当竞争，这显然更接近于一般侵权行为的判断思路。

德国上述判例首先并未将原告的商业模式作为保护对象，而从多个角度进行利益平衡，据此进行正当性裁判，且着重考虑了技术创新因素。[50] 例如，在“电视精灵”案中，德国最高法院认为，“由于任何竞争都会对其他竞争者产生影响，要认定某个单独的竞争行为应予禁止，必须考虑多方面因素，并对个案进行综合考量，权衡竞争者、消费者、其他市场竞争者的利益。基于对上述利益的综合考量，被告的利益更值得保护，因为被告的广告屏蔽装置的销售虽然

---

[49] 北京市第一中级人民法院民事判决书，（2014）一中民终字第3283号。

[50] 制止不正当竞争之初，德国曾经将制止不正当竞争作为侵权法问题，但德国法院不愿意遵从以侵权法一般条款调整这种新型经济现象的法国模式，并由此而引发理论上的争论，德国立法者遂采取单独立法的方式解决该问题。这就是1886年德国反不正当竞争法的由来。后来反不正当竞争法又被归入经济法之中。这或许是德国不按侵权法思路裁判不正当竞争的法律渊源。即便是在侵权法一般条款基础上发展起来的法国反不正当竞争法（实际上是案例法），其不正当竞争也不同于以特定私权为损害对象的一般侵权行为，反不正当竞争法被认为是一个独立的法律分支。See *International Handbook on Unfair Competition*, edited by Frauke Henning-Bodewig, Munich: C. H. Beck, Oxford: Hart, Baden-Baden: Nomos, 2013, pp. 210, 232.

加重了原告的经营负担，但并未威胁其生存。然而，被告企业如果被禁止生产和销售广告屏蔽装置，会遭受危及生存的损害，广告屏蔽本身是其商业创意创新和具有商业效果的核心”。可见，竞争各方的利益是相对的，决定竞争行为正当性的关键是比较利益，而不是静态地保护原告的利益。其中还特别提到“广告屏蔽本身是其商业创新和具有商业效果的核心”。“白名单案”判决同样认为，“需要对每个案件的情况进行全面评估，并考虑到竞争者、消费者和其他市场参与者的利益”。显然，这些理由都充满了市场精神和动态的竞争观。这明显是认定不构成不正当竞争的实质性理由，至于其他理由都是附属的和次要的。

我国有关裁判过于强调正当商业模式（如“免费观看加广告”）的受保护性，近乎将其上升为“商业资产”的专有权，在此视角下，竞争行为正当性的认定天然地有利于主张正当商业模式的一方，而更易于将他人的“干扰”行为认定为不正当破坏，从而淡化了从动态竞争的视角考量行为正当性。换言之，不正当性的认定更多是基于受保护的法益（商业模式等）遭受侵害而进行的推论和认定，而不是着重于对竞争行为“利”与“弊”及“损”与“益”的对比衡量。由于放大了法益保护的功能，且采取侵权模式，对于行为正当性进行的考量不充分和不深刻，致使构成不正当竞争行为的门槛降低，使不正当竞争的范围易于事实上扩大化。认定不正当竞争行为，尤其是依据一般条款进行认定，显然不是依据保护静态权益的一般侵权行为的判断思路，而多方位和动态性考量竞争效果或者对竞争的影响。

3. 竞争性损害：单向的法益损害与竞争利益的得失比较

我国相关判决基本上都是静态地看待原告遭受的损失，即着重把损害放在原告的法益上，缺乏对于竞争双方之间利益损害的实质性比较，这种判断方式不符合竞争性损害的属性。例如，“猎豹浏览器屏蔽优酷网视频广告案”二审判决认定，“相当比例的该浏览器用户会选择这一功能，因此，这一浏览器的使用会使得合一公司优酷网中正常播放的视频片头广告有相当比例会被过滤”，“合一公司的广告收入必然会受到实质影响，故这一过滤功能显然会对合一公司的经营活动造成直接影响”。[51] 该判决主要基于这种单方损害而认定竞争行为的不正当性，并未深究该损害究竟达到何种程度，亦未从更宽范围的利益因素进行考量。问题的实质不在于现有经营活动是否被破坏，而在于破坏的程度，以及在多种利益因素背景下如何评价该损害，这是利益衡量的重点和立足点。

德国法院判决是从竞争机制的角度对竞争行为的正当性进行了分析。德国法院通过受损害的利益对比的方式，决定损害的正当性。而且，决定是否受到损害时考量多种因素。例如，“电视精灵”案认为，“被告的广告屏蔽装置的销售虽然加重了原告的经营负担，但并未威胁到其生存”。“系争竞争行为是否构成应予禁止的一般市场阻碍，只能基于对竞争者利益和一般公众利益的权衡对个案中的所有因素进行总体考量。这种总体考量应将当事人在基本法上相互冲突的地位考虑在内。”该案上诉法院在其判决中认为，“妨碍竞争要求存在对竞争者竞争发展机会的影响。是否存在竞争妨碍要考虑以下要素：销售、广告、采购、生产、融资及人员等。但是，由于任何竞争都会对其他竞争者产生影响，要认定某个单独的竞争行为应予禁止，必须考虑多方面的因素，并对个案进行综合考量，权衡竞争者、消费者、其他市场竞争者的利益”。“基于对上述利益的综合考量，不存在与产品相关的不正当竞争妨碍。”在“白名单案”中，德国法院判决认为，“带有白名单功能的广告屏蔽软件的提出，是第一被告建立销售市场的前提。这就是说，任何一家企业，都会因此产生收入。因此，原告的销量受损是此事的伴随现象，这是纯粹的正常竞争，不能因此证明存在不公平竞争”。法益损害的比较方式更符合动态竞争和竞争性损害的特性和要求，而单向的和静态的损害认定会导致不正当竞争行为扩大化，致使对于竞争行为的管控过于严格，不利于营造宽松和有效率的市场竞争环境。

4. 利益衡量：具体法益保护与竞争机制考量

适用反不正当竞争法的一般条款通常需要复杂的利益衡量。如论者所说：“令人满意的法治必须认识到体系的复杂性，在这个体系中资源稀缺，技术不断变革，监督不完美，知识被广泛传播而且信

---

[51] 北京市第一中级人民法院民事判决书，(2014)一中民终字第3283号。

息是开放的。”[52]以一般条款认定法律没有类型化的不正当竞争行为，需要考虑经济意义上的市场竞争与规范意义上的法律规制所涉及的多种复杂因素和多重利益关系，尽可能达到“令人满意的法治”。市场竞争本身是复杂的，如果把复杂的问题简单化处理，就很可能失之武断、短视和偏颇。在适用一般条款时尤其要高度重视考虑全面的和深层的因素。[53]

我国上述判决在比较静态利益得失的同时，并未更多地从竞争机制上进行利益衡量。德国判决则撇开商业模式受保护性、被告得利等具体静态利益的得失比较，而考量了消费者利益、竞争性损害的严重程度、技术创新的可能性等因素，从竞争机制的角度得出不构成不正当竞争的结论，尽可能使竞争者“适者生存”。相比之下，我国判决的上述思路和观念的结果很可能会忽视市场的优胜劣汰机制、不利于增进市场效率和促进技术创新。

例如，在我国的优酷公司与合一公司案中，法院进行了利益衡量，只是一笔带过地认为若视频拦截工具合法，会对视频行业造成无法挽回的打击，因此支持的是原告，这与德国法院的考量方式与因素相似，不过结果相异。前述德国法院判决则从利益平衡的角度

---

[52] ［美］迈克尔·A. 艾因霍恩：《媒体、技术和版权：经济与法律的融合》，赵启彬译，北京大学出版社2012年版，第6~7页。

[53] 例如，德国反不正当竞争法第1条（一般条款部分）曾以“违反公序良俗”作为不正当竞争的实质性判断标准，但该不确定性法律标准的适用需要进行复杂的利益衡量。如论者所说，“市场主体对竞争者市场地位的一般性侵犯是典型的竞争行为，这种轻度侵害符合竞争的本质。如果因为认定某行为违反公序良俗就会导致该领域的市场竞争不复存在，那么就不能轻易作出这种定论，而必须首先综合考量各种复杂要素再作结论。也就是说，要进行利益衡量，尤其是要衡量基本权利所涉及的法益。因为私人间的基本权利原则上是同等重要的。如果两个私人企业的竞争自由相互冲突，则其法益难分轻重。此时需要通过审查基本权利的间接第三人效力来审查竞争行为是否违反公序良俗。……因为每一个竞争行为都会侵害其他竞争者的利益，所以违反‘公序良俗’的界限不能限定在自由竞争带来的一般不利后果，而是指影响竞争的措施达到了无法忍受的程度。支持该论点的依据是不正当竞争法的立法目的——‘维护高效竞争’。……违反公序良俗是一种特殊的违法竞争行为，其违法性通过衡量国家追求的公共利益和私人的竞争自由而得到确定。反不正当竞争法第1条罗列了所有典型的不正当竞争行为，这些典型表现形式有助于判断某竞争行为是否违法，同时可作为利益衡量的参照标准，但同时不能忽略从整体上考虑各种复杂要素”。参见［德］乌茨·斯利斯基：《经济公法》，喻文光译，法律出版社2003年版，第176页。

入手,综合全案考察原被告双方、消费者及其他竞争者的利益,认为支持原告的诉请会给被告企业造成不可毁灭的打击,会影响被告企业的生存,因此未支持原告的诉请。而对于原告来说,被告广告屏蔽工具的出现并不会导致其企业陷入生死存亡之境,只是会对其生产运营造成负面影响。“电视精灵案”着重考量了消费者利益,分析了被告行为尚未影响原告的生存以及被告进行市场应对的可能性。例如,“认定是否构成对竞争者广告营销的阻碍关键是看该阻碍行为是否剥夺了消费者的自主决定权。本案中电视观众完全有权决定是否使用对原告提供的服务带来直接或间接妨碍竞争影响的产品,观众可以选择是否屏蔽广告,被告只是为电视观众提供了一个技术帮助让他们离开其本来就不想看的节目而已”。

很显然,我国法院过于注重静态利益和静态竞争,不太关注动态竞争。这与效率的竞争观不符合,其结果不利于促进市场竞争的生机活力,不利于营造创新的活跃环境和培育创新精神。[54]

(四)小结

不正当竞争行为的认定要符合反不正当竞争的范式,重在通过多角度的利益衡量判断竞争行为的正当性,尤其不能落入具体权益保护式的一般侵权行为判断模式。反不正当竞争法必须奉行竞争自由的原则,例外的情况下才可能构成不正当竞争,因而法官应有更强的市场意识,对于竞争行为有更大的宽容和包容,给市场留足自我调节的空间,增强市场竞争的强度和韧性,不能动辄以太多怀疑的眼光看待竞争行为,不能将竞争利益专有权化,不能简单地根据损害推定不正当性,避免一般条款的过宽适用和不正当竞争行为

---

[54] 有的学者以比例原则为视角对于过滤及快进视频广告的行为进行合法性分析,提出比例原则的分析框架为五个步骤:第一步,确定《反不正当竞争法》保护的什么权益受到了损害。第二步,确定被告用以正当化其损害行为的正当目的是什么。第三步,适当性原则的考察。第四步,必要性原则的考察。第五步,狭义比例原则考察。据此得出屏蔽、快进广告的浏览器和软件的出现虽然对视频网站经营者造成运营上的困难,但并未达到严重程度,也未导致其不成比例、不合理的损害,反而对几方的利益平衡起到重要作用,因此,金山公司的浏览器过滤广告行为不是不正当竞争。参见兰磊:《比例原则视角下的〈反不正当竞争法〉一般条款解读——以视频网站上广告拦截和快进是否构成不正当竞争为例》,载《东方法学》2015 年第 3 期。笔者比较赞同这种静态的利益平衡思路。

的扩大化。竞争行为固有的损害性,决定了正当性判断时刻要把握好比较利益和比例原则,这使判断标准具有很强的相对性。例如,对于屏蔽广告的商业行为,应当更多从市场的和技术的角度考虑是否达到"你死我活"的竞争程度,是否明显不利于消费者的福利,更多地留给市场和技术的更多可能性,让更多的"子弹"去"飞",更多地考虑竞争对手之间的相对利益,而不是简单地奉行"非公益不干扰",动辄贴上不正当竞争的标签。否则,市场自由竞争的空间太狭小,不利于增进市场活力和促进市场进步。

## 五、余论:市场生态与司法谦抑

反不正当竞争基本范式由竞争观、法益观、损害观以及利益衡量的路径所架构,关键是由市场竞争的基本属性所支撑,体现市场竞争的特点和规律。市场是一个复杂的生态系统和有机体,人的认知能力则具有局限性,且易受各种主客观因素的干扰,如果执法者在法律明文规定之外随意对市场竞争的是非对错指手画脚,甚至为此而乐此不疲、津津乐道和自鸣得意,往往会事与愿违。例如,"在大多数情况下,人们更清楚自己的利益,而不是太清楚别人的利益,他们因为被弄得更加自立而获益。竞争常常激发创新,保障物美价廉,从而增加人们的富足并间接地增加他们的自由"。[55] 如果对于竞争行为过多地指手画脚,尤其是过多地贴上不正当竞争的标签,很可能不会真正产生我们想要得到的结果。"创新思想会被官僚机构例行公事的单调乏味所取代,社会也将因此而停滞不前。"[56] 在错综复杂的和具有内生机制的市场竞争面前,法官对于不正当竞争的判断应有足够的谦卑和谦抑。

当前实践中确实已显现有些法官具有提炼或者创设抽象的一般竞争规则的偏好。对于法院是否可以主动界定特定商业领域的竞争规则,实践中已发生争议。有些法官已有谦抑的自觉。例如,北京市海淀区法院在其调研报告中认为:"司法应保持谦抑的态

---

[55] [英]理查德·贝拉米:《自由主义与现代社会——一项历史论证》,毛兴贵等译,江苏人民出版社 2012 年版,第 41~42 页。

[56] [英]理查德·贝拉米:《自由主义与现代社会——一项历史论证》,毛兴贵等译,江苏人民出版社 2012 年版,第 42 页。

度，不能对市场竞争造成不当干预，故当法院主动提炼出竞争规则并判定竞争行为构成不正当竞争时，需要对所提炼的竞争规则做详细的论证。”[57]这种态度值得赞赏。笔者认为，司法更应当主要立足于解决个案正义，围绕个案事实澄清法律含义和作出裁判，而不宜有过多的扩张职能、确立抽象性规则的偏好。对于法官而言，创制规则乃是不得已而为之。尤其是，自创和自称某种原则或者标准应当审慎，最好经由多个类似裁判累积和检验之后，由学者或者学理提炼和归纳一般性的原则和标准。

---

[57] 北京市海淀区人民法院课题组：《北京市海淀区人民法院关于网络不正当竞争纠纷案件的调研报告（三）》，载微信公众号“知产力”2017年10月25日，https://mp.weixin.qq.com/s/DGPbk2GAvh7FUNJCuuiHig。

# 反垄断法与创新发展

## ——兼论反垄断与保护知识产权的协调发展

王先林*

**内容摘要**　一个竞争的市场还是垄断的市场更能激发创新已经争论了半个世纪,这种争论对于把握反垄断法的正确定位以及具体制度的合理设计和有效运用来说是有重要意义的,促使我们注意反垄断法在维护竞争的同时也要促进创新,至少不能阻碍创新,但涉及的相关基本问题需要得到澄清。反垄断法的一般制度框架可以提供创新的总体市场竞争环境,动态竞争理论只是提供了新的视角。反垄断法通过规制滥用知识产权为在特定市场上的创新提供竞争环境,实现竞争与创新的协调。

**关键词**　反垄断法　创新　竞争　知识产权

创新是人类社会永恒的主题,崇尚和推动创新已经成为全社会的共识。党的十八大提出实施创

---

* 王先林,上海交通大学凯原法学院特聘教授。原文发表在《法学》2016 年第 12 期,这次结集出版时根据最新发展情况做了若干修订。本文是作者主持的 2015 年国家社科基金重点项目“反垄断与保护知识产权协调发展的重大理论与实践问题”(15AFX019)阶段性成果的一部分。

新驱动发展战略，党的十八届五中全会更是将创新列在了五大发展理念之首，2016年5月中共中央、国务院印发的《国家创新驱动发展战略纲要》进一步强调科技创新与制度创新、管理创新、商业模式创新、业态创新和文化创新相结合，推动发展方式向依靠持续的知识积累、技术进步和劳动力素质提升转变，促进经济向形态更高级、分工更精细、结构更合理的阶段演进。2020年11月30日习近平总书记在主持中共中央政治局第二十五次集体学习并发表讲话时强调"创新是引领发展的第一动力，保护知识产权就是保护创新"。本文的主题是如何发挥反垄断法在促进创新中的作用，这里反垄断法本身属于制度创新的范畴，而其所要促进的创新主要是科技创新。当然，科技创新与其他方面的创新往往是结合在一起的。

## 一、创新与竞争关系的经济学争议及在反垄断法上的回应

### （一）创新与竞争关系的经济学争议

在现代社会，"创新"一词的使用非常普遍和频繁。最早，人们是从技术与经济的角度来探讨创新问题的。根据美籍奥地利经济学家熊彼特的定义，"创新就是生产函数的变动"①。这种"创新"是经济发展的内在要素，是一种从来没有过的生产要素和生产条件的"新组合"，包括开发新产品，采用新技术（新的生产方法），开辟新市场，控制原材料的新供应来源，实现企业的新组织形式。

一个竞争的市场还是垄断的市场更能激发创新，是产业组织理论的一个重要问题，并且有着不同甚至迥异的回答。这主要是围绕着半个世纪的"熊彼特—阿罗"争论展开的。熊彼特认为大企业的大规模经营具有效率优势，成为技术进步与创新发展过程的发动机。这一观点被后人称为"熊彼特假定"。在20世纪六七十年代，沿着这一思路人们进一步提出了两个所谓的"新熊彼特假定"，即企业规模与研发的投入产出能力存在正向相关关系；企业集中度和由此形成的市场结构与研发的投入产出能力存在正向相关关系。② 熊彼特经济学说的支持者认为，垄断可以更好地提供创新

---

① ［美］约瑟夫·熊彼特：《经济发展理论》，孔伟艳、朱攀峰译，北京出版社2008年版，第290页。

② 参见陈秀山：《现代竞争理论与竞争政策》，商务印书馆1997年版，第214页。

所需要的资金并更好地赢得创新所带来的回报,而这两点也是社会上技术创新的主要驱动力。他们倾向于认为企业在不断地追求垄断地位。而美国著名经济学家肯尼斯·阿罗则持相反的观点,他认为竞争为创新提供了更大的动力。在竞争环境下,企业不断地被激励进行研发投资来取得或保持其相对于竞争对手的优势地位。现有的垄断者可能会压制创新性的竞争对手,从而阻碍了创新。关于市场结构对创新的影响,实证研究的结果也是不清楚的。一些人认为实际数据支持阿罗的观点,另一些人则声称最具有创新能力的市场是不过度竞争也不过度垄断的市场。实际生活中,技术存在差异,因此市场也存在差异,因而竞争表现的方式也不同。③

后来的学者在研究中又进一步发现了创新与竞争强度存在"倒U形"的关系,即在竞争相当激烈的时候,创新很少,而在适度的寡头,大致在前四位企业占据一半市场时,创新达到顶峰,但随着市场趋于完全垄断,创新又急剧下降。这意味着,竞争过度不利于创新,但竞争过低也不利于创新。④

以往这方面的研究主要是针对发达国家进行的,近些年来,针对中国进行的理论和实证研究日益增多,并考虑了中国市场的更为复杂的情况。相关的研究结果表明,竞争和创新之间呈现显著且稳健的正向关系,这显示出提高竞争可以促进中国企业创新研发活动。相应地,中国现阶段需要通过继续推进全面的市场化改革,减少垄断来提升市场竞争化程度,这也是促进中国企业创新能力提升的根本性制度措施。⑤ 有学者当时社会热点的"魏某西事件"和某知名电商企业被国际反假联盟停止会籍事件分析指出,无论是什么原因,包括行政的、市场的或网络的,只要形成具有控制力的垄断,就一定会阻碍创新、出现各种所谓的道德风险、产生利用市场缺

---

③　参见联合国贸发会议秘书处在 2008 年 5 月 12 日发布的报告《竞争政策与知识产权行使》。原文为 Competition policy and the exercise of intellectual property rights, Report by the UNCTAD secretariat。下载网址为:http://www.unctad.org/en/docs/c2clpd68_en.pdf,最后访问日期:2021 年 7 月 26 日。

④　参见陈志广:《熊彼特的竞争理论及其启示》,载《中南财政法大学学报》2008 年第 2 期。

⑤　参见张杰等:《竞争如何影响创新:中国情景的新检验》,载《中国工业经济》2014 年第 11 期。

陷而博取超额的垄断利润。⑥

（二）创新与竞争关系的经济学争议在反垄断法的回应

对于产业经济学持续了数十年的关于市场结构与企业创新是否存在某种相关性的“熊彼特—阿罗”争论，笔者无力也无意参与论证，也没有必要进行学术上“选边站”的排队。但是，这种争议对于把握反垄断法的正确定位以及具体制度的合理设计和有效运用来说是有重要意义的，促使我们注意反垄断法在维护竞争的同时也要促进创新，至少不能阻碍创新。这促使反垄断法的研究、立法和适用都要在以往重视静态竞争、相关市场和市场份额的基础上，更加关注动态竞争、创新活动和进入壁垒。这给反垄断法的理论和制度带来了挑战，提出了更高的要求。

从反垄断法的基本含义和目标出发，这里有必要就上述争议涉及的相关问题做出如下的分析和澄清，也是在反垄断法上应有的一种回应，以便为在反垄断法上讨论相关问题提供前提。

首先，需要区分经济学意义上的垄断与反垄断法意义上的垄断。尽管从最一般的意义上来说，垄断是作为竞争的对立面而存在的，表现为对竞争的排除或者限制，但是反垄断法中的垄断与经济学中的垄断并不是一回事。经济学主要关注垄断作为市场结构的方面，垄断的意义在于市场主体的少数甚至唯一，⑦竞争则呈现相反的情形。而反垄断法关注垄断问题的重点一般不在市场结构上，而是在市场行为上，并且主要着眼于其消极后果。由此也决定了反垄断法并不反对所有的垄断（包括状态和行为），更不是一概地反对大企业，而有各自特定的对象或范围，即只是控制、反对那些实质性限制和损害竞争且具有违法性的垄断。就我国《反垄断法》而言，其所规制的只是特定的垄断行为，具体是指垄断协议、滥用市场支配地位以及具有或者可能具有排除、限制竞争效果的经营者集中。因此，一个市场在结构上是垄断的还是竞争的，与反垄断法上的垄断

⑥ 参见程虹：《这些企业为何要垄断不要创新》，载第一财经网，http://www.yicai.com/news/5031850.html。最后访问日期：2021 年 7 月 26 日。

⑦ 张伯伦认为“垄断的普遍意义是对供给的控制，因之同时也就控制了价格”。参见［美］张伯伦：《垄断竞争理论》，郭家麟译，北京三联书店 1958 年版，第 5 页。

行为没有必然的关系，所谓“垄断者”的行为并非必然是“垄断行为”。

其次，即使在经济学上，垄断与竞争的概念使用也往往缺乏一致性，因而存在各自所指的并非同一对象的问题。正如有学者所分析的，熊彼特“垄断”和相关范畴的使用都是不精确的，这模糊了我们关于垄断和竞争的理解，熊彼特垄断不是竞争的对立面，至多是完全竞争的对比物，即不是通过价格而是通过创新来竞争；熊彼特套用传统的“垄断”，可能是找不到合适的其他范畴，同时又需要表示价格高于成本的含义，熊彼特垄断可以认为是“适度”的限制竞争，该程度在短期内足以防止利润的迅速扩散，在长期内也不属“过度”，足以维持创新的全面、持续展开。然而，决定限制竞争的程度及其是否可行的因素不仅有时间，还有其他一些因素，因此熊彼特预设“在人们关注的时间内不存在垄断问题”并不总是成立的。[⑧]因此，在确定垄断还是竞争更有利于创新时，明确这些概念的含义并保持其一致性是非常重要的。

最后，现代反垄断法的目标所追求的并不是所谓的完全竞争，而是有效竞争。虽然竞争理论一开始是建立在完全竞争的基础上的，但现代各国主流的经济理论和竞争立法、执法实践都认为有效竞争是反垄断法的目标。这意味着“完全竞争”不仅在实践中不可能实现，而且在政策上也不是值得追求的目标。这要求反垄断法对自由公平竞争的维护不以牺牲规模经济效益为代价，而要实现两者的统一，既防止因片面强调产业组织政策而严重限制市场竞争，又防止过分反垄断而牺牲应有的规模经济效益，以提高企业的国际竞争力，最终促进经济的健康发展。因此，反垄断法并不反对大企业本身，更不反对规模经济，恰恰相反，反垄断法需要促进动态效率和激励创新。反垄断法对规模经济效益的维护和对动态效率的追求，主要是通过其允许垄断状态或垄断地位本身的存在和豁免某些垄断行为的规定来实现的。我国一些著名学者很早就已经论

⑧　参见陈志广：《熊彼特的竞争理论及其启示》，载《中南财经政法大学学报》2008年第2期。

证了我国竞争政策和反垄断法的目标模式应该是有效竞争。[9]

## 二、反垄断法的一般制度框架与创新的总体市场竞争环境

### (一)反垄断法对自由公平竞争的维护为创新活动提供基本的市场环境

创新需要有良好的制度环境来保障。除了知识产权法提供激励创新的制度环境外,反垄断法提供自由公平的市场竞争环境也是促进创新的不可缺少的一个重要方面。

反垄断法的基本使命无疑是维护自由公平的市场竞争秩序,并通过保护竞争或维护竞争秩序这种特定方式来体现其实质公平正义与社会整体效率的基本价值和相关的政策目标。我国《反垄断法》第1条规定的立法宗旨是通过“预防和制止垄断行为,保护市场公平竞争”,达到“提高经济运行效率,维护消费者利益和社会公共利益,促进社会主义市场经济健康发展”的目标。这里虽然没有明确提到创新,[10]但很显然,上述这些目标的实现都包含了对创新的要求,或者其结果体现了对创新的促进。反垄断法正是以保护自由公平的市场竞争环境来促进创新和经济发展的。

一个有效的反垄断机制,可以通过减少进入市场的障碍来促进竞争;而一个富有活力的竞争机制,又可以激发创新能力,进而推动技术创新。针对有关美国的反垄断机制挫伤了技术创新活动的观点,美国司法部反垄断局前局长宾格曼指出,技术创新活动决不是靠允许卡特尔活动来推进的。20世纪以来,美国经济之所以充满活力,形成高水平的创新能力,主要是由于这个国家长期执行了强有力的卓有成效的反垄断机制,这对于促进技术创新、推动经济增长来说是必不可少的。强有力的且合理的反垄断机制,是保持美国在国际领域以及在高科技市场上竞争力的一个关键性因素。[11] 相关

---

⑨ 参见王晓晔:《有效竞争——我国竞争政策和反垄断法的目标模式》,载《法学家》1998年第2期。

⑩ 值得注意的是,在2020年1月2日国家市场监管总局官网发布的《〈中华人民共和国反垄断法〉修订草案(公开征求意见稿)》中,第1条的立法宗旨中增加了“鼓励创新”。

⑪ 参见陈晓波等:《美国反垄断法及其政策述评》,载《江苏社会科学》1996年第5期。

反垄断执法机构的实证调查也证明维护市场竞争可以促使企业不断创新的。“1984 年日本公正交易委员会实施的问卷调查发现，竞争越激烈的场合研究开发活动越积极。”⑫

反垄断法通过对垄断行为的规制来实现对竞争的促进。我国《反垄断法》第 3 条明确列举了其所规制的三种垄断行为。虽然该法属于行为规制法，单纯的垄断结构或者垄断状态不属于其规制对象，但是有些垄断行为实际上是结构性的垄断行为，从而也包含了一定的结构规制的因素。通过对这些垄断行为的规制，就可预防和制止经营者人为地通过“协议”、滥用市场支配地位以及不当并购或者其他集中行为来排除、限制竞争，以维护正常的市场竞争秩序和竞争活力，从而确保创新的正常进行。

为了确保创新的市场竞争环境，除了对这种经济性垄断进行规制外，我国《反垄断法》还对行政性垄断进行规制，即禁止行政机关和法律、法规授权的具有管理公共事务职能的组织滥用行政权力，实施排除、限制竞争的行为。这后一方面对于促进创新来说也是必不可少的制度环境，甚至在某种程度上比前者更为关键。正因如此，2015 年 3 月中共中央、国务院发布的《关于深化体制机制改革加快实施创新驱动发展战略的若干意见》中就强调要打破制约创新的行业垄断和市场分割，包括加快推进垄断性行业改革，放开自然垄断行业竞争性业务，建立鼓励创新的统一透明、有序规范的市场环境；打破地方保护，清理和废除妨碍全国统一市场的规定和做法，纠正地方政府不当补贴或利用行政权力限制、排除竞争的行为，探索实施公平竞争审查制度。

完备的竞争政策和有效的反垄断法能够保护具有创新能力的企业，创造供给，降低价格，增加消费者福利，这已成为现代社会的普遍共识。为此，通过有效的反垄断执法来促进创新和保护消费者利益就是非常必要的。有文章从 1984 年所发生的美国 AT&T 公司拆分一案分析反垄断对创新、进而对消费者的影响。拆分之前的 AT&T 几乎垄断了美国的州内、洲际和国际电话业务，美国司法部

⑫ 转引自张杰军：《反垄断、创新与经济发展》，知识产权出版社 2008 年版，第 53 页。

于1984年通过拆分长途和本地业务的方式正式分解了AT&T。竞争放开后，新兴电信运营商如雨后春笋般出现，通信市场出现激烈竞争，同时带给美国电信市场极大的繁荣，并且给消费者带来了实惠，通话价格大幅下降。⑬

总之，反垄断法的基本使命是维护有效竞争的市场结构，预防和制止那些危害消费者利益和损害效率的垄断行为。这本身就是为创新提供基本的市场环境。当然，前提是反垄断法本身的制度设计合理，实施正确有效。

（二）动态竞争视角的反垄断法为创新活动提供更为宽松的市场环境

传统的反垄断法主要是建立在新古典的经济学理论基础之上的，对竞争作静态的均衡分析。“反垄断以促进竞争为目的，这是因为人们相信竞争可以促使生产者以最少资源消耗及最低价格水平来满足消费者的需求。生产者之间的竞争使得消费者在不同价格的产品和服务之间进行选择，从而使消费者的欲望和社会机会成本相匹配。”⑭在传统的静态均衡分析框架下，竞争政策的主要目标定位于“增进福利”，相应地，完全竞争就等同于福利最大化，提高竞争强度的措施被认为自然地会带来福利的增加。虽然后来的不完全竞争或者垄断竞争理论指出了现实市场上竞争与垄断之间的相互渗透和复杂关系，但仍然把完全竞争作为一种理想状态，认为它还是比不完全竞争或垄断竞争更为有效，竞争政策的目标仍然是要力求实现完全竞争，从长期看，现实市场竞争状态将与完全竞争状态非常接近。相应地，传统反垄断法在实际适用时往往强调市场份额、集中度等静态问题，尤其是在哈佛学派的结构—行为—绩效的分析模式下，首先要界定相关市场，接着要确定市场份额及与之相关的市场集中度以确定是否具有支配地位，最后要确定相关行为是否排除、限制了竞争。

始于20世纪40年代并在战后的五六十年代取得了进一步发

---

⑬　参见陈立彤：《反垄断法未必要保护竞争者》，载财新网，http://opinion.caixin.com/2014-01-26/100633816.html。

⑭　[美]欧内斯特·盖尔霍恩、[美]威廉姆·科瓦契奇、[美]斯蒂芬·卡尔金斯：《反垄断法与经济学》，任勇、邓志松、尹建平译，法律出版社2009年版，第47页。

展的现代竞争理论,则打破了把完全竞争作为现实和理想竞争状态主要标志的传统静态竞争理论。其中,最具有代表性的是熊彼特的创新和动态竞争理论,认为竞争经济的实现自始至终是一个变动的过程,完全竞争不是常规,而仅仅是一种例外;竞争不仅从时序上看是一个动态过程,更重要的是从内部结构上看,是一个演进的动态过程,是一个创新与技术进步的动态过程。后来的演化经济学认为,要理解这种不断的动态市场就必须建立一个包含创新、实验、反馈和开放的动态竞争模型。现代奥地利学派更认为市场应该看作是动态竞争的过程,即企业在利润追求中不断纠错的过程。有学者分析认为,动态竞争理论将使得传统的竞争政策需要得到重新审视,包括:关于竞争政策的效率标准问题,即由关注静态的配置效率转向关注长期动态效率——创新性效率和适应性效率;市场势力和产业集中度本身并不必然与产业竞争强度有关;应该允许超额利润的存在,给企业家以回报;必须认真检视传统反垄断标准在动态竞争评估中的缺陷及现有竞争政策对于高科技产业发展的不适应性。[15]

这种分析是有一定道理的,在现代社会反垄断法也确实需要重视动态竞争和动态效率问题,为创新活动留出足够的空间,提供更宽松的市场环境。例如,在相关市场界定方面,需要宽视角地评估竞争的范围,强调创新活动和竞争活动对在位者的竞争约束,重点分析以研发活动为典型的潜在竞争活动对相关市场范围的影响。[16]在市场支配地位和对竞争的影响认定方面,市场份额和市场集中度就不应过分强调,更不应将其作为唯一的判断因素,而要充分考虑其相对性和动态性,并高度重视进入壁垒对潜在竞争的影响,以确保竞争的过程不受人为限制。

但同时,我们也要看到,对于动态竞争理论对反垄断法的影响也不要过分夸大,不能只强调一面而忽视另一面。例如,在对垄断利润的认识上,正如有学者所分析的,垄断利润既为潜在竞争者提

---

⑮ 参见刘志铭:《动态市场中的竞争与产业组织:理论发展及其政策含义》,载《华南师范大学学报(社会科学版)》2004年第3期。

⑯ 参见卢文涛:《动态竞争视野下的反垄断相关市场界定》,载《中国版权》2014年第3期。

供了打破垄断、争夺垄断地位巨大的激励，也为在位垄断者限制、阻止潜在竞争者提供了巨大动力。⑰ 因此，不能只强调了前者而忽略了后者，片面强调市场竞争优胜者的相对高效率而忽略了其对竞争者效率的扼杀。又如，在对反垄断法在现代高科技行业的适用性的认识上，既要看到反垄断法在这方面确实面临一定的困难和挑战，又要看到反垄断法的根本制度基础并没有动摇，只是在科技和经济不断发展的背景下不能固守传统的分析框架，而要与时俱进，视野更开阔，不断吸收新的理论和引入新的分析方法，以更好地适应新的市场条件。

实际上，现有的反垄断法制度框架已经在一定程度上包含了动态竞争所需要的空间。就以我国《反垄断法》为例，一方面，该法并不禁止所有的垄断，而仅禁止严格限定的三种"垄断行为"，并且借鉴其他国家的最新做法，确立了适用除外或者豁免制度，包括关于特定行业经营者的垄断状态的适用除外（第7条），关于特定的垄断协议的豁免（第15条），关于经营者集中的豁免（第28条），关于知识产权正当行使行为的适用除外（第55条），关于农业生产经营活动的适用除外（第56条）；另一方面，该法在相关条款中也专门考虑到了科技创新等因素，如"为改进技术、研究开发新产品的""为提高产品质量、降低成本、增进效率，统一产品规格、标准或者实行专业化分工的"以及"为提高中小经营者经营效率，增强中小经营者竞争力的"都是垄断协议的法定豁免情形；"经营者集中对市场进入、技术进步的影响"是审查经营者集中应当考虑的主要因素之一。

在实际的反垄断执法中，创新也是被作为一个非常重要的因素而加以考虑的。例如，我国商务部在进行经营者集中审查时已经开始重视创新因素的分析。在2011年12月12日关于附条件批准希捷科技公司收购三星电子有限公司硬盘驱动器业务反垄断审查决定的公告中，在第二部分进行竞争分析时就专门涉及"产品创新"；在第四部分的"审查决定"中，在相关市场上维持三星硬盘作为一个

⑰ 参见熊红星：《抛弃反垄断——奥地利学派垄断思想述评》，载《产业经济评论》2009年第4期。

独立竞争者而存在时，也涉及创新方面的要求。[18] 在2012年3月2日商务部发布的《关于附加限制性条件批准西部数据收购日立存储经营者集中反垄断审查决定的公告》中也有类似的内容。[19] 2018年以后国家市场监管总局在进行经营者集中审查案中也同样重视分析创新因素。

同时，在奇虎公司诉腾讯公司滥用市场支配地位案件中，最高人民法院在二审中虽然认定腾讯公司的QQ市场份额超过80%，但并没有仅仅按照市场份额进行直接推定，指出："尽管如此，市场份额只是判断市场支配地位的一项比较粗糙且可能具有误导性的指标……特别是，互联网环境下的竞争存在高度动态的特征，相关市场的边界远不如传统领域那样清晰，在此情况下，更不能高估市场份额的指示作用，而应更多地关注市场进入、经营者的市场行为、对竞争的影响等有助于判断市场支配地位的具体事实和证据。"[20]判决在考察了即时通信领域的竞争格局呈现着多元化、创新活跃、市场竞争充分的特点，以及由于基础产品完全免费、对技术和成本要求低等特点之后，认定腾讯公司因缺乏控制商品价格、数量或者其他交易条件的能力以及相关市场进入容易等而不具有市场支配地位，这就为动态竞争和创新留下了必要的空间。

总之，反垄断法的基本制度框架在保护竞争的过程中就为创新提供了总体的市场环境，只要不对其进行僵化和绝对化的理解和适用，其也可以适应不断变化的新情况。

## 三、反垄断法的滥用知识产权规制制度与创新的特定市场竞争环境

创新除了需要反垄断法通过保护自由公平的竞争提供的总体市场环境外，在特定的领域还需要反垄断法处理好反垄断与保护知

---

[18] 参见商务部反垄断局网，http://fldj.mofcom.gov.cn/article/ztxx/201112/20111207874274.shtml，最后访问日期：2021年7月26日。

[19] 参见商务部反垄断局网，http://fldj.mofcom.gov.cn/article/ztxx/201203/20120307993758.shtml，最后访问日期：2021年7月26日。

[20] 参见最高人民法院民事判决，(2013)民三终字第4号，最高人民法院指导案例第78号：北京奇虎科技有限公司诉腾讯科技(深圳)有限公司、深圳市腾讯计算机系统有限公司滥用市场支配地位纠纷案。

识产权的关系，这主要是通过反垄断法的滥用知识产权规制制度来实现的。

（一）反垄断与保护知识产权在保护创新上的殊途同归

创新所需要的制度环境涉及众多的法律制度，而以保护知识产权从而激励创新为主要目标的知识产权法无疑在其中发挥着基本的和关键的作用。从现代经济理论来看，知识产权作为特定的知识财产创造者依法获得的一定的垄断权，实际上可以看作是国家通过相应的法律制度来解决知识产品的外部性问题，从而避免出现无偿利用他人智力成果的“搭便车”行为。对创新者授予在有限期内利用其创新成果的专有权是对创新者的投资的必要刺激，通过鼓励在研发和创新方面的投资，刺激经济增长和增强竞争力。[21]

面对知识产权的重要地位和作用，从 20 世纪末开始，越来越多的国家和地区将知识产权上升到了国家战略的高度予以重视。我国同样如此，2008 年 6 月国务院制定了《国家知识产权战略纲要》，2015 年 3 月中共中央、国务院发布了《关于深化体制机制改革加快实施创新驱动发展战略的若干意见》，2015 年 12 月国务院发布了《关于新形势下加快知识产权强国建设的若干意见》，2016 年 5 月中共中央、国务院印发了《国家创新驱动发展战略纲要》。这一系列重要文件反映出我国越来越重视知识产权保护对激励创新的作用，将知识产权上升到了国家战略的高度，进而提出了加快建设知识产权强国的目标，其核心举措就是不断提高知识产权的保护水平和保护力度。

但同时，知识产权保护也有一个合理与适度的界限。这是因为，知识产权保护在本质上是一个利益界定和调整问题，它在国内层面涉及知识产权所有人（社会个体）与公众（消费者、竞争者及其所代表的社会整体）之间的利益平衡以及公平与效率的协调，而在国际层面则涉及不同国家、地区之间的利益调整。而且，即使知识产权的获得本身是合理、合法的，其实际的行使行为也存在一个正当与否的问题，这意味着，正当获得的知识产权也可能被滥用，即经

---

[21] See Steven D. Anderman, *EC Competition Law and Intellectual Property Rights*, Clarendon Press Oxford 1998, pp. 5-6.

营者违反法律、行政法规授予有关知识产权的界限和目的，以不正当方式行使知识产权，损害他人利益和社会公共利益。虽然这种滥用行为的表现不限于垄断行为，但其典型表现之一就是对竞争的排除、限制，因此通过以维护竞争为根本使命的反垄断法进行规制也就非常必要和自然。在这个特定的领域，反垄断与保护知识产权在激励创新方面具有高度的一致性，可谓殊途同归。反垄断通过保护竞争促使经营者持续不断地进行创新；保护知识产权通过激励经营者创新，从而促进动态竞争。因此，两者在保护竞争和激励创新上都是必不可少的。反垄断法用竞争性市场的"大棒"来促进鼓励初始创新的市场结构；知识产权法则用有限专有性及由此获得的利益的"胡萝卜"来鼓励初始创新。反垄断法通过保护在专有性的知识产权以外的竞争机会来促使后续创新，知识产权法则通过要求初始创新的公开（至少对专利而言）以及为后续创新者提供"合理使用"和不受知识产权"滥用"的权利来促使后续创新。[22]"强大的知识产权与有力的反垄断政策在促进创新的共同目的上是同一枚硬币的两面。"[23]

基于此，中国在继续加强知识产权保护的同时，也在探索对滥用知识产权进行法律规制。2007 年 8 月 30 日通过的《反垄断法》第 55 条规定："经营者依照有关知识产权的法律、行政法规规定行使知识产权的行为，不适用本法；但是，经营者滥用知识产权，排除、限制竞争的行为，适用本法。"这表明了中国对滥用知识产权进行反垄断规制的基本态度，成为中国规制滥用知识产权的主要依据。2008 年 6 月 5 日国务院公布的《国家知识产权战略纲要》所规定的战略重点之一就是"防止知识产权滥用"，并要求"制定相关法律法规，合理界定知识产权的界限，防止知识产权滥用，维护公平竞争的市场秩序和公众合法权益"。这就从国家战略的高度提出了在重视

---

[22] See Debra A. Valentine, *Abuse of Dominance Relation to Intellectual Property: U. S. Perspectives and the Intel Cases*, Before The Israel International Antitrust Conference, November 5, 1999. 资料来源于美国联邦贸易委员会网：http://www.ftc.gov/speeches/other/dvisraelin.shtm，最后访问日期：2021 年 7 月 26 日。

[23] See Anne K. Bingman, *The Role of Antitrust in Intellectual Property*, Addressed before the Federal Circuit Conference, June 14, 1994. 资料来源于美国司法部：http://www.usdoj.gov/atr/public/speeches/0112.htm，最后访问日期：2021 年 7 月 26 日。

保护知识产权的同时,还要重视防止知识产权滥用的问题。2015年12月国务院发布的《关于新形势下加快知识产权强国建设的若干意见》,在强调实行严格的知识产权保护的同时,也明确要规制知识产权滥用行为,包括完善规制知识产权滥用行为的法律制度,制定相关反垄断执法指南;完善知识产权反垄断监管机制,依法查处滥用知识产权排除和限制竞争等垄断行为。2016年5月,中共中央、国务院印发的《国家创新驱动发展战略纲要》也要求健全防止滥用知识产权的反垄断审查制度。2020年11月30日,中共中央政治局就加强我国知识产权保护工作举行第二十五次集体学习时,习近平总书记在主持学习时强调“统筹推进专利法、商标法、著作权法、反垄断法、科学技术进步法等修订工作,增强法律之间的一致性”;“要统筹做好知识产权保护、反垄断、公平竞争审查等工作,促进创新要素自主有序流动、高效配置”;“研究制定防止知识产权滥用相关制度”;“要完善知识产权反垄断、公平竞争相关法律法规和政策措施,形成正当有力的制约手段。”这表明,保护知识产权与反垄断的协调发展已经得到了中国最高决策层的重视。

### (二)反垄断法规制滥用知识产权行为需要明确的基本问题

要实现反垄断与保护知识产权在维护竞争和激励创新方面的共同目标,就需要在涉及滥用知识产权的反垄断规制中处理好两者的协调问题。《反垄断法》第55条的规定意味着,经营者依法拥有知识产权的事实并不表明知识产权的行使行为可以不受反垄断法的调整,经营者滥用知识产权排除、限制竞争的行为仍然要受到《反垄断法》的规制。为此,需要明确其中涉及的一些基本问题。

首先,需要明确滥用知识产权与垄断行为的关系。虽然不得滥用权利的原则和制度在中国以往的立法中很早就有,但是“滥用知识产权”这一概念是在《反垄断法》第55条中首次使用的,而该法并没有对其含义作出解释,更没有明确滥用知识产权与垄断行为的关系。一般来说,经营者滥用知识产权根据具体情形可以构成不同性质的违法行为,包括但不限于知识产权法、反不正当竞争法和反垄断法禁止的违法行为,需要依照相应的法律、行政法规进行认定和处理。其中,经营者滥用知识产权排除、限制竞争的,依照反垄断法的规定进行认定和处理。经营者滥用知识产权,排除、限制竞争的行为,不是一种独立的垄断行为,根据行为的性质和表现形式,分别或者同时构成《反垄断法》所规定的垄断行为,即垄断协议、滥用市场支配地位以及具有或者可能具有排除、限制竞争效果的经营者集中。[24]

其次,需要明确滥用知识产权反垄断规制的分析原则。根据反垄断法与知识产权法的关系,结合其他法域的相关经验,在对滥用知识产权进行反垄断执法时,一般需要遵循以下分析原则:第一,对知识产权与其他财产权同等对待,既不特别严苛,也不笼统豁免,在遵循《反垄断法》确立的基本分析框架的基础上,适当考虑知识产权本身的特点和要求。第二,经营者拥有知识产权不被直接推定其在相关市场上具有支配地位。在特定情况下,经营者拥有知识产权可以构成认定其具有市场支配地位的因素之一,这应纳入《反垄断法》的分析框架中进行考虑。第三,在评估知识产权行使行为是否违反《反垄断法》时,不仅需要评估知识产权行使行为对现实乃至未来竞争产生的影响,还需要评估没有这项知识产权行使行为时的竞争效应。第四,绝大多数知识产权行使行为在总体上具有促进竞争的效果,通过知识产权许可等方式可以将知识产权与其他生产要素相结合,实现知识产权的价值。在知识产权行使过程中,合理、必要的限制行为对于保护知识产权权利人收回投资,获得创新回报,激励创新,具有重要作用。

再次,明确滥用知识产权反垄断规制的分析思路。在对滥用知识产权行为进行反垄断规制时,对相关行使知识产权的行为应按照反垄断法的基本制度框架进行分析。在分析认定经营者是否违反《反垄断法》,构成滥用知识产权排除、限制竞争行为时,综合运用经济学、法学等分析方法,就该行为产生或者可能产生的排除、限制竞争效果进行定性分析,必要时可进行定量分析。分析认定经营者行使知识产权行为是否排除、限制竞争,一般采取以下思路:分析经营者行使知识产权行为的表现形式和特征,是否包含明显的

---

[24] 参见《关于知识产权领域反垄断执法的指南(学者建议稿)》第 3 条第 2 款,载王先林主编:《中国反垄断法实施热点问题研究》,法律出版社 2011 年版,第 378 页。

排除、限制竞争的情形；分析知识产权行使行为涉及的经营者之间是否具有竞争关系；界定行使知识产权行为所涉及的相关市场；分析行使知识产权的经营者在相关市场的市场地位；分析经营者行使知识产权行为对相关市场竞争的影响，包括积极影响和消极影响及其大小。

最后，需要明确滥用知识产权反垄断规制的分析因素。分析认定经营者行使知识产权行为对竞争的排除、限制影响，主要考虑下列因素：经营者与交易相对人的市场地位；相关市场的竞争状况；进入或者退出相关市场的难易程度；产业技术经济特征与产业发展阶段；在产量、区域、消费者等方面进行限制的时间和效力范围；限制的目的、施加方式及其对促进创新和技术推广的影响；经营者的创新能力和技术变化的速度；经营者之间的股权、业务和竞争关系；与认定行使知识产权行为对竞争影响有关的其他因素。经营者行使知识产权行为对竞争和效率产生或者可能产生有利影响，包括促进技术的传播利用，增进资源的利用效率，提高市场的竞争水平等，但是前述有利影响需要满足相应的条件，包括该行为的有利影响是客观的和令人信服的；该行为是产生有利影响所不可缺少的；该行为不会严重限制相关市场的竞争；该行为产生的有利影响能够为消费者所分享。权利人在知识产权行使中施加了多重限制的，如果限制的影响针对同一市场，需要审查所有限制对该市场竞争的联合效应；如果限制的影响针对不同市场，需要审查所有限制对每个市场竞争的影响以及每个市场竞争的次生效应，即对于其他市场竞争的影响。

以上这些基本问题在 2015 年 4 月 7 日国家工商总局公布的《关于禁止滥用知识产权排除、限制竞争行为的规定》[25]有所体现，在 2019 年 1 月 4 日公布的国务院反垄断委员会《关于知识产权领域的反垄断指南》[26]中得到进一步的体现。该指南的制定和实

---

㉕　为适应机构改革后的情况，国家市场监管总局于 2020 年 10 月 23 日还修订并重新公布，但实质内容没有变化。参见国家市场监管总局网，http://gkml. samr. gov. cn/nsjg/fgs/202011/t20201103_322857. html。

㉖　全文载于国家市场监督管理总局反垄断局编：《2019 年反垄断规章和指南汇编》，中国工商出版社 2020 年版，第 30~42 页。2020 年 9 月后在国家市场监管总局反垄断局官网上可查阅全文，http://gkml. samr. gov. cn/nsjg/fldj/202009/t20200918_321857. html。

施一方面将会进一步促进中国继续加强知识产权保护以激励创新,另一方面,促进中国加强反垄断执法以维护和促进公平竞争,正确处理知识产权领域的垄断行为,以更好地实现创新与竞争的平衡。

# 中国反垄断法实施中的体系冲突与化解

李　剑*

**内容摘要**　中国《反垄断法》的立法蓝本虽然是欧盟竞争法,但在实施过程中仍然深受美国反托拉斯法的影响。在中国近期的垄断协议案件中可以清晰看到二者所带来的冲突。错误成本分析框架提供了很好的视角来理解不同法律体系上所存在的差异,并思考如何进行制度选择。错误成本分析框架包含了市场中假阳性更多还是假阴性更多、市场自身是否更具错误修正能力的前提假设,对这些假设的分析又构成认识中国问题的基础。而限制竞争行为的实证研究以及对中国市场状况的认识表明,建立在一定先验基础上的法律体系在一般意义上并无绝对优劣之分,但在确定的前提假设下保持法律体系的逻辑一致性则具有内在的巨大价值。为此,中国应该在目前所采纳的欧盟竞争法体系上,更好地梳理和确立自己的反垄断法体系,并在此基础上谨慎地进行制度变革。

**关键词**　反垄断法实施　法律体系　基本假设　错误成本分析框架

---

* 李剑,上海交通大学凯原法学院教授。原文发表在《中国法学》2014年第6期。

## 一、问题的提出

当代反垄断法中最有影响力的当属美国反托拉斯法和欧盟竞争法。[①] 其中,美国反托拉斯法是现代反垄断法的鼻祖,1890 年颁布实施的《谢尔曼法》至今仍是美国反垄断法最为主要的渊源,丰富的案例和由此发展出来的理论无疑深刻地影响了世界各国和地区的立法。由于特别的政治、经济、文化等原因,欧盟竞争法的历史虽然无法和美国相比,但发展出了和美国反垄断法不一样的体系。而更值得注意的是,包括中国在内,目前实施反垄断法的绝大多数国家和地区都选择欧盟竞争法作为其立法蓝本。[②]

不过,中国《反垄断法》无疑也受到了其他国家——主要是美国反托拉斯法的影响。主要原因或许在于,美国经济发达并推崇自由市场,因此积累了大量的理论成果与案件处理经验,从而使美国反托拉斯法理论、判例在全世界范围内都具有非常大的影响力。例如,在学理方面,著名的反垄断法理论流派,如哈佛学派、芝加哥学派等都源自美国;被广泛采用的反垄断分析方法,如分析经营者集中时采用的 HHI 指数、界定相关市场的 SSNIP 方法等,也基本都是美国反托拉斯法的贡献。而在判例方面,比如引发"玻璃纸谬误"的杜邦案、[③]采用了结构性救济措施的 AT&T 案[④]等经典案件中,涉案公司也都是美国的著名公司。因此,中国在《反垄断法》起草阶段也

---

① 严格来说,中国反垄断法实施受到的影响不仅来自美国和欧盟。比如,被禁止的可口可乐并购汇源案,可能就受到澳大利亚竞争与消费者委员会(ACCC)处理相关案件的影响。在 2003 年的这一案件中,ACCC 禁止了可口可乐对 Berri 的并购,认为可口可乐会在并购 Berri 之后,通过其市场势力将 Berri 果汁与可口可乐饮料一起出售,从而排除、限制 Berri 的竞争对手。(可参见王晓晔:《我看商务部关于可乐并购汇源的决定》,载《21 世纪经济导报》2009 年 3 月 24 日。商务部并没有说明其禁止可口可乐并购汇源果汁的决定受到 ACCC 处理的案件的影响。但是,两个案件之间的事实、禁止的理由和处理结果上的高度相似性,让人难以排除二者之间的联系。)而由于篇幅和文章写作目的的限制,本文主要讨论中国法在采用欧盟竞争法体系的情况下,如何面对美国反托拉斯法的影响。

② See William E Kovacic, *Competition policy in the European Union and the United States: Convergence or Divergence in the Future Treatment of Dominant Firms?*, 4 Competition Law International 8(2008).

③ See United States v. E. I. du Pont de Nemours & Co. ,351 U. S. 377(1956).

④ See United States v. AT&T,552 F. Supp. 131(D. D. C. 1982).

征求过美国方面的建议，[5]这一过程无疑使得对条文的解读和相关分析的思路都会受到美国法理论和判例的影响。

由此可见，中国反垄断法体系[6]并不“单纯”。尽管在立法、法律实施上有“后发优势”，但也由此产生了如何将各种借鉴的制度相互融合，以维持法律体系内在逻辑一致性的问题。这一问题在中国近期一些引人关注的限制竞争协议案件中已经明确地凸显出来。比如，深圳市有害生物防治协会案是一个典型的行业协会固定价格案件。[7] 但法院认为，认定非法垄断协议的前提是成立“排除、限制竞争的协议、决定或者其他协同行为”，因而原告必须对此限制竞争效果予以证明。[8] 并且，法院在判决书中还明确提出该案是按照“合理原则”这一美国反托拉斯法下的分析方法来进行审判——而中国反垄断法以及配套的法规、指南和司法解释中都没有出现过“合理原则”的字样。[9] 此外，在纵向垄断协议案件处理中，法律的适用也出现了明显的冲突。国家发展和改革委员会(以下简称国家发改委)在查处茅台、五粮液转售价格维持案件[10]以及后来的奶粉企业转售价格维持案时，都是在认定转售价格维持事实存在之后就进行了处罚，并没有严格分析“排除、限制竞争的效果”。相比之

---

⑤　可参见美国律师协会提交的 *Joint Submission of the American Bar Association's Sections of Antitrust Law, Intellectual Property Law and International Law on the Proposed Anti-Monopoly Law of the People's Republic of China*, http://www.abanet.org/antitrust/at-comments/2005/05-05/commentsprc2005wapp.pdf；以及 *Joint Submission of the American Bar Association's Sections of Antitrust and International Law and Practice on the Proposed Anti-Monopoly Law of the People's Republic of China*, http://www.abanet.org/antitrust/at-comments/2003/07-03/jointsubmission.pdf。

⑥　此处所提及的反垄断法体系，包括了《反垄断法》以及配套法规所构成的条文体系，以及法律实施所涉及的执法和司法的实施体系。

⑦　参见深圳市中级人民法院民事判决书，(2011)深中法知民初字第67号；广东省高级人民法院民事判决书，(2012)粤高法民三终字第155号。

⑧　具体的案件评述，请参见李剑：《横向垄断协议法律适用的误读与澄清——评深圳有害生物防治协会案》，载《法学》2014年第3期。

⑨　参见广东省高级人民法院民事判决书，(2012)粤高法民三终字第155号。

⑩　虽是如此重大的处罚，但贵州省物价局的处罚公告最初放在官方网站极不起眼的位置。并且目前已经无法从该网站上查询到该处罚公告。四川省发改委的处罚决定尽管比贵州省物价局要详细一点，但对行为事实、法律适用、处罚金额计算等方面仍然缺乏充分说明。(《五粮液公司实施价格垄断被处罚2.02亿元》，参见四川省发改委网站，http://www.scdrc.gov.cn/dir25/159074.htm。)

下，备受关注的锐邦诉强生案的一审和二审虽然判决结果不同，[11]但法院在对《反垄断法》第14条的解读上却具有一致性，均认为原告（上诉人）需对限制最低转售价格协议具有"排除、限制竞争效果"承担举证责任。[12] 在这些案件的处理中，国家发改委对《反垄断法》条文的解读更倾向于欧盟竞争法中"一般禁止，例外许可"的方式，而法院的司法解释和案件处理的做法，则更青睐美国反托拉斯法的理论与案例处理方式。

尽管目前还没有发生一起被反垄断行政执法机构处罚的企业向法院提起诉讼的案件，[13]但法律适用上的冲突已经不容忽视。表面上看，这些案件是对部分《反垄断法》条文理解上有不一致。但更深层次的问题则是法律体系上的冲突。事实上，任何法律条文的适用都包含了对整个法律体系的理解，都需要遵循整个体系所形成的逻辑框架的限制。换句话说，法律适用上的冲突，实际上正反映了对法律体系、特别是体系的逻辑性的理解上的差异或忽视。因此，这些垄断协议案件中所表现的冲突，需要更深层次的警觉与解析。

在竞争法相对成熟的国家和地区，如美国和欧盟，经过多年的发展，其竞争法都已经形成各自"相对"完整、自洽的逻辑体系。虽然都是反垄断法，但不同的法律体系由于其逻辑出发点的不同，具体制度上也因此存在显著的差异。如果中国《反垄断法》在配套法规制定、司法解释出台以及实施中不关注到这种差异性，则无可避免地会将这些逻辑前提上的差异——同时也是体系上的差异带入到司法解释、部门规章制定，以及对具体案件的处理中。而个案中

---

[11] 参见上海市第一中级人民法院民事判决书，(2010)沪一中民五(知)初字第169号；上海市高级人民法院民事判决书，(2012)沪高民三(知)终字第63号。

[12] 这和深圳有害生物防治协会案的理解也非常一致，都将排除、限制竞争的效果作为垄断协议成立的要件。而2012年6月1日起施行的最高人民法院司法解释《关于审理因垄断行为引发的民事纠纷案件应用法律若干问题的规定》中区分了纵向垄断协议和横向垄断协议，将横向垄断协议作为推定违法适用的范围。但这一区分也和当前《反垄断法》在第13条、第14条、第15条的结构存在冲突。（相关司法解释的分析可参见金善明：《反垄断司法解释的规范与路径》，载《环球法律评论》2013年第4期。）

[13] 当然，即便起诉也是在行政诉讼程序下进行审理，而不会直接援用最高人民法院《关于审理因垄断行为引发的民事纠纷案件应用法律若干问题的规定》。不过，对于相关法律条文的理解的争议则会更为公开和明显。

的理解差异反过来又会对反垄断法逻辑体系构成冲击。在此意义上，关注中国反垄断法实施中基于不同制度借鉴而产生的体系逻辑上的冲突，无疑会更便于理解我国反垄断法在引入相关制度、理论，以及发展自身特色制度时所需要关切的立足点。

## 二、反垄断法律体系的前提差异

就较为宏观的角度而言，中国反垄断法面临的上述问题可以理解为法律借鉴、趋同中的选择问题。反垄断法的趋同与融合一直被热烈讨论。⑭ 抛开学术争论不谈，各国和地区在法律制度上的相互借鉴、融合无疑一直在不同程度上持续发生。⑮ 即便是欧盟竞争法，也在吸收美国反托拉斯法的相关制度。⑯ 对于这种趋同的发生，有学者认为，是因为反垄断法不管是在哪里实施，都是基于学术体共同构建的分析框架：福利目标、被广泛接受的经济分析方法，还有在世界范围大体相同的基本分析结构等。⑰ 例如，所有的国家和地区都区分了竞争者之间的协议与单方行为；所有的国家和地区都承认传统的卡特尔是有害的，并同时认为有一些横向协议是有利的；所有国家和地区都承认，在纯粹的价格固定或市场划分之外，市场力量是福利损失的关键因素；它们还都在绝大多数情况下将市场

---

⑭ See Makan Delrahim, *The Long and Winding Road: Convergence in the Application of Antitrust to Intellectual Property*, George Mason Law Review 259 (2005); Randolph W. Tritell, *International Antitrust Convergence: A Positive View*, 19 *Antitrust* 25 (2005).

⑮ 用趋同(convergence)而不是协调(harmonization)，是因为趋同暗含了法律条文或者其适用上的统一性。而协调的竞争法律或政策在可预见的将来不可能得到实施，更不是被追求的目标，因为其建立在构建超国家的实体或者多边条文的基础上。[See Randolph W. Tritell, *International Antitrust Convergence: A Positive View*, 19 Antitrust 25 (2005).]

⑯ 作为反垄断制度现代化的一部分，欧盟在2004年时实施的1/2003号条例(Council Regulation 1/2003)中引入了美国式的和解制度。但有学者认为，这一制度由于没有很好考虑到欧盟法律制度的特点并进行有效修改，因而并不成功。[See George Stephanov Georgiev, *Contagious Efficiency: The Growing Reliance on U.S.-Style Antitrust Settlements in EU Law*, 4 Utah Law Review 971 (2007).]

⑰ John Kallaugher, *Review of Elhauge & Geradin's Global Competition Law and Economics*, 3 Competition Policy International 241 (2007).

界定作为评估市场力量的主要工具。正是由于这种共同基础的存在,各国和地区的反垄断法在总体上具有相似性。

但是,趋同、融合的说法本身就暗含了差异的存在。[18] 不可否认的是,作为中国《反垄断法》蓝本的欧盟竞争法与美国反托拉斯法之间存在诸多方面的不同。[19] 宏观层面上,需要考虑政治经济因素、[20]法院以及行政执法机构将原则融入政策的质量和能力[21]等;而微观层面上,除法律目标外,[22]美国在大量的制度框架上的发展不同于欧

---

⑱ 对于法律体系的差异,有学者认为首先是因为信息不对称。法律系统的发展是在不同的信息环境下进行的。其次,则是因为网络效应。而在此条件下又会产生滚雪球效应和路径依赖效应。因此,法律体系的差异可以用理性来解释,但未必是深思熟虑的结果。See Filomena Chirico & Pierre Larouche, *Conceptual Divergence, Functionalism and The Economics of Convergence*, in Prechal, S. & van Roermund eds. , The Coherence of EU Law, , Springer, 2008, pp. 463-494.

⑲ See Daniel J. Gifford & Robert T. Kudrle, *Rhetoric and Reality in the Merger Standards of the United States, Canada, and the European Union*, 72 Antitrust Law Journal 423(2005); Ilene Knable Gotts et al. , *Nature vs. Nurture and Reaching the Age of Reason: The U. S. /E. U. Treatment of Transatlantic Mergers*, 61 New York University Annual Survey of American Law 453(2005); Donna E. Patterson & Carl Shapiro, *Transatlantic Divergence in GE/Honeywell: Causes and Lessons*, 16 Antitrust 18(2001); Nathan R. Viavant, *Comment, Agreeing to Disagree?: Continuing Uncertainties in Transatlantic Merger Clearance Post-EC Merger Regulation*, 17 Tulane Journal of International and Comparative Law 177(2008).

⑳ Michal S. Gal, *Antitrust in a Globalized Economy: The Unique Enforcement Challenges Faced by Small and Developing Jurisdictions*, 33 Fordham International Law Journal 1(2009); William E. Kovacic, *Institutional Foundations for Economic Legal Reform in Transition Economies: The Case of Competition Policy and Antitrust Enforcement*, 77 The Chicago-Kent Law Review 265(2001).

㉑ D. Daniel Sokol, *The Future of International Antitrust and Improving Antitrust Agency Capacity*, 103 Northwestern University Law Review 1081(2009); William E. Kovacic, *How Does Your Competition Agency Measure Up?*, 7 European Competition Law Journal 25(2011).

㉒ 欧盟竞争法体系和美国反托拉斯法体系的差异体现在很多地方。例如,在一定意义上可以说欧盟竞争法非常特别,虽然它被用于保护竞争,但不像其他的竞争法体系,其首要的目标不是获得竞争所带来的好处,例如,消费者得到低价格以及技术提升,而是在于欧洲统一大市场这一特殊的目的。See David J. Gerber, *The Transformation of European EC Competition Law?*, 35 Harvard Law Journal 98(1994).

盟,包括私人三倍赔偿、[23]强有力的集团诉讼体系、[24]司法为基础的实施体系(不同于欧盟行政为基础的竞争执法体系)[25]等,都构成了制度差异的一部分。逐一比较近乎是不可能完成的任务。不过,就法律制度设计的根本而言,反垄断法所追求的直接效果无疑是发现限制竞争的行为并予以规制,相关制度都围绕这一过程展开。在此基础上,各国的差异可能在于,什么是需要规制的限制竞争的行为,如何设置合理的执法机制,如何有效救济等,进而引发如何进行制度选择与优化这一重要的现实性问题。从这一思考角度出发,分析不同法律体系下如何合理地发现限制竞争行为就具有根本性作用,进而也更能呈现制度上的本质差异,从而对中国法律的实施产生意义。

### (一)错误成本分析框架下的制度选择

对于反垄断法的实际运作来说,发现限制竞争行为这一过程需要同时考虑司法、行政等直接运作成本,以及在这些运作机制下可能产生的两种错误成本。前者是制度运作的显性成本,被更多地关注。后者则是基于处理复杂、多变的市场行为而产生的隐性成本,经常被忽略,但却往往对于制度的整体发展更具有决定性影响。错误成本分析中,制度的运作面临两种选择:一方面,如果错误判定行为无罪,会产生弱化或者降低法律标准的效果。随着错误判定无罪频率的上升,潜在的被告将拥有更少的动机去遵从法律标准。另一方面,如果错误判定行为有罪,就会提高法律标准。随着错误判定有罪频率的上升,甚至那些遵从标准的潜在被告都会被迫去改变他们的行为,以便减少被认定有罪的风险。换句话说,错误判定无罪导致"威慑不足"及相关成本,而错误判定有罪导致"威慑过度"

---

㉓ Stephen W. Salant, *Treble Damage Awards in Private Lawsuits for Price Fixing*, 95 Journal of Political Economy 1326(1987).

㉔ John H. Johnson & Gregory K. Leonard, *Economics and the Rigorous Analysis of Class Certification in Antitrust Cases*, 3 Journal of Competition Law and Economics 341 (2007); William H. Page, *Introduction: Reexamining the Standards for Certification of Antitrust Class Actions*, 21 Antitrust 52(2007).

㉕ Javier Tapia & Santiago Montt, *Judicial Scrutiny and Competition Authorities: The Institutional Limits of Antitrust*, in Ioannis Lianos & D. Daniel Sokol eds., The Global Limits Of Competition Law, 2012, p. 141.

及相关成本。[26] 第一种成本被称为假阴性(false negative),第二种成本被称为假阳性(false positive)。两种错误成本,以及由此所构建的“错误成本分析框架”,对于理解不同反垄断法体系的基本逻辑起点有着巨大的帮助作用。[27]

上述理论框架可以由图1进一步说明:[28]

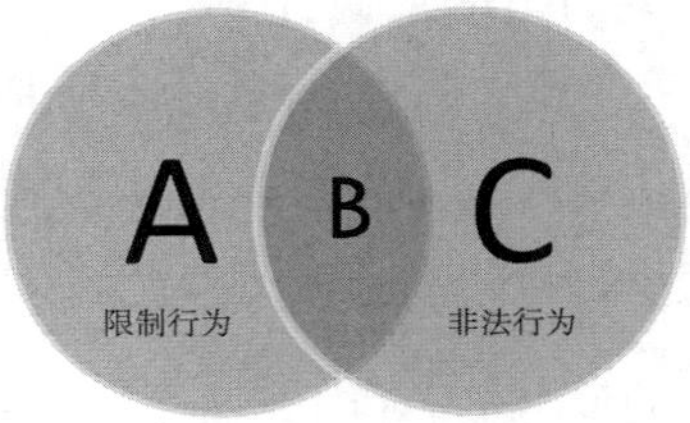


**图1 错误成本分析框架**

图1的全部区域代表的是可能被反垄断法处理的所有商业行为。圆形A区域是真正的限制竞争的行为。圆形的C区域是反垄断法下认定为非法的行为。在该区域中,有些行为是限制竞争的,而有些只是被认定为非法但实质上并没有限制竞争的效果。区域B代表的就是既限制竞争同时又被认定为非法的行为。在完美(也就是错误为零)的世界中,法院、行政执法机构的判断总是对的,真正具有限制竞争效果的行为会被惩处,而促进竞争的行为则不会。因此,区域A和区域C完全重合,等于B区域。但是,真实世界中被认定承担反垄断责任的行为并非总是那些真正限制了竞争的行为,两个区域在现实生活中并不是完全重合。产生的错误可

---

[26] 参见[美]基斯·N.希尔顿:《反垄断法:经济学原理和普通法演进》,赵玲译,北京大学出版社2009年版,第105页。

[27] Frank H. Easterbrook法官发表在Texas Law Review上的论文“The Limits of Antitrust”是反垄断法领域最有影响力的论文之一,被美国联邦法院、州法院、上诉法院等引用超过550次,深刻影响反垄断司法。[See Fred S. McChesney, *Easterbrook on Errors*, 6 Journal of Competition Law & Economics 13(2010).]而Google的学术搜索中则显示其引用超过1105次。(参见http://scholar.google.com.hk/scholar? hl=zh-CN&q=Frank+H.+Easterbrook%2C+the+Limits+of+Antitrust&btnG=&lr=,最后访问日期:2013年12月11日。)

[28] See Fred S. McChesney, *Easterbrook on Errors*, 6 Journal of Competition Law & Economics 16(2010).

以分为两类。区域C中和区域B未重合的部分表明的是那些应当受到鼓励(不是惩罚)，但却被强加了责任的促进竞争行为。相比之下，A区域中未重合的部分则代表的是在经济上有害并应当受到制止，但法律却没有附加责任的行为。因此，法律体系在实施中要么存在涵盖过宽，要么涵盖过窄的问题。假阳性和假阴性的错误非常普遍。实际上，从法院的角度来说，法院也承认它们选择的证明责任是在二者之间寻求平衡。民事证明责任只要求"优势证据"，使原告相对容易获胜，由此导致更多假阳性的错误；而刑事责任则要求"超过合理怀疑"，强加责任会相对较少，而假阴性的错误则更多。[29]

由于现实中大量的不确定性因素和成本限制，能够完全消除假阳性与假阴性成本的完美制度不可能存在，由此也产生了制度选择和改善的问题。"错误成本分析框架"提供了一个基本的思考制度优化的路径，即最优的反垄断规则是能够"最小化"预期的假阳性、假阴性社会成本的规则。伊斯特布鲁克法官提出，基于多种原因，原谅假阴性错误更可取。第一，因为绝大多数形式的合作是有益的；第二，相比之下，经济系统对垄断的纠正比对司法错误的纠正更容易。[30] 换句话说，因为错误地放过了限制竞争行为而犯的错误，会被市场竞争力量所纠正；而错误地惩罚促进竞争行为所犯的错误，则可能带来显著的成本，对这一行为的惩罚会影响整个经济，并且不会被市场竞争力量所弥补。因此，应当假定绝大多数市场行为是好的，以防止假阳性，并对反垄断干预设定更高的门槛。

错误成本分析框架的一个优点在于，它允许我们根据对不同行为所具有的竞争效果的经验认识来设定反垄断规则，[31]因而其能够解释大量反垄断规则的合理性所在。扩展这一理论的适用范围可以提供新视角去分析多种反垄断的具体制度。例如，横向固定价格协议通常被严厉对待，是因为这一行为通常对消费者具有损害效

---

[29] See Fred S. McChesney, *Easterbrook on Errors*, 6 Journal of Competition Law & Economics 16(2010).

[30] See Frank H. Easterbrook, *The Limits of Antitrust*, 63 Texas Law Review 15 (1984).

[31] See Frank H. Easterbrook, *The Limits of Antitrust*, 63 Texas Law Review 1(1984).

果。在此情况下,虽然严厉的制度也会惩罚到偶尔具有良性后果的价格固定,但可以防止假阴性带来的社会损害。[32]

美国法院在反托拉斯案件中越来越多地用合理原则来分析案件,这表明美国法院在总体上是倾向于认为法院和执法机构的干预造成了更多而不是更少的错误。[33] 如转售价格维持、搭售等,都从之前当然违法的处理方式上发生转变,更多地探求行为中的商业合理性。但是,需要同时指出的是,这一观点在欧盟司法或者欧盟执法机构官员的演讲中并没有出现过。[34] 欧盟的分析框架和具体规则表明,它关注更多的是威慑不足的问题(under-deterrence)。换句话说,其更关注假阴性问题。

(二)差异化的具体例证

欧盟竞争法之所以更关注假阴性,当然有多种历史、政治、经济以及法律上的因素,而学者通常认为,这和弗莱堡学派的理论有重要关联。该学派强调理论与历史的整合以及经济与法律的整合,认为经济发展的最佳模式既不是完全放任,也不是完全集权,而是在"经济宪法"机制下构建"社会市场经济"。这一经济社会中,个人的权利得到平等地尊重,但又不能被完全放任或者完全集中,而是通过建立一种制度性的秩序对其进行管理。在这种机制下,市场主体追求自身利益的同时可以促进社会利益的发展,国家的作用仅仅在于遵循"经济宪法"的规律,制定符合经济宪法秩序需求的秩序政

---

[32] 反垄断法领域有不少采用了错误成本分析框架的论文,例如:Luke Froeb, *Vertical Antitrust Policy as a Problem of Inference*, 23 International Journal of Industry Organization 639 (2005); David Evans & Jorge Padilla, *Designing Antitrust Rules for Assessing Unilateral Practices: A Neo-Chicago Approach*, 72 University of Chicago Law Review 73(2005); Keith N. Hylton & Michael Salinger, *Tying Law and Policy: A Decision-Theoretic Approach*, 69 Antitrust Law Journal 469(2001); C. Frederick Beckner Ⅲ & Steven C. Salop, *Decision Theory and Antitrust Rules*, 67 Antitrust Law Journal 41(1999)。

[33] 由于美国的联邦体制,州有非常大的权力。而在反垄断法上各州也有自己的相对独立的做法,因而在很多问题上都没有一个统一的做法。本文主要涉及美国联邦层面的反托拉斯法。

[34] See William E Kovacic, *Competition policy in the European Union and the United States: Convergence or Divergence in the Future Treatment of Dominant Firms?*, 4 Competition Law International 11(2008).

策。竞争法在这个机制中便处于核心地位。[35] 该学派的学者认为，经济竞争将为他们所预想的社会提供基础，但是只有法律能够为适当的竞争提供条件。虽然与经济有关的所有法律都应当是"秩序政策"的表现，但是竞争法却承担着建立和保护竞争条件的直接责任。[36] 因此，弗莱堡学派同时强调市场与国家作用，并希望在其中建立一种平衡。

该学派对欧盟竞争政策有四个方面的关键影响：[37]第一，欧盟在确定企业是否具有支配地位的门槛较低。与此相一致的是，认为当市场上有大量相互竞争的企业时市场运作状况最佳，而当企业大到偏离"完全竞争"（complete competition）时，它们应当被强迫归队。由此也导致了第二个方面的影响，即认为支配地位企业具有"特别的责任"。它们的行为必须要表现得"似乎"是竞争性企业那样，并因此不能从事那些可能会导致提高其市场力量的行为。第三，欧盟将很多单方行为按照"一般禁止"的原则来规制。当然，其遵从的理论观点是：有可能从"完全竞争"中区分出"妨碍竞争"。第四，欧盟竞争法规制利用市场力量的剥削行为，如价格歧视、超高定价，这是和美国法最为显著的区别。[38] 在这些方面可以明显地看到，受这一学派理论的影响，欧盟竞争法对于市场参与者的要求非常严厉。换句话说，欧盟竞争法更强调对市场竞争的干预，而其中所隐含就是对市场机制的自我调节的不信任——从前述错误成本分析框架来看，则是认为竞争执法机构更有能力消除错误成本，因而其整体制度设计更倾向于防止假阴性错误。为进一步说明问题，前述四个方面的影响可以进一步阐述如下：

1. 较低的市场支配地位认定门槛。欧盟竞争法将市场份额作为评估支配地位的重要考虑因素。这种做法其实很常见。但是，将

---

[35] 参见彭心倩：《欧共体竞争法产生的法律历史社会学分析》，载《湖南社会科学》2010 年第 1 期。

[36] 参见何梦笔：《秩序自由主义》，中国社会科学出版社 2002 年版，第 1～10 页。

[37] See Christian Ahlborn & Carsten Grave, *Walter Eucken and Ordoliberalism: An Introduction from a Consumer Welfare Perspective*, 2 Competition Policy International 209 (2006).

[38] 严格说来，这四个方面也只是众多差异中的一部分，但比较显著地体现了其和美国反托拉斯法的差异性。

它们与其他国家和地区相区分的是干预的门槛。德国法规定,如果一个企业拥有超过 1/3 的市场份额就会被假定拥有市场支配地位。[39] 在欧盟竞争法下,推定的支配地位是拥有超过 50%的市场份额,而 40%的市场份额也可能会被认为具有市场支配地位。[40] 相比之下,美国法下要假定拥有垄断力量要求相关企业的市场份额超过 60%。[41]

2. 企业的特别责任。最能体现欧盟竞争法下对市场支配地位认定门槛较低的,是关于相对优势地位理论的采用。相对优势地位,通常是指市场中不具有市场优势地位的企业,在特殊情况下,对于依赖其进行交易的相对人具有类似于垄断企业的支配性影响力,因此,该企业对于依赖其生存的企业就具有"相对"的强势地位。[42] 相对优势地位滥用理论发源于德国,[43]并影响到了中国。[44] 相对优势地位理论的存在和被立法采纳,使得一个企业即便没有"市场支配地位"——即便欧盟的标准已经比较低——也仍然需要承担反垄断法上的责任,从而构成企业的特别责任。[45]

3. 单方行为的严格规制。欧盟法对很多单方行为的规制都比较严厉。以搭售为例。相比美国的法律,欧盟法对搭售采用的原则更接近美国反托拉斯法中早期的当然违法原则。在已经判决的案

---

[39] See Case C-62/86, AKZO v. Commission, 1991 E. C. R. I-3359 para. 60.

[40] See Case T-219/99, British Airways plc. v. Commission, 2003 E. C. R. II-5917 para. 211 and 223-225.

[41] David S. Evans, "Antitrust Issues Raised By the Emerging Global Internet Economy", 102(4) *Northwestern University Law Review*, 2008, p. 17.

[42] 参见单骥、何之迈、吴秀明:《从依赖性理论探讨相对市场优势地位——以公平法立场之研析适用》,我国台湾地区公平交易委员会委托研究,1999 年,第 27 页。

[43] 参见何之迈:《公平交易法专论》,台北,三民书局 1993 年版,第 548 页。

[44] 我国的《反垄断法》第 18 条第 4 项规定:"认定经营者具有市场支配地位,应当依据下列因素:……(四)其他经营者对该经营者在交易上的依赖程度。"因为相对优势地位理论的核心就是"依赖性"概念,因此,对"依赖程度"的规定表明,我国《反垄断法》采纳了相对优势地位滥用理论。

[45] 该理论也带来了反垄断法理论体系上的巨大冲突。对该理论的质疑,可以参见李剑:《相对优势地位理论质疑》,载《现代法学》2005 年第 3 期;李剑:《论结构性要素在我国〈反垄断法〉中的基础地位——相对优势地位滥用理论之否定》,载《政治与法律》2009 年第 10 期。

件中,欧盟法院对3个合约性搭售都认定违法。[46] 在微软案件中,美国法院最终没有分解微软公司,但欧盟委员会认定非法搭售成立,并开出了巨额罚单,从而在技术性搭售上也持否定态度。欧盟法在经营者集中案件中有通过搭售延伸市场支配地位的理论,近年欧盟委员会则依据该理论处理了很多案例;相比之下,在美国法中最近25年都没有找到反托拉斯执法机构禁止的搭售案例。[47]

4. 对剥削性行为的规定。在超高定价规制上,其实也有两种基本的模式:一是以美国为代表的放任模式。在很多案件中,美国联邦最高法院都认为美国反托拉斯法并不包含对于超高定价的处理。[48] 学术界对此也多持肯定态度。[49] 二是以欧盟为代表的积极模式。相比美国,欧洲实行的是尽管有所限制,但却是干预主义的竞争政策。《欧盟运行条约》第102条(原《欧共体条约》第82条)中规定,"直接或者间接强加不公平交易价格或其他交易条件"可构成市场支配地位滥用。该条款中的"不公平"一语被用于欧盟法院和欧盟委员会处理的超高定价案件中。[50]

由此可见,欧盟竞争法体系和美国反托拉斯法体系存在显著的

---

[46] Napier Brown v. British Sugar, European Commission Decision 88/519/EEC, 1988 O. J. L 284, p. 41; Eurofix-Bauco v. Hilti, European Commission Decision 88/138/EEC, 1988 O. J. L 065, p. 19; Tetra Pak II, European Commission Decision 92/163/EEC, 1992 O. J. L 072, p. 1.

[47] Fei Deng, Adrian Emch, and Gregory K. Leonard, *A Hard Landing in the Soft Drink Market-MOFCOM's Veto of the Coca-Cola & Huiyuan Deal*, http://papers.ssrn.com/sol3/papers.cfm? abstract_id=1396968.

[48] 美国联邦最高法院认为美国反托拉斯法并不包含对于超高定价的处理。参见案例:Berkey Photo, Inc., v. Eastman Kodak Co., 603 F. 2d 263, 274 n. 12(2d Cir. 1979); Blue Cross & Blue Shield United v. Marshfield Clinic, 65 F. 3d 1406, 1413(7th Cir. 1995); Verizon Communications Inc., v. Trinko, 540 U. S. 398(2004)。

[49] See Michal Gal, *Monopoly Pricing As An Antitrust Offense In The U. S. And The EC: Two Systems Of Belief About Monopoly?*, 49 Antitrust Bulletin 343(2004).

[50] 案件可参见 Case C-40/70 Sierna v. Eda, 1971 ECR 69; Case C-26/75 General Motors v. Commission, 1975 ECR 1367; Case C-27/76 United Brands v. Commission, 1978 ECR 207; Case C-30/87Corinne Bodson v. Pompes Funebres, 1998 ECR 2479; Case C-110/99 Lucazeau v SACEM, 1989 ECR2811; European Commission decisions: COMP/C-1/36.915 British Post office v. Deutche Post AG, 2001O. J. L 331 p. 40, COMP/A 36.568/D3-Scandlines Sverige AB v. Port of Helsingborg, 2004。论文可参见 Liyang Hou, *Excessive Prices within EU Competition Law*, 7 European Competition Journal 47(2011)。

差异,在对待假阳性和假阴性错误上采取了不一样的做法。[51] 相比之下,欧盟竞争法更关注威慑不足的问题,关注市场支配地位企业所带来的消费者福利损失等方面,因而在相关制度的设计上偏严厉。这种对待错误成本的不同态度,实际上构成了美国和欧盟竞争法律体系的逻辑前提。中国《反垄断法》以欧盟竞争法为蓝本,那么这一隐含于法律体系之中的前提,也自然而然地附着于中国《反垄断法》,并影响其运作的基本方向。

## 三、制度选择及对中国的意义

在制度之间的差异被发现和确认时,会产生一个自然而然的问题:何种制度体系更优?答案无疑直接影响到作为反垄断法后来者的中国,影响到其在借鉴、吸收制度上的倾向。从前述基本分析框架上来看,如果市场力量可以更好地纠正假阴性的错误,那么,采用欧盟竞争法这样在基本逻辑前提上包含了对市场不那么信任的体系就是不可取的。相应地,即便以其竞争法为蓝本,在后续的发展中要么通过修法来重构,要么在反垄断法实施中通过司法、行政执法的方式,在诸如强生案等案件中建立合理分析的完整框架来“实际地”扭转。但是,问题在于,错误成本分析框架本身也存在隐含的前提,而这些前提则在更深层次上决定着问题的答案——在一定意义上甚至可以说,制度的选择取决于对制度前提假设的选择与接受,进而决定了法律体系逻辑应当如何发展。

### (一)实证基础与前提判断

作为错误成本分析框架前提的首要问题是:特定行为下,到底是假阳性更多还是假阴性更多?答案是,这要取决于特定市场本身的状况。换句话说,在判断特定类型行为是假阳性社会成本高还是假阴性社会成本高时,实证研究的结果往往又构成了一个基础,而并非伊斯特布鲁克法官所表述的那样可以直接认定。正如 Harlan

---

[51] 还有学者认为,欧洲竞争法不是从美国输入,而仅仅是行政管制向一个新领域的扩展。因而二者之间显示了很大的不同。(参见[美]戴维·J. 格伯尔:《二十世纪欧洲的法律与竞争:捍卫普罗米修斯》,冯克利、魏志梅译,中国社会科学出版社 2004 年版,第 15 页。)

法官所言，从证明标准可以看出，对于事实的发现，问题在于我们的社会在纠正事实结论上有多大程度的自信。[52] 而自信的程度需要两个变量来反映：第一，假阳性和假阴性错误的相关可能性是多少？第二，假阳性错误的成本相比于假阴性错误的成本是多少？[53] 尽管不少学者认为，前述错误成本的分析方法结合了现有的关于单方行为的经验性证据，以及伊斯特布鲁克法官对设计反垄断规则的可预期的不对称错误成本的原创性洞察，因而可以用错误成本分析框架来处理诸如掠夺性定价、转售价格维持等全部行为，决定法律应当采用的态度。[54] 但是，实践中的问题在于，对某一类行为的"预先确信"通常不会直接说明，并且难以得到一致的实证证据支持。

纵向限制竞争行为的争议很能说明问题。有学者在对不同的纵向限制竞争行为的竞争影响进行评估后认为，现有的经验证据可以判定纵向限制行为更可能是良性的，或者说更有助于福利提升。[55] 事实上，有不少相反的研究结论表明，纵向限制也存在损害消费者福利的效果。例如，日本公正交易委员会的实证调查显示，在日本的医药品市场上，转售价格维持造成了消费者福利损失。[56] 1964 年，英国通过了零售价格法案（the Resale Prices Act），禁止生产商控制其产品的零售价格，而非处方药市场却被当作一个例外。到了 1995 年，英国公平交易局对医药市场进行了调查，认为零售价格维持所产生的市场竞争效果已不再适合豁免。2001 年 5 月 15 日，法庭判决结束了长达 30 年对非处方药市场中转售价格维持的豁免。[57] 此外，有研究成果表明，特定行业中转售价格维持的效果还可能是非常模糊的，难以判断其对于竞争的影响。例如，英国曾经在出版

---

[52] In re Winship, 397 U. S. 358, 370(1970).

[53] See Fred S. McChesney, *Easterbrook on Errors*, 6 Journal of Competition Law & Economics 15(2010).

[54] See Thomas A. Lambert & Joshua D. Wright, *Antitrust (Over-?) Confidence*, 20 Loyola Consumer Law Review 219(2008).

[55] See James Cooper, *Vertical Restrictions and Antitrust Policy: What About the Evidence?*, 1 Competition Policy International 45(2005).

[56] 参见王铭勇：《限制转售价格法制之研究》，台湾政治大学法律研究所 2000 年研究生论文，第 74~75 页。

[57] 参见汪浩：《零售商异质性与零售价格维持》，载《经济学(季刊)》2004 年第 3 卷增刊 1 总第 13 期。

业中实施转售价格维持,之后在1995年时又予以废除,从而形成了自然实验(natural experiment)。[58] 即便如此,英国图书市场出版新书的数量变化不定,很难剥离其他影响因素来判断转售价格维持在其中的作用:1997年英国的新书数量有所下降,之后到2003年则又持续增加;2003年到2006年,有证据表明新书数量又有下降趋势。[59] 可见,转售价格维持的实证结论并不够坚实,至少在不同的产业中、不同的市场条件下结果并不确定。

在中国市场中,对于相关行为造成的市场影响的实证研究非常有限,从而对于假阳性更多还是假阴性更多这一基本问题更缺乏前提性的说明。对产业发展以及销售模式影响深远的锐邦诉强生案中就存在这样的问题。原被告双方都请了经济学家,从经济学理论的角度来论证最低转售价格维持是否造成了损害。但就公开的判决书来看,双方论证主要集中在一般理论上,如转售价格维持"可能"会造成什么样的损害。与此同时,有针对性的实证材料则非常缺乏。例如,原告认为限制最低转售价格往往导致市场价格上升,并提交了美国AAI的一份报告,该报告提到美国玩具和婴儿用品市场在实施限制转售价格之后,产品价格普遍上涨20%～40%,且各主要电商网站上所公布的同种产品的价格出奇地一致。[60] 但这并不能说明中国市场上涉案的相关产品市场的竞争状况。[61] 在这样的情况下,如果将相关案件放置在"合理原则"的框架下分析,除了会带来前述明显的法律适用冲突外,对于制度整体合理性构建并没有明显收益。[62]

综上而言,要最优化错误成本需要思考其隐含的前提:市场上假阳性更多还是假阴性更多,而相关判断往往需要结合实证研究来

---

[58] 参见李剑:《出版物多样性保护与反垄断法的转售价格维持规制》,载《中外法学》2013年第2期。

[59] Michael Utton, *Books Are Not Different After All*, 7 International Journal of the Economics of Business 115(2000).

[60] 参见上海市高级人民法院民事判决书,(2012)沪高民三(知)终字第63号。

[61] 被告的经济学家证人也提到了这一问题。

[62] 实际上,正如前文所言,在处理横向价格固定协议、搭售或者转售价格维持等行为时,法律规制上采用"当然违法原则""合理原则"或者"一般禁止、原则例外"等,都包含了对相关行为是否具有普通地限制竞争属性的隐含假设。

进行,并最终产生一个综合的"经验判断"。当缺乏对整体产业竞争状况的实证了解时,缺乏对特定行为是否普遍存在于市场之中,是否通常具有限制竞争性质的明确结果时,考虑反垄断法干预经济设立更高的门槛还是更低的门槛其实没有意义,也无法更好地对反垄断法规则的完善提供帮助。[63] 只有随着对产业实证了解的积累,对相关行为在中国市场上的竞争影响效果被更为清晰地描述之后,法律体系的前提假设才可以据此而调整,该调整也才能够更有针对性、合理性。因此,在反垄断法诉讼案件中,抛开法律适用本身不谈,要判定行为的合理性,判定其对市场整体竞争的影响,需要更多实证材料的支撑。

### (二)市场完善程度与体系逻辑

其次的问题在于:相比司法、行政执法机构的积极执法,市场是否更能够纠正市场的错误?在错误成本分析的框架下,美国更关注假阳性问题是因为错误地放过了限制竞争行为而犯的司法错误,会被市场的竞争力量所纠正。但这一结论隐含的判断是,市场本身具有更强的纠错能力。而对此进一步讨论或许又要陷入是否还需要反垄断法这一老问题的争论中。[64] 不过,即便认为市场优于司法、行政执法机构的积极干预,不可否认的是,垄断本身就内生于市场的自由竞争,而很多时候单纯依赖于市场的力量无法解决限制竞争的问题,或者说至少无法在短期内解决垄断所带来的福利损害问题。更重要的是,不同国家、地区的市场本身也有发展程度上的区别;即便在一国之内,在特定地区的特定时期,市场机制的完善程度也存

---

[63] 不过,需要说明的是,相比反垄断法的历史,用实证研究等方法来分析反垄断法的历史并不长。其快速发展主要是受计算机技术发展的影响,使得很多数据得以被收集和处理,如对超市扫描数据的利用。实证研究虽然在反垄断法中越来越重要的,但其并非没有问题。具体可参见 Jonathan B. Baker & Daniel L. Rubinfeld, *Empirical Methods in Antitrust Litigation: Review and Critique*, 1 American Law and Economics Review 386 (1999)。

[64] 这种争论似乎没有停止的可能。即便在美国,也一直有拥有实质性政治经济势力的个人和团体认为,反托拉斯法是完全没有必要的,会带来最坏的伤害。而每 20 年到 25 年,都会爆发对是否需要反托拉斯法的争论。这些争论就像凤凰重生,参与者对之前的言论完全没有记忆力。See Stephen Martin, *The Goal of Antitrust and Competition Policy*, In Competition Law And Policy, Volume I, ABA Section Of Antitrust Law, 2008.

在显著的差异性。例如,美国的自由市场机制相对更为完善,如果依赖于市场的自我纠正能力会更可靠。但欧盟或许就不是如此。因此,同样的行为,可能由于美国市场整体竞争程度较高而更少产生损害消费者的后果;相反,在欧盟却可能因为市场竞争不足而导致消费者福利损失。那么,基于这样的市场状况,在美国更应关注假阳性,在欧盟更应关注假阴性,这些做法都具有合理性。

这对于中国反垄断法实施而言具有重要的意义。在目前的状况下,如果要以市场自身的力量来纠正假阴性所带来的问题或许并非最佳选择,而通过反垄断法进行更多的干预相对而言更有合理性——正如欧盟为了实现"统一大市场"而推行较为严厉的竞争政策的做法一样。或者退一步讲,积极的反垄断执法所造成的错误并不比放任不管更多,那么,通过执法以积累经验,拓宽对市场的认识则是附带的、会在未来实现的好处。

(三)两个关联性推论

基于前述论证,可以有以下两个推论:

1. 法律体系的前提在很大程度上有"先验性",所依据的一般确信往往是不加论证或者无法确切论证的。那么,对于制度借鉴来说,至少在一般意义上,欧盟竞争法体系和美国反托拉斯法体系在基本判断上的差异本身并无绝对的对错,也无所谓的优劣之分。特别是对于法律这种需要普遍性适用的规则而言,尤其需要关注到这一点。事实上,如果要对反垄断法中所涉及的每一个具体行为的市场效果都有实证的结果实际上是不大现实的。因为不仅存在不同行业的差异,还可能有随时间推移引起的变动。考虑到这些因素,实证材料也并非完全能够解决前述问题。因此,如果相信限制竞争的行为非常普遍,那么就可能得出结论认为最优规则是对商业行为采取相对严格的方式;而如果相信自由市场通常能够最大化社会福利,那么就可能得出结论认为最佳规则应当反对干预。[65] 这种确信的产生,既基于对市场本身的认识,也基于历史、文化、政治等

---

[65] See David S. Evans, *Why Different Jurisdictions do not(and Should Not)Adopt the Same Antitrust Rules*, 10 Chicago Journal of International Law 167(2009).

多种因素的结合。[66] 但不管如何，一般来说，这种“先验”基础往往难以完全证实或证伪，因而世上没有绝对意义上的“最优”制度体系。

虽然“先验”前提难以验证，但法律体系却建立在这一前提之上。从逻辑上来说，是特定的前提衍生特定的体系，并形成对法律理解、适用上的约束。因此，简单地“借鉴”“融合”特定制度而不考虑假设前提对体系的约束性，可能不仅难以获得后发优势，反而可能带来严重的制度冲突。在这一层面上而言，法律体系的演化尽管不可避免，但这种演化更多地应在体系内进行，并遵循同一逻辑前提，如此在很大程度上才可以促使法律体系更加自洽，并最大限度地减少冲突，提升制度的权威性与效率。

2. 为了获得反垄断法律体系逻辑的一致性，需要对中国反垄断法的体系有更为清晰的认识，并促进其体系化的完成。中国《反垄断法》选择欧盟作为蓝本或许只是出于延续大陆法传统的考虑，[67] 因为欧洲竞争法强调行政力量，有体系化的法律，并强调通过技术性行政机构来发展竞争政策，这都可以和中国现有的状况比较好地契合——在这一过程中未必清楚地认识到欧盟竞争法自身的基本假设、逻辑体系上的特性。不过，从前述分析可以看出，欧盟竞争法对于市场中相关限制竞争行为是否普遍，市场和法院、行政执法机构何者更能减少错误成本这样的前提性问题的回应上也的确更适合中国目前的状况。因此，中国反垄断法完全可以在这一蓝本上结合自身的制度、文化等特性，并最终实现自己法律体系内在的一致性。在这一意义上，目前对欧盟竞争法蓝本的复制，还只是获得了一个体系化的基础。

---

[66] 例如，美国反托拉斯法早期继受英国普通法。早期美国州法院在宣布某一商业或(和)贸易行为构成违法垄断时，几乎无一例外地在法院判决中提及了公共利益、公共政策或公共偏好等概念，来说明垄断的违法性。这一认识与英国普通法上宣布垄断违法时所依据的理由是一致的。宣布违反公共利益的垄断违法，作为英国普通法上的一项基本法律原则和长期适用的司法先例得到了美国法的继承，构成了美国法垄断的基本内涵。(参见陈兵：《从继受到自主创新——19世纪下半叶美国法上垄断概念研究》，载《中外法学》2010年第2期。)

[67] 在现有文献中，并没有看到对于欧盟竞争法制度前提与中国《反垄断法》立法关联性的深入分析。

另外,需要强调的是,中国反垄断法所面临的不仅仅是制度选择问题,不是除了美国就是欧盟这样的简单比较,至少还有内生制度的问题,即根据自身市场特点发展特色制度。但这一过程注定是漫长的和充满反复的。从历史上看,即便在欧盟和美国也同样如此。例如,美国联邦最高法院对最低转售价格维持不断变化的态度很能说明问题。在最早的 Dr. Miles 案中,[68]美国联邦最高法院采用了当然违法原则。[69] 之后虽有放松,仍大体坚持了这一原则。[70] 但在 2007 年的 Leegin v. PSKS 案中,[71]美国联邦最高法院以 5∶4 的微弱优势推翻当然违法原则,转而适用合理原则分析最低转售价格维持。[72] 这些变化的缘由或许在于,竞争本身是个抽象概念,不是具体的"存在物",也不是一个"自然"范畴,而是一个文化构造(culture construct)。只有当人们的语言、教育和经验赋予"竞争"这个概念以意义时,才能"看到"可以称为"竞争"的事情。[73] 从这个角度上讲,法律体系有一个不断发展、凝练的过程,其中所展现的冲突也同时提供了系统化、逻辑化的机会——特别是要结合国家自身的特点进行制度创新时尤其如此。只是,就目前而言,中国反垄断法

---

[68] See Dr. Miles Medical Co. v. John D. Park & Sons Co. ,220 U. S. 373(1911).

[69] 在州层面上,1937 年美国国会通过了《米勒—泰丁斯公平贸易修正案》(Miler-Tydings Fair Trade Amendment),授权各州管制转售价格维持。之后,总计有 46 个州据此批准或认可了最低零售价格的合法地位。1952 年通过的《迈克盖尔法》(The McGuire Act),将前述法案扩展适用于制造商对所有零售商的转售价格维持类型。而 1975 年,这两部法律都被废止。(胡甲庆:《反垄断法的经济逻辑》,厦门大学出版社 2007 年版,第 203 页。)

[70] 实际上,在 Dr. Miles 案之后不久,美国联邦最高法院确立了两个不同于转售价格维持当然违法原则的例外。其一,在 General Electric 案[United States v. General Electric Co. ,272 U. S. 476(1926).]中认定,本身违法原则不适用于代理关系或以托运方式销售货物的情况。其二,在 Colgate 案[United States v. Colgate & Co. ,250 U. S. 300(1919).]中认定,制造商有权单方面宣布其要维持的价格并拒绝与降价者进行交易。但是,如果零售商与制造商在拒绝交易之前有联系,那么就构成违法的转售价格维持行为。

[71] Leegin Creative Leather Prods. ,Inc. v. PSKS,Inc. ,551 U. S. 877,892(2007).

[72] 在州层面上,美国目前仍有二十多个州没相应地修改州法律,继续严格禁止限制最低转售价格协议。而且,2012 年 5 月 4 日,美国堪萨斯州最高法院便在另一起起诉 Leegin 限制最低转售价格协议的案件中依据州法判其违法。(参见刘旭:《各国对限制最低转售价格的规制》,载《东方早报》2013 年 8 月 27 日。)

[73] 参见[美]戴维·J. 格伯尔:《二十世纪欧洲的法律与竞争:捍卫普罗米修斯》,冯克利、魏志梅译,中国社会科学出版社 2004 年版,第 12 页。

所面临的问题还主要是揭示制度的前提假设，理解其逻辑体系。

## 结　语

各国法律之间的协调交融并不少见。需要注意的是，法律的融合即便可能，也必定是一个缓慢的过程，因为在这一过程中涉及最基本假设的协调与认同。实际上，从不同的历史、文化、政治、法律传统、经济中发展出的法律制度都会存在差异，谁也无法预言竞争规则的完全趋同。[74] 中国反垄断法目前所凸显的冲突，或许可以作为法律移植的一个范例。实际上，在欧盟竞争法引入美国反托拉斯法的相关制度时，也存在是否进行有效改进的质疑。[75] 制度结构在法律体系的设立上、基于禀赋的最初发展上都在发挥作用。[76] 由此，对于一些国家和地区而言，由于受竞争执法机构和法院的定位、作用以及机制效果等因素的影响，整合新的制度会比其他体系更难。[77] 我们对这些困难必须要有清醒认识，轻易地在借鉴、融合的吸引下突破制度结构必然会引发系统性的冲突。认识到这一点，对于目前的中国《反垄断法》实施来说，尤为重要。

---

[74] See David S. Evans, *Why Different Jurisdictions Do Not(and Should Not)Adopt the Same Antitrust Rules*, 10 Chicago Journal of International Law 173(2009).

[75] See George Stephanov Georgiev, *Contagious Efficiency: The Growing Reliance On U. S. -Style Antitrust Settlements In EU Law*, 4 Utah Law Review 971(2007).

[76] See William E. Kovacic, *Creating Competition Policy: Betty Bock and the Development of Antitrust Institutions*, 66 Antitrust Law Journal 231(1997).

[77] See D. Daniel Sokol, *Antitrust, Institutions, and Merger Control*, 17 George Mason Law Review 1055(2010).

# 市场与政府关系的法学解构

侯利阳*

**内容摘要** 党的十八届三中全会确立了“使市场在资源配置中起决定性作用和更好发挥政府作用”的基本原则,迫切需要明确市场与政府在法学层面的具体建构。我国法学界多以“市场失灵导致政府干预”来突出二者之间的补充关系。但若以市场主体、市场客体、交易条件、竞争关系等因素解构市场经济法律体系,依赖市场内力协调的民法与竞争法也蕴含着政府的干预,基于政府外力干预的市场规制法同时也暗含着市场机制的重现。因此,市场与政府不只是补充关系,更有互为支撑、相互转化的交叉关系。循此逻辑,方能建立张弛有度、与时俱进、尽如所期的社会主义市场经济法律体系。

**关键词** 市场机制 政府干预 部门法边界

## 引 言

如何正确处理市场与政府的关系是社会主义市场经济中的基本命题。为此,2013 年 11 月 12 日党的十八届三中全会通过的中共中央《关于全面深

---

* 侯利阳,上海交通大学凯原法学院教授。原文发表在《中国法学》2019 年第 1 期。本文系国家社科基金青年项目“三网融合背景下电信监管法律制度研究”(项目批准号:14CFX064)的研究成果,感谢李剑、肖俊等同事的修改意见。

化改革若干重大问题的决定》(下称《决定》)历史上首次提出,经济体制改革是全面深化改革的重点?核心问题是处理好政府和市场的关系,使市场在资源配置中起决定性作用和更好发挥政府作用。在依法治国的基本国策之下,无论是市场还是政府来配置资源都必须严格依据相关的法律法规进行,因此如何在法律体系中解读市场与政府的关系是党和国家迫切需要解决的问题。但十八届三中全会至今已很多年,研究市场与政府关系的成果多集中于经济学与政治学等领域,法学领域的相关成果不够多。在既有的法学成果中,多数学者或只在经济法的框架内理解二者的关系,认为政府干预应当依附于市场之手,只有存在市场失灵的时候才进行政府干预,没有市场失灵的时候并不需要政府干预;①或仅在竞争法的体系内通过竞争政策与产业政策的二元关系来解析市场之手与政府干预的关系。② 虽然既有成果中也有探讨市场与政府关系在其他部门法中应用的成果(比如行政许可法③、商法④、土地法⑤等),也有学者提纲挈领地指出应当从保障市场主体经济自由权的角度系统性地建构市场与政府之间的关系,⑥但时至今日,对于市场与政府关系在法律层面具体落实的系统性研究几乎没有。此外,目前多数学者往往认为政府干预与市场之手是单向转化关系,即政府干预应当在市场可以自己运行的时候逐步退出市场。但实际上政府干预与市场之手除了单向转化关系之外,还存在重合与双向转化的关系。鉴于此,本文拟选取市场法律体系中三个最为重要的部门法——民法、竞争法、市场规制法来系统性分析市场与政府在法律层面之间的交互关系以及边界,并在此基础之上重新解读这些部门法的逻辑与关联。

---

① 参见刘大洪、段宏磊:《谦抑性视野中经济法理论体系的重构》,载《法商研究》2014年第6期。

② 参见史际春、徐瑞阳:《产业政策视野下的垄断与竞争问题——以银行卡清算产业的法律规制为例》,载《政治与法律》2016年第4期。

③ 参见席涛:《市场失灵与〈行政许可法〉——〈行政许可法〉的法律经济学分析》,载《比较法研究》2014年第3期。

④ 参见陈甦:《商法机制中政府与市场的功能定位》,载《中国法学》2014年第5期。

⑤ 参见秦小红:《政府引导农地制度创新的法制回应——以发挥市场在资源配置中的决定性作用为视角》,载《法商研究》2016年第4期。

⑥ 参见张守文:《政府与市场关系的法律调整》,载《中国法学》2014年第5期。

## 一、作为市场基础的民法与民法的基础

市场之手与政府干预同为规制市场法律关系的两种方式,市场之手由市场主体之间的合意进行自治,政府干预则以外力来改变市场主体、交易客体、交易条件或者竞争关系等来重构市场条件。作为私法代表的民法自然成为市场之手在法学领域的最基本作用方式。因此,研究市场与政府关系的法学起点非民法莫属。而民法虽然是私法,但也体现了市场之手与政府干预的结合。

### (一)民法中的市场机制与政府干预

民法被认为是万法之母。虽然早期的民法就跟市场经济存在不可分割的关系,但因其内容包罗万象,往往被认为是市民法,而非专门针对某个法律部门的立法。这也使早期的民法跟其他调整市场经济的部门法之间缺乏对比性。但后续现代民法经历了六法分离,[⑦]从最初调整市民主体资格的工具,逐渐演变为调整财产关系的社会组织制度,并最终又发展成为市场经济的民法观念。[⑧] 在市场经济的民法观念形成之后,民法就具有了自身独特的调整对象,从而和其他调整市场经济法律关系的部门法产生了直接可对比的关系。现代民法脱胎于罗马法。罗马法在19世纪初为法国民法典继承,形成了人法、财产法以及取得财产权方法的三章立法模式。[⑨] 19世纪下半叶以民事法律行为为核心的形式逻辑体系的建立促使德国民法典创设了总则与分则的立法框架。[⑩] 但无论是法国民法典抑或是德国民法典,现代民法的骨干元素无非有三:人法、物法、债法。此三者正是从市场主体、交易客体、交易条件等三个维度通过市场之手来调整市场法律关系。

人法、物法、债法,何者为现代民法的核心制度是个仁者见仁的问题。首先,市场经济是以平等主体之间的商品交换为核心的经济

⑦ 参见徐国栋:《“民法”变迁史考》,载《中国政法大学学报》2007年第2期。

⑧ 参见徐国栋:《商品经济的民法观源流考》,载《法学》2001年第10期。

⑨ 参见徐国栋:《〈法国民法典〉模式的传播与变形小史》,载《法学家》2004年第2期。

⑩ 参见杨代雄:《私权一般理论与民法典总则的体系构造——德国民法典总则的学理基础及其对我国的立法启示》,载《法学研究》2007年第1期。

体制；商品交换在市场经济存在之前就已存在，但只有到了现代社会才发展出了平等主体的概念，所以有学者认为人法在现代民法体系中应当具备核心地位。[11] 人法是物法和债法的前提，无政府认可并保障的平等资格就无法实现市场经济中的市场准入。民法中的人分为自然人和法人。自然人的概念来源于现代社会形成之初产生的“人权”观念，并以此为核心构建了一系列与人身相关的各种权利义务关系，比如人身权、婚姻家庭权等。[12] 政府按照民事行为能力的不同将自然人分为无行为能力人、限制行为能力人和完全行为能力人，同时也限定只有具有行为能力的自然人才能成为真正的市场主体。法人概念的产生晚于自然人。虽然法人又可分为社团法人和财团法人，但多数学者认为法人的概念也是基于自然人产生的，是对自然人权利的一种拓展性保护。[13] 法人以其注册的经营范围为基础作为市场主体参与经济活动。现代民法仅规定法人的外部权利和义务关系，法人的内部组织则往往被认为是由商法来构建。虽然民法在传统上被认为是市场调整之法，但人法实则具有较强的政府干预性，代表着政府对于市场主体资格的认可与保护。对于自然人来说，由于人权观念的强烈影响，政府的干预性可能已经不是特别明显；但政府干预在法人上面就得到了充分的体现——只有遵循政府设置的程序性和实体性条件之后才可成为市场主体。对市场主体的干预可以直接确定市场经济的范围和规模，所以限制市场主体往往是政府进行市场规制的首选，比如房地产限购等。

其次，若从交易客体的重要性来看，我们又可以认为物法是现代民法的基础。既然市场经济的本质是商品交换，那么物权的基础性地位就不言而喻了。但物法作为私法的基石，却具有天然的政府干预性。处于自然状态的“物权”只有占有这种事实性的证明，[14]合意自治也无法对抗弱肉强食等严重影响交易稳定的负面行为。因

---

⑪　参见杨振山、陈健：《平等身份与近现代民法学——从人法角度理解民法》，载《法律科学》1992 年第 2 期。

⑫　参见［德］汉斯·哈腾鲍尔：《民法上的人》，孙宪忠译，载《环球法律评论》2001 年第 4 期。

⑬　参见江平、龙卫球：《法人本质及其基本构造研究》，载《中国法学》1998 年第 3 期。

⑭　参见孙宪忠：《论物权法》，法律出版社 2001 年版，第 2 页。

此,物权的拥有客观上需要政府的背书,也有学者称物权的本质是物权公示。[15] 由于物权需要政府的背书,物法必然以物权法定为基本原则,即由政府来规定物权的种类和内容。[16] 同时,物权的优先性使得其超越了私法相对性的约束,可以对第三人产生效力;因此,为了保护交易的安全、便捷与透明也需要政府进行干预。近来我国有学者主张物权法定原则过于僵化而无法面对新型需求,从而提出意定物权的概念;但意定物权也只是适度扩张物权法,没有也不可能从根本上冲击物权法定原则。[17] 此外,科斯定律的出现也给政府干预物权做了全新的注脚。科斯定律认为:当交易成本为零时,政府无须设定物权,当事人总是可以通过交易实现最优的资源配置;但交易成本不可能为零,因此需要政府干预物权来降低交易成本。对物权的限制可以直接限定市场经济的深度和广度,再加上物权天生的政府干预性,政府在做市场规制的时候也经常会采用限制物权的做法,比如机动车限行等。

最后,若从市场经济的内容来看,交易(或者债法)也可视为民法的核心。无法参与市场交易的主体或者财产失去了作为主体或者财产的本意,或者说只有能够参与市场交易的主体或者财产才是真正的主体或者财产。债法主要包括合同之债和侵权之债。[18] 合同之债是市场交易的主旨所在,以当事人平等协商交易条件为核心。合同法相较于人法和物法较少体现政府干预。人法和物法代表政府从市场进入的维度对市场经济的干预,即干预何者可以参与交易、何者可以被交易;一旦进入市场之后,交易的进行则主要以私法自治作为原则,以保护公共利益(或者政府干预)作为例外。这也是为何一旦政府对交易条件(比如价格、质量等)进行干预时,往往会被认为干预强度过大的主要原因。与合同法相比,侵权法代表了较

---

⑮ 参见杨代雄:《物权法定原则批判——兼评〈中华人民共和国物权法〉第五条》,载《法制与社会发展》2007 年第 4 期。

⑯ 参见《中华人民共和国物权法》,2007 年 3 月 16 日第十届全国人民代表大会第五次会议通过,第 5 条。

⑰ 参见常鹏翱:《债务与物权在规范体系中的关联》,载《法学研究》2012 年第 6 期。

⑱ 此外还有一些准契约行为,如无因管理、不当得利等。在这些行为中,虽然当事人未缔结合同,但其行为产生与缔结合同相同的效果,所以准用合同法的相关规定。

多的政府干预，但这种干预的目的既非控制市场准入，亦非调整交易方式，而是保障上述三法（人法、物法、合同法）的有效实施。同时，侵权法中的主要归责原则（也即过错责任）代表着对个人人格的尊重，也代表着政府认为只有如此方能充分发挥人的聪明才智，方能促进社会发展。⑲ 此外，如果说过错责任尚可解释为纠正非理性自然人不法行为的自然法则，那么无过错责任的产生则具有强烈的分配正义的特征，⑳从而在很大程度上也暗含着政府对市场的干预。

因此，现代民法以平等主体、物权法定、私法自治等为原则，从市场主体、交易客体、交易条件三个方面来调整市场经济中的法律关系。平等主体代表政府对于市场主体的调控，物权法定是政府对于交易客体的干预。但经过如此限定之后，政府基本上也就退出市场机制的规制，由市场主体通过合意来管控市场经济的运营。同时，民法之所以被称为私法的另一个重要原因是民事法律关系的保护主要由私人提起。政府对于民事关系的干预仅仅体现在立法层面，一旦立法行为结束之后，政府就退出市场，而仅仅承担“守夜人”的角色。

（二）脆弱的隐含假设

市场经济的要素主要包括市场主体、交易客体以及交易条件。其中，市场主体与交易客体一旦在立法上确定之后就处于相对静态的状态，这也契合现代社会从农耕文明向工业文明转型初期的社会状况。但交易条件却无时无刻不处于动态变化之中，因此政府干预也存在客观难度，所以现代民法主要从市场主体与交易客体两个角度对市场经济进行政府干预，而对交易以自治为基本原则。这种自治必然要求政府假设交易是可以自我运行的。这种假设所对应的思想是 18 世纪末 19 世纪初的经济自由主义。当时的古典自由主义为此创设了“理性经济人”假设。该假设的核心思想有二：其一，每个经济人（也即市场主体）都是利益最大主体，同时也都能对自己的市场行为准确地判断；其二，社会福利的最大化是个人利益

⑲　参见魏振瀛：《侵权责任方式与归责事由、归责原则的关系》，载《中国法学》2011 年第 2 期。

⑳　参见叶金强：《风险领域理论与侵权法二元归责体系》，载《中国法学》2009 年第 2 期。

最大化自然结果。[21] 在这种思潮之下,政府被认为无须对于市场交易进行任何管控,市场机制或“看不见的手”可以及时有效地处理所有问题。经济自由的理论魅力促使诸国在19世纪上半叶减少甚至取消政府对经济活动的限制,[22]私法自治成为实现经济自由主义目标的法律化载体。[23] 就这个角度而言,民法中的私法自治实则仅存在于债法领域,人法与物法则更多体现的是政府干预。但假设之所以被称为假设皆因假设必须建立在隐含假设之上;若一假设所依赖的隐含假设破灭,该假设也无法幸存。理性经济人假设的隐含假设颇多,但在19世纪中后叶首先被冲击的主要有二:一为竞争自足假设;二为竞争充足假设。

竞争自足假设是指理性经济人假定竞争机制可以自发运行,无需政府的干预。依理性经济人假设,社会福利的最大化源于每一个经济人交易利益的最大化。因此,交易关系成为市场经济的核心,这映射到法律层面则表现为债法逐渐成为现代民法的中心。[24] 但市场关系既包括交易关系,也包括竞争关系。理性经济人假设对竞争关系采取了不置可否的态度。但这并意味着该假设对竞争关系完全不予考虑,只是认为既然理性经济人(既包括卖方也包括买方)可以自己做出最优的选择,那么每个理性经济人都做出最优选择的集合可以抵消恶性竞争所带来的负面效果。恶性竞争在前现代社会主要由行业协会通过铁腕手段进行维护,但经济自由理念的盛行迅速瓦解了行业协会的管理职能。[25] 随着工业化进程的加剧,恶性竞争对于交易关系的破坏开始暴露出来,而现代民法对此却无能为力。譬如,通过贿赂代理人获取商业机会的行为,虽然被代理人可以用合同无效来对抗贿赂人,或可向受贿人主张代理合同

---

[21] 参见丁晶、袁志刚:《政府干预和自由放任经济思想的演变与现实意义》,载《经济研究导论》2012年第9期。

[22] 参见[美]戴维·格伯尔:《二十世纪欧洲的法律与竞争》,冯克利、魏志梅译,中国社会科学出版社2004年版,第24~25页。

[23] 参见[德]卡尔·拉伦茨:《德国民法通论》(上),王晓晔等译,法律出版社2013年版,第48~56页。

[24] 参见王利明:《论债法总则与合同法总则的关系》,载《广东社会科学》2014年第5期。

[25] 参见孔祥俊:《论反不正当竞争法的现代化》,载《比较法研究》2017年第3期。

责任,但其他竞争者却无法通过现代民法来维护自己竞争利益的损失。

竞争充足假设是指理性经济人会自发进行竞争,不存在不竞争或者竞争不足之情形。现代民法的基础是平等主体之间的商品交易关系。为了保证市场机制的顺利运行,市场主体数量之充足与市场竞争之充分是必然的隐含假设,否则交易条件就存在被特定个体控制的风险。第一次工业革命虽然大大提升了生产力,但并未改变生产结构;甚至,直到1870年小规模的手工作坊依然是社会的基本生产单位。㉖ 这种非集中化的市场结构客观上保证了竞争充足假设的成立。但随之而来的第二次工业革命从两个方面迅速击破了这个隐含假设。其一,第二次工业革命使得资本主义完成了从自由资本主义向垄断资本主义的转型,并在重工业、交通运输业、石油开采业等行业造就了大量的垄断企业。垄断企业的存在从竞争数量以及竞争质量两个层面严重削弱甚至排除了竞争机制。其二,第二次工业革命也使得人类社会在19世纪70年代首次见证经济危机的威力。为了应对经济危机,各种形式的垄断组织(如卡特尔、辛迪加、托拉斯等)纷纷出现。㉗ 这些垄断组织成立的目的是统一价格、固定产出,通过限制成员之间的竞争形成人为创设的垄断企业。面对这种竞争不足甚或不竞争的局面,即便是理性的经济人也无法与垄断者对抗,而只剩下交易或者不交易的自由。㉘ 19世纪末各国政府对垄断的危害都有所察觉,并尝试通过拓展民法的适用范围进行解决。㉙ 但很多民法学者都质疑这些突破民法体系的做法,认为从

---

㉖ Jeremy Atack, *Firm Size and Industrial Structure in the United States During the Nineteenth Century*, 46 The Journal of Economic History 463(1986).

㉗ 参见[美]戴维·格伯尔:《二十世纪欧洲的法律与竞争》,冯克利、魏志梅译,中国社会科学出版社2004年版,第89~91页。

㉘ 参见苏永钦:《私法自治与公平法的管制——公平法第二十四条的功用与滥用》,载《月旦法学杂志》2001年第3期。

㉙ 比如,在19世纪末20世纪初欧洲形成了大量的民事特别法,其目的在于凭借既有的合同法框架来提高弱者地位、干预合同自由等,以解决市场力量带来的问题。参见薛军:《批判民法学的理论建构》,北京大学出版社2012年版,第44~45页。此外,与欧洲不同,美国则尝试援用传统普通法上处理“限制交易的合同”的原则来解决市场力量带来的负面问题。参见陈兵:《再论美国反托拉斯法生成:以19世纪下半叶规制铁路业垄断问题为线索》,载《经济法研究》2011年第1期。

长期来看得不偿失。[30]

综上所述,现代民法从市场主体和客体两个维度对市场进入进行了政府干预,但对市场交易条件却以理性经济人假设构建了私法自治的框架。现代民法的安排在竞争自足和竞争充足的时候确实能够充分发挥市场主体的主观能动性,提升社会福利;但当竞争自足和竞争充足的隐含假设破灭之后,现代民法所依赖的哲学基础就不复存在了,从而失去市场调控的能力。并且,这种体系性的风险无法通过改良现代民法得以解决,因此要求新型市场经济法律的出台。

## 二、竞争法的市场调节与政府干预

虽然学界经常将竞争法视为"经济宪法",但若从处理市场经济法律关系的深度和广度来看,民法却是市场经济法律中"经济宪法"的不二之选。但第一次工业革命中出现的现代民法更多的是在保护农耕经济以及小商品经济中的简单市场关系。在进入第二次工业革命之后,现代民法中与竞争相关的两大隐含假设(竞争自足与竞争充足)相继破灭,从而导致理性经济人假设的社会基础岌岌可危。竞争法的出台正是为了重构隐含假设,保证民法的顺利运行。具体而言,反不正当竞争法主要是为了弥补竞争自足的假设,而反垄断法则是为了保证竞争充足的假设。

### (一)反不正当竞争法的政府干预本质

反不正当竞争法的出现要晚于现代民法,大致成型于19世纪中叶。现代民法假设市场交易不会产生外部性的问题,或者说交易给交易主体带来的收益会高于对第三方造成的损失。而市场经济的快速发展开始暴露交易对于竞争的外部性问题,因此不正当竞争法被创设出来:一是由于竞争关系与交易关系的不可分割性,二是由于早期立法的简单性,反不正当竞争法"更多是历史传统与实用主义的产物,而通常不是理论设计的产物"。[31] 体系性和逻辑性的

---

[30] 参见[德]迪特尔·梅迪库斯:《德国民法总论》,邵建东译,法律出版社2004年版,第361~365页。

[31] 参见孔祥俊:《论反不正当竞争法的现代化》,载《比较法研究》2017年第3期。

欠缺导致反不正当竞争法的功能和目的即便在现代学术界也存在重大争议。其中,影响该法与其他部门法分野最为深远的理论问题有二:第一,反不正当竞争法是否只保护竞争者,还是兼顾保护消费者;第二,反不正当竞争法是否是民事侵权法的特别法。

第一个问题实则跟竞争关系与交易关系的复杂联系密切相关。市场经济的终极目的是促进交易,因不交易则不产生价值。但忽视竞争关系的民法在竞争不自足的时候会影响交易关系,因此需要创设特别法对竞争关系进行调整。不过,竞争关系并不独立,所有破坏竞争关系的行为最终都是为了获取交易机会。由于竞争与交易这种不可分性,即便创设目的只是为了调整竞争关系的反不正当竞争法也不可能只保护竞争关系,而不保护交易关系。我国 2017 年新修订的《反不正当竞争法》第 2 条将不正当竞争行为界定为"损害其他经营者或者消费者的合法权益的行为",也正是体现了这一点。但在反不正当竞争法的框架内,保护竞争者与保护消费者存在因果关系远近的差异。该法的直接目的是保护竞争者,间接目的才是保护消费者,因此,反不正当竞争法应当以竞争关系作为实施的先决条件。竞争关系作为反不正当竞争法实施的先决条件在早期并不是问题,但是近来产生了一种较为主流的观点——我们应当在反不正当竞争法中弱化竞争关系。㉜ 但若依从这些学者的主张,则反不正当竞争法中的受害主体将被扩张为所有的市场主体,这不但违背该法的基本逻辑,而且容易造成该法与其他部门法的冲突。㉝

此外,由于竞争与交易的不可分性,不正当竞争行为法也与其他部门法(尤其是消费者权益保护法)存在竞合。比如,虚假宣传同时损害竞争关系与交易关系,该行为在我国同时被反不正当竞争法、消费者权益保护法、广告法等规制。但严格来说,虚假宣传对交易关系的损害应当由调整交易关系的消费者权益保护法管辖;在此,消费者权益保护法可以视为侵权法的特别法,目的是提升交易

---

㉜　参见郑友德、伍春燕:《我国反不正当竞争法修订十问》,载《法学》2009 年第 1 期。

㉝　参见焦海涛:《不正当竞争行为认定中的实用主义批判》,载《中国法学》2017 年第 1 期。

中弱势群体的市场地位。[34] 虚假宣传对竞争关系的损害应当由反不正当竞争法来调整,而广告法可以视为反不正当竞争法在广告行业中的特别规定。此外,反不正当竞争法早期立法的简单性也导致该法被掺入了很多消费者权益保护的内容。比如,不正当的有奖销售既包含欺骗性的有奖销售,也包含超过法定金额的抽奖式有奖销售。前者更多的是在保护交易关系,而属于消费者利益保护的范畴,后者则是为了调整竞争关系。

第二个问题的本质是反不正当竞争法主要保护个人利益还是主要体现政府干预。从表面上来看,反不正当竞争法的主要职能是平衡具体交易中特定竞争者之间的利益,追求局部和个案的公正,保障静态的财产权和人身权。[35] 这确实使得反不正当竞争法与侵权法的诸多理念不谋而合。如果此处的侵权法所指的仅仅是“行为+损害+因果关系”这种分析模式的话,那么我国的不正当竞争行为似乎都属于民事侵权行为的延伸。但反不正当竞争法终究不是只保护个体利益的部门法。即便在分析传统的不正当竞争行为时(如市场混淆或者虚假宣传),我国法院也不是只考虑具体案件中的消费者有没有被混淆或者误解,而衡量的是“相关公众”[36]的理性有没有被影响。相关公众概念的引入证明反不正当竞争法衡量的是社会整体利益,而非只保护私个体利益。

那么,为何依然还存在反不正当竞争法是特殊侵权法的论断呢？这主要是因为不正当竞争行为经过近两百年的类型化发展,已经不仅仅只是法律规定,更深深地嵌入我们日常的行为模式之中,这种下意识中的违法性使我们忘却了政府干预的存在。但令人欣喜的是,近期出现的一些新型的不正当竞争行为给我们提供了重新思考不正当竞争行为本质的契机。比如,在我国最近涉及广告屏蔽软件的几个案件中,虽然同时存在支持和否定屏蔽视频网站广告

---

[34] 参见朱广新:《惩罚性赔偿制度的演进与适用》,载《中国社会科学》2014 年第 3 期。

[35] 参见王先林:《竞争法学》,中国人民大学出版社 2018 年版,第 79 页。

[36] 参见孔祥俊:《商标与不正当竞争法:原理与判例》,法律出版社 2009 年版,第 258 页。

的行为为不正当竞争行为的判决书，[37]但所有法院分析的重点并非原告的私个体利益有没有受损，而是在线广告屏蔽软件的商业模式有没有严重阻碍视频网站这个行业的生存和发展。因此，我国《反不正当竞争法》所禁止的"损害其他经营者或者消费者的合法权益的行为"，指的应当是对整个社会或者整个行业造成严重负面影响的行为。同时，不正当竞争行为对于社会利益的损害不仅包含对经济利益的损害，还包括对非经济利益的损害。比如，我国《反不正当竞争法》中将"未如实入账"的行为纳入商业贿赂的范畴，就超越了传统上对于贿赂的理解。[38] 这些特殊性使反不正当竞争法远远超越了民事侵权法的私法范畴，也使反不正当竞争法与民法在执法层面存在重大差别。虽然二者均允许私个体提起损害赔偿之诉，但反不正当竞争法对于公共利益的保护必然要求政府代表市场进行行政执法。

此外，竞争具有双面性：一方面竞争可以促进市场经济，另一方面竞争又具有零和性，即某个体竞争的胜利意味着他个体竞争的失利。现代民法希望利用经济人利益最大化的天性来化解恶性竞争的负面效果，或者说假定交易的负外部性可以被交易本身带来的收益所超越。但竞争终究必须遵循一定的范式，否则会造成社会整体福利的损失。因此，反不正当竞争法将竞争关系纳入市场经济法律体系，通过保护竞争者的权益来维系现代民法的隐含假设。但由于竞争关系与交易关系的不可分割性，反不正当竞争法与民法不但存在差异，而且存在交叉与转化。二者交叉关系的体现，如侵犯商誉的不正当竞争行为与侵犯法人名誉权的侵权行为。虽然民法也能在一定程度上保护法人的商誉，但却在理论层面上存在名誉权是人格权还是财产权以及适用何种民事责任的争议，[39]因此需要反不正当竞争法的补充性保护。二者转化关系的体现，如商标侵权在我国

---

[37] 北京市朝阳区人民法院民事判决书，(2017)京0105号民初70786号；北京市高级人民法院民事判决书，(2015)高民(知)终字第1035号；北京市第一中级人民法院民事判决书，(2014)一中民终字第3283号。

[38] 参见李剑：《反思"雪花"啤酒案：商业贿赂本质的误读》，载《上海财经大学学报》2009年第3期。

[39] 参见许中缘、颜克云：《论法人名誉权、法人人格权与我国民法典》，载《法学杂志》2016年第4期。

原先由 1993 年的《反不正当竞争法》予以保护。但随着商标法的颁布,商标正式成为民法中的物,《反不正当竞争法》在 2017 年的修订中也就删除了该方面的内容。

(二)反垄断法的竞争机制

虽然反垄断法与反不正当竞争法均保护"市场公平竞争",但二者分别处理市场竞争的两种极端情形:反不正当竞争法关注的是竞争不自足或者是过度竞争,反垄断法处理的则是竞争不充足。即便是不正当竞争行为,也是竞争者为了提升竞争力而实施的"竞争行为",只是这些过度竞争的行为对于市场机制损害过大,从而被禁止。垄断行为则旨在限制甚至消除竞争者之间的竞争;失去竞争的市场机制无法自行运行,因此需要反垄断法来提升竞争程度,恢复市场机制。但也因二者同时调整竞争关系,反垄断法与反不正当竞争法不可避免地存在重合。此外,由于竞争关系与交易关系的不可分割性,反垄断法与民法也存在交叉。

反垄断法和反不正当竞争法的重合在历史上有着诸多体现。我国 1993 年的《反不正当竞争法》就吸纳了限定交易、行政垄断、掠夺性定价、搭售、串通投标等五类垄断行为。后由于《反垄断法》的颁布,《反不正当竞争法》在 2017 年的修订中删除了这些行为。不过,至今仍有一些国家对某些侵害竞争的行为同时适用反垄断法和反不正当竞争法。比如,在比利时、法国、英国、卢森堡、瑞士等国也可适用反不正当竞争法来处理掠夺性定价的行为。[40] 但反垄断法与反不正当竞争法在分析方法上还是存在重大差异的。虽然这两个部门法在分析竞争行为的时候都需要判断社会利益是否受损,但在反不正当竞争法中这种判断一旦完成,涉案行为就永远被定性为违法行为。随后的类似案件基本遵循"行为+损害+因果关系"的侵权法三要件的分析逻辑,这也是反不正当竞争法被认为是民事侵权法的原因之一。但所有的垄断行为都同时具有促进竞争和限制竞争的效果。如果缺乏具体的场景,反垄断执法机构无法抽象地判定某个垄断行为是否违法。因此,所有的反垄断分析都必须结合具体案

---

[40] WIPO, *Protection against Unfair Competition: Analysis of the Present World Situation*, at 67-68[WIPO Publication No. 725(E),1994].

件才能判断是否产生排除限制竞争的效果。就这个角度而言，现代反垄断分析中所强调的"合理原则"在方法论层面主要是在传统侵权法三要件分析之外增加了"合理性"要件，即不对涉案行为的违法性进行抽象性的价值预判，而是具体案件具体分析。即便如此，时至今日仍有一些垄断行为（如固定价格、限制产出、分割市场等）并不要求合理性分析，依然遵循传统侵权法三要件的分析范式，被称为"本身违法"的行为。这种保留或许是因为这些行为大体上不具有促进竞争的效果，或许是为了便利反垄断机构的执法工作。本身违法行为的存在可能是那些在反不正当竞争法中保留垄断行为的国家的逻辑基础。但本身违法的行为一来为数甚少，二来也并不决然本身违法，因此，对违法行为做不做抽象性价值预判体现了反垄断法与反不正当竞争法的逻辑分野。

如果说反垄断法与反不正当竞争法的交叉是法律竞合的话，那么反垄断法与民法的重合则是"法律冲突"了。我国《反垄断法》主要禁止三类垄断行为：垄断协议、滥用支配地位、经营者集中。[41] 这些行为或者是经营者之间依据合同自由所签订的协议（如垄断协议与经营者集中），或者是经营者依据物权法对财产设置的交易条件（如滥用行为）。如此看来，反垄断法必然跟民法存在冲突。但反垄断法并非要取代民法，而是在民法无法顺利运行的时候进行补充。古典经济学界定了两种极端的市场结构：完全竞争与垄断。在完全竞争的市场中没有任何个体能够控制市场，因此，市场价格会在竞争价格上下浮动，从而使社会生产与消费者的需求完美匹配。但在垄断市场中，垄断者为了获取垄断利润会将价格提高到垄断水平；此时产量的降低一方面造成社会资源的浪费（垄断者的部分产能闲置），另一方面造成部分消费者的需求无法满足，从而损害社会福利。[42] 理性经济人假设正是建立在完美竞争的市场结构之上，但第二次产业革命中出现的卡特尔以及垄断企业摧毁了竞争充足的假

---

[41] 我国《反垄断法》还禁止行政机关滥用行政权力排除限制竞争的行为，但该类行为与其他垄断行为的实施主体不同，为行政机关，而非私市场主体。因与本文主题无关，故对之不予讨论。

[42] 参见王传辉：《反垄断的经济学分析》，中国人民大学出版社 2004 年版，第 75～77 页。

设,使社会生产无法按照最有效的模式运行。反垄断法的出台正是为了恢复竞争机制,保证民法的运行基础。

民法在具体交易中保护交易双方的利益,反垄断法则是在社会整体层面衡量竞争程度是否足以支撑民法的顺利运行。譬如,拒绝交易是典型的滥用市场支配地位的行为。但拒绝交易在民法领域受到所有权神圣和合同自由的双重保护,即便是反垄断法也无法强迫垄断者在任何情况下都必须跟其他人交易,否则会颠覆民法的逻辑基础。我国反垄断法为政府干预设置了三个严格的条件:第一,拒绝交易的经营者对上游商品有市场支配地位;第二,被拒绝交易的商品为其他经营者从事下游生产所必需,且既无法从他处获得也无法自行投资、开发;第三,实施拒绝交易的主体有能力进行交易。[43] 此时,如果依据民法允许垄断者拒绝交易,那么其他经营者即便生产效率更高,也会被排挤出市场;由于竞争程度降低,垄断者即便生产效率较低,也可以轻松获得竞争优势,从而造成劣胜优汰的负面效果。如此设置之后,反垄断法就在极大尊重民法基本原则的基础之上,将执法范围限定在严重减损社会整体福利的垄断行为。[44]

此外,反垄断法与民法和反不正当竞争法在执法层面也存在重大差异。反垄断法通过调节竞争程度来恢复市场竞争机制,因此保护的是社会整体利益,其对个体利益的保护是“间接的、延伸的、不确定的、或然的、相对的”[45]。也正因如此,反垄断法原则上应当由政府代表整个社会执法。这一点有别于以私人诉讼为基点的民法,也不同于公力执法与私人诉讼比重相当的反不正当竞争法。虽然在实践中我们也看到各国都在不同程度上允许反垄断私人诉讼,但反垄断私人诉讼从本质而言从属于政府的公力执法。这一方面是因为反垄断诉讼中的原告天然难以抗衡具有市场地位的被告,另一方面也是因为推进反垄断民事诉讼的主要目的之一是帮助

---

[43] 参见《工商行政管理机关禁止滥用市场支配地位行为的规定》(已失效),2010年12月31日国家工商行政管理总局令第54号公布,第4条。

[44] See Hou Liyang, *The Essential Facilities Doctrine: What was Wrong in Microsoft?*, 43 International Review of Intellectual Property and Competition Law 251 (2012).

[45] 参见刘水林:《反垄断诉讼的价值定位与制度建构》,载《法学研究》2010年第4期。

执法机构发现违法信息。反垄断法中的政府干预除了体现在依赖政府执法之外，也体现在反垄断执法机构的执法自由裁量权之上。竞争程度只是一个度的概念，不同时期不同的执法主体对于合适的竞争程度存在不同的理解，[46]因此反垄断执法往往呈现宽严交替的历史趋势。[47] 但正是这些不同的执法门槛揭示了反垄断法强烈的政府干预色彩，代表着政府对于市场发展的预期。

总体而言，民法创设市场交易的框架规则，反不正当竞争法判断竞争行为的品性，反垄断法则保证市场机制架构在一定的竞争程度之上，此三法在各个层面确保市场机制的自我运行，也都体现了不同程度的政府干预。民法中的政府干预仅仅体现在立法进程中，立法调控后则完全由市场接手。反不正当竞争法与反垄断法都可以在个案中进行政府干预。但反不正当竞争法中的个案干预具有先例性；而反垄断法中的政府干预则不具有先例性，需要政府在具体案件中进行个案的精准衡量。因此，反垄断法对政府干预的技术性要求要远远高于反不正当竞争法。这种高技术性的要求甚至使得一些反垄断学者认为反垄断执法机构应当考虑执法的错误成本，并可以通过大概率来定案，[48]这在其他部门法的执法中是非常罕见的。

## 三、政府干预的市场与市场机制的重现

在民法和竞争法的框架下，市场之手与政府干预在市场主体、交易客体、交易条件、竞争关系等四个方面得到了较好的平衡。但此时市场之手与政府干预存在一个主从关系：政府干预的主要目的是恢复市场机制，而非替代市场机制。这与中共中央《关于全面深

---

[46] 关于竞争程度历史上存在过完全竞争（Perfect Competition）、可竞争市场（Contestable Market）、可行竞争（Workable Competition）、有效竞争（Effective Competition）等不同概念。See Alison Jones & Brenda Sufrin, *EU Competition Law: Text, Cases, and Materials*, Oxford University Press, 2016, pp. 13–25.

[47] 参见［美］欧内斯特·盖尔霍恩、［美］威廉姆·科瓦契奇、［美］斯蒂芬·卡尔金斯编著：《反垄断法与经济学》，任勇、邓志松、尹建平译，法律出版社2009年版，第260～261页。

[48] 参见李剑：《中国反垄断法实施中的体系冲突与化解》，载《中国法学》2014年第6期。

化改革若干重大问题的决定》所确立的“使市场在资源配置中起决定性作用”的基调是完全一致的。但问题是如何理解《中共中央关于全面深化改革若干重大问题的决定》中的下半句——“更好发挥政府作用”。那么,也就明确了只有在市场体系不完善、政府干预过多和监管不到位的时候,我们才不能完全依赖市场机制,而必须更好地发挥政府干预的作用。同时,民法和竞争法并非解决市场经济中法律问题的唯一法宝,还存在市场之手从属于政府干预的其他部门法。

(一)市场规制法的立法逻辑

民法与竞争法均认可市场机制是可以自我运行的,但这又引发了现代民法的第三个隐含假设——市场机制是可以自我运行的。随着市场经济的深入发展,不能自我运行的市场开始逐渐显露出来。由于这些市场不能自我运行,就需要政府通过干预来创制市场规则,以外力改变市场主体、交易客体、交易条件或者竞争关系等来模拟市场机制的运行。实施这些外力的法律法规在本文中被统称为市场规制法。与民法和竞争法修补自创生市场中的某些环节不同,市场规制法旨在从无到有拟制市场要素,并使市场机制在拟制的环境中发挥作用。

不能自我运行的市场,或者说“体系不完善的市场”,在学界往往被称为市场失灵。从20世纪下半叶始经济学界就从多个维度证明了市场失灵的存在,并提出各种解决方案,比如公共物品理论、[49]信息不对称理论、[50]负外部性理论[51]等。这些理论均认为如果不施以政府干预,那么市场经济在这些行业中就无法建立。不过,市场失灵理论仅为政府干预提供了契机,并未建立二者之间的必然因果关系。最早分析市场经济与政府干预关系的学说为“公共利益”理论。该理论认为:为了保护公共利益,只要存在市场失灵就需要政

---

[49] 参见沈满洪、谢慧明:《公共物品问题及其解决思路——公共物品理论文献综述》,载《浙江大学学报(人文社会科学版)》2009年第6期。

[50] George Akerlof, *The Market for "Lemons": Quality Uncertainty and the Market Mechanism*, 84 Quarterly Journal of Economics 488(1970).

[51] 参见张维迎:《经济学原理》,西北大学出版社2015年版,第302~305页。

府干预。[52] 但鉴于政府干预所产生的"干预过多和监管不到位"的问题,后续经济学家又提出了"管制失灵"的理论。该理论认为公共利益理论假定政府干预没有成本,并且能够有效纠正市场失灵。但一方面,政府的干预并不总是有效率的,干预过多或者过少均会导致越改越乱、越乱越改的无效干预;另一方面,政府干预也会导致市场主体管制套利的行为。管制失灵的存在使20世纪中后叶的经济学界甚至开始反对政府干预。较有代表性的理论有二。其一,以斯蒂格勒为代表的经济学家们构建了"政府捕获论",认为政府监管并非总是服务大众利益,也可能是私个体寻租(或者说政府被捕获)的结果,并由此认为政府干预在大多数情况下是不效率的。[53] 其二,以哈耶克为代表的新奥地利经济学派则更为极端,他们甚至预言任何企图改善市场条件的政府干预最终都会失败。[54]

直到20世纪70年代新制度经济学出现之后,市场失灵与管制失灵的紧张局面才得以缓解。新制度经济学将政府规制认定为公共服务,也存在成本与收益问题。该理论认为市场失灵并不必然导致政府干预,政府干预只有在收益高于成本的时候才具有合理性;同时,政府干预的目的应当是降低交易成本,并应当在竞争机制能够发挥作用之后退出市场,或者说不再规制。如果这些目的不能实现,那么宁可让市场持续失灵,也不进行政府干预,否则就会对市场造成双重伤害。20世纪80年代以后在全世界掀起的去管制化浪潮正是在这些理论的支持下逐渐展开的。

### (二)政府干预的补充作用与转化

市场规制法从市场主体、交易客体、交易条件、竞争关系等四个层面构建市场条件,使得市场机制按照政府的意志运行。但市场规制法中的政府干预并非没有限制。首先,市场规制法的出发点必须且只能是市场失灵。其次,为了治愈市场失灵,市场规制法必须构建市场条件,从而可以施加超越正常市场条件的要求,比如增加市

---

[52] Richard Posner, *Theories of Economic Regulation*, 5 The Bell Journal of Economics and Management Science 335(1974).

[53] 参见倪子靖:《规制俘获理论的变迁》,载《制度经济学研究》2008年第3期。

[54] Friedrich Hayek, *Law, Legislation and Liberty: The Mirage of Social Justice*, *Routledge* Vol. 2, p. 142(1982).

场主体的进入难度、限定市场客体的交易范围、限定市场主体的交易自主权以及竞争自主权等。最后,市场规制法的终极目的是让市场机制能够自我运行;该目的一经实现,政府就不再干预,必须让位于其他部门法。因此,市场规制法与民法、不正当竞争法、反垄断法之间的界限非常明显:后三法旨在恢复市场机制,而市场规制法则是构建市场机制,并且代表了政府对于市场发展的预期,具有更为强烈的政府干预特征。此外,市场规制法与其他三法的区别还在于:上述三法中的政府干预都是永久性的;而市场规制法中的政府干预虽然力度强烈,但只是临时的、过渡的。

最具有代表性的市场规制法当属电信管制法,我国电信行业的改革历程较为充分地体现了市场规制法的各种特性。电信行业因具有公共财产、自然垄断、网络效应、信息不对称等市场失灵的因素而迫切需要政府干预。[55] 在 1994 年以前我国的电信业务完全由政府通过行政的方式进行供给;之后,我国开始着手电信行业的现代化改革,即在电信行业逐步构建市场机制。[56] 在改革之初,我国的电信行业缺乏形成市场的必要因素,因此需要政府拟制各种市场条件,对电信行业的市场主体、交易客体、交易条件(价格、质量等)、竞争条件等进行严格和明确的设定。因此,2000 年颁布的《电信条例》对于电信业务经营设置了很多现在看起来非常苛刻的要求。比如,对电信经营者的市场主体身份提出了远高于正常市场主体的要求,并且当时也只有国有企业才会被授予运营资格。其次,电信市场中的交易客体为电信服务,而电信服务的实质载体为有线网络或者无线电频谱。我国 1993 年的《无线电管理条例》规定无线电频谱不能进行交易(转让、出租或者变相出租),只能由无线电管理机构分配,这也即是从物权角度限定了无线电频率的交易范围。最后,在交易条件方面规定基础电信业务的价格由政府进行规制等。

但是,这些超越正常市场条件的要求只是为了模拟市场机制,因此也必然要具有过渡性的特征。我国的电信立法自颁布之初就已预设了市场充分竞争后政府干预的退出机制。这主要表现在

---

[55] 参见娄耀雄:《电信法》,对外经济贸易大学出版社 2010 年版,第 10~12 页。

[56] 参见续俊旗、[德]Bernd Holznagel 等:《融合背景下的中欧电信管制比较》,北京邮电大学出版社 2009 年版,第 2~20 页。

如下两个方面：第一，虽然《电信条例》规定基础电信业务的价格由政府规制，但同时也规定当市场竞争充分时也可实施市场调节价。随着电信行业改革的深入，我国首先在2014年放开了基础电信业务资费定价的行政审批制度，后又在2016年修订《电信条例》的时候完全取消了政府价格规制，使得原先没有定价权的电信经营者能够控制交易条件。第二，为了在市场中培育竞争者，世界各国均会对电信运营商施加互联互通的义务。[57] 在正常的市场条件下，任何市场主体都没有以自身财产来扶助其他竞争者的义务，这只能通过市场规制法中的强制性义务来实现。但鉴于这种政府干预的强烈程度，国际上的通行原则是政府应当逐步降低干预强度，并在竞争达到一定程度之后就退出市场。[58] 我国的《电信条例》也充分体现了这一点，将电信运营商的互联互通义务仅限定于主导的电信经营者，也即"控制必要的基础电信设施并且在电信业务市场中占有较大份额，能够对其他电信业务经营者进入电信业务市场构成实质性影响的经营者"。可以预见，随着市场竞争的充分发展，主导电信经营者的市场力量也必将逐渐减弱，并最终不再承担互联互通的义务。

进而，在随后的电信立法修订中我国更是充分体现了政府干预的过渡性特性。比如，自2013年起我国开始颁发移动通信转售业务的运营牌照，鼓励民营资本进入基础电信业务，不但扩张了电信市场主体的范围，而且提升了竞争程度。又如，2016年修订的《无线电管理条例》开始允许无线电频谱可以在主管机构批准之后进行转让。虽然无线电频谱的交易依然受到一定限制，但已经从无到有，转变为可交易的交易客体。市场规制法退出之后，由于市场竞争已经充分，其他部门法自然也可以取代市场规制法留下的空位。时至今日，我国已经出现使用《民法典》《反垄断法》等来调整原先由《电信条例》来调整的法律关系的案例。[59] 因此，"更好发挥政府

---

[57] Martin Cave, *Encouraging Infrastructure Competition via the Ladder of Investment*, 30 Telecommunications Policy 223(2006).

[58] 参见常欣：《放松管制与规制重建——中国基础部门引入竞争后的政府行为分析》，载《经济理论与经济管理》2001年第11期。

[59] 参见(2014)沪二中民五(知)初字第59号民事判决书。本案中原告的诉讼请求虽然基于《反垄断法》，但法院最终认为被告中国移动的行为符合合同规定，不属于垄断行为。参见内工商竞争案字(2015)第2号。

作用”和“使市场在资源配置中起决定性作用”不但存在单向转化的理论性,而且已具有现实性。

另外,虽然这种单向转化主要是从市场规制法向民法和竞争法的转化,但也存在向商法和消费者权益保护法转化的可能。商法是调整平等主体之间商事关系的部门法,其目的在于组织商事主体、促进商事交易、保障交易安全。[60] 组织商事主体属于民法中广义的市场主体法的范畴,但民法一般只规定商事组织(法人)的外部权利义务关系,商法则往往承担着法人内部具体组织的职能,从而实现企业资产与企业管理人资产的分割,使之成为真正的市场主体。[61] 而财产如何分割就不是市场机制本身能够产生的制度了,因此,商法比民法体现了更多的政府干预。此外,商法在涉及商事交易的内容时更是承担了一定的市场规制功能,比如,保险法就是对保险合同的成立、内容、履行、解除等方面所做的政府干预,因此商法传统上也被认为是公私法结合的法。[62] 同样,消费者权益保护法也是通过政府干预改变交易条件,建立消费者的倾斜保护理念。[63]

虽然商法和消费者权益保护法都带有政府干预的印记,但市场规制法在干预强度以及干预的频繁程度方面都要远远高于商法与消费者权益保护法。比如,从我国电信改革的发展历程来看,电信行业在市场主体、交易客体、交易条件、竞争关系等方面都经历了从无到有的变化,这在商法或者消费者权益保护法涉及的领域都是不曾见的。而对电信资费进行价格管制的方式,在其他部门法中更是罕有所闻。随着市场程度的进一步发展,随着电信行业竞争程度的加强,政府必须要放松干预,但随后的电信行业能否完全由民法或者竞争法管辖存疑。比如,无论竞争如何发展,政府对于电信运营商不可能没有任何资质要求,这些可能会在未来形成电信商法的范畴。又如,电信规制中的普遍服务义务等保护电信消费者权益的条

---

[60] 参见钱玉林:《商法的价值、功能及其定位——兼与史际春、陈岳琴商榷》,载《中国法学》2001 年第 5 期。

[61] 参见李清池:《商事组织的法律构造——经济功能的分析》,载《中国社会科学》2006 年第 4 期。

[62] 参见刘凯湘:《论商法的性质、依据与特征》,载《现代法学》1997 年第 5 期。

[63] 参见李友根:《从平等走向倾斜——对消费者保护法的回顾与展望》,载《法学论坛》2008 年第 3 期。

款并不会随着竞争提升而失去意义，这些在未来也可能会以电信消费者权益保护法的方式予以保留。因此，随着政府干预在规制行业中的逐步弱化，某些市场规制法也会逐渐向商法和消费者权益保护靠拢。

（三）市场规制法与反垄断法的融合

就立法原则而言，市场规制法与反垄断法的界限是分明的。反垄断法以正常市场条件为基础来判断垄断行为是否违法，市场规制法则给受规制的经营者施加超越正常市场条件的义务。因此，市场规制法和反垄断法之间应当是单向转化关系。但反垄断法的执法体系在20世纪末出现了巨大变化，该变化的背后隐含着反垄断法和市场规制法相互转变的趋势。反垄断法原则上属于行为管制法，即在事后通过对个案中的垄断行为进行一次性处罚来恢复市场机制。这跟市场规制法往往在事前对市场进行持续性、全面性的干预有着很大区别。但现代反垄断执法在全面引入经济学分析之后，执法成本被大大增加，[64]这促使反垄断执法机构开始寻找替代性的执法模式，此即承诺机制。

承诺机制在美国被称为Consent Decrees，在欧盟被称为Commitment Decisions，是在执法实践中形成的一种特别和解程序。[65]承诺机制因其快捷性、便利性、适应性，自出现之后就被各国反垄断执法机构广为接受，我国《反垄断法》对此也有规定。依其目的不同，承诺机制可以分为：停止已经发生的垄断行为的承诺（消极性承诺）和规制尚未发生的行为的承诺（积极性承诺）。消极性承诺与既有的反垄断执法模式类似，均以停止违法行为作为主要目的。区别仅在于消极性承诺案件无须作出复杂的经济分析，同时也没有处罚措施。就实质而言，消极性承诺是通过当事人承认违法来换取反

[64] 比如，美国在20世纪80年代反垄断案件的平均审理时间为8个多月，而到了90年代就迅速增长到了25个月。参见Daniel Crane, *Optimizing Private Antitrust Enforcement*, 63 Vanderbilt Law Review 691(2010)。又如，欧盟在进入21世纪之后处理反垄断案件的平均时间约为51个月。参见Kai Hüschelrath, Ulrich Laitenberger & Florian Smuda, *Cartel Enforcement in the European Union: Determinants of the Duration of Investigations*, SSRN(Dec. 24, 2017), https://ssrn.com/abstract=2179037。

[65] 参见刘水林：《反垄断实施的协商制研究》，载《法商研究》2015年第3期。

垄断执法机构免于处罚的和解。而积极性承诺则是给当事人施加积极性的义务,从而保证未来的市场机制不会受到损害。积极性承诺一方面拓展了反垄断执法机构的执法手段,另一方面也使得反垄断法具备了一定的市场规制职能。[66] 具有历史意义的积极性承诺案件是美国 1982 年的“美国电话电报公司案”。[67] 依据该案中的承诺,美国电话电报公司不但被分拆,而且被施加互联互通等积极性义务。鉴于美国的电信管制法直到 1996 年才被颁布,该案中的承诺在之后的十几年间实际上承担了规制美国电信行业的职能。[68] 通过积极性承诺拓展反垄断执法权能的做法也被我国的反垄断执法机构使用。2012 年国家发展和改革委员会在“电信联通案”中接受了中国电信和中国联通的承诺:“(1)尽快与骨干网运营商进行扩容;(2)降低与其他公司的互联价格,进一步提升互联互通质量;(3)进一步规范互联网专线接入自费管理,按照市场规则公平交易,适当降低自费标准;(4)大幅提升光纤接入普及率和宽带接入速率,五年内公众用户上网单位带宽价格下降 35%左右。”[69]这些内容已经接近甚至等同于市场规制法。

积极性承诺自其出现之后就成为各国进行政府干预的重要工具。但过度利用积极性承诺的做法也遭到一些学者的批评,被认为是“不恰当地扩展反垄断法的适用范围”。[70] 因此,虽然反垄断法和市场规制法在实践中存在双向转化的空间,但政府还是应当尽量尊重二者的内在逻辑分野。我国国务院在 2016 年决定设立公平竞争审查制度,通过对市场准入和退出标准、商品和要素自由流动标准、生产经营成本标准、生产经营行为标准的审查,防止政策制定机关出台排除、限制竞争的政策措施,并逐步清理废除妨碍全国统一市

---

[66] Douglas Melamed, *Antitrust: The New Regulation*, 10 Antitrust 13(1995).

[67] United States v. AT&T, 552 F. Supp. 131(DDC, 1982).

[68] Tim Wu, *The Master Switch: The Rise and the Fall of Information Empires*, at 248-249(Alfred A. Knorf, 2010).

[69] 参见王晓晔:《中国电信、中国联通涉嫌垄断案的再思考》,载《交大法学》2013 年第 2 期。

[70] Pierre Larouche, *Competition Law and Regulation in European Telecommunications*, Hart Press, 2000, pp. 229-230.

场和公平竞争的规定和做法。[71] 随后发布的实施细则将公平竞争审查的重点放在涉案政策措施是否具有排除、限制竞争的效果上面，无则可以实施，有则不得出台。[72] 很多学者将公平竞争审查简单等同为反垄断法审查。[73] 但公平竞争审查关注的应当是破坏竞争关系的政策措施。调整竞争关系的部门法除了反垄断法之外，还有市场规制法。因此，公平竞争审查的逻辑基础不应当仅限于反垄断法的分析方法，也应当充分考虑市场规制法中的特殊竞争规制。

## 结　语

市场与政府的法学关系并不单单映射在经济法领域，而是涉及所有与市场经济相关的法律。同时，市场与政府的关系在这些部门法之间也并非简单的“国退民进”，更包括相生共栖、相互转化等其他关系。因此，系统性地理解政府干预与市场机制在各个部门内部以及各个部门法之间的联系与区别，对于完善社会主义市场经济法律体系至关重要。总体而言，市场与政府的法学关系可以总结为如下三个方面。

其一，随着市场经济的健康、全面发展，政府对市场干预的程度会逐步降低，但政府干预会一直存在于市场经济法律体系的各个层面。即便传统上被认为是私法代表的民法，也在人法和物法中较为明显地体现了政府的干预。此外，合同法虽然较少体现外力干预的情形，但也存在损害公共利益的无效合同。反不正当竞争法似乎并不存在政府干预，但对新型不正当竞争行为的研究表明不正当竞争行为是政府为了维护公共利益而进行的干预。反垄断法和市场规制法则更是政府干预市场经济的两大典型部门法。前者维护市场竞争的强度，并可在个案分析中考量非竞争因素；后者则更是代表了政府对市场的判断与预期，具有更为强烈的干预色彩。

---

[71] 参见国务院《关于在市场体系建设中建立公平竞争审查制度的意见》，国发〔2016〕34 号。

[72] 参见国家发展改革委、财政部、商务部、原工商总局、原国务院法制办《关于印发〈公平竞争审查制度实施细则（暂行）〉的通知》，发改价监〔2017〕1849 号。

[73] 参见张穹：《实施公平竞争审查制度 有力维护市场公平竞争》，载《中国价格监督与反垄断》2016 年第 7 期。

其二,虽然政府干预在市场法律体系中是持久地且又广泛地存在的,但政府干预在不同的部门法中也存在干预的强弱之分。政府干预表现为政府对市场主体、交易客体、交易条件以及竞争条件等方面的外力干涉。依据干预强度的不同,政府干预可以分为立法干预、一次性个案干预与多次性个案干预三种。民法中的政府干预主要为立法干预,政府原则上不在或者较少在个案中对于具体民事行为进行价值判断。反不正当竞争法原则上也属于立法干预,但是政府在特殊情形下可以进行个案干预,不过,此时的干预旨在创设先例,因此属于一次性个案干预。反垄断法的执法不具有先例效应,执法机构必须在个案中具体判断相关市场竞争程度的高低与否。与单单调整竞争关系的反垄断法相比,市场规制法也需要政府在个案中随时干预,但市场规制法中的政府干预却会涉及市场关系的方方方面。

其三,民法、反不正当竞争法以及反垄断法旨在保证市场机制的顺利运行。虽然这些部门法的适用范围存在交叉,但因其界限较为明显,其中的政府干预与市场机制较少存在转化关系。市场规制法中的政府干预相较于其他三法最为强烈,为了对抗这种政府干预,市场规制法往往都是过渡性的。因此,政府应当为干预设置明确的日程表,即政府干预的退出机制。政府干预的使命完成之后就退出市场,由其他部门法来补充空位。值得注意的是,积极性承诺的出现使得反垄断法也具备一定的市场规制职能。但反垄断法的市场规制职能应当被慎用,原则上仅限于市场规制法临时缺位,并不得与既有的市场规制法相冲突。

政府在对市场经济实施外力干预的时候应当严格遵循依法治国的原则,遵循各个部门法之间的逻辑分野。原则上,民法和反不正当竞争法中的政府干预因其永久性特质,涉及的应当是核心社会利益。反垄断法中的政府干预应当以恢复(而非提升)竞争程度为目标;积极性承诺虽可产生规制功能,但应当以市场规制法的缺位为前提。市场规制法则应以解决具体的市场失灵为导向和目标,一旦目标实现则应当退出市场。如此方能建立张弛有度、与时俱进、尽如所期的社会主义市场经济法律体系。

# 论民事判决的遮断效力
## ——以前诉判决遮断形成权为中心

王福华*

**内容摘要** 在民事判决发生效力后，当事人又通过后诉主张行使撤销权、解除权与抵销权等形成权，由此可能导致矛盾判决，及前诉判决遮断形成权通过后诉行使的问题。由于我国采诉讼标的识别的旧实体法说，前诉关于原权利的请求权纠纷与后诉的形成权纠纷并非同一诉讼标的，无法以重复诉讼规则作为驳回后诉的依据，因此需要以判决遮断效来阻断后诉请求与事实主张。一般而言，判决遮断效对阻断形成权的后诉行使具有统一性、普遍性的特点，行使形成权的自由性须让步于国家裁判的公权性，在此基础上充分考虑例外情形，以追求实质正义。对形成权通过后诉行使所进行的综合考量，应平衡以下关系：生效判决遮断效力的绝对性与相对性；前诉纠纷解决的终局性与形成权通过后诉行使的必要性、程序保障（期待可能性）、当事人的提出责任与实体法秩序的协调等。基于综合判断，撤销权、解除权原则上应受前诉生效判决遮

---

* 王福华，上海交通大学凯原法学院教授。原文发表在《中国法学》2021 年第 3 期。本文系 2019 年度国家社会科学基金一般项目“重复诉讼识别中的利益衡量研究”（项目批准号：19BFX111）的阶段性成果。

断，而抵销权原则上不应受前诉生效判决遮断。

**关键词** 既判力 遮断效 失权 基准时

## 一、问题的提出

司法实践中经常出现前诉败诉的当事人通过后诉（包括执行异议之诉，下同）主张形成权，并将其作为诉讼策略，以动摇、否定前诉生效判决的情况，由此提出了通过后诉行使形成权的正当性问题。亦即，如果在前诉事实审言词辩论终结前，当事人虽已具备形成权的要件，但却未行使，他在后诉中行使的形成权应否为前诉判决所遮断？学理上，这一问题被简化为“前诉判决应否遮断形成权后诉行使”。对此，理论上存在不同的解决方案：一种观点认为，前诉判决发生既判力之后，形成权在后诉中行使，应属于新事实，不应被前诉生效判决遮断。[①] 另一种观点则认为，应区分于后诉行使的形成权类型，在撤销权与解除权之情形，将为生效判决遮断，而不得再于后诉讼中主张；在抵销权之情形，因其涉及被告债权之存在，因而容许事后再主张。[②] 折中观点则认为，前诉判决是否遮断形成权在后诉中行使，应充分考虑具体情形，只有在存在可归责性，即当事人于前诉中因可归责于自己的原因不行使形成权的情况下，既判力能够遮断形成权通过后诉行使。

判决遮断效力问题在司法实践中时常出现，要求在司法层面做出回应。早在2006年，最高人民法院针对“徐州市路保交通设施制造有限公司（以下简称路保公司）与徐州市华建房地产开发有限公司（以下简称华建公司）房屋买卖合同二审案”所作二审判决，便体现了遮断效法理。该案中，前诉原告华建公司2002年9月基于《商品房购销合同》起诉路保公司，要求其偿还到期购房款，前诉法院（徐州市中级人民法院）以（2003）徐民一终字第1006号民事判决被告路保公司偿付华建公司购房款，该判决发生了法律效力。随后，路保公司又向江苏省高级人民法院（后诉法院）起

---

① 福建三木集团股份有限公司与福建省泉州市煌星房地产发展有限公司商品房预售合同纠纷案，福建省高级人民法院民事判决书，（2003）闽民初字第3号。

② 参见姜世明：《民事诉讼法基础论》，台北，元照出版有限公司2006年版，第159~160页。

诉,请求解除《商品房购销合同》及相关《补充协议》。后诉法院经审理判决驳回路保公司诉讼请求,路保公司不服后诉一审判决,提起上诉。最高人民法院二审审理认为:路保公司在本案中,无论是主张合同解除、抑或主张合同无效,均与(2003)徐民一终字第1006号民事判决相矛盾,一审法院对路保公司所提诉讼请求进行实体审理不当,应予纠正。[③] 该裁判呈现如下逻辑:后诉应受前诉判决效力约束,当事人不能再行通过后诉主张合同撤销或解除的诉讼请求与事实理由。

为填补生效判决遮断效力的法律空白,最高人民法院在一些司法解释中也曾也采取一些替代措施,防止后诉法院作出与前诉生效判决相矛盾的裁判,维护司法的权威与统一。最高人民法院于2012年制定的《关于审理买卖合同纠纷案件适用法律问题的解释》第44条第1款第2项规定,出卖人履行交付义务后诉请买受人支付价款,买受人主张出卖人应支付违约金、赔偿损失或者要求解除合同的,应当提起反诉。该条款虽以“强制性反诉”面目出现,但实际上为生效判决设定了遮断效力或失权效力、排除效力——在买卖价款纠纷诉讼中,通过强制买受人提出有关解除权等反请求,遮断其在后诉行使合同解除权,不让其另行在后诉主张,借此实现对形成权及其依赖的原权利一并做出判断,防止后诉与前诉判决相矛盾。

司法实践提出了赋予生效判决以遮断效力的必要性,以缓解诉讼法与实体法之间的紧张关系。一方面,民事判决发生法律效力后,在诉讼角度必须要维护法秩序,不允许当事人对法院的判断再次争执,他们不但不能另行起诉,主张已为前诉生效判决认定的事实,也失去再次就相关证据材料进行辩论的机会。而且,这种遮断效力是强制性的,必须以严格的时间标准来确定效力起始的节点。否则,生效判决的遮断效力就难言强制性,法的安定性也无从保障。因此,在前诉法庭辩论终结这一“标准时间”之后,当事人就不能再提出在此之前业已存在的事实资料和证据资料,即便是因为自己的

③ 徐州市路保交通设施制造有限公司与徐州市华建房地产开发有限公司房屋买卖合同纠纷案,载《最高人民法院公报》2006年第6期。

过失而未提出的资料，也一律被生效判决遮断。[④] 另一方面，民事法律关系有可能会因“符合实体法上的法律要件事实的具体事实的产生”而消灭或变更，[⑤]特别是形成权具有自由性，撤销权、解除权、抵销权等形成权是仅凭权利人一方意思表示就可发生法律效果的实体权利，其是否行使以及何时行使，完全取决于权利人（形成权人）。可见，形成权的自由行使如果完全不受时间节点的限制，则不利于司法裁判的统一及法秩序的安定。

诉讼法在维护裁判统一及交易秩序方面，具有显著的公法价值，而形成权的行使则具有自由性。一旦两者冲突于民事诉讼过程，就出现了价值判断的必要性。要解决的问题包括：生效判决的遮断效力的作用范围由多大，如何划定范围才能够兼顾司法的统一性与私权行使的自由性？司法实践中是应严格适用生效判决的遮断效力，维护其所确认的法律生活秩序，还是优先保护当事人的形成权行使，保护符合法律要件的形成权，而不使其受到诉讼法上的时间限制？总之，由于形成权的行使并不以对方当事人辅助与配合为必要条件，法律允许权利主体对某项法律关系采取单方面的行动。[⑥] 权利滥用的概率也随之增加——当事人本应在前诉主张形成权，但却不行使，而是在败诉之后再次通过后诉主张形成权，以动摇前诉的既判力。这样，为生效判决判决增设遮断效力，既是增强既判力效能的学理需要，也是遏制滥诉的现实需要。

## 二、判决的遮断效力与形成权行使

### （一）判决遮断效的作用

判决遮断效（Abschneidungswirkung）是生效（确定）判决在时间范围上对当事人及法院的一种约束或限制。判决既判力具有阻断

④ 大陆法系民事诉讼法理论中的“既判力标准时”理论认为，对于当事人争议的权利义务关系，法院应根据当事人提出的事实及证据进行判断，此系辩论主义的要求。为此，当事人应当于在法庭辩论终结前提出事实及证据，法院对当事人之间争议法律关系做出的判断也应当以这节点为准。

⑤ 参见［日］伊藤真：《民事诉讼法》（第 4 版），曹元吉译，北京大学出版社 2019 年版，第 359 页。

⑥ 参见［德］迪特尔·梅迪库斯：《德国民法总论》，邵建东译，法律出版社 2001 年版，第 68 页。

当事人在后诉中提出既判力基准时之前存在的诉讼请求及事实主张的功能，能够防止当事人对法院判断再次争执。但在严格意义上，当事人应在前诉提出而未提出的诉讼请求与事实主张，原则上也应被生效判决遮断、排除，不得再通过后诉主张。因此，法庭辩论终结是形成失权效果的时点，也是切断再次提出主张的时点。生效判决所具有的遮断实体权利通过后诉行使的功能，被称作"遮断效"或"失权效"(Präklusionswirkung)、"排除效"(Ausschlusswirkung)。

生效判决是否发生遮断效力，通常是价值判断的结果。生效判决遮断实体权利在后诉中行使，其正当性在于民事权利行使的自由性要让位于司法的公权性及裁判的终局性，后者优先于前者。如此价值判断的正当性由程序保障机制所赋予——既然庭审言词辩论终结(既判力标准时)是生效判决所确定的权利义务关系所据事实最后存在的时间节点，判决确定的是该时间节点的权利或法律关系状态。⑦ 言词辩论终结是"最后一次事实审理"的时间节点，此后如果没有新事由发生，那么判决生效后就要保持不可争议性及终局性。这意味着，对那些发生于前诉法庭辩论终结前的事实及证据，如果当事人已经享有充分的机会提出，应提出而未提出，那么在判决生效后就失去提出或主张的机会。这样的失权机制既是诉讼效率的要求，更是法律生活秩序的要求。反之，如果缺乏这样的遮断、失权效力，则判决的终局性无从得到保证。因此，在原则上，法庭辩论终结后无论当事人知或不知、善意或恶意、有无故意或过失，一概不允许对该时间节点之前的事由，在下一次诉讼中再次主张。例外的情况是，在言词辩论终结后发生了迟延履行、拒绝履行和不完全履行或可撤销的事实，属于新事实、新证据，前诉判决则无法遮断当事人通过提起后诉行使实体权利。

判决遮断效理论的作用，在于增强了生效判决的效能并使其功能全面化。首先，在程序安定方面，判决所具有的遮断效巩固了程序的可终结性及判决的不可争议性。这有多方面表现：在时间维度具有增强既判力效果，能够阻断当事人应在前诉提出但却未提出的

---

⑦ 庭审言词辩论终结的时间标准可大体区分为以下情形：如果生效判决是第一审判决，则以第一审程序言词辩论终结时为既判力基准时；如果生效判决是第二审判决，则以第二审程序辩论终结时为既判力基准时。

事实;防止当事人通过后诉提出并谋求使形成权再次成为审判对象的可能性。其次,在法律秩序维护方面,判决的遮断效有助于保障法律生活秩序的稳定。可以想象,如果生效判决无法将权利义务关系变动的事实主张及相关证据固定下来,那么判决所确认的事实仍会处于浮动状态,会随时危及法律关系安定。判决的遮断效通过划定判决内容,确定前诉判决的边界,确定哪些事项可再行审理,哪些不可以再行审理,起到阻止当事人提出相反主张的作用,增强生效判决的不可争议,使其所确认的法律关系更加稳定。最后,在诉讼经济方面,判决遮断效在客观上促进了纠纷一次性解决理念的贯彻。诉讼中,双方当事人对民事行为效力问题进行争执时,正常的情况应是当事人要求将该争点纳入审理范围,实现纠纷一次性解决,这与判决遮断效的功能相契合——通过强制提出或禁止在后诉提出,有助于推动当事人通过一个诉讼(前诉)提出全部诉讼请求和事实主张,防止他们将纠纷分割为多个连续诉讼——每次提出一个新的诉讼原因的方式,⑧避免法院针对同一事实作出不同的判决,防止当事人寻求持续的再诉讼直至获得一个有利的裁决,由此在整体上增进社会对司法制度的信任与尊重,避免当事人缠讼,提高纠纷解决效率。

判决遮断效对于规制形成权行使而言,是重要的时间规制工具。实践中,前诉判决生效后当事人通过后诉行使形成权的情况时有发生,此即"后诉行使形成权",行使是否具有正当性则需要价值判断。例如,在前诉中当事人本应主张形成权,但却不提出撤销、解除、抵销等诉讼请求与事实主张,而是待判决发生效力后,再行起诉请求后诉法院作出形成判决,以期通过权利变动来摆脱前诉败诉的结果,这就属于权利滥用的情形。固然,对此可根据民事诉讼诚实信用原则加以规制,但诉讼原则较之于具体条款存在难以适用的问题,且做出司法判断时法官承担的法律论证义务较重。因此,适宜的方案是借助于遮断效规则这样的具体条款,构建起前诉遮断形成权后诉行使的法律机制:一方面,尽量通过前诉与后诉判决的一致

---

⑧ 参见[美]史蒂文·苏本、[美]玛格瑞特·伍:《美国民事诉讼的真谛》,蔡彦敏、徐卉译,法律出版社 2002 年版,第 257 页。

性,保持司法的统一;另一方面,在特定情况下也要兼顾形成权通过后诉行使的正当性,最大限度地实现实质正义。

（二）判决遮断效的地位

遮断效是否为判决的一种独立效力？换言之,究竟应称为既判力遮断效,还是判决遮断效？对此,民事诉讼理论上主要有“独立效力说”与“附属效力说”两种观点。“独立效力说”由德国学者罗森贝克(Rosenberg)及哈布夏(Habscheid)倡导,主张对既判力的内涵做限缩解释,将其等同于一事不再理,并认为“一事不再理”与判决遮断效虽都以追求法律安定为目的,但两者并非同一效力。在功能上,既判力(一事不再理)所排除的对象限于诉讼标的,排除后诉讼就相同诉讼标的再行提起诉讼,也就是不允许对法院判断的事项再予争执。而判决遮断效排除的对象则是前诉讼应当提出而未提出的攻击防御方法(事实主张与证据),不允许在后诉提出,这样的排除功能并非由既判力赋予,而系因确定判决之失权效所致。[9] 英美既判力理论中的“合并规则”与“请求与争点排除”规则,与“独立效力说”观点相当,[10]其运作机理为:前诉法院一旦作出有效终局判决,不但根据合并(merger)规则或者禁止合并(bar)规则,原告的诉讼请求全部消灭,丧失了对被告提起与前诉全部或部分交易有关的救济权,[11]而且由于“请求和争点排除”(claim and issue preclusion)规则,当事人无法再通过后诉行使相关的实体权利。

日本学者则多主张“附属效力说”,将遮断效视为既判力的效果,[12]而非既判力之外的效果。根据有二:其一,既判力的本来作用是针对诉讼标的或法律关系而产生的拘束力,如果允许当事人就法院据以为判断诉讼标的之权利或法律关系存否之前提数据(基础数

---

⑨ 参见骆永家:《既判力之研究》,台北,三民书局1999年版,第21页。

⑩ 所谓请求排除,是指阻止当事人通过针对相同当事人就一个“应当已经”在第一个诉讼中提出的请求提起第二个诉讼;所谓争点排除,是指禁止对于相同争点的再诉讼,即使其请求是不被禁止的。[美]史蒂文·苏本、[美]玛格瑞特·伍:《美国民事诉讼的真谛》,蔡彦敏、徐卉译,法律出版社2002年版,第257页。

⑪ See Jr. Thomas D. Rowe, Suzanna Sherry & Jay H. Tidmarsh, *Civil Procedure*, Foundation Press, 2008, p. 323.

⑫ 参见[日]高桥宏志:《民事诉讼法——制度与理论的深层分析》,林剑锋译,法律出版社2003年版,第490页。

据)，可以要求法院另行确定或重新评价，则既判力实际上将失其意义。[13] 其二，既判力本身也包含着阻断当事人于既判力基准时后再行提出事实主张与证据资料(攻击防御方法)，不会允许当事人通过后诉再行主张事实，这是既判力本身作用使然，只不过由于程序保障及提出责任的纯粹化运用，往往不使用既判力之用语，致以失权效称之。

"独立效力说"与"附属效力说"之间的差异，源于对既判力内涵的不同理解。如果对既判力作广义的定义，既包括一事不再理(禁止重复诉讼)，也包括禁止当事人通过后诉主张前诉判决已经确认的事实主张与证据资料的话，那么遮断效属于既判力的"附属效力"无疑。但如果将既判力的内涵限缩为一事不再理，遮断效的"独立效力说"则具有相当的合理性。例如，在前诉以买卖取得所有权为事实理由请求确认所有权，判决生效后被告就不得再主张前诉确认的买卖合同无效，此系一事不再理的调整对象。而且，在判决遮断效的定性上，还要考虑我国在诉讼标的识别标准上采纳了旧实体法说这一客观现实。这一识别标准以请求权为单位，实体法上有多少个请求权，诉讼中就有多少个诉讼标的，识别起来简便易行，但出现前诉与后诉判决相矛盾的概率也随之增加。由于法院判决只能就原告主张的请求权应否得到支持作出判断，在当事人不主张形成权的情况下法院无法对依附于原权利之上的形成权一并判断，这为当事人后续行使形成权留下隐患。例如，原权利判决生效后被告另行以形成权为诉讼标的起诉，主张撤销、解除或终止法律关系，原告早就知道存在撤销事由，但在前诉中只是请求被告继续履行合同，前诉败诉后原告又起诉被告，主张该合同的成立存在重大误解、被告实施欺诈手段、显失公平等撤销事由，显然这是矛盾的行为，应予禁止。

就客观需要而言，我国民事诉讼立法与实践显然需要判决遮断效力理论，填补诉讼标的旧实体法说标准之漏洞，弥补其不足，使禁止重复诉讼规则与判决遮断效两者共同发挥作用，承担各自相应功能。禁止重复诉讼应侧重禁止当事人对前诉生效(确定)判决中具

---

[13] 参见骆永家:《既判力之研究》，台北，三民书局1999年版，第22页。

有既判力的判断进行争议。例如，败诉被告不得就相同诉讼标的另行起诉，主张其在既判力基准时之前已经存在的消灭时效或已清偿债务的事实，以期推翻前诉确定判决已确认之权利关系；判决遮断效，则侧重于禁止当事人针对前诉基准时之前存在的事实（尤其是行使形成权的事由）再行争议，不让他们再次提出事实主张与证据资料（攻击防御方法）。遮断效排除的是前诉当事人再行主张事实和证据资料，类似于英美法中争点不容推翻（禁反言）原则（issue estoppel），同一当事人不能对前诉判断的同一事实或法律问题提出相反的主张，行使形成权的主张即包含在内，以维护生效判决的不可否定性、终局性，促使当事人在一次诉讼中提出全部诉讼请求及事实主张，实现纠纷的一次性解决，消除判决间的矛盾。

总之，我国民事判决的遮断效是既判力的下位概念，是既判力的"附属效力"。这一效力强调了既判力的时间维度，也就是以法庭辩论终结这一时间为标准，前诉判决确定的民事权利或民事法律关系，不允许当事人通过后诉主张前诉法庭辩论终结之前已存在的事由，无论该事由是否在前诉中主张、辩论，也无论当事人是否存在过失才未提出，这些事由已被前诉判决的既判力所遮断。

（三）法律依据的正当化

随着形成权制度的体系化，前诉判决生效后当事人通过后诉或执行异议程序主张撤销权、解除权或终止权的情况开始出现，这便是"后诉行使形成权"现象。前诉当事人通过后诉主张形成权，主要有两种情况：一是单纯形成权的主张，这种形成权通常通过权利人的意思表示主张，在相对人了解，或到达相对人时发生效力，多数形成权属这种情况。二是通过提起后诉（形成之诉）主张形成权，前诉判决已经发生既判力，但形成权人提起后诉要求法院作出形成判决（Gestaltungsklagerecht）达到权利变动的目的，如诈害行为的撤销、撤销婚姻等。比较而言，我国实践中当事人更倾向于取得判决以增强法律关系消灭的效果，通过诉讼行使形成权的情形为多见，通过以行使单纯形成权为由提起后诉，以否定前诉诉讼请求，进而间接规避前诉生效判决的情形也存在。上述情况，都会产生前诉既判力应否遮断形成权行使的问题。

一定程度上，形成权自身特点决定了其通过后诉行使的自由性。相对于使法律关系发生(如法定代理人对限制行为能力人所订立合同的承认)、法律关系内容变更的形成权(如优先购买权),使法律关系消灭的形成权,如解除权、终止权、撤销权等,最属常见,堪称为典型的形成权。[⑭] 由于形成权大多要依附于一定的法律关系才能发挥其作用,两者往往无法被分开处理。通常的情况是,在前诉对原权利作出裁判之后,当事人通过后诉主张形成权,后诉法院通常判定两诉的诉讼标的同一,形成权与原权利属于同一个审判对象,以"重复诉讼禁止"为根据否定后诉的形成权主张,驳回后诉原告起诉。以下两个案例足以说明上述裁判逻辑:一是某出售合同纠纷案,原告起诉被告请求确认《转让协议书》未生效,并要求被告返还资产,前诉法院判决驳回原告诉讼请求。在前诉判决生效后,原告又以相同的当事人为被告,提起解除《转让协议书》及要求返还财产之诉。后诉法院认为,后诉的诉讼请求实质上否定前诉的裁判结果,构成重复起诉,驳回了原告的后诉起诉。[⑮] 二是某借贷案件,原告依据与被告签订的《借款合同》向前诉法院提起诉讼,请求判令被告偿还借款本金及利息,前诉法院经审理后判决原告胜诉。前诉判决生效后,前诉被告又以前诉原告为被告,以前诉审理的《借款合同》系受胁迫签订为由请求撤销《借款合同》为由,提起后诉。后诉法院认为,后诉的诉讼请求实质上是否定前诉的裁判结果,根据2015年最高人民法院《关于适用〈中华人民共和国民事诉讼法〉的解释》(以下简称2015年《民诉法司法解释》)第247条的规定,属于重复起诉的情形,裁定不予受理。[⑯] 在客观效果上,以"禁止重复诉讼"为根据将后诉阻挡在诉讼程序之外,并无不妥。但上述两案的实质却不在于此,而在于——前诉是给付之诉,后诉则是形成之诉,可依据《民法典》第147条至第151条的规定,提出可撤销事由,主张撤销权。在一事不再理的角度,作为后诉的形成之诉追求

⑭ 参见王泽鉴:《民法总论》,北京大学出版社2009年版,第106页。

⑮ 怀化泰神药业有限公司、贵州泰神药业有限公司与铜仁市碧江区财政局、铜仁市碧江区工业贸易局企业出售合同纠纷案,贵州省高级人民法院民事裁定书,(2015)黔高民商终字第6号。

⑯ 黄益蓰、黄益铫诉车玉和、金鸡煤矿、吉顺公司民间借贷纠纷案,贵州省高级人民法院民事裁定书,(2017)黔民终59号。

的是通过判决当然地产生法律状态变更（以及新的法律关系的形成）的法律效果，前诉与后诉很难说是诉讼标的同一。

显然，仅凭重复诉讼禁止规则无法遮断前诉当事人借助后诉主张形成权，从而变相地提起重复诉讼。这是因为：首先，前诉往往是给付之诉或确认之诉，后诉则为形成权行使导致的形成之诉，两者法律关系不同，诉讼标的也就不同，以重复诉讼禁止法理无法阻断后诉的提起。当然，问题是由我国民事诉讼采取诉讼标的识别的旧实体法说导致的，实体法上不同的请求权、形成权即为不同的诉讼标的，基于某一实体法上的请求权或形成权所为之判决，其既判力将不及于其他之形成权。因此，在理论上原告在主张某一实体法上的请求权或形成权败诉后，仍可基于其他请求权或形成权另外请求，无法受到前诉判决既判力阻断。可以设想，如果采用诉讼标的识别的新实体法说，也就是对构成要件事实给予单一法律效果，将形成诉讼的诉讼标的理解为原告请求形成一定法律关系之法律上的地位，个别实体法上请求权或形成权仅为攻击防御方法，法院作出判决生效后，其他未主张之形成权则受既判力遮断效而遮断。其次，禁止重复诉讼规则同样无法遮断与诉讼标的相关的所有原因事实，以及通过后诉以不同的构成要件与法律效果载体提出主张。因此，为避免矛盾判决，重复诉讼禁止与既判力遮断效就必须并行使用，前者侧重阻断当事人提出与前诉矛盾的诉讼请求，通过后者阻断当事人提出与前诉矛盾的事实主张。最后，对于通过后诉行使形成权而言，前诉并非先决条件，因此前诉与后诉并不冲突。这样，以禁止重复诉讼规则解决矛盾的事实主张与证据资料，不利于发挥既判力遮断效的在法律论证中的作用，给法官带来较重的论证负担。因此，对于通过后诉行使形成权，既要通过重复诉讼禁止规则阻断形成权的提出，也要通过遮断效机制阻断前诉当事人通过后诉主张形成权事实、两者的并用才会使既判力理论体系化。亦即，当一个判决已对某些事实情况进行了审查并由此得出了某些法律结论时，这一问题被认为已被最终地解决，之后即使其他法官在另外的诉讼中遇到了这一问题,该判决也将适用。[17]

不难发现,以"禁止重复诉讼"作为驳回"后诉行使形成权"的根据是牵强的。这是因为,在我国采行诉讼标的旧实体法说的情况下,前诉有关原权利的纠纷与后诉形成权行使的纠纷两者的诉讼标的并不相同,缺乏了诉讼标的同一这个必要条件,便无法适用2015《民诉法司法解释》第247条有关禁止重复诉讼的"三同"条款。值得注意的是,或许是为了弥补该条款无法遮断形成权后诉行使的困境,《民诉法司法解释》第233条第2款中规定了反诉与本诉必须合并审理的情况,包括应对基于同一事实的原权利纠纷及其形成权纠纷一并审理,以保证纠纷一次性解决及前诉与后诉判决的协调一致。[18] 这也在侧面说明,形成权及其原权利两者往往无法被分开处理,相对于遮断当事人通过后诉单独行使形成权这一对策而言,强制当事人在前诉中一并提出更加符合程序保障的要求。

总之,我国现行民事诉讼法及学理通说在认定是否许可"通过后诉行使形成权"时,仍无据可循。这有两个表现:其一,前诉通常是给付之诉或确认之诉,后诉则为形成权行使导致的形成之诉,两者基于不同的法律关系,诉讼标的也就不同,以重复诉讼禁止法理无法阻断后诉的提起。[19] 当然,这在很大程度上由我国民事诉讼采取诉讼标的识别的旧实体法说导致——不同的请求权、形成权为争议对象决定了不同的诉讼标的。在理论上,原告在主张某一实体法上的请求权或形成权败诉后,仍可基于其他请求权或形成权另行提起后诉,而不受前诉判决约束。可以设想,如果我国采用诉讼标的识别的新实体法说,对构成要件事实给予单一法律效果,便不会为

---

[17] 参见[法]雅克·盖斯旦、[法]吉勒·古博:《法国民法总论》,陈鹏等译,法律出版社2000年版,第561页。

[18] 该条款规定,反诉与本诉的诉讼请求基于相同法律关系、诉讼请求之间具有因果关系,或者反诉与本诉的诉讼请求基于相同事实的,人民法院应当合并审理。

[19] 有关案例,如"福建省南平市建工房地产综合开发有限责任公司破产管理人与栾肇慧破产撤销权纠纷案",借款担保合同纠纷案由前诉法院审理调解结案,调解书认定了被告(保证人)担保行为的合法性,并在调解书主文中确认了保证人与被保证人应对原告债权承担连带清偿责任。调解书生效后,保证人又提起后诉请求撤销自己与被保证人之间的担保关系。法院以后诉构成重复起诉为由,裁定驳回保证人起诉。参见福建省高级人民法院民事裁定书,(2016)闽民终49号。

当事人通过后诉行使形成权，进而否定前诉判决留下可乘之机。因为，新实体法说只承认一个实体法上的请求权作为请求同一性的鉴别标准，形成权必须与原权利一并通过一个诉讼提出，这种强制提出审判对象也具有遮断后诉的功能。其二，禁止重复诉讼规则无法遮断当事人在后诉提出与诉讼标的相关的原因事实，这些事实很有可能就是行使形成权的事实，被以不同的构成要件与法律效果再次提出，从而对前诉生效判决造成冲击。可见，唯有重复诉讼禁止与生效判决遮断效并行适用，让前者阻断当事人提出与前诉矛盾的诉讼请求，让后者阻断当事人提出与前诉矛盾的事实主张，方可彻底避免矛盾判决，实现纠纷的一次性解决。

## 三、程序法视角：统一性与个别性分析

### （一）判决遮断效与正当程序

后诉与前诉在诉讼标的及诉讼请求上并不相同，前诉判决无法遮断后诉行使形成权的请求，因为其行使形成权在实体法上是有根据的。但是，在有前诉判决发生既判力的情况下，形成权行使的自由性应受到必要限制，实体权利的行使要向诉讼的公权性、终局性让步，服从于后者。

1. 程序保障

前诉当事人通过后诉行使形成权的争议焦点在于：在既判力之基准时之前，据以发生形成权所必须的法律要件事实如果都已经具备，只是当事人没有在诉讼中行使该形成权，那么在判决生效之后，当事人是否还可以通过提起后诉行使该形成权？对此，存在三种观点：观点一，认为当事人可以在既判力基准时以后主张形成权，提起后诉或请求异议之诉。该学说的特点是注重形成权特征，亦即，是否行使形成权及行使时机都应当一任于行使权人。因此，诉讼法将行使时机限制于基准时之前显为不当之限制。[20] 观点二，认为对撤销权、解除权等一般形成权应当发生遮断效，但对于抵销权，则无论当事人于辩论终结前是否知道存在这些权利，均不产

---

[20] 参见［韩］孙汉琦：《韩国民事诉讼法导论》，中国法制出版社 2010 年版，第 344～347 页。

生遮断效。前诉判决在口头辩论终结后的形成权行使，如买卖货款请求诉讼里，被告能够以欺诈为由取消契约。既然在前诉的口头辩论终结前不可以行使，那么应规定在口头辩论终结后也不能行使取消权。[21] 观点三，认为前诉生效判决对所有形成权均产生遮断效。该学说在批判第二种学违背既判力理念和诉讼经济原则的基础上，倡导将所有形成权均纳入遮断效范围，但对于当事人不知道存在抵销权之场合，其抵销权不被遮断。[22] 在很大程度上，上述学说的差别是程序保障程度差异的反映。

最后一种观点也被称为"通盘说"，这一学说将程序保障作为核心理念判决遮断效，不外是诉讼程序上当事人懈怠其被要求攻击、防御行为所应负之责任。这是诉讼制度正当性的前提——在前程序既已给予合法听审机会，当事人有自我延误情形，实不宜使其有再争执之机会。因此，"通盘遮断说"的可取之处在于强调了程序保障，并以"纠纷一次性解决""当事人的程序利益"（避免应诉之烦）、"防止重复诉讼及矛盾判决"及"诉讼制度合理运用"为具体指标，构建起以"自我归责"为特征的遮断效体系，因此应成为这一体系的核心。具体而言，在诉讼中要充分保障被告提出撤销或解除的事实的权利，赋予其诉讼防御的机会，如果他在前诉法庭辩论终结前已经提出这些事实与证据，就意味着已进行了有效防御。那么，在法院提供了充分程序保障的情况下，禁止当事人通过后诉行使形成权，便是正当的。这样一来，程序保障的水平便决定着生效判决遮断效的强弱，程序保障程度越高则遮断效的范围也就越大，强度也就越高。这是因为，既然前诉在审判对象的角度已经发出了"让当事人提出所有关于诉讼标的存在与否之主张"这样的警告，而不论当事人对未在前诉中提出该事由是否存在过失，[23]前诉生效判决遮断形成权行使是理所当然的。

---

[21] 参见［日］中村英郎：《新民事诉讼法讲义》，陈刚等译，法律出版社2001年版，第236页。

[22] 参见［韩］孙汉琦：《韩国民事诉讼法导论》，陶建国、朴明姬主译，中国法制出版社2010年版，第344～347页。

[23] 参见［日］新堂幸司：《新民事诉讼法》，林剑锋译，法律出版社2008年版，第479页。

应当说，我国民事诉讼程序保障程度与应然要求尚存差距，例如，当事人的主体性不足，导致了当事人不能尽攻击、防御之能事，㉔这对既判力及其遮断效的运用产生了不利影响。在处理既判力遮断效的判断时，法院几乎很少考虑程序保障的问题，而不得不以"禁止重复诉讼"规则为依据，将后诉提起的形成之诉加以排除。以某地发生的物业公司（房地产开发公司）出售小区车位引发的纠纷为例，业主首先会以房地产开发公司为被告提起房屋买卖合同诉讼，主张小区车位属于业主共有，请求解除与被告签订的《车位出让协议》并要求被告退还车位出让费、赔偿利息损失。前诉法院认定双方签订的《车位出让协议》合法有效，且已经履行完毕，驳回原告的诉讼请求。此后，前诉原告又提起后诉，以前诉被告物业公司在订立合同时故意隐瞒诉争车位属于人防车位的事实致其产生重大误解为由，请求依法撤销该车位出让协议。法院通常以禁止重复诉讼为根据，判定后诉请求属于"后诉的诉讼请求实质上否定前诉裁判结果"的情形，以构成重复起诉为由裁定驳回前诉原告提起的后诉。㉕ 但其实，后诉原告主张的事实及提出证据并未被阻断，理论上他还可以再次提起后诉。再如，某借款担保合同纠纷案由前诉法院审理调解结案，调解书认定了被告（保证人）担保行为的合法性，并在调解书主文中确认了保证人与被保证人应对原告债权承担连带清偿责任。调解书生效后，保证人又提起后诉请求撤销自己与被保证人之间的担保关系。后诉法院依照《民事诉讼法》第 124 条第 5 项和 2015 年《民诉法司法解释》第 247 条的规定，裁定驳回保证人起诉。㉖

2. 既判力维护及程序安定

有关形成权的纠纷，常常是因其所依赖的原权利纠纷在先，通过前诉解决，判决生效后当事人又可能主张行使形成权，将导致如

---

㉔　参见常怡主编：《比较民事诉讼法》，中国政法大学出版社 2002 年版，第 243 页。

㉕　金丹与西安金辉居业房地产开发有限公司买卖合同纠纷案，陕西省高级人民法院民事裁定书，（2018）陕民申 1079 号；杨佩霖与西安金辉居业房地产开发有限公司买卖合同纠纷案，陕西省高级人民法院民事裁定书，（2018）陕民申 1064 号。

㉖　福建省南平市建工房地产综合开发有限责任公司破产管理人与栾肇慧破产撤销权纠纷案，福建省高级人民法院民事裁定书，（2016）闽民终 49 号。

下悖论:既判力要求诉讼结果保持完全不变,然而形成权却可能因新情况、新事由而发生变动,从而使法律关系消灭。这也是《民诉法司法解释》第248条所着力解决的问题:裁判发生法律效力后,发生新的事实,当事人再次提起诉讼的,人民法院应当依法受理。问题在于:如果形成权应该于前诉行使而未行使,也获得了相应的程序保障,那么可否于后诉再行主张?从程序安定的角度展开分析是必要的。

在价值判断角度,前诉判决生效后当事人通过后诉行使形成权,无论如何不应损害程序安定。尽管形成权行使与形成之诉具有特殊性,前诉判决发生既判力后,就过去的基准时点内形成权存在与否,再次透过其他诉讼作为前提性问题来展开争论的情况并不会完全消失。[27] 但在防患于未然的角度,首先应强调程序安定的价值重于权利保护价值,"以遮断为原则,以不遮断为例外"应是正当且合理的。这进一步要求:一方面,应促成当事人在前诉法庭辩论结束前就行使形成权;另一方面,在程序保障之下才是判决效力应否发生遮断效力的问题,亦即,债务人在前诉中没有主张债务已清偿、免除、更新等债务消灭事实,不得通过后诉再提出主张。上述按层次处理方法,是维护判决安定性的上策之选。反之,如果当事人在前诉法庭辩论终结前可以行使形成权而不行使,而是在言词辩论终结后行使,主张形成权并加以主张、争执,就必须以自我责任、诉讼促进、既判力维护及法安定性为依据做出处理。如果不存在不可归责于形成权人的障碍,就不应再允许其于后诉主张,此形成权的主张应被生效判决遮断。[28]

3. 诉讼促进与诉讼效率

从诉讼促进的角度为生效判决遮断效寻求正当性基础,是德国理论的特点。当事人在前诉讼事实审最后言词辩论终结时客观上已经存在之形成权,若未行使者,事后即生失权效,形成权人无自由决定其于何时行使之可能。显然,这一基础以诉讼促进为目标,强

---

[27] 参见[日]三月章:《日本民事诉讼法》,汪一凡译,台北,五南图书出版股份有限公司1997年版,第57页。

[28] 例外情形是抵销权,因其涉另一独立债权,若未曾行使过该抵销权,则应可肯认其事后行使及主张之权利,亦即其并不被遮断。

调当事人应尽可能提早为主张或抗辩，故形成权应于标准时以前适时为行使。在诉讼效率角度强调遮断效，这与德国立法者重视促进诉讼的思想紧密联系，尤其在1976年德国修正其民事诉讼法后增加了很多失权规定，当事人不在法定期间内提出主张将发生失权效果，形成权的后诉行使也是失权制度应用的重要领域。

当事人在前诉法庭辩论终结前行使形成权，这样的要求固然会对当事人行使形成权施加时间限制，如此限制是必要且合理的。首先，诉讼的目的在于对当事人争议的基本法律关系做出终局性的解决，形成权是附属于基本权利之上的权利，其行使时间先后顺序应服务于诉讼的终局性要求。其次，基于"纠纷一次性解决"理念，要求作为形成权人的当事人应在前诉行使该形成权，这更符合社会对司法效率的预期，亦可避免司法资源浪费。当然，这需要制度配套，正如英美法诉讼实践所表明，"纠纷一次性解决"理念的实现需要"诉因合并"制度配合，有了合并规则才有可能禁止当事人通过后诉再次提出诉讼请求和事实。[29] 在这样的基础上，当事人便仅有一次机会提出自己的诉求。换言之，就是"要么现在全部说出来，要么永远闭嘴"。[30] 总之，判决遮断形成权的后诉行使，应以"以遮断效为原则，以不遮断为例外"为适用准则。

（二）判决遮断效的要件

首先，在时间要件方面，前诉生效判决只遮断言词辩论终结前提出的事实与证据资料。一般认为，判决遮断效对辩论终结后才发生的事由不产生作用，即便是因法律修改、科技进步而导致的"新事由"也不能成为再诉的理由。严格的时间要件设定有其正当性：前诉判决是对法院于既判力基准时这一时点的判断所产生的约束力，因此，当事人可以通过后诉主张基准时以后的权利或法律关系，进而遮断效也不对其发生作用。例如，原告在前诉以买卖取得所有权为事实理由请求确认所有权，被告在判决确定后就不得再通过后诉主张买卖合同撤销或解除事由。反之，事实审言词辩论终结

---

[29] Adrian Zuckerman, *Zuckerman on Civil Procedure: Principles of Practice*, Sweet & Maxwell, 2006, p. 939.

[30] 参见[美]史蒂文·苏本、[美]玛格瑞特·伍：《美国民事诉讼的真谛》，蔡彦敏、徐卉译，法律出版社2002年版，第762页。

时以后发生的事由，则属于新事由，其提出不受前诉生效判决遮断。

其次，在行为要件方面，须有事实主张与证据资料应在前诉提出而未提出的事实。当事人未在前诉主张事实与提出证据，可能是他不知有该权利存在，也可能是认为相对于维持原有法律关系，提出其他攻击或防御方法更为有利。但是，当事人为某一诉讼行为之真正动机如何，在评价其诉讼行为之效力上，并无特别探究必要。[31]在当事人得到充分程序保障的情况下，他在前诉中有权对争议的法律关系提出事实主张及提供证据（攻击防御方法），其在法庭辩论终结之前已经提出的事实，当然应成为判决的基础。同样，在受到程序保障的前提下，“应在前诉提出而未提出”的事实主张及证据资料，就不得在后诉再行主张，此乃一般原则。

最后，在主观要件方面，不论当事人基于故意还是过失而未提出事由，一概受前诉判决遮断。至于当事人是否明知该事实主张与证据已经为生效判决确认，不影响遮断效果。亦即，不问在该诉讼之言词辩论曾否主张，亦不问其未主张是否有过失。[32] 例如，在给付判决确定时，因在该言词辩论终结时给付债务之存在被确定，以后被告既不得主张该债务之不成立，也不得主张言词辩论终结前就已经存在的形成权事由来否定给付债务存在。即使确实有新证据，也不能通过后诉推翻前诉判决内容，唯一的途径是提起再审之诉，改变生效判决。

总之，对生效判决可否遮断后诉形成权主张，实体法与诉讼法之间存在不同的立场。在实体权利自由行使角度，撤销权、解除权、终止权的行使仍属实体法上的行为，属于私法自由、处分权自由之法理范围。[33] 既然“权利行使自由”，那么无论当事人在何时主张形成权行使，皆无不可，其于后诉行使，也并不违反一事不再理原则。但在诉讼法角度，形成权在诉讼场域中行使，必然要受到诉讼或判决状况的影响。在已经获得程序保障的条件下，如果当事人（形成权人）并没有在诉讼中提出形成权行使的事实主张与证据，可推定其对权利义务关系状态不存在争议，形成权的行使必然要受前诉判

---

[31] 参见吕太郎：《民事诉讼法》，台北，元照出版有限公司2016年版，第633页。

[32] 参见骆永家：《既判力之研究》，台北，三民书局1999年版，第8页。

[33] 参见骆永家：《既判力之研究》，台北，三民书局1999年版，第8页。

决的遮断。

（三）个别性分析

在统一考虑诉讼制度目的、当事人程序保障、诉讼经济及法的安定等因素的同时，判定判决是否有遮断效，必须综合考量各种各样的因素（factor），㉞至少应包括：其一，形成权人在前诉中曾做出主张形成权的意思表示，即“明示”，这是遮断形成权人于后诉主张形成权的适法条件。如果形成权人在前诉中并未明确表示主张形成权，而是在后诉中主张形成权的事实，不能认为在前诉对形成权有所保留，而应理解为默示的抛弃形成权行使，形成权行使应受前诉生效判决遮断。其二，是否存在法律障碍，当形成权人在前诉中行使形成权存在法律障碍时，应允许其不在前诉中主张形成权，而仅就基础权利争议寻求前诉解决。展开个别化分析，寻找阻断形成权行使的可归责性，只有在当事人于前诉中因可归责于自己的原因不行使形成权的情况下，既判力才遮断其再次行使形成权。我们可将上述两种情况归纳为“期待可能性”与“提出责任”两个方面。

1.“期待可能性”与个别化调整

所谓“期待合理性”机制，包含以下两层含义：其一，对于主张系争法律关系有效的当事人而言，他应当被期待在诉讼中完全提出所有诉讼请求与事实主张，以最终地解决纠纷，而不必顾虑对方当事人在后诉中以其他事由再予争执。其二，对争执该法律关系效力的对方当事人而言，也应在诉讼中提出使该法律关系发生其所意欲效果的形成权。反之，当前诉中提出特定事由对当事人而言没有“期待可能性”时，禁止当事人于后诉提出该事由。换言之，为根据不同的形成权之实体法性质或程序经过，可期待于基准时前行使形成权时，应受既判力遮断效所及。㉟ 以上含义表明，“期待可能性”是个案衡量机制，可用于遮断效原则的例外处理上，以弥补“通盘遮断说”缺陷，以实现实质正义。具体结论可分为：(1)受对方当事人或第三人胁迫，致使形成权人无法通过前诉主张形成权；(2)对方当事

㉞　参见［日］高桥宏志：《民事诉讼法——制度与理论的深层分析》，林剑锋译，法律出版社2003年版，第488页。

㉟　参见黄国昌：《民事诉讼法教室》（一），台北，元照出版有限公司2010年版，第201页。

人或第三人存在证明妨碍行为，恶意隐匿证据资料，致使形成权人无法主张形成权的；(3)法官未行使阐明权，而致使当事人未于前诉中提出。

整体上，将判断生效判决遮断效的正当化基础，置于期待提出形成权主张的可能性上，意味着有必要对个案的程序保障程度进行个别评估，而不是对前诉判决遮断形成权行使作"一刀切"式处理，这是其优势所在。但同时，"期待可能性"的适用也存在制约，例如，在适用范围上要受到严格限制，只有在规范上要求被告于基准时点前提出行使解除权之主张系欠缺期待可能性时，始得例外地认不为既判力所遮断。[36] 再如，"期待可能性"标准也存在主观、模糊的问题，其适用也绝非易事。这样就需要后诉法院从与前诉个别具体的诉讼程序经过之关系，就个案依诚信原则判断，是否满足程序之要求，[37]作出个别性判断，以体现实质正义。

2. "提出责任"与个别化调整

前诉判决遮断形成权的另一机制，是"提出责任"。这一理论强调形成权人必须通过一个诉讼行使形成权，通过对形成权人课以诉讼中提出形成权行使主张的义务，为前诉生效判决遮断当事人于后诉行使形成权提供正当性依据。这一机制的优点，在于将遮断效的界定由"纷争终局地解决"向"违反提出责任之制裁"的角度转化。[38] 但是，"提出责任"理论的应用也必须解决如下难点：其一，按照处分原则，当事人有权在对自己有利的情况下决定是否适时行使形成权。而生效判决遮断形成权通过后诉行使，无异于将必须在前诉中行使形成权这样的义务强加给形成权人。而实际上，形成权人并无此义务。在无此义务的情况下，让前诉生效判决遮断形成权行使，无异于强制形成权人必须在前诉中行使该形成权，从而构成对形成权人的权利侵害。其二，过于强调形成权人必须通过一个诉讼

---

[36] 参见黄国昌：《民事诉讼法教室》(一)，台北，元照出版有限公司 2010 年版，第 201 页。

[37] 参见李木贵：《民事诉讼法》(上册)，台北，元照出版有限公司 2010 年版，第 52 页。

[38] 参见黄国昌等：《确定判决与情势变更原则》，台北，元照出版有限公司 2016 年版，第 22 页。

行使形成权，也会使审理延伸到不必要的问题，当事方将不得不投入时间和精力去追求不重要的问题，这可能导致关注问题的注意力分散，延迟纠纷的处理和增加成本。[39] 克服上述困境，必须寻求相关制度的配合与辅助，这些制度包括：

首先，需要后诉中的"评价规范"。根据后诉中的"评价规范"判断，在平衡"程序保障"与"纷争解决一次性"关系的基础上，合理确定遮断效的范围。例如，要强化前诉审理中的客观预备合并机制，将基于同一事实所产生的不同的法律上效果的请求作预备合并处理，无疑强化了当事人的自我提出责任。否则，当事人的"提出责任"难以有落实的机会。

其次，需要前诉中的"行为规范"。要使当事人认识其提出责任之内容，并在其得预测自己行为结果之基础上，尊重当事人的选择，以强化其程序主体地位。[40] 尤其是在前诉与后诉对法律效果的判断可能存在不明状态的情况下，更要通过诉的预备合并制度促使当事人在具体诉讼进行过程中尽其提出责任，并使其承担自己未尽提出责任之制裁效果。

最后，需要法官必要的阐明。由于阐明构成了决定遮断效正当范围之际的评价规范重要因素，[41]提升实质程序保障密度与加重法院阐明义务紧密相关。前诉中，如果当事人提出给付请求与行使形成请求出现了诉讼标的竞合情况，前诉法院就要对全部诉讼标的进行审查，合并辩论与裁判。法官特别是要从公平角度向被告阐明：应在法庭辩论终结前，穷尽自己的事实主张与证据资料，向被告提示其"提出义务"及法律后果。

基于上述必要的技术辅助，以"提出责任"判断前诉判决是否遮断通过后诉行使形成权。具体包括：(1)如果当事人在前诉法庭辩论前已经行使形成权，但并未在前诉审理中主张，导致前诉法院未

---

[39] Adrian Zuckerman, *Zuckerman on Civil Procedure*: *Principles of Practice*, Sweet & Maxwell, 2006, p. 941.

[40] 参见黄国昌等：《确定判决与情势变更原则》，台北，元照出版有限公司 2016 年版，第 22 页。

[41] 参见[日]新堂幸司：《新民事诉讼法》，林剑锋译，法律出版社 2008 年版，第 477 页。

予审理,则与债务清偿、合同无效的事由相当,前诉生效判决遮断后诉形成权的主张。(2)如果当事人在法庭辩论终结前从未行使过形成权,前诉判决是否遮断其通过后诉行使形成权则要考虑实体法上因素,充分考虑作为实体权利的形成权保护,而不宜一概遮断,除非存在可归责于当事人自己的原因而未主张,否则不应认为前诉判决有遮断后诉的效力。[42] (3)生效判决所确定的实体权利义务,如果存在权利义务变动的事实,仍应继续适用民法规定,判决生效后出现新事实(如被告持续不履行债务,经原告定当期限催告仍未履行,或因可归责于被告事由,致给付不能等),当事人仍得再行使解除、终止等形成权。(4)前诉中当事人虽然未行使形成权,但在诉讼中提出了形成权抗辩,法院未作为诉讼对象加以审理,是否允许当事人在后诉中提出形成权行使主张,则应具体分析:如果当事人主张形成权行使的形式为书面(包括庭审笔录)且到达相对人,则视为当事人在法庭辩论终结前行使了形成权,前诉判决遮断后诉形成权的行使;如果当事人在前诉提出的形成权抗辩是以抵销为目的,则不发生遮断后诉提出主张的后果。

## 四、实体法视角:基于形成权类型的分析

原则上,民事权利义务关系经过诉讼法上的公权性认定,也只不过是建立在某一时间点上,生效判决确定的是法庭辩论终结这一时间节点的权利义务状态。在这一时间点以后再次形成法律关系的问题时,并不能无条件地接受前诉裁判的约束力。[43] 然而,形成权的行使是否受到上述时间节点限制却需要具体考量,而且由于形成权概念包罗了各种性质不同的对象,这使这种权利的性质变得含混不清,[44]每一类形成权的行使要件各不相同。与此相对,民事诉讼法却一直将形成权纠纷作为大一统的诉讼类型——形成之诉对

---

[42] 参见姜世明:《民事诉讼法基础论》,台北,元照出版有限公司 2006 年版,第 161 页。

[43] 参见[日]三月章:《日本民事诉讼法》,汪一凡译,台北,五南图书出版股份有限公司 1997 年版,第 37 页。

[44] 参见[日]三月章:《日本民事诉讼法》,汪一凡译,台北,五南图书出版股份有限公司 1997 年版,第 98 页。

待，单一的诉讼类型无法对应复杂的实体规范。这样一来，前诉判决能否遮断形成权通过后诉的行使，实体法角度的分析也是不可或缺的。

（一）统一性分析

在应然角度，形成权是一项重要的权利，这一实体权利不应该由于某些纯粹程序性的缺陷而遭到永久性的剥夺，[45]不能通过牺牲当事人的实体权利及诉权来追求诉讼效率与司法统一。这一权利保护理念可进一步分解为：第一，既判力所确定的仅仅是原告请求权在标准时点的状态，不能进一步把将来因行使形成权而消灭请求权之可能性亦一并加以确定。[46] 后诉中权利人主张行使形成权只能说是一种不诚信的行为，以诚实信用原则足以将其主张排除，没有必要以前诉判决遮断效来阻断形成权的行使。第二，在法目的角度，判决效力理论应当服从于实体法目的。对形成权的行使，立法者将"是否使该法律行为之效力继续存在"的决定权交给了当事人，在实体法上承认其有形成权，判决遮断效应当服从于这一目的，其任务仅在于确定"具有撤销权或解除权之瑕疵的债务负担行为存在与否"这一问题，仅此一点尚不足以使权利人丧失其实体法地位。第三，实体法上形成权受除斥期间限制，实体法通常为形成权规定了存续期间，权利人应当在期限内行使权利，超过了该期限，将导致形成权的消灭。[47] 在除斥期间之外再以判决遮断效力约束形成权行使的期间，则可能与除斥期间相冲突，可能出现如下结果：形成权被生效判决遮断而失权之后，除斥期间却未届满，这无异于对除斥期间施加法律以外的限制，损害形成权人的利益。总

---

[45] 参见李响：《美国民事诉讼法的制度、案例与材料》，中国政法大学出版社 2006 年版，第 505 页。

[46] 参见陈荣宗、林庆苗：《民事诉讼法》，台北，三民书局 1996 年版，第 651 页。

[47] 《民法典》第 152 条规定了撤销权的除斥期间和放弃规则：有下列情形之一的，撤销权消灭：(1) 当事人自知道或者应当知道撤销事由之日起一年内、重大误解的当事人自知道或者应当知道撤销事由之日起九十日内没有行使撤销权；(为使表述更加科学、避免歧义，《民法典》将《民法总则》中"一个月""三个月"的表述，均修改为"三十日""九十日")(2) 当事人受胁迫，自胁迫行为终止之日起一年内没有行使撤销权；(3) 当事人知道撤销事由后明确表示或者以自己的行为表明放弃撤销权。当事人自民事法律行为发生之日起五年内没有行使撤销权的，撤销权消灭。

之,综合上述情况,前诉判决应否以及能否遮断形成权行使,必须从程序法与实体法相协调的角度寻找方案。

判决效力属程序法范畴,形成权则属实体法范畴,两者各自的调整对象应当是明确的,不应存在冲突。如果我们能够将"形成权主张"与"形成权行使"两者区分开,使两者分别受程序法与实体法调整,那么围绕于此的程序法与实体法之间的争议就可能消弭。一方面,"形成权之主张"属程序法问题,解决的是生效判决遮断效的具体化,也就是当事人在前诉中提出事实主张与证据资料的权利的失权问题。另一方面,"形成权行使"属于实体法问题,不应适用"攻击防御方法失权"的规定。[48] 以撤销权为例,关于生效判决遮断效之范围,应以庭审言词辩论终结时为基准,至基准时后之撤销权行使,非依生效判决予以遮断,应依实体法上理由以否定或排除其于后诉被主张。总之,判决遮断效是否适法,还必须具体考量撤销权、解除权等行使的具体情况,它们并非一般所称诉讼上失权之对象。对于其行使原本就属于私法自由、处分权自由的法理范围,形成权人的实体法地位应得到重视,而不是简单地受前诉判决遮断。

（二）撤销权受生效判决遮断

民事活动中常有因"被诈欺"或"被胁迫"的当事人在前诉不行使撤销权,而在败诉后又另行起诉主张行使的情况。对此,撤销权的性质对于问题的解决具有决定意义,如果将撤销权定位于请求权,[49]则前诉与后诉构成诉讼标的同一,以《民诉法司法解释》第247条禁止重复诉讼的规定驳回即可;但如果在性质上将撤销权定位于形成权,或认为其兼具请求权和形成权的性质,[50]则必须以判决的遮断效作为解决问题的根据。

肯定的观点认为,撤销权既然在既判力基准时之前就已存在,其行使应受到前诉判决遮断。根据是:首先,生效判决以法庭辩

---

[48] 参见姜世明:《民事诉讼法基础论》,台北,元照出版有限公司2006年版,第160页。

[49] 参见王利明:《合同法研究》(第2卷),中国人民大学出版社2015年版,第125页。

[50] 参见朱广新:《合同法总则研究》(下册),中国人民大学出版社2018年版,第450页。

论终结时所确认的证据资料为依据,合同无效主张与撤销权行使主张之间并不存在本质差别,都是受生效判决遮断的对象。其次,主张合同"无效"与"可撤销"等事由相比,具有更重大的瑕疵,相较而言,撤销权比无效事由的瑕疵更为轻微,这样,无效的主张被既判力遮断,而可被撤销的主张反而不被遮断,则不符合比例原则,在诉讼法效果上是不平衡的。换言之,在这种情形下如果不遮断撤销权,而对比撤销权更为重大的瑕疵——无效事由——却予以遮断,那么恐怕无法获得平衡。[51] 最后,撤销权的行使与主张无效的情形都属于法律行为瑕疵,如果当事人在辩论终结前其行使撤销权并不存在任何法律障碍,那么法律行为的瑕疵就被视为治愈,随后当事人就不得再主张行使该撤销权,不能对前诉确认的法律关系再予争执。

反对观点认为,法律行为的撤销既要有撤销原因,也要有撤销的意思表示,否则不发生撤销效果。如果当事人在前诉审理中仅表明存在撤销原因,但不明确做出撤销的意思表示,结合程序保障状况可判定当事人没有提出过撤销主张,前诉判决不应遮断当事人在后诉中行使撤销权。根据是:首先,既判力不应让权利人丧失实体法地位,而应充分尊重实体法规定的撤销权人在除斥期间内行使撤销权的规定。其次,不论是撤销事由还是无效事由,其在瑕疵的重大性上并无差异,作为撤销事由而言,是否予以撤销,属于撤销权人自由裁量的事项,因此(通说所认为的)不平衡之理由也不成立。最后,对滥用撤销权或解除权来拖延诉讼的行为,可通过禁止权利滥用及诚实信用原则予以排除,而不必通过前诉生效判决遮断来实现。

笔者认为,前诉判决应否遮断撤销权于后诉行使,除了从国家裁判角度分析外,还应当从当事人之间关系衡量。在实体法角度,《民法典》第 152 条第 1 款第 3 项规定了"当事人知道撤销事由后明确表示或者以自己的行为表明放弃撤销权"。在前诉中应当主张撤销权而不主张可以推定为"以自己的行为表明放弃撤销权"的

---

[51] 参见[日]新堂幸司:《新民事诉讼法》,林剑锋译,法律出版社 2008 年版,第 480 页。

行为,从此类行为中可推定出撤销权人有接受合同的意思,在知道可撤销事由后仍然接受合同约束,那么就应是放弃撤销权。[52] 这与诉讼中当事人得到程序保障仍不行使撤销权而致失权的学理是相通的。首先,基于程序保障法理,既然前诉已赋予当事人提出事实主张、证据资料以及抗辩的机会,有可归责于当事人自身事由的情形而未提出主张及证据,在前诉判决发生既判力之后,当事人便不应有通过后诉再予争执的机会。例如,他不得于前诉判决生效后,再通过后诉就有无清偿之事实、有无通谋虚伪意思表示无效之事实、有无与有过失之事实等争执,以企图推翻前一确定判决既判力所确定之权利义务关系状态。[53] 其次,以充分的程序保障为前提,前诉生效判决遮断后诉主张具有绝对性,"既判力统一地、机械地产生遮断效"之性质也是既判力制度性效力的优势之所在。[54] 这种绝对遮断的正当性,在于追求诉讼效率或诉讼经济价值,落实程序保障及自我责任理念。但与此同时,必须考虑撤销权人的实体法地位,将其与撤销权人的提出责任相结合来衡量。

(三)解除权受生效判决遮断

在法律效果上,前诉判决遮断解除权后诉行使,与撤销权被遮断的机理应当是相同的。亦即,如果发生解除权之要件在基准时点前已具备,则将为既判力所遮断,不得再于后诉中主张。[55] 但考虑到我国《民法典》对解除权的规定具有特殊性,认定前诉判决遮断解除权行使,尚需考虑解除事由的性质及可预见性。

首先,对法定解除权的行使应区分具体情况。包括:(1)根据情势变更和不可抗力在后诉中主张解除权,应受前诉判决遮断。因为不可抗力是合同当事人在强大且残酷的现实面前提前终止合同的情形;情势变更则是不安情势足以导致合同目的不达,导致合同双

---

[52] 参见陈甦主编:《民法总则评注》,法律出版社2017年版,第1090页。

[53] 参见姜世明:《民事诉讼法基础论》,台北,元照出版公司2006年版,第280页。

[54] 参见[日]高桥宏志:《民事诉讼法——制度与理论的深层分析》,林剑锋译,法律出版社2003年版,第490页。

[55] 参见黄国昌:《民事诉讼法教室》(一),台北,元照出版有限公司2010年版,第200页。

方利益产生极大的失衡，带来明显不公的情形。[56] 对于上述不可归责于自己的事由，当事人在原权利纠纷争议（前诉）中不可能不据以抗辩，或提出反诉。如果当事人应当在前诉主张不可抗力或情势变更的事实，前诉判决势必加以遮断通过后诉主张的可能，不允许当事人再通过后诉提出该形成请求或事实主张。（2）以解除权人履行催告义务为必要条件的解除权，在判断解除权是否受前诉生效判决遮断时，必须考虑该要件。如果当事人在前诉法庭辩论终结前已履行催告义务，便可推定出该解除权在基准时点前已经发生的事实，前诉判决将遮断后诉解除权的行使。这样处理的优点在于，可以为解除权人保留事后"请求本来给付不能之损害赔偿"或"请求回复原状"之空间。[57] 相反，如果解除权人不可能履行催告义务，或者不能够期待其提出催告，则前诉判决不应遮断解除权的行使。

其次，当事人根据合意解除与约定解除事由在后诉中主张解除权。合意解除和约定解除构成当事人在原权利诉讼中抗辩事由，合同有效成立后主客观因素发生变化，会出现合同不可能履行或不必要履行的情况，严重到合同目的无法实现，当事人应当以已达成的合意解除契约提出抗辩。（1）对于合意解除，由于是当事人双方通过协商同意将合同解除，原则上不应允许当事人在前诉不主张，而另行通过后诉主张，否则，既不利于司法裁判的统一，对于对方当事人也过于残酷。当然，例外情况也必须考虑，例如，当事人自行约定合同解除的时间在前诉判决生效之后的，前诉判决不能遮断解除权；如果合同解除还须经一定手续或行政程序，前诉判决生效前尚未完成此类手续或程序的，前诉判决也不能遮断解除权的行使。（2）对于约定解除权，指的是当事人通过在合同中约定某种事由，当该事由发生时一方当事人即享有单方面解除合同的权利。原则上，订立合同时作出的约定解除事由，当事人应在前诉主张，受前诉生效判决遮断，当事人不得单独通过后诉行使约定解除权。但约定解除权如发生于前诉判决之后，则构成新事由，不受前诉判决遮

---

[56] 参见朱广新、谢鸿飞主编：《民法典评注：合同编通则》（第1册），中国法制出版社2020年版，第531~532页。

[57] 参见黄国昌：《民事诉讼法教室》（一），台北，元照出版有限公司2010年版，第200页。

断,当事人仍可单方依约定行使解除权,也可另行起诉请求法院支持解除权的行使。

(四)抵销权不受生效判决遮断

一种观点认为,抵销权与撤销权、解除权一样,如果在后诉行使也应受到前诉判决的遮断。亦即,若被告于标准时已确知其得以自动债权对反对债权抵销之情况存在,而不主张抵销者,应生失权效。[58] 与之相对的观点则认为,抵销权与撤销权、解除权的行使并不相同,前诉判决既判力不应遮断抵销权行使。

笔者认为,抵销权行使具有自由性、独立性等特点,其在后诉行使并不受前诉判决的遮断。根据是:首先,抵销权与一般形成权不同,是一种与原告的诉讼请求无关的形成权,属于一种独立的权利,因此其行使时机、行使与否均由形成权人任意决定(自己权利的处分行为)。例如,甲对乙提起支付货款请求诉讼,乙对买卖契约可以行使解除权和抵销权,于此场合,由于解除权是属于与原告的支付货款请求权有关联的形成权,因而应当处于遮断效的范围之内;但乙若主张抵销权,则属于与甲的诉讼请求无关的固有债权(如借款债权)。因此,被告是否在前诉主张以另一债权抵销原告请求,是被告的自由,如果被告在法庭辩论终结前没有提出抵销主张,他仍应有通过后诉主张其债权的机会。换言之,被告对自己所有之债权,在实体法上本得自由决定何时、通过哪种方式加以行使,并无强制的必要,前诉判决不应遮断被告于后诉行使抵销权的主张。

其次,抵销权具有独立性,与撤销权、解除权的行使在目的上完全不同。前诉生效判决遮断撤销权、解除权再次行使,以权利瑕疵为必要条件,正是因为存在可撤销、可解除的事由才有变更的必要性,而抵销权的行使并不以这样的权利瑕疵为条件。因此,若以前诉判决遮断抵销权行使,对于抵销权者而言过于苛刻。

再次,抵销权行使中,可供抵销的自动债权与被动债权两者之间也不存在必然关联,是否进行抵销,以及何时抵销都取决于债务人选择,此系被告的自由,属于权利人自由裁量的事项,不能强制其提出主张。换言之,抵销权属于反对债权,其存在与否,与作为诉讼

---

[58] 参见陈荣宗、林庆苗:《民事诉讼法》,台北,三民书局 1996 年版,第 651 页。

标的的诉求债权的纠纷，本来就属于两个独立的纠纷，原告不能强制要求在诉求债权中一并解决反对债权问题，相反，如果不允许被告在标准时后提出抵销之主张，进而使其在败诉时丧失其可进行抵销的反对债权，这种结果对于被告而言，不免过于残酷。因此，在实体上是否进行抵销以及何时进行抵销，都应当委诸债务人的自由。[59]因此，前诉被告若未曾行使过该抵销权，则应可肯认其事后行使及主张之权利，即其并不被遮断。[60] 例外的情形则是，在侵权损害赔偿案件中原告、被告存在混合过错的情况，被告应知道自己应通过前诉主张原告存在过错，进而抵销其赔偿请求。如果被告不提出，则丧失通过后诉提出抵销损害赔偿请求的权利。

最后，实体法上的抵销权具有"担保债权"功能，原告胜诉判决生效后如果财产状况恶化，仍然不允许被告行使抵销权以排除原告的强制执行，将强使被告承担其债权嗣后落空之风险，而空洞化抵销权所具有之担保机能，产生对被告不公平之结果。[61]

总之，形成权是仅凭权利人一方意思表示就可发生法律效果的实体权利，其是否行使以及何时行使，完全取决于形成权人，即便前诉对形成权所依赖的原权利作出判决，在判决生效后，形成权人仍可能行使形成权，但是国家的裁判具有公权性，存在遮断后诉形成权的潜在要求。由此，形成权是否应为前诉判决遮断，已远非一个纯技术问题，而是关系到判决的一致性、公平和效率的公共政策，必须在类型化基础上进行政策考虑与利益衡量。

---

[59] 参见［日］新堂幸司：《新民事诉讼法》，林剑锋译，法律出版社2008年版，第481页。

[60] 参见姜世明：《民事诉讼法基础论》，台北，元照出版有限公司2006年版，第280页。

[61] 参见黄国昌：《民事诉讼法教室》（一），台北，元照出版有限公司2010年版，第202页。